INTERDISZIPLINÄRE BERATUNGSFORSCHUNG

Herausgegeben von
Stefan Busse, Rolf Haubl, Heidi Möller,
Christiane Schiersmann

Band 14: Ullrich Beumer
        Spätzünder oder Frühstarter?

Ullrich Beumer

# Spätzünder oder Frühstarter?

Männliche Existenzgründungen
in der zweiten Lebenshälfte zwischen
Selbstheilung, Angstabwehr und
biografischer Innovation

Mit einem Vorwort von Prof. Dr. Dr. Rolf Haubl

Vandenhoeck & Ruprecht

Gefördert durch die Deutsche Gesellschaft für
Supervision e.V. (DGSv).

Mit 6 Abbildungen und einer Tabelle

Bibliografische Information der Deutschen Nationalbibliothek:
Die Deutsche Nationalbibliothek verzeichnet diese Publikation in der
Deutschen Nationalbibliografie; detaillierte bibliografische Daten sind
im Internet über http://dnb.de abrufbar.

© 2019, Vandenhoeck & Ruprecht GmbH & Co. KG,
Theaterstraße 13, D-37073 Göttingen
Alle Rechte vorbehalten. Das Werk und seine Teile sind urheberrechtlich
geschützt. Jede Verwertung in anderen als den gesetzlich zugelassenen Fällen
bedarf der vorherigen schriftlichen Einwilligung des Verlages.

Umschlagabbildung: Silke Facilides, Hamburg

Satz: SchwabScantechnik, Göttingen
Druck und Bindung: ♻ Hubert & Co. BuchPartner, Göttingen
Printed in the EU

**Vandenhoeck & Ruprecht Verlage | www.vandenhoeck-ruprecht-verlage.com**

ISBN 978-3-525-40649-6

*Für Gabriele*

# Inhalt

Vorwort von Professor Dr. Dr. Rolf Haubl ................. 11

1 Einleitung: Selbstständig-Werden im reifen
  Erwachsenenalter ..................................... 15

2 Existenzgründung und Selbstständigkeit Älterer ......... 25
  2.1 Existenzgründung und Selbstständigkeit – was ist gemeint? ... 25
    2.1.1 Begriffliches .................................... 25
    2.1.2 Die Diversität der Selbstständigkeit –
          Formen selbstständigen Arbeitens ................. 28
    2.1.3 Existenzgründung als Prozess:
          Die Phasen der Verselbstständigung ............... 32
    2.1.4 Existenzgründung als soziale Passage: Bewegungen
          zwischen Selbstständigkeit und abhängiger Beschäftigung 35

  2.2 Zwischen Entrepreneurship und Arbeitskraftunternehmertum –
      Ideal und Wirklichkeit im Diskurs um Selbstständigkeit und
      Existenzgründung ..................................... 38
    2.2.1 Im Kraftfeld unternehmerischer Dynamik:
          Das unternehmerische Selbst ...................... 38
    2.2.2 Die Illusion der Freiheit: Scheinselbstständige und
          Arbeitskraftunternehmer .......................... 43
    2.2.3 Die ökonomische Sicht: Der Entrepreneur als Motor
          individueller, ökonomischer und gesellschaftlicher
          Entwicklung ...................................... 45
    2.2.4 Die psychologische Perspektive ................... 51

  2.3 Soziodemografische Daten und empirische Ergebnisse zur
      Existenzgründung ..................................... 59
    2.3.1 Allgemeine Daten zur Existenzgründung ............ 59
    2.3.2 Tendenz: Zunahme der Solo-Selbstständigkeit ...... 63
    2.3.3 Tendenz: Prekarisierung der Selbstständigkeit .... 64

  2.4 Der ältere Existenzgründer im Fokus .................. 65
    2.4.1 Was sind »ältere Existenzgründer«? ............... 65
    2.4.2 Zur Situation älterer Existenzgründer ............ 66
    2.4.3 Motivlagen älterer Existenzgründer ............... 69
    2.4.4 Stärken und Schwächen, förderliche und hemmende
          Persönlichkeitsfaktoren .......................... 71
    2.4.5 Spezielle Herausforderungen und Unterstützungs-
          notwendigkeiten im Gründungsprozess .............. 74

**3 Existenzgründung im Kraftfeld der demografischen Entwicklung** .................................... 77
3.1 Im Sog der demografischen Veränderungen ................ 77
   3.1.1 Die Verringerung der Geburtenrate und die Verlängerung der Lebenserwartung ............................. 78
   3.1.2 Die Herausbildung des vierten Lebensalters und die »jungen Alten« .............................. 81
3.2 Die Entgrenzung der Erwerbsarbeitsphase ................ 83
   3.2.1 Paradigmenwechsel: Von der Frühverrentung zur verlängerten Lebensarbeitszeit ..................... 83
   3.2.2 Nachberufliche Rollenübernahmen und Tätigkeiten .... 84
   3.2.3 Silver Work – Arbeit in und nach der Übergangsphase zur Pensionierung ................................. 86
3.3 Alters(leit)bilder – vom Disengagement zum kompetenten Alter ..................................... 88

**4 Existenzgründung im Kontext von Sozialisation, Lebenslauf und Karriereentwicklung** .................... 93
4.1 Lebenslauf, Sozialisation und Statuspassagen .............. 93
   4.1.1 Konzepte menschlicher Entwicklung ................ 93
   4.1.2 Lebenslauf und Sozialisationsprozesse ............... 95
   4.1.3 Das Konzept der Lebensspanne .................... 97
   4.1.4 De-Institutionalisierung des Lebenslaufs ............. 98
   4.1.5 Existenzgründung als Trennung und Übergang: Statuspassagen und Krisen ....................... 100
   4.1.6 Weiterführende Überlegungen .................... 102
4.2 Psychoanalytische Aspekte der Entwicklung im reifen Erwachsenenleben .................................... 104
   4.2.1 Das Ringen zwischen Stagnation und Generativität als Hauptkonflikt des höheren Erwachsenenalters – Erikson und die Erweiterungen seines Konzepts ....... 105
   4.2.2 Verlust, Trennung und Tod – Angstabwehr im reifen Erwachsenenalter ................................ 114
   4.2.3 Das fragile Größenselbst .......................... 118
4.3 Berufliche Sozialisation ................................ 120
   4.3.1 Modelle der Karriereentwicklung .................. 120
   4.3.2 Die Verschiebung beruflicher Ziele in Richtung Emotionsregulation .............................. 124

**5 Untersuchungsdesign – Grundlagen und Hypothesen der Untersuchung** .................................... 127
5.1 Untersuchungsansatz und Präzisierung der Forschungsfragen 127
    5.1.1 Anlage der Studie und Erhebungsmethode ............ 129
    5.1.2 Gütekriterien .................................... 130

5.2 Die Erhebungsmethode: biografisch-narrative Interviews .... 132

5.3 Die Erhebung ......................................... 133
    5.3.1 Das Sample ...................................... 133
    5.3.2 Durchführung der Interviews und Besonderheiten ..... 137

5.4 Auswertung der Interviews und Generierung der Ergebnisse 141
    5.4.1 Auswertung als mehrstufiger Prozess ................ 142
    5.4.2 Die Analyse der einzelnen Fälle auf der Grundlage der Grounded Theory als erster Schritt .............. 142
    5.4.3 Tiefenhermeneutischer Zugang ..................... 144
    5.4.4 Verdichtung und Typisierung ....................... 148

5.5 Reflexion über die Rolle des Forschers .................... 150

**6 Ergebnisse der Untersuchung** ......................... 155
6.1 Biografische Motivkonstellationen und psychosoziale Funktionen der Existenzgründung ........... 156
    6.1.1 Die reparative Dimension der Existenzgründung: Zwischen Verwundung und Selbstfürsorge ........... 157
    6.1.2 Die protektive Dimension der Existenzgründung: Existenzgründung als Angstabwehr ................. 175
    6.1.3 Die innovative Dimension: Zwischen Stagnation und Generativität – das Ringen um die biografische Innovation ...................................... 197

6.2 Existenzgründung als Prozess – Schritte auf dem Weg in die Selbstständigkeit ..................................... 220
    6.2.1 »*Lieber zu Hause ein König als draußen ein Knecht*« – Gründerporträt Herr J. ............................ 221
    6.2.2 Die Phasen der Existenzgründung ................... 227
    6.2.3 Abschiedsrituale ................................. 230
    6.2.4 Die Leere – Phase der persönlichen und professionellen Reorganisation ................................... 234
    6.2.5 Brückentätigkeiten als Übergangsräume .............. 241
    6.2.6 Lernprozesse .................................... 244
    6.2.7 Zusammenfassende Bemerkungen und theoretische Reflexion ....................................... 251

6.3 Gelingensbedingungen – interne und externe Ressourcen .... 259
   6.3.1 »Gepuffert« – ökonomisches Kapital älterer
       Existenzgründer ................................. 259
   6.3.2 »Die sichere Scholle« – Familie, Ehepartner, Netzwerke
       und Institutionen im Gründungsprozess ............. 262
   6.3.3 Väter, Mütter, Vorbilder und Mentoren als innere
       Ressource ....................................... 268
   6.3.4 »Mein Raum, mein Auto« – Räume, Übergangsobjekte
       und Statussymbole im Existenzgründungsprozess ..... 275
   6.3.5 Zusammenfassung und theoretische Reflexion ........ 282

**7 Zusammenfassung, Diskussion und Modellbildung** ....... 295
7.1 Wichtige Ergebnisse im Kontext der empirischen Forschung
    zu älteren Existenzgründern .......................... 295

7.2 Typologische Verdichtung ............................. 299

7.3 Forschungsperspektiven und Empfehlungen .............. 305
   7.3.1 Forschungsperspektiven ......................... 305
   7.3.2 Empfehlungen und Anregungen zur Institutionalisierung
       von Beratung und weiteren Hilfestellungen ........... 307

**8 Fazit: Der ältere Existenzgründer als besonnener
   Entrepreneur** ........................................ 311

**Literaturverzeichnis** ..................................... 317

# Vorwort von Prof. Dr. Dr. Rolf Haubl

Thema der vorliegenden Untersuchung ist die biografische Einbettung der Entscheidung von männlichen Führungskräften, ihre Unternehmen, in denen sie angestellt sind, im Alter von 50plus zu verlassen und eine Existenzgründung durch Solo-Selbstständigkeit anzustreben, die keine Notgründung ist, sondern anderen Motiven folgt. Die Rekonstruktion dieser Motive steht im Zentrum des Interesses. Dabei erhebt Ullrich Beumer den Anspruch, die Komplexität solcher Entscheidungsprozesse abzubilden, da die bisherigen Untersuchungen in diesem Forschungsfeld eher unterkomplex bleiben. Und er löst diesen Anspruch ein.

Aufgrund seiner psycho- und soziodynamischen theoretischen und forschungspraktischen Ausrichtung fokussiert Ullrich Beumer auf das Ineinanderwirken von Außenwelt und Innenwelt, sprich: von personalmarkt- und organisationsbedingten Erwerbsstrukturen einerseits sowie individuellen kognitiven, emotionalen und sozialen Ressourcen andererseits. Der Übergang in eine Solo-Selbstständigkeit wird als kritisches Lebensereignis modelliert, das die Regulierung von Risiken erfordert, ohne die es keine realistischen Entscheidungen und damit auch keinen ökonomischen Erfolg gibt.

Die Relevanz der Fragestellung ist zweifelsfrei gegeben, schließt sie doch an den seit Jahrzehnten laufenden Diskurs um die sozioökonomische Figur des »Entrepreneurs« an. Wie Ullrich Beumer ideengeschichtlich kenntnisreich herausarbeitet, wird mit dieser Figur (und ihren jüngeren Verwandten) eine Risikobereitschaft idealisiert, für die es kein Scheitern zu geben scheint.

Allenthalben wird spürbar, welche Faszination es bei seinen Interviewpartnern weckt, selbständig zu werden. Wenn Ullrich Beumer seine Untersuchung mit dem Vorschlag enden lässt, den Typus eines »besonnenen Entrepreneurs« zur Leitfigur zu erheben, die fähig und bereit ist, erhebliche Risiken einzugehen, ohne sich verführen zu lassen, die eigenen Grenzen zu unterschätzen, dann läuft die Entwicklung auf einen voraussetzungsvollen Balanceakt hinaus.

Die vorliegende Untersuchung ist nicht nur biografieanalytisch relevant, sondern auch demographisch. Immer mehr Menschen erreichen (in modernen Gesellschaften) ein Alter 50plus, in dem sie noch so leistungsfähig und leistungsbereit sind, dass sie ein Desengagement für zu früh erachten. Gesellschaftlich sind das ungenutzte Ressourcen. Ehrenamt und eben Solo-Selbstständigkeit lassen sich als Arbeitsformen begreifen, diese Ressourcen zu verwerten. Individuell sind es Formen, sich gesellschaftlich nützlich zu machen und dadurch einen Selbstwertverlust zu vermeiden, wie er in Arbeitsgesellschaften spätestens beim Eintritt in die Rente droht. Dabei geht es den befragten Solo-Selbstständigen nicht in erster Linie um Gelderwerb, da die meisten von ihnen zumindest für die ersten Gründungsjahre ökonomisch abgesichert sind. Was sie wirklich bewegt, liegt nicht immer auf der Hand. Bei etlichen der Befragten gewinnt man mit Ullrich Beumer den Eindruck, dass sie sich erst im Laufe der Realisierung ihres Projektes selbst darüber bewusst werden, was ihre »wahren« Motive sind.

Der Erfolg von »Spätzündern« hängt davon ab, ob ein potenzieller Gründer 50plus nicht nur über hinreichende materielle Ressourcen, sondern auch über hinreichende soziale und psychische Ressourcen verfügt, die er mitbringt oder sich – vor allem durch »learning by doing« – beschaffen kann.

»Selbständigkeit« ist in diesem Zusammenhang ein Faszinosum, das eine institutionalisierte Erwerbsform mit einem Begehren kurzschließt, sei es libidinös, narzisstisch oder aggressiv. Eine solche Psychodynamik taucht in den tiefenhermeneutischen Fallanalysen, die Ullrich Beumer durchführt, allenthalben auf.

Die Untersuchung liest sich als große dichte – mehrstimmige – Erzählung, die in der bisherigen Forschungsliteratur ihresgleichen sucht. Wenn Ullrich Beumer dabei auf »Gelingensbedingungen« abstellt (und nicht auf Bedingungen des Scheiterns, was kein Äquivalent sein dürfte), zeigt sich darin ein grundlegender Optimismus des Autors, der seinen Text dementsprechend emotional tönt.

Um Gelingensbedingungen zu finden, rekonstruiert Ullrich Beumer seine Interviews zum einen im Hinblick auf eine Typologie möglicher Gründungsmotive, zum anderen im Hinblick auf mögliche Phasen, die ein potentieller Gründer von der ersten Gründungsidee bis zu den ersten Erfolgsbilanzen durchläuft.

Ullrich Beumer hat seine Interviews mit einzelnen Gründern geführt. Rekonstruiert wird ihre Sicht. Das suggeriert schnell, die jeweils getroffene lebensgeschichtliche Entscheidung hinge einzig und allein von ihnen ab. Ullrich Beumer stellt zu Recht heraus, dass dem nicht so ist. Die Entscheidungen fallen in einer Matrix sozialer Beziehungen, die das Projekt unterstützen oder es behindern. Besonderes Augenmerk richtet Ullrich Beumer auf die Familien der Gründer, deren Mitglieder sich mehr oder weniger in den Entscheidungsprozess einmischen, was gelegentlich verlangt, ein passendes Konfliktmanagement zu betreiben.

Neben familialer Unterstützung zählt Gesundheit zu den wichtigsten nicht-ökonomischen Ressourcen, da zumindest die ersten Jahre im neuen Geschäft für einen Solo-Selbstständigen außerordentlich anstrengend sind, oft anstrengender als die abhängige Erwerbsarbeit, aus der sie aussteigen.

Ullrich Beumer lässt seine Interviewpartner ausführlich zu Wort kommen. Dadurch wird seine Darstellung zum einen erfreulich lebendig, zum anderen erlaubt es dem Leser, seine Interpretationen materialreich nachzuvollziehen.

Ullrich Beumer deklariert seine Methode als tiefenhermeneutisch, was heißt: Er ist bemüht, unbewusste Bedeutungen zu erschließen. Wer mit dem Konzept des Unbewussten operiert, darf Unbewusstheit nicht einfach behaupten, sondern ist gefordert, seine Behauptung hinreichend zu begründen. Da die Nachweise von Unbewusstheit sehr voraussetzungsvoll sind, geht Ullrich Beumer zu Recht sehr vorsichtig mit entsprechenden Zuschreibungen um und markiert sie stets als Vermutungen.

Ullrich Beumer imponiert zum einen durch seinen profunden Überblick über den interdisziplinären Wissensstand in puncto Existenzgründer 50plus. Zum anderen ist es die Praxisnähe der Fallanalysen, die Eindruck macht, nicht zuletzt deshalb, weil sie durch den praktischen Erfahrungsreichtum von Ullrich Beumer als Organisationsberater anschaulich und gesättigt sind.

Eindrucksvoll stellt er unter Beweis, wie notwendig es ist, die psychosoziale Logik vermeintlich rein sachlicher Entscheidungen zu verstehen, um geeignete Ansatzpunkte für bedarfsorientierte professionelle Gründungsberatungen zu finden.

Auch wenn nicht alle Aspekte, die Ullrich Beumer anspricht, bis ins Letzte Detail ausgearbeitet sind, so ist der erreichte Erkenntnisgewinn doch beträchtlich. Darüber hinaus skizziert er die Umrisse einer Forschungsagenda, die lohnt, weiter verfolgt zu werden, da in der spätmodernen Arbeitsgesellschaft nicht nur mit einer Zunahme von Not-Gründungen in der Altersgruppe 50plus zu rechnen ist, sondern auch mit der Zunahme von selbstständigen Erwerbsformen, die einem befürchteten altersbedingten Sinnverlust entgegenwirken.

Die vorliegende Untersuchung ergibt kein Handbuch der Gründerberatung. Was sie aber zu leisten vermag, ist das Angebot einer instruktiven Orientierungshilfe, die verschiedene Wissensbestände erkenntnisproduktiv verbindet.

Prof. Dr. Dr. Rolf Haubl
Frankfurt am Main, den 3. Oktober 2017

# 1 Einleitung: Selbstständig-Werden im reifen Erwachsenenalter

> Es knospt
> unter den Blättern
> das nennen sie Herbst.
>
> *Hilde Domin*

Die vorliegende Arbeit handelt von der Existenzgründung erwachsener Männer, die das 50. Lebensjahr erreicht oder überschritten haben. Sind es »Spätzünder«, die einen psychischen und beruflichen Ablösungsschritt nachholen, der zu einem früheren Zeitpunkt misslungen oder noch gar nicht im Blick war? Oder handelt es sich um »Frühstarter«, also Menschen, die eher als andere erkennen, dass die Gestaltung des Alters angesichts des demografischen Wandels rechtzeitig geplant werden sollte und einer mutigen persönlichen Entscheidung bedarf, um im höheren Alter selbstbestimmter arbeiten zu können, als dies berufliche Tätigkeiten und Führungsrollen in großen Unternehmen zulassen? Ist es ein vorgezogener Abschied oder ein unerwarteter Neubeginn? Das Gedicht der Lyrikern Hilde Domin legt nahe, dass solche Prozesse möglicherweise gleichzeitig geschehen können und dass sie auf eine irritierende Weise ineinandergreifen.

Üblicherweise treten im Alter um das 50. Lebensjahr Krisen in der Karriereentwicklung auf, in denen aufseiten der Organisation und aufseiten der Führungskraft Entscheidungen getroffen werden müssen. Weiterer Aufstieg, berufliche Neuorientierung im Sinne einer lateralen Karriere, Wechsel des Arbeitgebers oder aber auch beginnende Vorbereitungen auf einen – nicht selten frühzeitigen – Ausstieg aus dem Berufsleben sind die Alternativen, vor denen die Beteiligten stehen.

Im Kontext der Existenzgründungsdebatte richtet sich der Blick in dieser Arbeit auf eine soziale Gruppe, die man nicht als »Standardgründer«, sondern im Gegenteil als in mehrfacher Hinsicht »privilegierte Gründer« (vgl. Kontos 2004) bezeichnen muss. Es ist beileibe nicht selbstverständlich, sich in diesem relativ späten Alter noch selbstständig zu machen, dies geschieht – wenn überhaupt – dann üblicherweise eher im Alter zwischen 35 und 45 Jahren. Als ehemalige Führungskräfte der zweiten Ebene in größeren Unternehmen oder in leitenden Funktionen von sozialen, gemeinnützigen oder öffentlichen Organisationen sind die Betroffenen insofern mehrfach privilegiert, als sie ökonomisch abgesichert sind und über die nötigen finanziellen sowie meist auch sozialen Ressourcen verfügen, um diesen Schritt in die Selbstständigkeit tun zu können. Es handelt sich also um Personen – im Fall der vorliegenden Untersuchung nur um männliche Führungskräfte –, die den Schritt in die Selbstständigkeit nicht aus materieller Not und damit einhergehender Verzweiflung tun. Sie riskieren aber gleichwohl etwas, nämlich die Möglichkeit, einen Teil ihres erworbenen ökonomischen Kapitals und ihres Status zu verlieren. In fast allen Fällen ahnen sie, dass es nach dem Ausscheiden aus dem Unternehmen keinen Weg zurück in die Sicherheit eines Angestelltenverhältnisses mehr geben wird: Die Firmen bzw. Organisationen sind in den meisten Fällen dankbar, einen im Regelfall hoch bezahlten Mitarbeiter von der Gehaltsliste streichen zu können.

Zu fragen ist nach der biografischen Bedeutung dieses Schritts, nach den strukturellen und individuellen Möglichkeiten und Begrenzungen sowie nach den Bezogenheiten der Existenzgründer. Existenzgründung ist in diesem Sinne immer eingebettet in Beziehungen, Strukturen, soziale Bezüge und wird so zu einem soziologischen Forschungsgegenstand.

Auf der persönlichen Ebene stellt sich u. a. die Frage, ob und wie die Entscheidung zur Existenzgründung und der dazu notwendige Prozess der Verselbstständigung durch vorhergehende psychische Entwicklungen beeinflusst wird, etwa im Sinne eines nachholenden Entwicklungsbedürfnisses als eine Art »später Zündung« (Franke 2009).

## *Ausgangsüberlegungen und Ansatz der Untersuchung*

### Die Existenzgründungsdebatte

Zum Thema der Existenzgründung gibt es zahlreiche wirtschaftswissenschaftliche, psychologische und soziologische Studien (einen Überblick vermitteln z. B. Rauch/Frese 1998; Bögenhold/Fachinger 2012a). Diese Untersuchungen unterliegen häufig einer historischen und kulturellen Begrenzung: Die Auseinandersetzung mit dem Unternehmertum ist vor allem im amerikanischen Raum unter dem Stichwort »Entrepreneurship« verbreitet. Europäer und speziell Deutsche gelten aber hinsichtlich der Bereitschaft zur Existenzgründung eher als vorsichtig oder zugespitzter formuliert als »risk-averse«. Dies war die einhellig geteilte Einschätzung von Fachleuten unterschiedlicher Herkunft und Orientierung im Rahmen eines Symposiums zur »Entrepreneurship« (vgl. ausführlich ESMT 2015).

In Deutschland hat sich diese eher skeptische Haltung gegenüber der Selbstständigkeit aufgrund politischer Entwicklungen erst gegen Ende des vergangenen Jahrhunderts schrittweise verändert. Angesichts hoher Arbeitslosigkeit, einer generellen Entwicklung in Richtung unsicherer Arbeitsverhältnisse und latent ständig drohender Arbeitslosigkeit für immer größere Teile der Bevölkerung hat sich die Aufnahme einer selbstständigen Tätigkeit als Alternative zur abhängigen Beschäftigung als eine vermeintlich attraktive Möglichkeit deutlicher in den Vordergrund geschoben. Sie wurde auch politisch in Form der sogenannten »Ich-AGs« forciert, um die Arbeitslosenzahlen zu senken. Viele dieser Existenzgründungen sind eher den Not- oder »Push-Gründungen« (vgl. Bögenhold/Fachinger 2011) zuzurechnen. Es hat aber im Zuge dieser Entwicklung und vermutlich aufgrund einer allgemeinen gesellschaftlichen Strömung in Richtung eines »unternehmerischen Selbst« (Bröckling 2007) einen spürbaren allgemeinen Aufschwung der Aufnahme selbstständiger Tätigkeiten gegeben.

Die Menschen, die diese Richtung eingeschlagen haben, unterscheiden sich allerdings meistens von den klassischen Entrepreneuren, deren Wesensmerkmal die neue, z. T. revolutionäre Geschäftsidee ist und die einen Bruch mit alten Produkten, Prozessen und Strukturen herbeiführen wollten. Diese klassische Form entsprach der Idee der »schöpferischen Zerstörung« (Schumpeter 1939). Dabei stand vor allem eine Persönlichkeit des Entrepreneurs im Fokus, die als eine Art charismatische Figur mit ganz besonderen persönlichen Eigenschaften ausgestattet ist und über eine große Durchsetzungsfähigkeit und einen spezifischen, erfolgreichen Leitungsstil verfügt. Die Frage ist, ob die neuen Selbstständigen (vgl. Siegl 2012), die vor allem als Einpersonenunternehmen oder Solo-Selbstständige in Erscheinung treten, mit den Beschreibungen des klassischen Entrepreneurs angemessen charakterisiert werden können. Sie ähneln oft eher freischaffenden Künstlern als den erfolgreichen Ikonen der Gründerszene, wie man sie vor allem im IT-Bereich kennt.

Faltin (2001) hat als die drei wesentlichen Bausteine der innovativen Selbstständigkeit die Geschäftsidee, die Person und das Geld genannt. Das Innovative, das entsprechend Schumpeters Konzept vor allem im Bereich der Geschäftsidee liegt und dazu lediglich einer bestimmten Persönlichkeit bedarf, ist bei den neuen Selbstständigen eher auf einer anderen Ebene anzusiedeln, die näher an der Persönlichkeit und ihrer Entwicklung zu verorten ist.

## Der demografische Wandel

Gleichzeitig fällt diese individuelle Entscheidung zur Existenzgründung und der Entwicklung in Richtung einer selbstständigen Tätigkeit in einen

Kontext sozialen Wandels, der unter dem Schlagwort »demografischer Wandel« nicht nur Gesellschaft, Politik und Unternehmen, sondern auch den einzelnen Menschen möglicherweise frühzeitige Weichenstellungen in Richtung neuer Drehbücher des Alterns abfordert, ja diese vielleicht überhaupt erst möglich macht.

Ältere Selbstständige kamen in den Auseinandersetzungen um die Förderung selbstständiger Tätigkeit bisher wenig vor. Dies hat sich mit dem demografischen Wandel als mächtigem Einflussfaktor auf politische, ökonomische und soziale, aber auch individuelle Entscheidungen geändert. Der demografische Wandel gilt als Kombination von drei Faktoren, nämlich einer niedrigeren Geburtenrate, einer durch medizinische und soziale Faktoren bewirkten verlängerten Lebenserwartung sowie schließlich der durch diese beiden Entwicklungen verursachten Umkehr des Altersaufbaus der Gesellschaft (Stichwort »Alterspyramide«). Er ist kurzfristig nicht reversibel, da eine Umkehr der Entwicklung eine deutlich höhere Geburten- oder Einwanderungsrate erfordern würde. Die Folge sind massive sozialpolitische Probleme (vgl. Motel-Klingebiel 2006), da der demografische Wandel zu einer Störung des ökonomischen Gleichgewichts im Bereich der Renten führt. Daraus werden vor allem zwei Konsequenzen gezogen: Zum einen mindert die Erhöhung des Renteneintrittsalters den finanziellen Druck auf die sozialen Sicherungssysteme. Zum anderen erfolgt eine mehr oder weniger deutliche Verlagerung der Verantwortung für die Sicherung der ökonomischen Basis im Alter auf den Einzelnen. Unternehmerisches Handeln, wie es Bröckling als generelle Strömung ausgemacht hatte, wird in diesem Zusammenhang zunehmend auch für die älteren Mitglieder der Gesellschaft attraktiv.

Es gilt also, auf allen Ebenen neue Lösungen zu finden, und eine dieser Lösungen besteht möglicherweise in der Selbstständigkeit im Alter als einer alternativen oder zusätzlichen Form, für sein Einkommen nach der Pensionierung zu sorgen. Man kann diese Tendenz durchaus kritisch bewerten, da sie das Prinzip des Sozialstaats aushöhlt oder sogar zerstört (Kontos 2004). Existenzgründungen im Alter erscheinen aus dieser Perspektive dann eher als Variante des »Arbeitskraftunternehmertums« (Voß/Pongratz 1998), deren Kern die beschriebene Verlagerung der Verantwortung auf die einzelne Person ist. Allerdings liegen in den Folgen des demografischen Wandels auch historisch einzigartige Möglichkeiten, tradierte Lebensmodelle zu überdenken und neue Konzepte zu entwickeln sowie das »Drehbuch des Alters« (Ludwig 2008) jenseits vorgegebener Wege neu und vor allem auch selbst zu schreiben.

Zu den positiven Veränderungen gehört, dass ältere Menschen aufgrund der verlängerten Lebensphase und der allgemein verbesserten

Gesundheitssituation zunehmend auch bessere Voraussetzungen mitbringen, um die traditionelle »nachberufliche« Lebensphase nach der Pensionierung zu gestalten. Künemund (2006) hatte darauf verwiesen, dass sich die Tätigkeiten älterer Menschen deutlich weg von einer lange Zeit vorherrschenden Freizeitorientierung in Richtung nachberuflicher Tätigkeit oder bürgerschaftlichen Engagements orientieren werden.

## Die Veränderung der Lebensphasen

Mit der Verlängerung der Lebenszeit und ihrer Gestaltung geht einher, dass sich die traditionellen Einteilungen des menschlichen Lebens in drei Phasen – Kindheit/Jugend, Erwachsenenalter und Alter – verändern und in wissenschaftlichen Abhandlungen um die sogenannte vierte Lebensphase erweitert worden sind (vgl. Backes/Clemens 1998). Honneth stellt dazu fest:

> Nichts zeigt jedoch deutlicher, wie neu dieses Phänomen ist, als die Tatsache, dass ein Begriff, mit dem man es bezeichnen könnte, noch immer fehlt: nach wie vor sprechen wir von den »Alten« und fügen bei einem Alter über achtzig häufig nur ein »sehr« davor oder verwenden den Ausdruck »hochaltrig«. (2007, S. 147)

Honneths Feststellung trifft explizit auch für die neue Lebensphase zu, die in dieser Untersuchung angesprochen ist, nämlich die Phase zwischen 50 und 75 Jahren. Hier wird wahlweise von der Existenzgründung »junger Alter« (Dyk van/Lessenich 2009), »Existenzgründung in der zweiten Lebenshälfte« (Franke 2012) oder auch – im betrieblichen Kontext »reifen« Erwachsenen oder gar »mature talents« gesprochen. Andere Autoren rechnen dieses Alter dem mittleren bzw. höheren Lebensalter zu (vgl. Poscheschnik/Traxl 2016). Unternehmen nutzen Begriffe, denen ein Element der Leugnung des Alterungsprozesses anhaftet, wenn sie etwa von »Silver Workers« oder vom »Golden Ager« sprechen, wobei latent die Bedeutung enthalten ist, dass es sich um eine kaufkräftige Zielgruppe handelt. Entsprechend der Unsicherheit hinsichtlich einer adäquaten Begrifflichkeit zur Bezeichnung dieser Phase wird im Folgenden auch immer wieder auf die unterschiedlichen Bezeichnungen zurückgegriffen und eine Festlegung vermieden.

Der noch fehlende Begriff für diese neue Zwischenphase macht deutlich, dass es sich nicht nur aus individueller Sicht um eine Transformationsphase handelt, sondern dass sich darin auch eine gesellschaftliche Transformation abzeichnet.

Die Zeit um die Mitte der Vierzigerjahre im Leben und in der Karriere von Berufstätigen gilt als eine Phase, nach der sich die beruflichen Karriereaussichten einengen und die beruflichen Möglichkeiten am Arbeitsmarkt verschlechtern. In einigen Unternehmen ist eine Weiterentwicklung ab diesem Zeitpunkt schwierig oder gar nicht mehr vorgesehen und vor allem wird ein Wiedereinstieg in ein Beschäftigungsverhältnis nach einer Unterbrechung deutlich schwieriger (vgl. Franke 2012). Das betrifft natürlich die Entscheidung zur Existenzgründung, die mit einem Ausstieg aus dem Beschäftigungsverhältnis verbunden ist, sehr stark. Die Kenntnis dieser Situation erhöht das Risiko deutlich, falls die Existenzgründung scheitern sollte. Man kann die Aufnahme einer selbstständigen Tätigkeit aber auch als eine kreative Lösung der Zuspitzung in diesem Alter sehen, mit der Menschen auf die drohenden Verluste und Abbauprozesse mit einer symbolischen Gegenbewegung reagieren.

Bude (2016, S. 84) hat das Lebensalter, um das es in dieser Untersuchung geht, als »Prominenzphase« des Lebenslaufs betitelt, in der gesellschaftliche diese Alterskohorte die »Richtlinienkompetenz im Generationsverhältnis« besitze. Dies deutet darauf hin, dass der Ausstieg aus der Organisation und der Führungsrolle nicht nur als Element des Alternsprozesses zu sehen ist, sondern möglicherweise auch mit dem Anspruch gesellschaftlicher Veränderung verknüpft sein könnte.

## *Ansatz der Untersuchung und wissenschaftstheoretische Orientierung*

Der Diskurs um Existenzgründung teilt sich weitgehend in zwei Richtungen: Auf der einen Seite wird aus ökonomischer Sicht die Existenzgründung als eine Art Idealform der ökonomischen Tätigkeit angesehen und unter dem Begriff der »Entrepreneurship« weitgehend idealisiert. Auf der anderen, eher soziologisch geprägten Seite, ist die Diskussion gekoppelt an Fragen der sozialen Exklusion (vgl. Apitzsch/Kontos 2008), d. h., der Weg in die Selbstständigkeit wird als eine individuelle Strategie der Integration bzw. Reintegration in den Arbeitsmarkt gesehen. Das ist zu berücksichtigen, um einer vorschnellen Idealisierung der Existenzgründung zu entgehen. So stellt sich zugespitzt auch die Frage, ob Existenzgründer »Helden oder Feiglinge sind« (Voss o.J., S. 1), im letzteren Fall also Menschen, die möglicherweise nicht aus Gründen der persönlichen Weiterentwicklung risikofreudig handeln, sondern um drohenden Enttäuschungen einer zu erwartenden Kränkung in Form von Karriereblockaden, Versetzungen o.Ä. zu entgehen. Existenzgründungen – auch in der privilegierten Situation der älteren Führungskraft – bewegen sich im Spannungsfeld zwischen »Ökonomie der Not und Ökonomie der Selbstverwirklichung« (Bögenhold 1989).

In der vorliegenden Untersuchung geht es – wenn man die drei Grundelemente »Idee-Mensch-Kapital« von Faltin (2001) zugrunde legt – vorrangig um den Faktor »Mensch«. Dabei steht nicht allein eine rein psychologische Sicht, etwa in Form der bereits ausführlich erforschten Persönlichkeitseigenschaften, die für eine Existenzgründung hilfreich sind, im Mittelpunkt (vgl. dazu etwa Rauch/Frese 2008). Grundlage dieser Arbeit ist ein biografischer Ansatz, wie ihn etwa Kontos (2008) oder Becker-Schmidt (1994) im Hinblick auf Lebenslauf und Existenzgründung formuliert haben.

Entrepreneurship ist demnach ein Phänomen, das nicht nur in soziale Beziehungen und Netzwerke eingebunden ist sowie rechtliche und ökonomische Aspekte zu berücksichtigen hat, sondern Existenzgründungen sind aus dieser Perspektive vor allem eingebettet in biografische Prozesse. Es geht im Kern um die Analyse eines zunächst subjektiven Veränderungsprozesses im Kontext gesellschaftlicher, d. h. politischer, sozialer, institutioneller und auch generationeller Entwicklungen und deren Auswirkungen auf die Psyche des Einzelnen. Es soll untersucht werden, wie sich soziale Veränderungen wie der demografische Wandel und die Forderung nach größerer Selbstverantwortung im Sinne eines unternehmerischen Selbst in individuelle Muster der Lebensführung übersetzen und welche Rolle solche Prozesse in der Entscheidung zur Existenzgründung spielen.

Diese Arbeit ist daher mikrosoziologisch angelegt und folgt wissenschaftstheoretisch einer biografisch-hermeneutischen Orientierung (vgl. Kontos 2004, S. 83). Im Unterschied zu quantitativen Verfahren rekonstruiert das biografisch-hermeneutische Verständnis Prozesse. Es geht um die Frage, wie sich gesellschaftliche Dynamiken, etwa das »unternehmerische Selbst« (Bröckling 2007) und institutionelle Prozesse in der Lebensführung, insbesondere in der Frage der Gestaltung der beruflichen Tätigkeit im höheren Erwachsenenalter niederschlagen und wie sie psychisch und sozial verarbeitet werden. Im vorliegenden Fall stehen dabei die inneren und äußeren Bedingungen der Entstehung und des Verlaufs von Existenzgründungen älterer Führungskräfte im Fokus der Aufmerksamkeit. Existenzgründungen werden in diesem Sinne als Phänomene gesehen, die nicht allein im ökonomischen, rechtlichen und strukturellen Kontext verstanden werden können oder rein psychologisch zu erklären wären, sondern ebenso eingebettet sind in biografische Prozesse. Biografische Einbettung impliziert, dass der Verselbstständigungsprozess in Zusammenhang mit anderen lebensgeschichtlichen, vor allem berufsbiografischen Erfahrungen steht. Teilweise reichen diese Einflüsse weit in die persönliche Geschichte zurück, andere Phänomene sind nur aus Dynamiken verstehbar, die sich in anderen Bereichen der individuellen Biografie abspielen, wie etwa in familiären oder sozialen Kontexten. Existenzgründung ist ein Phänomen, das weite Teile der Identität und

Lebensgeschichte des Gründers berührt und nur aus diesen Zusammenhängen umfassend verstehbar wird.

Ein wichtiges Element des biografischen Verständnisses ist darüber hinaus die Annahme, dass psychische und soziale Prozesse in komplexer Weise ineinandergreifen und aufeinander bezogen sind. Die innerpsychische Realität ist nicht allein Ausdruck innerer Dynamiken sondern auch eine Folge der Internalisierung äußerer Realität und umgekehrt (vgl. Haubl, Schülein 2016, S. 219).

Soziales – etwa im Sinne gesellschaftlicher Strömungen – transformiert sich in individuelle Handlungsweisen, Empfindungen und Entscheidungen und diese wiederum implizieren gleichzeitig ein aktives Einwirken auf soziale und gesellschaftliche Prozesse (vgl. King 2014, S. 4).

Eine prozessorientierte Sichtweise der Existenzgründung basiert schließlich auch auf der Unterscheidung zwischen bewussten und unbewussten Motiven menschlichen Handelns. Wenn man die Biografie des jeweiligen Existenzgründers in den Mittelpunkt stellt, ist leicht einsichtig, dass nicht alle biografischen Rahmenbedingungen direkt der Reflexion zugänglich sind. Sie wirken teilweise unbewusst und bedürfen einer spezifischen Untersuchungsmethode, um ihre latente Bedeutung besser zu verstehen.

Jeder wissenschaftliche Zugang benötigt entsprechende, gegenstands- und konzeptangemessene Methoden. Das hermeneutische Vorgehen impliziert an dieser Stelle ein Verständnis sozialer Handlungen mit Hilfe von Empathie und Verstehen. Es bedient sich dabei der Kunst einer angemessenen und nachvollziehbaren Interpretation vor allem der Aussagen und Handlungen der befragten Existenzgründer und der Erschließung von Sinnzusammenhängen. Daraus folgend steht die Anwendung qualitativer empirischer Methoden im Vordergrund, die dies gewährleisten können und die einer Tradition »psychoanalytisch inspirierter Sozialforschung« (Haubl, Schülein 2016, S. 193) zuzurechnen sind.

Die Untersuchung der Motivation der älteren Führungskräfte folgt ebenfalls einem biografisch geprägten Motivationsverständnis, wie es Kontos (2008) formuliert hat. Dazu gehört zunächst als wichtigstes die Prozesshaftigkeit, d. h. die Erkenntnis, dass sich Entscheidungen wie die zur Existenzgründung nicht als kurzfristiger Akt verstehen lassen, sondern von Einflüssen geprägt sind, die wie beschrieben z. T. tief in die jeweilige Biografie hineinreichen. Dies weist auf eine hohe Komplexität hin, die vereinfachende Konzepte nur ungenügend erfassen. Eine übliche Polarisierung in Richtung »Gründung aus wirtschaftlicher Not vs. Gründung als Selbstverwirklichung« greift hier vermutlich zu kurz. Das betrifft nicht nur die beiden benannten Pole, sondern den eher ausschließenden Charakter einer solchen Gegenüberstellung insgesamt.

Schließlich impliziert ein biografisches Verständnis von Motivation auch die Annahme, dass Motivationsstrukturen vielschichtig sind, dass also bei der Entscheidung zur Existenzgründung nicht nur ein einziges Motiv wirksam wird, sondern möglicherweise ein Bündel unterschiedlicher, z. T. unbewusster Motivationsstränge ineinandergreift.

Die Einbettung der Entscheidung zur Existenzgründung in biografische Prozesse bedeutet auch, dass sie nicht nur als Ergebnis zurückliegender Erfahrungen begriffen werden kann, sondern auch auf die Zukunft gerichtet ist. Dabei werden die Betroffenen ausdrücklich als Subjekte der eigenen Entwicklung gesehen. Individuelle Entscheidungen werden zwar im Kontext gesellschaftlicher, sozialer und institutioneller Rahmenbedingungen getroffen, aber sie lassen sich nicht darauf reduzieren. Und sie haben – wenn auch nicht bewusst – Wirkungen über das eigene Handeln hinaus, sie schaffen neue Realitäten nicht nur im individuellen Leben, sondern von ihnen können Impulse für soziale und gesellschaftliche Wandlungsprozesse ausgehen.

### Forschungsfragen

Die Arbeit zielt auf dem beschriebenen Hintergrund in Richtung weiterführender Antworten auf folgende drei zentralen Fragen:
1. Die Frage nach der Entstehungsgeschichte und den Motiven zur Existenzgründung: Was sind die zentralen – auch unbewussten – Motivkonstellationen, die zur Existenzgründung geführt haben, und wie lassen sich diese (berufs)biografisch verstehen?
2. Die Frage nach dem zeitlichen Verlauf der Existenzgründung: Prozess: In welchen Schritten verläuft die Existenzgründung als Statusübergang und welche Erfahrungen machen dabei die Befragten? Wie weit reichen erste Ansätze dieser Entscheidung möglicherweise zurück?
3. Die Frage nach den Ressourcen und Rahmenbedingungen der Existenzgründung: Welche Gelingensbedingungen, welche internen und externen Ressourcen auf der persönlichen, der sozialen und der strukturelle Ebene beeinflussen, unterstützen oder beeinträchtigen den Prozess der Verselbstständigung?

Der Aufbau der Arbeit verläuft dabei spiralförmig: Ausgangspunkt sind grundlegende theoretische und empirische Ergebnisse der Forschung zu den Themen Existenzgründung, demografischer Wandel und Biografie. Im Anschluss an eine Darstellung des methodischen Vorgehens dieser empirisch angelegten Arbeit werden die wichtigsten Ergebnisse der biografischen Interviews von zehn Existenzgründern jenseits des fünfzigsten Lebensjahres entlang dieser drei Forschungsfragen vorgestellt. Die Beschreibung folgt dabei einem bestimmten Muster: Zunächst wird jeweils eine kurze, zusammenfassende Beschreibung der Ergebnisse gegeben. Diese wird anhand der verdichteten und mit einzelnen Zitaten angereicherten Beschreibung eines typischen Existenzgründers angereichert und im Anschluss mit Hilfe theoretischer Erkenntnisse aus der Forschung umfassend erläutert.

Zum Schluss wird anschließend an einen Vergleich der Ergebnisse dieser Studie mit anderen Forschungsarbeiten modellhaft eine Verknüpfung der drei Forschungsfragen in Form einer Typisierung vorgenommen, die in ein Modell der Existenzgründung älterer Führungskräfte integriert wird. Dieses Modell wird mit Empfehlungen für die praktische Arbeit mit Existenzgründern dieses Typs verbunden.

*Praxisbezug*

An dieser Stelle ist zu betonen, dass die vorliegende Arbeit vor dem Hintergrund praktischer Erfahrungen und eigener Betroffenheit im Rahmen von Führungskräfteentwicklungen und Coachings entstanden ist. Daraus ergibt sich als ein weiteres Ziel der Untersuchung, einen Beitrag zur Entwicklung von betrieblichen und außerbetrieblichen Gestaltungsmaßnahmen (also Strategien, Instrumente, Strukturen) zu leisten, die Menschen in einem solchen Entscheidungsprozess unterstützen und gegebenenfalls vor dem Scheitern bewahren können.

Eine Anmerkung zum Gebrauch der männlichen bzw. weiblichen Ausdrucksform: Bei der untersuchten Zielgruppe handelt es sich ausschließlich um männliche Existenzgründer. Aus diesem Grund wird in der Arbeit an den entsprechenden Stellen auch in der männlichen Form geschrieben. Die in den übrigen Teilen der Arbeit gewählte männliche Form bezieht sich immer zugleich auf weibliche und männliche Personen. Auf eine konsequente Doppelbezeichnung wurde zugunsten einer besseren Lesbarkeit verzichtet.

# 2 Existenzgründung und Selbstständigkeit Älterer

## 2.1 Existenzgründung und Selbstständigkeit – was ist gemeint?

### 2.1.1 Begriffliches

»Existere: hervortreten, entstehen« oder in anderen Formen auch: »exsistere: auf-/emportauchen, hervorbrechen, erscheinen, sich zeigen, zum Vorschein kommen« (Pons Online Wörterbuch) – in all diesen Bedeutungen ist zu spüren, um welche psychisch und sozial bedeutsamen Prozesse es geht, wenn wir von »Existenzgründungen« sprechen.

Umgangssprachlich verbindet man mit diesem Begriff z. T. den traditionellen Übergang Jugendlicher in das Erwachsenenalter, dann nämlich, wenn sie ihre eigene Existenz gründen, indem sie einen Beruf ergreifen, eine Familie gründen und sich räumlich an einem bestimmten Ort niederlassen. Dieser Prozess markiert eine Trennung, nämlich die Ablösung von der Ursprungsfamilie. Die Abhängigkeit, die auf der einen Seite durch Einschränkungen und Verpflichtungen, aber auf der anderen Seite auch durch materielle und emotionale Versorgung und Sicherheit gekennzeichnet war, wird aufgegeben zugunsten einer Lebenssituation, die größere Freiheit, aber auch ein Risiko des Scheiterns und größere Verantwortung mit sich bringt.

Im Regelfall wird mit dem Begriff der Existenzgründung allerdings vor allem auf die wirtschaftliche Lebensgrundlage abgehoben, die auf unterschiedliche Weise gesichert werden kann. Die gesellschaftliche Auseinandersetzung mit den Themen »Existenzgründung« und »Selbstständigkeit« hat seit der Zeit der politischen Arbeitsmarktreformen, die unter dem Begriff der sogenannten »Hartz IV-Reformen« eine ambivalent getönte Berühmtheit in Deutschland erlangt haben, eine hohe Aufmerksamkeit erhalten. Die Förderung von Existenzgründungen und die Weckung eines »Gründergeists« in Deutschland (Kritikos 2011) war individuell und gesellschaftlich stark mit der Hoffnung auf die Überwindung der Arbeitslosigkeit verknüpft und hat insofern in den vergangenen Jahren eine gewisse Engführung erfahren.

Der Begriff der Existenzgründung hat eine enge Verwandtschaft mit dem Begriff der Existenzsicherung. Diese beschreibt zunächst alle Aktivitäten von Menschen, um ihren Lebensunterhalt zu sichern, d. h., für ausreichend wirtschaftliche Mittel zu sorgen, um überleben zu können. Dies kann durch ganz unterschiedliche Aktivitäten geschehen, etwa durch eine abhängige Beschäftigung mit regelmäßigen Einkünften bei einem privaten, öffentlichen oder gemeinnützigen Arbeitgeber, aber auch durch regelmäßige Versorgungsleistungen des Staates, etwa Zuschüsse im Sinne der Hartz-IV-Gesetze, von Sozialversicherungsträgern durch Renten oder Krankengeld sowie durch Erbschaften und andere Kapitalerträge bzw. Zinsen, die dadurch erwirtschaftet werden.

Der Begriff »Existenzgründung« beschreibt dagegen den Schritt in eine spezifische Form nicht abhängiger Erwerbstätigkeit, die durch den Akt der Verselbstständigung angestrebt und realisiert wird. Ist die berufliche Verselbstständigung als Existenzgründung konzipiert, wird dabei häufig die Gründung eines Unternehmens mitgedacht, was im Unterschied zur freiberuflichen Selbstständigkeit eine Reihe weiterer Implikationen hat und vor allem auf mittelständische Wirtschaftsunternehmen beschränkt ist. Zu diesen meist mitgedachten Elementen gehört die Vorstellung von weiteren Mitarbeitern und Angestellten, also die Schaffung neuer Arbeitsplätze, die die Existenzgründung für politische Zwecke zu einem solch förderungswürdigen Phänomen macht.

Inhaltlich kann man die Existenzgründung aus der Perspektive des Individuums aber auch ganz einfach als eine besondere Möglichkeit erwerbsbiografischer Gestaltung des eigenen Arbeitslebens unter mehreren Optionen betrachten (Franke 2010, S. 375).

Der Begriff der Existenzgründung ist abgeleitet vom aus dem Lateinischen stammenden »Exsistentia«, was mit »Vorhandensein, Bestehen« übersetzt werden kann (Pons). Das dazu gehörige Verb »existere« in seiner Bedeutung als »entstehen« bzw. »hervortreten« veranschaulicht zwei wichtige Elemente der Bedeutung des Prozesses. Existenzgründung kann demnach nur als Prozess verstanden werden, d. h. also nicht als kurzzeitiges Ereignis, sondern als eine Abfolge von Schritten und Entscheidungen. Darüber hinaus transportiert das »Hervortreten« auch die Bedeutung, dass es sich um einen offensichtlich eher ungewöhnlichen Schritt handelt, um ein Heraustreten aus dem Üblichen – und damit um eine Form der Exposition, die demjenigen, der diesen Schritt tut, eine besondere Sichtbarkeit verleiht, ihm aber auch einen gewissen Schutz, den das Verbleiben in der Reihe der anderen bieten kann, entzieht. Die Existenzgründung bedeutet für denjenigen, der diesen Schritt tut, auch einen Wandel im beruflichen Lebensalltag, da – anders als bei der abhängigen Beschäftigung – neben der fachlichen Kompetenz auf der Grundlage einer beruflichen Aus- oder Weiterbildung nun weitere Kompetenzen erforderlich sind, die sich auf die Bewältigung der Selbstständigkeit richten. Dazu gehören verschiedene methodische bzw. instrumentelle Kompetenzen zur Bewältigung des Unternehmeralltags, wie z. B. Kenntnisse im Bereich Finanzen, Marketing, Akquisition, Betriebs- und Personalführung etc.

Existenzgründungen implizieren einen Prozess des »Sich-selbstständig-Machens«. Selbstständige sind Personen, »die alleinige oder gemeinsame Eigentümer eines Unternehmens ohne eigene Rechtspersönlichkeit sind, in dem sie arbeiten« (Europäisches Sozialversicherungsgesetz 2010). Selbstständige sind also Menschen, die nicht abhängig beschäftigt sind, sondern Produkte herstellen und verkaufen oder Dienstleistungen anbieten und auf eigene Rechnung auf dem Markt anbieten bzw. verkaufen. Bögenhold und Fachinger (2011, S. 256) verweisen auf die Definition des Statistischen Bundesamtes, nach der Selbstständige Personen sind,

> die einen Betrieb oder eine Arbeitsstätte gewerblicher oder landwirtschaftlicher Art wirtschaftlich und organisatorisch als Eigentümer/innen oder Pächter/innen leiten ... sowie alle freiberuflich Tätigen, Hausgewerbe Treibenden und Zwischenmeister/innen (Statistisches Bundesamt 2008, S. 77, zit. nach Bögenhold/Fachinger 2011, S. 256).

Hier wird bereits deutlich, dass sich hinter dem Begriff der »Selbstständigkeit« ein großes Spektrum unterschiedlicher Formen der Selbstständigkeit und – wie Bögenhold (1989, S. 264) betont – unterschiedlicher sozialer Lagen verbirgt. Im Unterschied zu Menschen, die sich selbstständig gemacht haben, ist das entscheidende Merkmal der abhängigen Beschäftigung die persönliche Abhängigkeit von einem Arbeitgeber. Selbstständigkeit impliziert im juristischen Sinne vor allem die freie Verfügung über die eigene Arbeitskraft hinsichtlich der Gestaltung der Tätigkeit und insbesondere des Managements von deren Grenzen, wie etwa die Verfügung über die Arbeitszeit oder die Wahl des Arbeitsortes. Darüber hinaus ist es ein wesentliches Merkmal der selbstständigen Tätigkeit, dass sie das unternehmerische Risiko des Scheiterns und in der Folge entsprechender Verluste und existenzieller Unsicherheiten impliziert, was – wie sich noch zeigen wird – zu den entscheidenden Hemmnisfaktoren für eine Existenzgründung gehört. Wichtig ist, dass beide Faktoren, sowohl die gewonnene Unabhängigkeit und Freiheit als auch die Möglichkeit des Scheiterns, zu einer echten Existenzgründung und Selbstständigkeit dazugehören. Dadurch unterscheiden sie sich von der »Scheinselbstständigkeit«, bei der Unternehmen lediglich das Risiko outsourcen, ansonsten aber die Kontrolle über Tätigkeiten, Zeiten und Orte weitgehend informell behalten.

## 2.1.2 Die Diversität der Selbstständigkeit – Formen selbstständigen Arbeitens

Aus einer externen Perspektive erscheint es häufig selbstverständlich, was damit gemeint ist, wenn sich jemand »selbstständig macht«. Meist liegt der Fokus auf dem Akt des Wechsels aus der abhängigen Beschäftigung in die nicht abhängige Erwerbstätigkeit, die Selbstständigkeit. Dies gilt besonders für den Zeitraum der Existenzgründung. Bögenhold und Fachinger (2011, S. 267) weisen aber darauf hin, dass die Situation komplexer ist, als sie im ersten Moment erscheint: Es besteht eine Tendenz, das Konzept der beruflichen Selbstständigkeit unzulässig zu generalisieren und eine bestimmte Erscheinungsform vorauszusetzen. Dies mag der Idee verpflichtet sein, dass es »Abhängige« und »Unabhängige« gibt, womit latent die klassische Spaltung in Kapital und Arbeit fortgeschrieben wird. Eine solch grobe Aufteilung lässt sich aber weder theoretisch noch empirisch aufrechterhalten.

> Eine »Durchschnittsselbstständigkeit« ist häufig eher ein akademisches Konstrukt und trägt der Vielfalt an Sozial- und Wirtschaftsräumen im Unternehmertum kaum Rechnung. (Bögenhold/Fachinger 2011, S. 267)

Stattdessen gibt es empirisch eine ungeheure Vielfalt und enorme Unterschiede zwischen den Selbstständigen, wodurch Gartner (1985, S. 696) zu der Feststellung gelangt, dass die Unterschiede zwischen einzelnen Unternehmern z. T. deutlich größer sind als diejenigen zwischen Unternehmern und Nicht-Unternehmern. Bührmann und Hansen (zit. nach Bögenhold/Fachinger 2011, S. 252) gehen sogar so weit, dass sie von einer »Erosion des Normalunternehmertums« sprechen. Dem entspricht die Tatsache, dass in der Alltagssprache eine Vielzahl von Begriffen für diejenigen verwandt wird, die insgesamt als Selbstständige bezeichnet werden können. Franke (2010, S. 374 ff.) hat auf der Grundlage der Abgrenzung nach dem Mikrozensus ein vereinfachendes Basismodell vorgestellt, mit dem sie versucht, eine nachvollziehbare Struktur in dieses komplexe Feld zu bringen (siehe Abbildung 1).

# Existenzgründung und Selbstständigkeit – was ist gemeint?

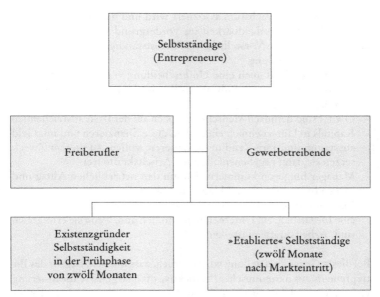

Abbildung 1: Abgrenzung von Selbstständigen nach dem Mikrozensus (Franke 2012, S. 22)

Dem Modell zufolge kann der Begriff »Selbstständige« entsprechend der im vorhergehenden Absatz beschriebenen Weise als ein Oberbegriff für alle Formen nicht abhängiger Beschäftigung gesehen werden. Auf der gleichen Ebene ist im Sinne dieses Modells der Begriff des »Entrepreneurs« anzusiedeln. Dieser schillernde Begriff ist Gegenstand der umfangreichen, hauptsächlich im ökonomischen Bereich angesiedelten Entrepreneurship-Forschung, auf die im Folgenden noch näher einzugehen sein wird. In diesem Forschungszweig existiert eine intensive Auseinandersetzung mit Fragen der Selbstständigkeit, wobei der Begriff des Entrepreneurs auf keinen Fall mit dem Begriff des Selbstständigen gleichgesetzt werden kann. Im Konzept des Entrepreneurs stehen sowohl die Beschäftigung mit Fragen der Person des Unternehmers bzw. Existenzgründers als auch die Auseinandersetzung mit seinem Werk, dem Unternehmen, im Vordergrund.

Bögenhold und Fachinger (2011, S. 254) weisen darauf hin, dass trotz intensiver Bemühungen in der wissenschaftlichen Diskussion weiterhin Probleme bestehen, den Begriff des Entrepreneurs eindeutig zu definieren. Möglicherweise hängt das damit zusammen, dass dieser Begriff meistens mit Bildern von Unternehmertum im Sinne von Innovation,

Veränderung und Wachstum assoziiert wird und dass von daher weniger die klare Unterscheidbarkeit im Vordergrund steht, sondern eher eine konzeptionelle Vorstellung von Selbstständigkeit, Unternehmertum, Existenzgründung.

Dies verdeutlicht auch eine Unterscheidung von Faltin (2001), der eine Differenzierung der Führungsrollen im Unternehmen in Owner, Entrepreneure und Manager vorschlägt:

– Owner sind demnach Menschen, die sich auf der Basis ausreichenden Kapitals in Unternehmen einkaufen, diese finanzieren und mit Geld ausstatten und ihre Rendite maximieren wollen; zu diesem Zweck setzen sie dann gegebenenfalls auch Arbeitskräfte frei.
– Manager hingegen kümmern sich um den betrieblichen Alltag und sorgen für reibungslose Abläufe im Unternehmen.
– Entrepreneure sind in diesem begrifflichen Konzept diejenigen, die eine Idee haben, ein Unternehmen gründen und, wenn sie erfolgreich sind, Arbeitskräfte einstellen.

Bei dieser Gegenüberstellung wird deutlich, dass mit dem Begriff des Entrepreneurs aus ökonomischer Perspektive oft eine gewisse Idealisierung verbunden ist. Der Entrepreneur ist der »gute« Selbstständige, der für einzelne Menschen und für die Gesellschaft positive Entwicklungen in Gang setzt und das für diesen Prozess notwendige Risiko auf sich nimmt.

Im bereits zitierten Modell von Franke (siehe Abb. 1) differenzieren sich die Selbstständigen bzw. Entrepreneure in zwei unterschiedliche Formen der Selbstständigkeit, nämlich die Freiberufler auf der einen und die Gewerbetreibenden auf der anderen Seite.

Als Freiberufler gelten traditionell vorrangig alle »verkammerten Berufe« (Bögenhold/Fachinger 2011, S. 255). Damit gemeint sind z. B. Steuerberater, Ärzte, Architekten, Rechtsanwälte, Apotheker etc. Ebenfalls dazuzurechnen sind Vortragende, Künstler, Sachverständige, Journalisten (Siegl 2012, S. 19). Zu diesen Berufen gehören auch die in den vergangenen Jahren stark expandierenden Beratungstätigkeiten, wie z. B. Coaching, Consulting, Supervision, Organisationsberatung und Training. Diese Selbstständigen schaffen häufig nur in sehr überschaubarem Maße neue Arbeitsplätze, aber ihr Wert für die Gesellschaft wird auf einer anderen Ebene gesehen: Traditionell wird ihnen unterstellt, dass sie nur in geringem Maße eine Gewinnabsicht hegen und ihr wirtschaftliches Handeln deutlicher ethisch fundiert ist (Bögenhold/Fachinger 2011). Gleichwohl verschwimmen hier die Grenzen, wie die Alltagserfahrung zeigt, wenn man etwa an die Diskussion um Ärztehonorare denkt oder an große Beratungsunternehmen, deren Handeln oft unübersehbar von einer Gewinnabsicht getrieben wird.

Auf der anderen Seite stehen Gewerbetreibende, die ein Unternehmen gründen und Produkte oder Dienstleistungen verkaufen. Wie schon aus der Beschreibung spürbar, sind die Trennlinien in der Praxis oft nicht so klar, wie man es annehmen könnte. Was bleibt, ist aber eine formale steuerrechtliche Unterscheidung, die von den Finanzämtern getroffen wird: Unternehmer (und hier sind eher Gewerbetreibende gemeint) zahlen Gewerbesteuer, Freiberufler zahlen Einkommenssteuer (vgl. Bögenhold/Fachinger 2011).

Zur »Heterogenität und Diversifizierung der Selbständigkeit« (Bögenhold/Fachinger 2011) gehören weitere Unterscheidungen. Selbstständigkeit ist nicht automatisch das Ergebnis einer Existenzgründung. Für eine nicht unbedeutende Zahl von Selbstständigen gilt, dass sie diesen Status gleichsam erben: Sie werden zu Unternehmern, indem sie das Familienunternehmen, das ihre Eltern gegründet haben, übernehmen. Existenzgründung ist hier allenfalls ein individueller Akt des innerfamiliären Übergangs, eine generationelle Statuspassage, die gleichwohl nicht weniger schwierig und konflikthaft verlaufen kann (Daser/Haubl 2009).

Innerhalb der Selbstständigengruppe ist eine Unterscheidung nach der Größe des Unternehmens üblich. Neben den bekannten Großunternehmen sowie den klein- und mittelständischen Unternehmen haben sich zunehmend Formen der »Solo-Selbständigkeit« (Bögenhold/Fachinger 2012a, S. 280) entwickelt, für die in der Literatur auch die Begriffe des »Ein-Personenunternehmens (EPU)« (Siegl 2012) oder des »Mikrounternehmers« (Bögenhold/Fachinger 2011) verwandt werden. Darauf wird noch ausführlicher einzugehen sein.

Eine weitere Differenzierung auf der Ebene der Existenzgründungen ist schließlich die bedeutsame Unterscheidung zwischen Vollerwerbs- und Nebenerwerbsgründungen (KfW-Bankengruppe 2008, S. 3). Damit ist gemeint, dass einige Gründer ihre gesamte berufliche und ökonomische Existenz vom Erfolg der Selbstständigkeit abhängig machen, während andere temporär (hier vor allem in der Übergangsphase sowie in erster Linie Frauen neben ihren familiären Verpflichtungen) »auf zwei Hochzeiten tanzen«, d. h. die Selbstständigkeit mit einem abhängigen Beschäftigungsverhältnis oder einem anderen Aufgabengebiet koppeln. Dies erklärt die z. T. deutlich unterschiedliche Arbeitsbelastung Selbstständiger, die in einer Untersuchung von Bögenhold/Fachinger (2011, S. 263) zwischen 15 und mehr als 40 Wochenstunden lag. Dies kann Ausdruck einer mehr oder weniger guten Auftragslage, aber auch Ergebnis einer Voll- oder Nebenerwerbsgründung sein.

Verschiedene Autoren bringen den Begriff der »Neuen Selbstständigen« ins Gespräch. Während Bögenhold/Fachinger (2011) hierunter alle nicht verkammerten Freiberufler oder klassischen Gewerbetreibenden fassen, also Berater, Coaches, Dienstleister etc., betonen andere (z. B. Siegl 2012), dass es sich hier eher um eine Sammelkategorie (noch) nicht einzuordnender Formen der Selbstständigkeit handelt. Zu diesen unklaren Aspekten der »Neuen Selbstständigen« gehört die Einschätzung von Kreide (2000), dass es sich bei diesen häufig um Personen handelt, die sich aus misslichen ökonomischen oder sozialen Lagen befreien wollen. Hier steht die Motivation zur Aufnahme der Selbstständigkeit im Vordergrund, häufig sind es eher Notgründungen, um sich z. B. aus der Arbeitslosigkeit zu befreien.

## 2.1.3 Existenzgründung als Prozess: Die Phasen der Verselbstständigung

Verschiedene Untersuchungen machen deutlich, dass der Akt der Verselbstständigung als länger dauernder Existenzgründungsprozess verstanden werden muss. Dies widerspricht der gängigen Vorstellung, die häufig auf den Gründungsakt, etwa in Form der Kündigung beim alten Arbeitgeber, der juristischen Gründung durch Verträge oder dem Sichtbarmachen der neuen Existenz mithilfe von Visitenkarte, Website, Firmenname o. Ä., fixiert ist. Alle vorliegenden Modelle zeigen, dass es sich im Regelfall um einen mehrere Jahre dauernden Prozess handelt. Dementsprechend verweist Franke (2010, S. 273 ff.; siehe auch Abb. 1) auf die schon im Mikrozensus gängige Unterscheidung zwischen Existenzgründern »in der Frühphase«, womit die Zeitspanne innerhalb von zwölf Monaten nach dem formalen Gründungsakt gemeint ist, und »Etablierten« Selbstständigen, die länger als zwölf Monate selbstständig sind.

Ein anderes Modell legt der »Global Entrepreneurship Monitor« (Brixy et al. 2009) zugrunde, in dem zwischen »Nascent Entrepreneurs« (in der Frühphase der Gründung und ab drei Monaten ohne Entgelt durch abhängige Arbeit), »Young Entrepreneurs« (Existenzgründer in den ersten dreieinhalb Jahren der Existenz des Unternehmens) und schließlich »Established Entrepreneurs« (länger als dreieinhalb Jahre selbstständig) unterschieden wird.

Obwohl die Begriffe »Nascent« und »Young« bildlich eine Altersangabe auch hinsichtlich der Gründungsperson nahelegen, haben sie nichts mit deren persönlichem Lebensalter, sondern nur mit dem »Lebensalter« des Unternehmens bzw. der Selbstständigkeit zu tun. Die mit diesem Phasenmodell beschriebene Differenzierung sagt also nichts über die Gründungsperson – geschweige denn über deren innere Prozesse – aus, sondern ist lediglich eine formale, wenn auch sinnvolle und notwendige Unterscheidung aus der Außenperspektive, und zwar der institutionellen, geht es doch um die Existenzdauer bzw. Entwicklungsphase des Unternehmens.

Zusammenfassend gilt für alle Phasenmodelle, dass sie die Existenzgründung als Prozess begreifen, der die Zeit vom Gründungsakt bis höchstens zu den ersten fünf Jahren danach umfasst. Dass erst dann von einer etablierten Selbstständigkeit ausgegangen wird, reflektiert die Tatsache, dass viele Existenzgründungen ganz offensichtlich die Phase einer etablierten Selbstständigkeit nicht erreichen, da sie scheitern und die Gründer entweder in abhängige Beschäftigungen zurückkehren oder sich neuen Gründungen bzw. Beteiligungen zuwenden. Nach fünf Jahren bestehen nur noch 40 bis 50 Prozent der gegründeten Unternehmen einer Unternehmenskohorte (vgl. Schmude/Wagner 2006, S. 72 f.). Diese Erfahrung spiegelt sich auch wider in der stärker einer ökonomischen Perspektive verpflichteten Begrifflichkeit, die Rauch/Frese (2008, S. 121) verwenden, wenn sie von den Stationen »business creation, business success und business survival« sprechen.

Die Bedeutung dieser Modelle, die den Prozess der Existenzgründung in verschiedene Phasen differenzieren, liegt vor allem auch darin, dass sie verdeutlichen, wie statische Modelle der Gründerpersönlichkeit und ihrer Eigenschaften bzw. Charaktermerkmale zu kurz greifen. Alle Modelle begreifen die Existenzgründung als Prozess, der je nach Modell die Zeit vom Gründungsakt bis zu den ersten zwölf Monaten, 3,5 oder höchstens fünf Jahren umfasst.

Alle bisher beschriebenen Modelle haben einen wesentlichen Mangel: Im Grunde beginnen sie erst in einer Phase, in der das Vorhaben einer Existenzgründung schon relativ konkret ist. Man muss aber davon ausgehen, dass dieser Prozess die Betroffenen »nicht einfach überfällt«. In der bereits erwähnten Studie des RKW Kompetenzzentrums über ältere Gründer unterscheidet daher Nitschke (2010, S. 32) den Existenzgründungsprozess noch differenzierter in die Phasen: Ideenfindungsphase, Vorgründungsphase, Gründungs- bzw. Umsetzungsphase, Festigungsphase und die Phase, in der die Selbstständigen länger als fünf Jahre am Markt etabliert sind.

Interessant an diesem Modell ist, dass eine neue, längere Phase deklariert wird, die sich noch vor der Formalisierung oder ersten Institutionalisierungsschritten abspielt, nämlich die Ideenfindungsphase. Dieses Konzept deutet auch darauf hin, dass die Gründung ein Wechselspiel zwischen inneren und äußeren Prozessen ist und dass diese von Motiven, Fantasien, Dynamiken mitbestimmt werden, die innerhalb der Person des Gründers anzusiedeln sind. Dazu gibt es bisher relativ wenig empirische Forschung und entsprechende Modelle.

Man kann die Existenzgründung auch allgemeiner als einen grundlegenden Veränderungs- und Transformationsprozess begreifen. Für dessen Dynamik haben Kets de Vries und Balazs (1998) ein allgemeines

Phasenkonzept entwickelt. Schon der Titel ihres Aufsatzes »Beyond the Quick Fix« verdeutlicht, dass solche inneren Transformationsprozesse nicht auf die Schnelle zu haben sind. Kets de Vries und Balazs betonen, dass innere persönliche und institutionelle – also äußere – Prozesse zwar voneinander unterschieden werden müssen, aber gleichwohl aufeinander bezogen sind und sich in Teilbereichen überschneiden. Die beiden Autoren setzen bei ihrer Beschreibung von Veränderungsprozessen aber noch früher an: Sie postulieren vor der eigentlichen Veränderung und Ideenentwicklung eine notwendige Phase des Erlebens negativer Emotionen, ohne welche die aus der psychoanalytischen Theorie bekannten natürlichen Widerstände gegen Veränderungen nicht überwunden werden können. Erst durch ein ausreichendes Maß an Schmerz, Enttäuschung, Belastung oder gar gesundheitlichen Bedrohungen, sozialen Sanktionen oder Gefühlen von Verlorenheit entsteht ein ausreichend starker Wunsch, diese Situation aufzulösen und etwas Neues zu entwickeln, wie es bei der Existenzgründung nötig ist:

> When the interviewees realized, that their bad days had turned into a bad year – in other words, that the isolated occurrence of occasional discontent had changed into a steady pattern of unhappiness – they were no longer able to deny that something had to be done about the situation. (Kets de Vries/Balazs 1998, S. 613)

Diese negativen Erfahrungen setzen nun innere Prozesse in Gang, die zu bewussten Überlegungen führen, aus der unbefriedigenden Situation herauszugehen und Alternativen in den Blick zu nehmen. Dies entspricht möglicherweise der in den anderen Modellen genannten »Ideenfindungsphase«, in der erste Überlegungen reifen. Aber das reicht noch lange nicht, denn wirksam wird dieser Prozess äußerlich erst durch zwei weitere Schritte: Den zweiten Schritt bezeichnen Kets de Vries und Balazs als »Focal Event«, d. h. eine Erfahrung, ein Moment, ein Erlebnis, das sozusagen den letzten Ausschlag gibt, den »Push« in die neue Richtung. Dies muss nicht zwangsläufig eine weitere negative Erfahrung sein, sondern kann – im Falle der Existenzgründung – auch durch motivierende Begegnungen mit Personen geschehen, die sozusagen Vorbild oder Pate des nun auch äußerlich wirksamen Prozesses der Existenzgründung werden (Shapero 1975). Der Schritt von innen nach außen erfordert aber ein weiteres Element, das die Autoren als dritten Schritt bezeichnen: die Veröffentlichung der Veränderungsabsicht – »Public declaration of change« (Kets de Vries/Balazs 1998, S. 614). Diese Veröffentlichung verleiht dem Veränderungsprozess eine zusätzliche Dynamik, da nun auch die soziale Umgebung in den Veränderungsprozess involviert ist und ein gewisser Druck entsteht, der den inneren Drang zur Veränderung befördert. Was folgt sind schließlich Schritt 4: »Inner Journey« und Schritt 5: »Internalization of Change«. Die beiden letzten Schritte können auch als psychische Entsprechung oder paralleler Prozess zur Gründungsphase der »Nascent Entrepreneurs« und der Phase der »Young Entrepreneurs« verstanden werden. Allerdings beziehen Kets de Vries und Balazs dieses Modell nicht allein auf Prozesse der Existenzgründung, sondern auf persönliche Veränderungsprozesse allgemein. Es bleibt empirisch zu überprüfen, wie besonders ältere Existenzgründer den Prozess der Existenzgründung psychisch erleben und verarbeiten.

### 2.1.4 Existenzgründung als soziale Passage: Bewegungen zwischen Selbstständigkeit und abhängiger Beschäftigung

Um der Problematik der Existenzgründung gerecht zu werden, reicht es nicht, diese als einen inneren Entwicklungs- und Veränderungsprozess zu beschreiben oder prozessimmanent voneinander abgrenzbare Schritte zu definieren. Bögenhold und Fachinger beschreiben die Situation aus soziologischer Perspektive folgendermaßen:

> Jedenfalls ist es nicht so, dass man sich per Entscheidung einen »plötzlichen Ruck« gibt, um von nun an als Unternehmer zu arbeiten, sondern es handelt sich im Einzelfall um höchst vielschichtige wirtschaftliche und soziale Prozesse, die genauer analysiert und verstanden werden müssen, will man den Prozess des beruflichen Selbständigwerdens und den von Unternehmensgründungen und dessen Einbettung in einen institutionellen Zusammenhang hinreichen konzeptualisieren und verstehen. (2012a, S. 278)

Aus soziologischer Perspektive handelt es sich bei der Existenzgründung auch um einen Akt sozialer Mobilität, d.h. um einen Prozess, der die Positionierung des Existenzgründers im sozialen Gefüge verändert. Die »Reise« erfolgt im Kontext spezifischer Rahmenbedingungen, weswegen Bögenhold (1989) auch von einer »Berufspassage ins Unternehmertum« spricht. Existenzgründer passieren sozial gesehen eine Grenze. Als Selbstständige gehören sie in der landläufigen Vorstellung nun zu einer anderen sozialen Schicht. Diese Aufstiege können sehr unterschiedlich verlaufen: Nach dem Krieg ging es in Familien häufig darum, dass »die Kinder es besser haben sollten«, was sich neben einem gehobenen Konsum auch darin äußern konnte, dass die Kinder mithilfe eines Studiums direkt im Anschluss etwa durch Eröffnung einer Praxis, einer Kanzlei oder anderer Organisationsformen selbstständigen Arbeitens die soziale Schicht wechselten. Für den Aufstieg innerhalb der eigenen Berufsbiografie, die intragenerationelle Mobilität (Bögenhold 1998, S. 263), bedarf es der Anstrengung, sich zwischen beiden sozialen Klassen und

Zuständen zu bewegen. Es ist vorstellbar, welche äußeren und inneren Prozesse und Anstrengungen dies erfordert. Gleichwohl gibt es dazu relativ wenig Forschungsergebnisse.

Möglicherweise ist einer der Gründe dafür, dass die Annahme einer wenig veränderbaren Dichotomie von Unternehmern und abhängig Beschäftigten und die fast als schicksalhaft angenommene Zugehörigkeit zu einer der beiden Klassen den Blick dafür verstellt, dass sich durch Existenzgründungsprozesse eine erhebliche Wanderungsbewegung zwischen den Kulturen vollzieht. Damit ist auch gemeint, dass eine reine Fixierung des Blicks auf die Gesamtzahl der Selbstständigen die Bewegungen zwischen den Klassen nicht wiedergibt. Bögenhold (1998, S. 266) zitiert ein Bild Schumpeters, nach dem man sich die gesellschaftlichen Klassen wie ein Hotel bzw. einen Bus vorstellen muss, die beide zwar immer weitgehend belegt sind, aber durchaus nicht immer mit den gleichen Menschen. Die Frage ist also, ob sich die Gruppe der Selbstständigen durch Vererbungs- bzw. Selektionsprozesse selbst reproduziert, wie etwa im Fall von familiären Nachfolgeprozessen, oder ob es tatsächlich Veränderungen gibt – individuell und kollektiv – und wie diese vonstattengehen.

Empirisch lassen sich für den Bereich der Selbstständigen beträchtliche Zu- und Abwanderungsbewegungen beschreiben (Bögenhold 1998, S. 267). Die Kategorie der Selbstständigen ist also offensichtlich für Zu- und Abwanderung relativ offen, wobei vermutlich die Selbstständigen im Bereich kleinerer und mittlerer Unternehmen sowie die Freiberufler überwiegen. Bögenhold (1989, S. 267) zitiert Untersuchungen, wonach die »Verbleibquote« in der Gruppe der Selbstständigen innerhalb eines Jahres bei nur 85 % lag. Zusammenfassend vollziehen sich im Bereich der Selbstständigen dauernde Prozesse »sozialen Auftriebs« und »sozialer Deklassierung« (Schumpeter, zit. nach Bögenhold 1989, S. 267). Bögenhold wählt für diese Wanderungsbewegungen zwischen den sozialen Klassen den Begriff des »kleinen Grenzverkehrs« auf einer »Nebenverkehrsstrecke sozialer Mobilität« (Bögenhold 1989, S. 268). Mit dem Begriff des »kleinen Grenzverkehrs« wird betont, dass es auf dieser Straße nicht nur eine Richtung gibt. Sich selbstständig zu machen, ist ein riskanter Prozess, und so ist die Passage in das Unternehmertum mit vielen Unsicherheiten und einer insgesamt fragilen äußeren und inneren Situation verknüpft. Die Fantasie, dass sich eine Existenzgründung als endgültiger Akt des unumkehrbaren sozialen Aufstiegs darstellen könnte, ist nicht realistisch. Die beruflichen Verläufe und sozialen Perspektiven von Existenzgründern stellen sich im Vergleich zu üblichen Mustern der Karriereentwicklung in abhängiger Beschäftigung als weniger klar und weniger prognostizierbar heraus (Bögenhold 1989, S. 276).

Dass die soziale Mobilität im Fall von Existenzgründern in zwei Richtungen zeigt, nämlich nach oben, aber – zumindest temporär – unübersehbar auch nach unten, hat möglicherweise aber auch eine Ursache in der allgemeinen Entwicklung im ökonomischen Sektor. Möller (2012, S. 12 ff.) weist darauf hin, dass »Geburt und Tod von Unternehmen« und das häufige Scheitern zu einer Ökonomie gehören, die sich durch immer stärkere Konkurrenz, das Zerbrechen klassischer Institutionen, aber auch klassischer Berufsbiografien auszeichnet. Den Menschen wird durch die Instabilität der Organisationen eine extrem hohe Flexibilität abverlangt. Dazu gehört auch der Umgang mit dem Scheitern. Möller zitiert Untersuchungen, dass Firmen in Europa und Japan durchschnittlich über eine Lebenserwartung von 12,5 Jahren verfügen. Die Zahlen für Neugründungen sind demnach noch deutlich schlechter. Nur jeder zweite Betrieb wird dabei älter als fünf Jahre.

Man kann diese Form des Scheiterns und die damit verbundenen ökonomischen und sozialen Auf- und Abstiegsprozesse sehr unterschiedlich verarbeiten. In Europa hat das Scheitern häufig eher einen negativen Beigeschmack, in den USA gehört dies zum Selbstverständnis der Entrepreneure, wie Shapero (1975) deutlich gemacht hat. Möller fordert für diese absehbare Situation die Entwicklung von »Übergangskompetenzen«, also die Fähigkeit, angesichts instabiler institutioneller Verhältnisse genau diese Rahmenbedingungen nicht nur zu ertragen, sondern sie zu managen und positiv zu nutzen (Möller 2012, S. 13), eine Forderung, die für die Bewältigung der Berufspassage in die Selbstständigkeit möglicherweise eine besonders hohe Bedeutung hat.

Dass der Wechsel von der abhängigen zur selbstständigen Tätigkeit als eine komplexe Passage mit vielen unterschiedlichen Facetten und Einflussgrößen zu sehen ist, hat darüber hinaus vermutlich mit einem Phänomen zu tun, das Bögenhold und Fachinger (2012a, S. 283 ff.) als »Erwerbshybridisierung« bezeichnen. Damit ist gemeint, dass sich sowohl berufsbiografisch als auch parallel zum gleichen Zeitpunkt abhängige Beschäftigung und Selbstständigkeit abwechseln. Die lineare Vorstellung eines dauerhaften und kompletten Wechsels von der abhängigen Position in die Rolle des Unternehmers bzw. Selbstständigen entspricht nachweislich nicht der Realität. Viele, gerade Einpersonenunternehmer und Freiberufler üben neben ihrer Selbstständigkeit eine zweite, abhängige Beschäftigung in unterschiedlichem Umfang aus. Dies hat verschiedene Gründe: Zum einen kann die Doppelrolle eine wichtige Phase zu Beginn der Selbstständigkeit sein, etwa, um Risiken zu vermindern bzw. notwendige ökonomische Ressourcen zu erhalten. In anderen Fällen handelt es sich aber vielleicht auch um ein dauerhaftes Modell, die Passage wird zum Normalfall. Solche Konzepte tauchten etwa in einer Untersuchung zu Veränderungen in Organisationen als Modell »Standbein-Spielbein« auf (Beumer 2013). Hier dienen sie dazu, die Zumutungen, die die Arbeit in vielen Organisationen heute mit sich bringt, zu lindern bzw. zu umgehen oder schleichenden Desidentifikationsprozessen die Spitze zu nehmen, indem eine zweite Tätigkeit aufgebaut wird, die durch größere Sinnhaftigkeit, Möglichkeiten zur Selbstverwirklichung oder Autonomie gekennzeichnet ist.

Kets de Vries (1977, S. 34) hat die psychoanalytisch inspirierte Hypothese aufgestellt, dass die als Erwerbshybridisierung bezeichnete Erfahrung wechselnder Arbeitsformen als abhängig Beschäftigter oder Selbstständiger möglicherweise auch innerpsychische Ursachen hat. Entrepreneur zu sein, bedeutet aus seiner Sicht häufig, Erfolg zu haben, und nicht selten folgt auf diese Erfolgsphase auch ein Scheitern des Unternehmens. Kets de Vries vermutet hier Selbstbestrafungstendenzen am Werk, also eine Art selbst betriebenen Scheiterns aus ödipaler Verstrickung.

## 2.2 Zwischen Entrepreneurship und Arbeitskraftunternehmertum – Ideal und Wirklichkeit im Diskurs um Selbstständigkeit und Existenzgründung

### 2.2.1 Im Kraftfeld unternehmerischer Dynamik: Das unternehmerische Selbst

Eine sozialpsychologische Interpretation der individuellen Entscheidung zur Existenzgründung muss auch eine Antwort geben auf die Frage, in welchem gesellschaftlichen Kontext solche Entscheidungen jenseits individueller Motive und Biografien getroffen werden. Es liegt auf der Hand, dass sich gesellschaftliche Umbrüche und Entwicklungen sowie latente Strömungen und Leitbilder auch in individuellen Entscheidungen niederschlagen.

> Wie Menschen im Einzelfall mit neuen Situationen umgehen, lässt sich durch Rückgriff auf objektivierte Daten und soziale Strukturanalysen kaum voraussagen. Entscheidungen, auf welche Weise den Wechselfällen im Lebenslauf zu begegnen ist, beruhen nicht nur auf dem Vorhandensein oder Nichtvorhandensein materieller Ressourcen, sondern ebenso auf subjektiven Erfahrungen, auf individueller Beweglichkeit und Reflexionsvermögen. (Becker-Schmidt 1994, S. 155)

Damit kann also nicht behauptet werden, dass es eine zwingende Beziehung zwischen gesellschaftlicher Dynamik und persönlichem Verhalten gibt, aber es geht doch auch um eine wechselseitige Beeinflussung und ein Verständnis der Austauschprozesse zwischen Individuum und Gesellschaft.

Einer der wichtigsten für die vorliegende Untersuchung relevanten Ansätze, die gesellschaftliche Dynamik konzeptionell zu fassen, ist das Konzept des »Unternehmerischen Selbst« von Bröckling (2007). Dabei handelt es sich trotz der eher psychologisch bzw. psychoanalytisch anmutenden Begrifflichkeit, die der Objektbeziehungstheorie (vgl. Fairbairn 2000) entlehnt sein könnte, um ein dezidiert soziologisches Konzept. Bröckling selbst betont, dass es ihm weniger um ein empirisch beschreibbares Phänomen und auch nicht um die Rekonstruktion subjektiver Sinnwelten geht, sondern eher um ein gesellschaftlich wirksames Leitbild. Er benutzt auch das Bild eines »Kraftfeldes« bzw. einer »Strömung«, also einer wirkungsvollen Dynamik, der sich der Einzelne nur schwer entziehen kann. »Unternehmerisches Handeln stellt zweifellos eine spezifische Form ökonomischen Handelns dar, und das, was hier Kraftfeld genannt wird, umschreibt eine Dynamik der Ökonomisierung.« (Bröckling 2007, S. 11) Das unternehmerische Selbst ist also eine Art »symbolische Ordnung«, die ausgehend von ökonomischen Erfordernissen einen mehr oder weniger unausweichlichen Rahmen für individuelle Entscheidungen zur Verfügung stellt. So gesehen könnte man annehmen, dass die zunehmende Anzahl von Existenzgründungen nicht nur mit der Attraktivität dieser Rolle zu tun hat, sondern in starkem Maße auch eine Ausformung der Dynamik ist, die vom Leitbild des »Unternehmerischen Selbst« ausgeht. Es geht Bröckling

> um die Konstitution dieser Möglichkeitsfelder, um die Kraftlinien, die sie durchkreuzen, und um die Art und Weise, wie sie die Handlungsoptionen der Individuen mobilisieren, einschränken oder kanalisieren, kurz: wie sie die Selbststeuerungspotenziale steuern. (2007, S. 27)

Die Dynamik, die dieses Leitbild entfaltet hat, speist sich aus ökonomischen Erfordernissen und Entwicklungen. Dazu gehören die Tendenz der Ökonomisierung aller Lebensbereiche, aber auch die aus dem angloamerikanischen Bereich kommende Idee einer verstärkten »enterprise culture« (vgl. Bröckling 2007, S. 13), die auf eine stärkere Identifikation der Mitarbeiter mit ihrem Unternehmen zielt.

Dabei steht die Mobilisierung von Energiepotenzialen und Reserven im Mittelpunkt, die für eine von hoher Konkurrenz geprägte Wirtschaft benötigt werden. Gleichwohl wäre es verkürzt, die Forcierung des unternehmerischen Selbst allein als das Werk ökonomischer Kräfte zu sehen. Bröckling zeigt auf, wie sich in dieser Figur ökonomische Dynamiken und die gesellschaftliche Bewegung einer auf die Emanzipation des Selbst gerichteten Tendenz begegnen und gegenseitig verstärken, und er betont:

Zu einer hegemonialen Gestalt konnte das unternehmerische Selbst (...) vielmehr nur werden, weil sie an ein kollektives Begehren nach Autonomie, Selbstverwirklichung und nicht-entfremdeter Arbeit anschloss. (2007, S. 58)

Die Vorstellung, Unternehmer seiner selbst zu sein, und zwar sowohl im persönlichen wie im beruflichen Bereich, stellt dabei einen möglichen Ausweg aus einer Erfahrung von Ohnmacht dar, der Menschen in ihren sozialen Kontexten immer wieder begegnen und die sich besonders im Fall von drohender oder schon bestehender Arbeitslosigkeit sehr schnell einstellen.

Vorläufer des unternehmerischen Selbst waren dabei Bemühungen der Unternehmen, eine Kultur der gezähmten Selbstständigkeit innerhalb des Unternehmens zu fördern, um effizienter arbeiten zu können. Das Leitbild des »Intrapreneurs«, also eines Menschen, der innerhalb seiner Tätigkeit als Angestellter unternehmerisch denkt und handelt, sowie die Entwicklung des Managementinstruments der »Zielvereinbarungen« als Mittel, um mithilfe pekuniärer Belohnungen die Motivation und Anstrengung aller Mitarbeiter zu fördern, mögen für die genannte Tendenz stehen, ein höheres Maß an Unternehmergeist zu fördern, ohne die Mitarbeiter gleich strukturell auszugliedern, wie dies teilweise bei den »Arbeitskraftunternehmern«, über die noch ausführlicher zu sprechen sein wird, der Fall ist.

Bröckling (2007) charakterisiert die Wesenszüge des unternehmerischen Selbst, indem er mit Rückgriff auf wirtschaftswissenschaftliche Konzepte vier wesentliche Unternehmerfunktionen analysiert:

### 1. Der Unternehmer als Nutzer von Gewinnchancen

»Entrepreneur ist, wer Chancen ergreift« – diese Maxime sieht den Unternehmer, insbesondere den Entrepreneur, als denjenigen, der ein besonders feines Gespür für Bewegungen auf dem Markt hat, der die Entwicklung von Bedürfnissen der Menschen ahnt bzw. deren latente Wünsche erkennen kann und sich danach ausrichtet. Für die vorliegende Untersuchung ist von Interesse, dass es dabei offensichtlich um eine wenig selbstbezogene Kompetenz geht, sondern eher um eine Sensibilität, die auf das Außen gerichtet ist. Man benötigt ein Gespür für »den Markt« und die Fähigkeit, die dabei gewonnen Erkenntnisse gezielt in die Entwicklung und Vermarktung von Produkten umzusetzen. Es wird zu klären sein, ob dies nicht im Widerspruch zu Motiven steht, die eher an einer Entwicklung des eigenen Selbst orientiert sind. Bröckling spricht von »Findigkeit« als einer Fähigkeit, schneller als andere und vor allem intuitiv zu lernen (vgl. 2007, S. 113 f.).

## 2. Der Unternehmer als Innovator

Als selbstverständlich kann in der Vorstellung eines Unternehmers gelten, dass er in besonderer Weise zu Innovation befähigt und gewillt ist. Innovativ sein heißt, aus gewohnten Routinen, Prozessen und Strukturen auszubrechen sowie neue Wege zu entdecken und sie auch zu beschreiten. Derjenige, der innovativ tätig ist, verlässt also die Sicherheit und Komfortzone des bereits bekannten und allgemeingültigen Vorgehens und verzichtet auf die Sicherheit, die ihm solche Routinen persönlich, aber auch sozial bieten:

> Heroische Kräfte braucht der Unternehmer vor allem, um die Schwierigkeiten zu überwinden, die sich dem entgegenstellen, der sich außerhalb der gewohnten Bahnen bewegt: Sichere Informationen und verbindliche Handlungsregeln fehlen, er kann sich nicht auf einen vorliegenden Plan stützen, sondern muss einen neuen erarbeiten, der als noch nicht erprobte »Vorstellung von Vorgestelltem« weit anfälliger für Fehler ist. (Bröckling 2007, S. 116)

Es ist unübersehbar, dass die innovative Seite des Unternehmertums in diesem Sinne ein hohes Maß an Selbstsicherheit oder Erfahrung mit ähnlichen Situationen wünschenswert macht.

## 3. Der Unternehmer als Träger von Risiken

Ungewohnte Wege beinhalten Risiken, da das Ergebnis ihrer Entscheidungen ungewiss bleibt, auch wenn sich der Unternehmer sehr bemüht, durch entsprechende Verfahren das Risiko zu minimieren. Hier geschieht auch der qualitative Sprung von einem Manager zu einem Unternehmer: Manager führen und gestalten Unternehmen, aber sie haften im Regelfall nicht mit dem eigenen Vermögen. Im wirtschaftlichen Bereich wird daher häufig auch zwischen zwei völlig unterschiedlichen Karrierewegen von Managern einerseits und Entrepreneuren andererseits unterschieden (vgl. dazu auch die Typisierung von Faltin [2001], hier im Anschluss an Abbildung 1 dargestellt).

## 4. Der Unternehmer als Koordinator

Ungewohnte Wege zu gehen und Risiken einzugehen allein reicht allerdings zum Unternehmerischen nicht aus, sondern es bedarf der Umsetzung in konkretes Handeln, d. h., Unternehmer müssen Strukturen schaffen, Arbeitskräfte organisieren und Prozesse benennen. Wie gut sie in der Lage sind, für die Koordination solcher Prozesse zu sorgen, entscheidet über ihren Erfolg und ihre Wirksamkeit.

Bröckling betont, dass die vier beschriebenen Unternehmerfunktionen mittlerweile zur Richtschnur nicht allein des ökonomischen, sondern auch des persönlichen bzw. privaten Handelns im Hinblick auf die eigene Lebensführung geworden sind:

> Der Ruf nach Entrepreneurship beschränkt sich daher keineswegs auf die Aktivitäten von Wirtschaftsorganisationen und selbständigen Geschäftsleuten; unternehmerisch handeln können und sollen auch jene, die nichts anderes zu Markte zu tragen haben, als ihre eigene Haut. (2007, S. 124)

Vier Schlüsselstrategien oder Programme, mit denen die Forcierung des unternehmerischen Selbst vorangetrieben wird, werden von Bröckling genauer beschrieben: Zum einen handelt es sich um die Betonung und Freisetzung der Kreativität als »Zivilreligion des unternehmerischen Selbst« (ebd., S. 152). Innovativ zu sein und die Verantwortung für die eigene Lebensführung in allen gesellschaftlichen Bereichen stärker zu übernehmen geht nicht ohne die Entwicklung kreativer Potenziale. Dabei ist Kreativität gesellschaftlich durchaus zweischneidig, stärkt sie doch einerseits Selbstverantwortung, Entwicklung und Veränderung, während sie andererseits immer ein Moment einer rebellischen bis anarchischen Haltung in sich trägt. Kreativität als Erzeugung von Neuem ist assoziativ eng verknüpft mit Bildern und Haltungen vom künstlerischen Handeln, von Produktion, problemlösendem Handeln, Revolution, grundlegenden menschlichen Themen wie Zeugung und Geburt sowie schließlich dem Spiel. Die Förderung der Kreativität ist dabei nicht von der Entwicklung der Persönlichkeit zu trennen. Bröckling zitiert ein psychoanalytisch interessantes Bild von MacKinnon. Er sagt, es sei, als »hätten die ›Kreativsten‹ beschlossen, daß, wo Es war, Ich werden solle‹, während die Gruppe der am wenigsten Kreativen, ›beschlossen hätte, daß Überich werden soll, wo Ich hätte sein können‹« (MacKinnon, zit. nach Bröckling 2007, S. 164).

Der kreative Impetus ist also nicht nur eine Aufforderung zur Persönlichkeitsentwicklung, sondern gleichzeitig eine Aufforderung zur permanenten Abweichung, zum Unangepasst-Sein, zum Risiko, zur Überwindung konventionellen Denkens und Handelns. Es wird interessant zu prüfen, wieweit sich diese Tendenz bei den Existenzgründern in der zweiten Lebenshälfte wiederfinden lässt. Dabei wird zu berücksichtigen sein, dass sich Kreativität, konkretisiert in Innovationen, nicht nur als das geniale Neu-Erfinden ausdrücken muss, sondern auch als Entdecken, Gestalten, Neu-Ordnen von vorhandenen Elementen und Sinn-Stiften wirksam wird (vgl. Bröckling 2007, S. 156).

Florida (2002) behauptet, dass der starke Druck, kreativ zu sein, zur Entwicklung einer »kreativen Klasse« geführt hat, deren Mitglieder aber eher immateriell seien, d. h., dass sie nicht über große materielle

Ressourcen verfügen, sondern ihre Stärke aus ihren kreativen Fähigkeiten gewonnen wird.
Neben der Förderung der Kreativität als Schlüsselkategorie bzw. -strategie zur Entwicklung des unternehmerischen Selbst beschreibt Bröckling noch das Empowerment, die Qualität (konkretisiert durch mannigfache betriebliche Konzepte der Qualitätsentwicklung und des Qualitätsmanagements) und schließlich das Aufkommen der Projektidee als Strukturelement betrieblichen Handelns (vor allem in ausgeklügelten Strategien und Techniken des Projektmanagements) als die drei weiteren Elemente, die das unternehmerische Selbst akzentuieren und sichern. Letzteres verändert auch die Berufsbiografien entscheidend:

> An die Stelle eines auf biografischer Kontinuität beruhenden Karrieremodells treten hier die diskontinuierlichen Rhythmen von Projektplanung, -durchführung, -abschluss und die Suche nach dem Anschlussprojekt. Das Leben erscheint als eine Abfolge befristeter Engagements. (Bröckling 2007, S. 262)

### 2.2.2 Die Illusion der Freiheit: Scheinselbstständige und Arbeitskraftunternehmer

Betont Bröckling ausdrücklich, dass es sich bei dem unternehmerischen Selbst eher um ein Leitbild handelt, das die gesellschaftliche Diskussion bestimmt, mehr oder weniger unbewusst verinnerlicht werden kann und dann persönliche Entscheidungsprozesse in vielen Lebensbereichen beeinflusst, so haben Voß und Pongratz (1998) mit dem Typ des »Arbeitskraftunternehmers« ein Konzept entwickelt, das näher an der empirischen Auffindbarkeit angesiedelt ist. Sie meinen mit dieser Figur einen Idealtypus, der einen Strukturwandel der betrieblichen Arbeitsorganisation anzeigt.

Die These vom Arbeitskraftunternehmer nimmt auf der Subjektebene bzw. der Mikroebene gesellschaftliche Veränderungsprozesse in den Blick, die sich nach Voß und Pongratz seit Mitte der Achtzigerjahre des letzten Jahrhunderts vollziehen. Nach Einschätzung der beiden Autoren lässt die detaillierte Steuerung des Handelns von Arbeitnehmern in ihrem beruflichen, vor allem betrieblichen Alltag nach und wird durch eine Verlagerung der Verantwortlichkeit für Ablauf und Erfolg des Handelns im betrieblichen Alltag auf die Arbeitnehmer/-innen ersetzt. Diese Verantwortungsverlagerung wird begleitet von strukturellen Veränderungen: Beschäftigungen als Arbeitnehmer werden ersetzt durch eine Art von Auftrags- und kontraktmäßig geregelten Beziehungen zwischen Vertragspartnern. Dies geht bis zum »Outsourcing«, bei dem Unternehmen bestimmte Arbeiten auf externe Firmen oder Selbstständige auslagern, um Kosten zu sparen und die Flexibilität zu erhöhen. Die Arbeitnehmer können ihre Arbeit so zwar tendenziell autonomer gestalten, es bleibt ihnen aber auch keine Wahlfreiheit, sie werden zu »Arbeitskraftunternehmern«, die ihre Arbeitskraft nicht nur auf dem Markt, sondern auch innerhalb des Unternehmens anbieten und verkaufen müssen (vgl. Pongratz/Voß 1998).

Es geht also um eine Veränderung, die durch eine Vermarktung der eigenen Arbeitskraft als Ware gekennzeichnet ist. Vorläufer dieser Entwicklung zu einer scheinbar größeren Autonomie sind die Dezentralisierungs- und Autonomiestrategien innerhalb der Unternehmen in Form von verstärkter (teil)autonomer Gruppen- und Teamarbeit, selbstständigen »Profit-Centern« anstelle von abhängigen Abteilungen, Flexibilisierung der Arbeitszeiten und den bereits bei Bröckling beschriebenen Führungskonzepten auf der Basis von Zielvereinbarungen.

Pongratz und Voß beschreiben als typische Eigenschaften des Arbeitskraftunternehmers die verstärkte selbstständige Planung, Überwachung und Steuerung der eigenen Tätigkeit (Selbst-Kontrolle), die intensive zweckgerichtete Entwicklung und Vermarktung der eigenen Fähigkeiten und erbrachten Leistungen innerhalb bestehender Arbeitsverhältnisse, aber auch auf dem Arbeitsmarkt (Selbst-Ökonomisierung) sowie die Notwendigkeit der effektiveren Organisation des eigenen Alltags als eine Art »Verbetrieblichung« der Lebensführung (Selbst-Rationalisierung).

Die Figur des Arbeitskraftunternehmers realisiert sich aber nicht nur als eine Art Idealtypus, sondern sie schlägt sich nieder in zunehmenden Prozessen des Outsourcings von Leistungen an (schein)selbstständige Unternehmer in vielen Bereichen (Taxi-Unternehmen, Hausverwaltung etc.). Für den Zusammenhang der vorliegenden Untersuchung ist interessant, dass Voß und Pongratz (1998) solche ausgeprägten Formen dieses Typus nicht nur in den genannten Bereichen empirisch feststellen, sondern dass sie vor allem in den zukunftsträchtigen Bereichen der Kommunikations- und Technologiebranche und eben auch in allen Beratungsberufen Raum greifen. Der Arbeitskraftunternehmer ist also der Leittypus in den Berufen der Zukunft. Dabei wird diese Form der Arbeitstätigkeit durchaus skeptisch und kritisch gesehen. In vielen Fällen führt sie zu einer Verlagerung von Risiken und Verantwortungen auf den Arbeitnehmer und zu einer schlechteren Bezahlung der Tätigkeit. Sie führt also weniger zu einem unternehmerischen Erfolg als vielmehr zu Prekarisierungstendenzen und Formen der Selbstausbeutung bzw. der individuell zu tragenden Kosten eines möglichen Scheiterns. Gerade in den freien Berufen gilt, dass Unternehmertum nicht allein Freiheit, Erfolg und Macht bedeutet, sondern ein hohes Maß an Zeitinvestition, finanzieller Belastung und vor allem Existenzangst (vgl. Pongratz/Voß 1998).

## Zusammenfassende Bemerkungen

Sich-selbstständig-Machen ist vor dem Hintergrund der beschriebenen gesellschaftlichen Strömungen kein heroischer Akt, zumindest muss er nicht gegen soziale und gesellschaftliche Widerstände vollzogen werden. Die Umwelt ist grundsätzlich freundlich eingestellt, könnte man im Sinne Bröcklings sagen, stellt die Existenzgründung doch eine ausdrücklich positiv sanktionierte Form dar, sein berufliches und auch privates Leben strukturell zu organisieren. Die Frage ist daher, ob die Existenzgründung in der zweiten Lebenshälfte lediglich eine Art von Anpassung an oder bereitwilliger Unterwerfung unter offene oder subtile gesellschaftliche Erwartungen ist: »ArchitektIn und BaumeisterIn des eigenen Lebensgehäuses zu werden ist allerdings nicht nur Kür, sondern in einer grundlegend veränderten Gesellschaft zunehmend Pflicht.« (Keupp 2010, S. 224). Ob dieser Einklang auch auf der persönlichen Ebene besteht, muss untersucht werden. Außerdem ist mit dem Typus des Arbeitskraftunternehmers auch die Frage verknüpft, ob die Entscheidung, sich selbstständig zu machen, nur oberflächlich ein gewollter Schritt ist oder ob es sich um eine forcierte Entscheidung handelt, in der gesellschaftlicher und betrieblicher Druck die eigentliche – eher extrinsische – Motivation zur Existenzgründung ausmachen. Sind späte Existenzgründer bereitwillige Erfüllungsgehilfen einer neoliberalen Gesellschaft? Gerade der letzte Gedanke impliziert auch die Möglichkeit, dass sich Unternehmen ihrer Verantwortung entledigen und auf bequeme Weise individuell begründete Schritte nutzen, um flexibler auf wechselnde ökonomische Situationen zu reagieren.

Interessant ist die Parallelführung Bröcklings zwischen ökonomischen Tendenzen und emanzipatorischem Interesse, das sich auch als Wunsch zur Selbstoptimierung darstellt. Lässt sich »Selbstoptimierung« als wichtiges Konzept für die zweite Lebenshälfte beschreiben, und in welchem Spannungsverhältnis steht dieser Wunsch zu den unvermeidlichen Veränderungen in der zweiten Lebenshälfte, die auch von Verlust und zunehmenden Einschränkungen geprägt ist?

### 2.2.3 Die ökonomische Sicht: Der Entrepreneur als Motor individueller, ökonomischer und gesellschaftlicher Entwicklung

Nicht nur begrifflich tauchen im Kontext der Diskussion um die Existenzgründung Unterschiede auf, wie sie bereits in Kapitel 2.1. näher ausgeführt wurden. Mit den Begriffen verbinden sich auch politische, wissenschaftliche und ideologische Konzepte. In der vornehmlich im ökonomischen Bereich geführten Diskussion kommt dabei dem Begriff des »Entrepreneurs« bzw. der »Entrepreneurship« eine zentrale Bedeutung zu. Es handelt sich dabei um eine spezifische Vorstellung von Selbstständigkeit und Unternehmertum, die in den vergangenen Jahrzehnten – vornehmlich im angloamerikanischen Raum – die Diskussion um Fragen der Existenzgründung bestimmt hat.

Was aber kann man sich unter einem Entrepreneur vorstellen? Bill Gates als Gründer von Microsoft oder Steve Jobs als innovativer Chef der Firma Apple sind solche Figuren, die – umgeben von Mythen und Legenden – das Bild dessen formten, was in der politischen und auch wissenschaftlichen Diskussion mit dem Begriff des »Entrepreneurs« verbunden wird. Zahllose Bücher schildern Geschichten und Anekdoten über diese beiden, aber auch über viele andere erfolgreiche Firmengründer, für die insbesondere in der angloamerikanischen Literatur der aus dem Französischen stammende Begriff des »Entrepreneurs« verwandt wird. Das Wort »Entrepreneur« stammt von dem Verb »entreprendre«, was dem deutschen »etwas unternehmen« verwandt ist und in dem deutschen Begriff des »Unternehmers« wieder auftaucht. Allerdings beinhaltet der Begriff des Unternehmers nicht das Gleiche wie der Begriff des »Entrepreneurs«, in dem eine tiefe Symbolik und Idealisierung mitschwingen.

In der einschlägigen Forschung und Literatur ist nicht zu übersehen, dass es – wie Bögenhold und Fachinger (2011, S. 254) feststellen – kaum allgemein anerkannte Begriffsdefinitionen gibt. Das deutet darauf hin, dass mit dem Begriff des Entrepreneurs unterschiedliche Interessen, aber auch Mythen verbunden sind, die vor allem in der Ökonomie eine Rolle spielen. Ein zweiter Grund ist, dass mit dem bereits beschriebenen Wandel des Unternehmerbildes, der Differenzierung in unterschiedliche Formen von selbstständiger Tätigkeit und den ökonomischen Verschiebungen eine genaue Bestimmung an sich schon deutlich schwieriger geworden ist. So weist z.B. Franke (2010, S. 372 ff.) darauf hin, dass sich das Bild des Unternehmers in dem Sinne wandelt, dass dazu nicht mehr nur die Eigentümer, sondern auch Manager und Führungskräfte gezählt werden – eine Veränderung, die der Entwicklung der Unternehmen in Richtung von shareholderorientierten Systemen Rechnung trägt. Sie setzt daher – wie bereits beschrieben – die Begriffe des Entrepreneurs auf eine Ebene mit dem Begriff der Selbstständigen, die dann wiederum in Freiberufler und Gewerbetreibende (also die klassischen »Unternehmer«) unterteilt werden. Bögenhold und Fachinger betonen demgegenüber, dass Entrepreneure und Selbstständige eindeutig nicht identisch sind. Entrepreneurship kann nur als eine spezifische Form von Selbstständigkeit gefasst werden, in der das innovative Element besonders betont wird (2012b, S. 229). Der Idee der Selbstständigkeit fehlt auch die Idealisierung, die dem Begriff des Entrepreneurs anhaftet. Bevor dies genauer zu klären ist, sei auf zwei Definitionen verwiesen, die den Begriff für den Zweck der vorliegenden Analyse ausreichend rahmen:

Gartner (1988, zit. nach Baum et al. 2007, S. 6) behauptet, »entrepreneurs are those, who create new independent organizations«. Hier liegt die Betonung auf zwei Aspekten, nämlich zum einen, dass der Entrepreneur Ideen in unabhängige Systeme überführt, und zum Zweiten, dass diese neu sind. Darin unterscheiden sie sich also von Veränderungs- und Change-Maßnahmen, wie sie heute in allen größeren Organisationen und Unternehmen zum Alltag geworden sind. Noch genauer auf den Punkt gebracht wird dieser Aspekt in einer allgemein als gültig angesehenen Beschreibung von Shane und Venkatamaran (zit. nach Baum et al. 2007, S. 6): »Entrepreneurship is a process that involves the discovery, evaluation, and exploitation of opportunities to introduce new products, services, processes, ways of organizing, or markets.«

Es ist sicher kein Zufall, dass die Aufnahme des Begriffs und des dahinterliegenden Konzepts von »Entrepreneurship« vor allem in den USA besondere Ausmaße angenommen hat. Die Idee des Gründers passt hervorragend in das amerikanische Selbstbild und die amerikanische Geschichte als Nation von Gründern und Menschen, die bereit waren, große Entbehrungen und Risiken in Kauf zu nehmen, um Neues zu entdecken und aufzubauen (vgl. Shapero 1975, S. 83). Auch Kets de Vries (1977, S. 34) weist in diesem Zusammenhang darauf hin, wie stark das Bild des Entrepreneurs latent mit Geschichten und Mythen von Helden verknüpft ist. Was aber macht diese Idee aus?

Zum Ersten ist es die Tatsache, dass in den meisten gängigen Beschreibungen von »Entrepreneurship« immer eine Innovations- und Wachstumskomponente mitgedacht wird (vgl. Franke 2010, S. 373). Dem Gedanken, dass eine Stärkung der Entrepreneurship ökonomisch nicht nur wertvoll, sondern geradezu notwendig ist, liegt die Idee zugrunde, dass durch Neugründungen von Unternehmen die volkswirtschaftlich notwendige »schöpferische Zerstörung« (Schumpeter 1939) und Entwicklung von Innovationen vorangetrieben werden (Nitschke 2010, S. 8). Zentral für die Idee des Entrepreneurs ist die auf Schumpeters Konzept zurückgehende Idee, dass eine Ökonomie grundsätzlich regelmäßiger innovatorischer Prozesse bedarf, »that economies always need ›fresh blood‹ derived from social and economic innovations« (Bögenhold/Fachinger 2012b, S. 228). Innovation wird in dieser Vorstellung zum zentralen Merkmal unternehmerischen Handelns von Entrepreneuren:

Entrepreneurship is important because it is the economic mechanism through which inefficiencies in economics are identified and mitigated. Furthermore, entrepreneurs convert technological and organizational innovation into better products and services and motivate established competitors to improve products and processes. (Schumpeter 1911, zit. nach Baum et al. 2007, S. 5)

Allerdings ist auch der Begriff der »Innovation« durchaus unscharf. Geht es um innovative Produkte, um innovative Prozesse? Auch die Frage, wann Innovationen entstehen und ob sie Gründungsvoraussetzung sind, ist in der Praxis und Forschung nicht leicht zu entscheiden. Von Schumpeter (1939) selbst stammt die Beschreibung der fünf Dimensionen der Erneuerung:
a) neue Produkte
b) neue Produktionsprozesse
c) die Entstehung neuer Absatzmärkte
d) die Entdeckung neuer Rohstoffe
e) die Entwicklung neuartiger Institutionen

Die Frage ist, in welchem Maße der Gedanke an diese Form der schöpferischen Zerstörung und Neuentwicklung mit einer bestimmten Altersphase im Lebenslauf des Einzelnen verknüpft werden kann. Die beschriebenen Prozesse sind ja eher mit der jugendlichen bzw. adoleszenten Lebensphase verknüpft. Das lässt auch das Alter bekannter Personen wie Bill Gates oder Steve Jobs vermuten, deren Entwicklung im jungen Alter begann oder die sich zumindest immer auch eine äußere Anmutung von Jugendlichkeit bewahrt haben. Können ältere Existenzgründer in diesem Sinne »Entrepreneure« sein?

Eine zweite Überlegung hinsichtlich der Übertragbarkeit des Begriffs des Entrepreneurs auf ältere Existenzgründer erscheint wichtig: Merkmale von Unternehmen, die man als »entrepreneurial« beschreiben würde, sind zum einen die innovative Strategie, zum anderen aber auch die Ausrichtung auf Gewinn und Wachstum (vgl. Rauch/Frese 1998, S. 8). Gerade die geringe Wachstumsorientierung macht daher Solo-Selbstständige und Kleinunternehmer – auch ganz unabhängig von der Frage der innovativen Ausrichtung ihrer Unternehmen – nicht unbedingt zu Entrepreneuren im wirtschaftswissenschaftlichen Sinne.

Wodurch aber kommt überhaupt das Interesse an Innovationen, wie entfaltet sich eine entsprechende Dynamik? Es gibt zwei wesentliche Faktoren, nämlich systemische Prozesse auf der einen und die Initiative entsprechender Personen auf der anderen Seite. Auf der Systemebene kommt nach Shane (2003) drei Faktoren eine besondere Bedeutung zu: Erstens sind dies technologische Entwicklungen, zweitens politische und regulative sowie drittens soziale und demografische Veränderungen in Wirtschaft und Gesellschaft. So ist es sicher kein Zufall, dass das Aufkommen der Diskussion um die Entrepreneure eng verbunden ist mit den technologischen Entwicklungen Mitte bis Ende des vergangenen Jahrhunderts. Welche Personen benötigen die Gestaltung und Steuerung eines solchen Wandels? Entrepreneure gelten als Pioniere eines solchen Wandels. Man hat sich den Entrepreneur als jemanden vorzustellen, der über Ideen verfügt, seine Visionen in Taten umsetzt und dabei nicht bereit ist, bestehende Grenzen zu akzeptieren. Dies ist die innovative Seite des Entrepreneurs. Zu dieser Seite bedarf es ergänzend einer hohen Risikobereitschaft und der Fähigkeit, Innovationen nicht nur zu denken, sondern sie in konkrete Praxis zu übersetzen (vgl. Kets de Vries 1977, S. 37).

Es ist für die Diskussion um die Rolle älterer Existenzgründer wichtig, darauf hinzuweisen, dass mit der Idee der schöpferischen Zerstörung eine besondere psychologische Situation inklusive einer deutlichen Belastung verknüpft ist. Innovationen und Existenzgründungen gehen einher mit der Erfahrung des »disruptive change« (Baum et al. 2007, S. 8). Sie erfordern einen qualitativen Sprung und die Fähigkeit, heftige Veränderungsprozesse auszuhalten und zu gestalten. Dies wird in der Auseinandersetzung mit der Psychologie des Entrepreneurs noch näher anzuschauen sein. Es bleibt aber festzuhalten, was Franke in der Beschreibung des Entrepreneurs hervorhebt:

> Auch heute noch gilt die Gründung neuer Unternehmen als eine wichtige Komponente des wirtschaftlichen Entwicklungsprozesses und steht sinnbildlich für Fortschritt, Wettbewerb und die Entstehung neuer Arbeitsplätze. (2008, S. 376)

Damit wird ein zweiter Aspekt betont, der über die reine, für die Ökonomie so wichtige Frage der Innovation hinausgeht: Entrepreneure haben nicht nur eine Bedeutung für die Wirtschaft bzw. das konkrete Unternehmen, das sie gründen und führen, sondern sie nehmen Einfluss auf gesellschaftliche und politische Prozesse und Diskussionen. Das Aufkommen der Idee vom Entrepreneur und insbesondere die wissenschaftliche Auseinandersetzung mit diesem Konzept ist nicht zu verstehen, ohne darauf hinzuweisen, dass dieses Leitbild genau zu einer Zeit entstanden ist, in der technologische Entwicklungen zu tief greifenden Umbrüchen und Veränderungsprozessen nicht nur in der Wirtschaft, sondern auch in der Gesellschaft führten. Diese Veränderungen schufen neben der Herausforderung und Möglichkeit zu Innovation auch Situationen von Angst und Verunsicherung. Die Wirtschaftswissenschaften – konkret die Entrepreneurship-Forschung – schlagen sich in diesem großen Zusammenhang eher auf die optimistische Sicht der

Veränderungen (vgl. Baum et al. 2007, S. 10). Entrepreneure werden als Agenten des Wandels gesehen, sie transformieren die Veränderungen in Innovationen im Bereich von Wirtschaft und Organisationen und werden so zu Garanten von wachsendem Wohlstand.

Es geht also nicht nur darum, die Unternehmen konkurrenzfähig zu halten, sondern auch darum, Wachstum (und damit Beschäftigung) zu schaffen. Entrepreneure, die neue Unternehmen gründen, sollen im Regelfall Ausgangspunkt wirtschaftlichen Wachstums sein und damit über die eigene Beschäftigung hinaus weitere Arbeitsplätze schaffen. Ob Entrepreneure tatsächlich einen Beitrag zu stärkerer Beschäftigung leisten, ist empirisch nicht eindeutig belegt, der Gedanke gehört aber zweifellos dazu, wenn man verstehen will, warum der Förderung von Unternehmensgründungen politisch eine so hohe Bedeutung beigemessen wird.

Aber auch in der Praxis lässt sich nicht leugnen, dass Unternehmensgründer im Sinne der Entrepreneurship solche Wirkungen erzielen können. So weisen Baum et al. (2007) darauf hin, dass in der Tat in den USA in den Achtziger- und Neunzigerjahren des vorigen Jahrhunderts neue, unabhängige innovative Unternehmen den Verlust von ca. fünf Millionen Arbeitsplätzen in den etablierten traditionsgebundenen Firmen ausgleichen konnten. Allerdings trifft über die Frage der Schaffung neuer Arbeitsplätze hinaus die Fantasie, dass der Existenzgründung durch Entrepreneure automatisch ein entsprechender Wohlstand für den Gründer selbst und möglicherweise weitere Personen, die dadurch einen lukrativen Arbeitsplatz erhalten, nicht unbedingt zu, wie dies Bögenhold und Fachinger (2012b, S. 228) vor dem Hintergrund empirischer Forschung konstatieren. Einer der Gründe ist die hohe Zahl von Solo-Selbstständigen, die sich unter den Entrepreneuren finden und die weder Arbeitsplätze schaffen noch – wie bereits beschrieben – Reichtümer anhäufen können, was Entrepreneuren wie Gates oder Jobs tatsächlich gelungen ist.

Unstrittig ist aber, dass Entrepreneure Einfluss nehmen auf Prozesse des sozialen Wandels in ihrer näheren und weiteren Umgebung. Das Modell des Entrepreneurs als innerer Leitfigur des Existenzgründers ist ja über die ökonomische Bedeutung hinaus mit der Vorstellung verbunden, dass sich aus einer Förderung der Entrepreneurship heraus eine Reihe sozialer und gesellschaftlicher Probleme besser bewältigen lässt. So stehen Überlegungen zur Rolle von Kleinunternehmern und Entrepreneuren auch im Zusammenhang mit einem wachsenden Interesse an Fragen über die »Zukunft der Arbeit« und neue Produktionskonzepte auf, wie Bögenhold (1989, S. 266) konstatiert. Dies umfasst auch die Vorstellung, dass sich angesichts des demografischen Wandels und der absehbaren Verknappung im Bereich der Fachkräfte durch Gründungen von kleineren Unternehmen Reserven mobilisieren lassen, um durch eine Flexibi-

lisierung der Altersgrenze, die erfahrungsgemäß für Selbstständige eine
geringere Rolle spielt, die Folgen des demografischen Wandels abzufedern.
Bögenhold (1989, S. 269) erinnert schließlich daran, dass Entrepreneurship
auch im Kontext der Möglichkeit des sozialen Aufstiegs eine Bedeutung
zukommt, ist doch die Gründung eines – wenn auch kleinen – Unternehmens eine der Möglichkeiten, die Zugehörigkeit zu einer bestimmten sozialen Schicht im Sinne eines Aufstiegs zu verändern. Bögenhold
spricht in diesem Zusammenhang allerdings von einem – bereits weiter
oben beschriebenen – eher »kleinen Grenzverkehr« (1989, S. 276).

Interessant ist der Hinweis verschiedener Autoren, dass Entrepreneurship offensichtlich auch neue soziale Prozesse wie etwa Netzwerkbildung und regionale Dynamiken voraussetzt oder befördert
(vgl. Bögenhold/Fachinger 2012b, S. 230; Shapero 2012, S. 84). Business
Schools oder »das Silicon Valley« sind neben Mentoren oder Netzwerken als institutionelle oder regionale Kontexte Beispiele für solche
sozialen Strukturen, die Entrepreneure brauchen und schaffen. Noch
deutlicher beschreiben es Baum et al. (2007, S. 9): »Entrepreneurs who
start high-potential companies operate in the midst of communities of big
dreamers.« Entrepreneure sind also ohne entsprechende soziale Umgebung nicht vorstellbar, sie benötigen sie als fruchtbaren Boden. Diese
Erkenntnis hat sich in der Diskussion um die psychologischen Voraussetzungen von Entrepreneurship allerdings erst langsam durchgesetzt.

## 2.2.4 Die psychologische Perspektive

### 2.2.4.1 Die Persönlichkeit von Gründern und Unternehmern

Baum et al. stellen in ihrer Arbeit über die Psychologie des Entrepreneurs
unmissverständlich fest: »Entrepreneurship is fundamentally personal.« (2007, S. 1). Existenzgründung, Innovation durch Entrepreneurship
bedarf konkreter Personen, die mit ihren Visionen, Intentionen, ihrer
Dynamik eine Idee in konkrete soziale Praxis in Form der Firmengründung umsetzen. Organisationen, wie sie auch durch die Aufnahme
einer Freiberuflichkeit entstehen, sind generell von Menschen geschaffene Systeme und sie brauchen die Energie einzelner Personen und die
Bereitschaft zur Gründung. Die umfangreiche, vor allem angloamerika-
nische Literatur im Bereich der psychologischen Forschung (vgl. Rauch/
Frese 1998; Korunka et.al. 2004; Seitz/Tegtmeier 2007) befasst sich mit
der Rolle psychischer Faktoren in der Rolle des Entrepreneurs und der
Frage, ob Entrepreneure und Selbstständige eine andere Persönlichkeitsstruktur als abhängig Beschäftigte haben. Gibt es identifizierbare Persönlichkeitsmerkmale, anhand derer sich mit hoher Wahrscheinlichkeit

voraussagen lässt, ob eine Gründung wahrscheinlich und – noch mehr –
ob sie erfolgreich ist? Gerade die letzte Frage ist von großer Relevanz für
Menschen und Institutionen, die in der Vorgründungsphase den Schritt
des Existenzgründers finanziell unterstützen sollen. Die Frage nach der
Psychologie des Entrepreneurs differenziert sich dabei in verschiedene
Ebenen, die im Folgenden beleuchtet werden sollen:

Zum einen geht es um eine relativ an der Oberfläche angesiedelte
Auseinandersetzung mit dem Humankapital. Humankapital ist das, was
eine Person, die sich entschließt Existenzgründer zu werden, an Fähigkeiten und Kompetenzen mitbringt. Dazu gehören Berufsausbildung,
Branchen- und Führungserfahrungen, Alter, Geschlecht etc. Das eigentliche psychologische Interesse bezieht sich zum einen auf die Frage nach
überdauernden psychischen Dispositionen, darüber hinaus auf die Ebene
mentaler Repräsentationen in Form von Einstellungen, Werten und
Überzeugungen sowie schließlich auf tiefer liegende Motivationen im
Sinne treibender emotionaler Konflikte und Dynamiken auf bewusster
und unbewusster Ebene.

Dabei entsteht – wie im Folgenden zu sehen sein wird – eine Reihe
von Einschränkungen, die kritisch zu sehen sind. So weist Franke (2009,
S. 394) darauf hin, dass ein unreflektiert tradiertes Bild der Gründer- bzw.
Unternehmerpersönlichkeit oft auch ein Hindernis bei der Entscheidung
zur Existenzgründung ist und nicht nur den Gründer, sondern auch im
Umfeld beteiligte Personen wie etwa Bankberater etc. implizit beeinflusst.
Das tradierte Bild umfasst die Vorstellung besonderer Risiko- und Leistungsbereitschaft, Zielstrebigkeit, Selbstbewusstsein etc. Stimmen diese
Vorstellungen mit den Untersuchungen empirischer Ergebnisse überein?

Es ist kritisch anzumerken, dass eine Reihe der Studien über die Persönlichkeit des Entrepreneurs eine Beschränkung vornehmen. Neben
dem Vergleich ausschließlich mit der Persönlichkeit von Managern steht
häufig der Entrepreneur im Vordergrund, der im Bereich der sogenannten »Spitzentechnologie« anzutreffen ist, einer eindeutig besonderen
Untergruppe von Selbstständigen (vgl. Kets de Vries 1977).

Die psychologische Auseinandersetzung folgte lange einem Denkmodell, wie es aus der Führungsforschung bekannt ist (vgl. Haubl 2012).
Dabei wurde zunächst vor allem die Persönlichkeit des Entrepreneurs
isoliert untersucht, getrieben von der Frage, was eine Gründerpersönlichkeit ist und wie solche Personen möglicherweise frühzeitig als potenzielle Entrepreneure identifiziert werden können. Diese Frage ist heute
noch immer bedeutsam, wenn es um die Vergabe von Krediten für die
Existenzgründung geht. Neben der Erstellung von Businessplänen haben
solche Kreditgeber ein starkes Interesse daran, einschätzen zu können,
ob die persönlichen Voraussetzungen einen Erfolg des Gründungsvor-

habens als realistisch erscheinen lassen. Zunehmend wurde in der Forschung aber deutlich, dass es nicht ausreicht, einen isolierten Blick auf die Persönlichkeit zu richten. Die Entscheidung zur Existenzgründung ist ganz offensichtlich von vielen äußeren Faktoren abhängig, durch die spezifische Eigenschaften, Persönlichkeitsmerkmale, Verhaltenstendenzen erst Bedeutung erlangen. Existenzgründung ist ein sozialer Prozess, der nur dann angemessen verstanden werden kann, wenn die Gesamtsituation mit ihren unterschiedlichen Beteiligten und Rahmenbedingungen ins Kalkül gezogen wird.

Der entscheidende Einwand gegenüber ähnlichen Forschungsergebnissen ist also, dass die Suche nach den psychologischen Charakteristika der Gründerpersönlichkeit einem eingeschränkten Verständnis der menschlichen Persönlichkeit folgt. Diese beschränken die Sicht auf eine Auseinandersetzung, in der die Persönlichkeit ihrer sozialen Bezüge beraubt wird. Besonders vor diesem Hintergrund scheint es so, als ob der Versuch, typische Unternehmereigenschaften zu identifizieren, seinen Zenit überschritten hat. So vollzog sich in den Neunzigerjahren des vorigen Jahrhunderts eine Entwicklung in Richtung intersubjektiver und ökologischer – im Sinne der Einbeziehung des sozialen Kontextes – Konzepte. Rauch und Frese (1998, S. 7 ff.) entwerfen daher konsequent ein Rahmenmodell, das gegenüber dem reinen Zugang über die Beschreibung von Persönlichkeitseigenschaften hinaus eine Unterscheidung von Persönlichkeit und Humankapital sowie als intermittierende Faktoren Ziele und Strategien des Existenzgründers und schließlich Umwelteinflüsse geltend macht. Unter Zielen verstehen die Autoren die großen Visionen, aber auch operative Ziele und Strategien als Handlungspläne. Umweltfaktoren sind z. B. Marktsituation, Kundenabhängigkeit etc.

Im Folgenden soll diese Entwicklung des Untersuchungsinteresses in einzelnen Aspekten etwas ausführlicher nachgezeichnet werden.

Die Forschung zum Verstehen der Gründerpersönlichkeit folgte lange dem sogenannten »trait approach«, also dem Versuch, die wichtigsten Eigenschaften zu benennen, die zur Gründung prädestinieren. Dem lag die Idee zugrunde, dass es sich bei Gründern um »große« Persönlichkeiten handelt, die für machtvolle Positionen in der Gesellschaft prädestiniert sind. Dies klang schon in Schumpeters Beschreibungen an, der den Entrepreneur als jemanden sah,

> who had the dream and the will to found a private kingdom, usually, though not necessary also a dynasty, […] the will to conquer: the impulse to fight, to prove oneself superior to others, to succeed for the sake, not of the fruits of success, but of success itself […] (and) the joy of creating, of getting things done, or simply of exercising one's energy and ingenuity. (Schumpeter, zit. nach Baum et al. 2007, S. 10)

Die Untersuchungen zur Psychologie des Entrepreneurs folgten in diesem Sinne der Idee der Führungspersönlichkeit als Held (Western 2013), einem Bild, das sowohl dem Selbstverständnis der Amerikaner entgegenkam als auch dem Bedürfnis nach richtungsweisenden Personen im Kontext der technologischen, ökonomischen und gesellschaftlichen Veränderungen. Was ist in diesem Kontext gemeint, wenn von den Persönlichkeitseigenschaften solcher Menschen gesprochen wird? Rauch und Frese übernehmen als hilfreiche Definition: »Personality Traits can be defined as relative stable tendencies of behaviour across situations and across time.« (2008, S. 123). Die Untersuchungen in diese Richtung geben einige übereinstimmende Hinweise darauf, was den Entrepreneur ausmachen könnte.

Selbstständige verfügen demnach über eine höhere Leistungsmotivation, sind risikogeneigter und können unklare Situationen besser aushalten. Sie sind innovationsfreudiger, denken mehr über ihre Zukunft nach und sind eher bereit, Rückmeldungen von Ergebnissen einzufordern (vgl. Rauch/Frese 1998).

Kritikos (2011) nennt ein Fünf-Faktoren-Modell, das Konzept der »Big Five«, von denen vier für Unternehmer als besonders relevant und typisch gelten, nämlich emotionale Stabilität, Extraversion, Offenheit für Erfahrungen und Verträglichkeit. Hohe Ausprägungen bei den genannten Faktoren scheinen eine günstige Voraussetzung zu sein, um den Schritt in die Selbstständigkeit wahrscheinlicher zu machen. Bei der Fortführung der Selbstständigkeit, also beim Kriterium, ob eine Gründung erfolgreich sein wird, sind drei Merkmale ausschlaggebend, nämlich eine hohe Kontrollüberzeugung und niedrige bzw. mittlere Werte hinsichtlich der sozialen Verträglichkeit und der Risikobereitschaft. Gerade Letztere ist, wenn sie zu stark ausgeprägt ist, entgegen der ersten Vorannahme hinderlich, da sie zur Selbstüberschätzung führen kann.

Rauch und Frese beschreiben vor diesem Hintergrund ein Konzept der »entrepreneurial orientation« (1998, S. 15), die sich durch fünf Schlüsseldimensionen benennen lässt:
- Bedürfnis nach Unabhängigkeit,
- Bereitschaft, innovativ zu sein,
- Bereitschaft, Risiken auf sich zu nehmen,
- aggressives Auftreten gegenüber der Konkurrenz und
- Proaktivität, also vorausschauendes Handeln.

Zusammenfassend stellt Möller fest: »Wir haben es häufig mit sehr energiegeladenen, risikofreudigen Menschen zu tun, die mit viel Durchsetzungsvermögen und einer starken visionären Vorstellungskraft ausgestattet sind.« (2012, S. 14).

Diese Forschungsergebnisse sind verschiedentlich kritisch betrachtet worden. Ein problematischer Punkt ist, dass allgemeine Persönlichkeitseigenschaften schwer mit einem spezifischen Ereignis zusammengebracht werden können, es gibt also zwischen Disposition und konkretem Handeln viele Vermittlungsstufen und komplexe interne und externe Einflussfaktoren. Das Vorliegen der genannten Eigenschaften ist offensichtlich hilfreich für die Entscheidung zur Gründung, aber es gibt keinen kausalen Zusammenhang.

Eine zweite wichtige Erkenntnis ist, dass zwischen Gründungsbereitschaft und Erfolg des Unternehmers unterschieden werden muss. Dazu stellen Rauch und Frese zusammenfassend hinsichtlich der Forschungssituation fest:

> Die Herausbildung, das heißt also, wer kristallisiert sich als Führungsperson einer Gruppe heraus, wird durch Persönlichkeitseigenschaften stark beeinflusst, während de Effektivität. d. h. also, welcher Persönlichkeitsfaktor führt zu Erfolg, keine so eindeutigen Ergebnisse liefert. (1998, S. 9)

Aber trotz aller Kritik: Auch wenn inzwischen klar ist, dass der Erfolg des Entrepreneurs nur unter Berücksichtigung der äußeren Umstände erklärt werden kann, ist doch unstrittig, dass der Eigenschaftsansatz hilfreich und notwendig ist, um zu erklären, warum Leute zu einem spezifischen Zeitpunkt die Entscheidung treffen, sich selbstständig zu machen (Rauch/Frese 2008, S. 5).

Wie aber stellen sich die Prozesse dar, wenn der soziale Kontext stärker einbezogen wird?

Eine Sicht, die psychologische und soziale Determinanten als miteinander verschränkt voraussetzt, muss davon ausgehen, dass sich die Persönlichkeit in einem komplizierten Zusammenspiel von äußeren Faktoren wie Alter, Beruf, Erfahrung auf der Personenseite sowie situativen und sozialen Bedingungen auf der anderen Seite realisiert. Dies gilt auch für die Situation des Existenzgründers. Rauch und Frese (1998, S. 11) verdeutlichen dies an einem einfachen Beispiel: Geselligkeit ist für einen Selbstständigen, der eine Gastwirtschaft betreiben will, wichtiger als für einen Softwareentwickler – und ob diese Eigenschaften entwickelt oder realisiert werden, hängt eben sehr stark vom Kontext ab.

Ein weiterer wichtiger Punkt ist die Unterscheidung zwischen »starken und schwachen Situationen« (Rauch/Frese 1998, S. 15). Starke Situationen, wie z. B. heftige Konkurrenz, lassen die Persönlichkeitseigenschaften in den Hintergrund treten, während in unklaren, schwachen Situationen diese eine größere Rolle spielen. Neben solchen Faktoren spielen selbst allgemeinere äußere Umstände wie z. B. die Zugehörigkeit zu einer bestimmten Region eine Rolle.

Ergänzend zu solchen sehr allgemeinen Einflussgrößen versuchen Rauch und Frese (1998, S. 20) in ihrem Modell Zwischengrößen zu identifizieren, die näher an der Persönlichkeit liegen, aber keine Charaktereigenschaften darstellen, sondern eher Haltungen, Einstellungen und Handlungsorientierungen. Dazu zählen sie in besonderem Maße »Prozesscharakteristika« wie Ziele und Strategien. Ziele wie z. B. Wachstum, Mitarbeiterentwicklung, Kundenorientierung, technische Ziele etc. sind wichtige Faktoren. Rauch und Frese verweisen z. B. auf Untersuchungen, nach denen

> »visionary companies« nicht nur sehr viel erfolgreicher sind als nicht »visionary companies«. Sie zeichnen sich darüber hinaus durch eine sehr starke Kultur mit starken Werten seit dem Entstehen des Betriebs aus. (1998, S. 20)

Es gibt zwei wichtige empirische Erfahrungen, was Unternehmensgründer angeht, die nicht leicht zu erklären sind: Zum Ersten ist dies die Tatsache, dass – wie bereits beschrieben – ein relativ hoher Anteil der Existenzgründungen in den ersten fünf Jahren scheitert. Zum Zweiten fällt insbesondere bei Entrepreneuren auf, dass sich ihr Handeln häufig der Logik und Rationalität wirtschaftlicher Planung entzieht. Gerade das macht ja ihre innovative Dynamik aus. Diese beiden Erfahrungen ließen sich nicht mit rein äußerlichen Beschreibungen, etwa schlechter ökonomischer Planung oder fehlender Ausbildung bzw. Kenntnissen etc., erklären.

Dies war der Moment, der psychoanalytisch geschulte Wissenschaftler auf den Plan rief, vornehmlich an der Harvard Business School, und der mit den Namen von Zaleznik, Levinson, Kets de Vries und anderen verknüpft ist (vgl. Baum et al. 2007, S. 13). Insbesondere Kets de Vries (1977) bemühte sich um Erkenntnisse im Bereich unbewusster und scheinbar irrationaler Dynamiken. Er setzte sich mit der Tatsache auseinander, dass Erfolg, wie er bei Entrepreneuren häufig vordergründig sichtbar ist und besonders bei den typischen großen Entrepreneuren im Bereich der modernen Technologie nach außen dargestellt wird, ein fragiler Zustand ist, und versuchte, die Psychodynamik des Entrepreneurs genauer zu erkunden.

### 2.2.4.2 Einflüsse aus der Lebensgeschichte und aus familiären Erfahrungen

Eine zusammenfassende Beschreibung der Untersuchungen im angloamerikanischen Raum liest sich folgendermaßen:

> The psychological picture which emerges from this brief review is sometimes conflicting and confusing. It appears, that particularly high achievement motivation is an important aspect in the entrepreneurial personality, but in addition, autonomy, independence and moderate risk taking are con-

tributing factors. The entrepreneur also emerges as an anxious individual, a non-conformist poorly organized and not a stranger to self-destructive behavior. Although power motivation is important, the degree of power motivation varies and has an influence on effective leadership style. Entrepreneurs seem to be ›inner directed‹, present themselves as self-reliant and tend to de-emphasize or neglect interpersonal relations. And finally, entrepreneurs possess a higher than average aesthetic sense which may contribute to their ability to set up ›new combinations‹. (Kets de Vries 1977, S. 41)

Auch Möller (2012, S. 15) beschreibt diese widersprüchlichen Tendenzen bei Gründern: Es gehe ihnen meist darum, sich nicht zurückzunehmen, sich nicht bescheiden zu integrieren, sondern eher phallischnarzisstische Persönlichkeitsanteile auszuleben. Außerdem fänden sich häufiger negative Vaterübertragungen und nicht gelöste Autoritätskonflikte. Dass besonders phallisch-narzisstische Motive in der Existenzgründung Raum bekommen können, ist nicht so verwunderlich, schließlich ist die Existenzgründung bzw. die Rolle des Selbstständigen häufig mit einem Statusgewinn und höherem Sozialprestige verbunden – selbst dann, wenn die ökonomische Lage eher prekär ist. Auch das Streben nach Unabhängigkeit kann in der Rolle des Entrepreneurs natürlich ausgesprochen gut verwirklicht werden, auch wenn dies häufig erst nach einiger Zeit realisiert bzw. benennbar wird (vgl. Shapero 1975). Dies geschieht aber offensichtlich nicht leicht. Kets de Vries weist darauf hin, dass Entrepreneure ihre Selbstständigkeit nicht zielstrebig verwirklichen können. Vor der Existenzgründung finden sich Zeiten der Rebellion in den vorherigen Tätigkeiten, Zeiten der Orientierungslosigkeit, Jobwechsel, ausgelöst durch Erfahrungen, dass die eigenen, oft unkonventionellen Ideen und Vorschläge nicht gehört oder abgelehnt wurden.

Es mag sein, dass in dieser Übergangsphase der Auseinandersetzung auch begründet liegt, dass der Gründungsprozess bei Entrepreneuren häufig als heftiger, teilweise gewaltsamer Bruch empfunden wird: »As conceived by Schumpeter, entrepreneurs face extreme situations because their work involves disruptive change.« (Baum et al., S. 8). Dass Gründungsakte ein deutlich aggressives Element beinhalten, hat Haas (2002) näher untersucht, der in diesem Zusammenhang von »Gründungsgewalt« spricht.

Wie aber lässt sich diese starke Emotionalität erklären, die doch im eklatanten Widerspruch zu einer rationalen Logik steht, wie sie im Kontext wirtschaftlichen Handelns häufig vorausgesetzt oder gefordert wird?

Eines der zentralen, psychoanalytisch geprägten Deutungsmuster ist die Beschreibung spezifischer familiärer Konstellationen in der Biografie der Selbstständigen.

This type of person gives the impression of a ›reject‹, a marginal man, a perception certainly not lessoned by his often conflicting relationships with family members. The environment is perceived as hostile and turbulent, populated by individuals yearning for control, with the need to structure his activities. […] Due to these reactive ways of dealing with feelings of anger, fear and anxiety, tension remains since ›punishment‹ in the form of failure may follow suit. Failure is expected and success is often only perceived as a prelude to failure. (Kets de Vries 1977, S. 35)

So fanden sich in Untersuchungen gehäuft Hinweise auf das, was Kets de Vries verallgemeinernd eine »schwierige Kindheit« nennt. Konkret sind damit Erfahrungen von Verlassenwerden, Todesfälle in der engeren Umgebung, Ablehnung und Armut gemeint, bei denen die Beziehung zum Vater eine herausragende Rolle spielt. Folge sind häufig unterdrückte Aggressionen gegen Autoritätsfiguren, die dazu führen, dass Abhängigkeiten gemieden werden und die Entrepreneure sich selbst in die Rolle der Autoritätsperson manövrieren. Selbstständigkeit ist in diesem Sinne also ein Versuch, schmerzhafte und ängstigende Erfahrungen aus der eigenen Lebensgeschichte zu meiden oder in der Rolle des Entrepreneurs zu bewältigen. Der Entrepreneur erscheint so nach Kets de Vries als »driven outsider«, als »individual, who succeeded, despite strong psychological drives and conflicts« (Baum et al. 2007, S. 13). Nun ist eine konflikthafte und schwierige Kindheit nicht allein Schicksal und Belastung sondern für spezifische Situationen, wie Selbstständige sie gehäuft erleben, auch eine Chance. Die familiären Erfahrungen verschaffen den Entrepreneuren eine bemerkenswerte Resilienz gegenüber Erfahrungen des Scheiterns oder von Krisen, und sie haben gelernt, es immer wieder zu versuchen. Gleichzeitig ist der Akt der Gründung und Verselbstständigung unweigerlich mit aggressiven Elementen durchsetzt, die gebraucht werden, um sich abzulösen und gegenüber anderen allein durchzusetzen. In dieser Aggressivität sieht Kets de Vries die Ursache dafür, dass der Entrepreneur unbewusst von einer dauernden Bestrafungserwartung begleitet wird, die nicht selten auch zu selbstdestruktivem Verhalten führt sowie Scheitern und Insolvenzen begünstigen kann.

In diesem Zusammenhang ist erklärlich, warum laut Shapero (1975, S. 86) Firmengründer eher aus kleineren Unternehmen und weniger aus Großkonzernen kamen. Möglicherweise begünstigt die Übersichtlichkeit der Herkunftsfirmen die Reaktivierung familiärer Dynamiken in der Person des Existenzgründers.

## 2.3 Soziodemografische Daten und empirische Ergebnisse zur Existenzgründung

### 2.3.1 Allgemeine Daten zur Existenzgründung

Im Regelfall ziehen Forscher verschiedene Quellen zu Rate, wenn es um Aussagen zur Selbstständigkeit und zur Existenzgründung geht. Zu den wichtigsten Quellen gehören zum einen amtliche Angaben, wie etwa die Gewerbestatistik des Statistischen Bundesamtes, oder aber repräsentative Stichproben, insbesondere der Mikrozensus. Dieser umfasst jährlich ca. 820.000 befragte Personen und ist aufgrund seiner Repräsentativität eine der grundlegenden Statistiken, aus der Erkenntnisse zum Thema Selbstständigkeit gewonnen werden können (vgl. Fritsch et al. 2012, S. 4). Bezogen auf das Thema der Existenzgründung bzw. Bewegungen in diesem Feld stehen weitere Datensammlungen zur Verfügung. Dazu gehört vor allem der KfW-Gründungsmonitor (Hagen et al. 2011), bei dem jährlich 40.000 bis 50.000 Menschen telefonisch befragt werden. Über die nationalen Grenzen Deutschlands hinaus liefert der Global Entrepreneurship Monitor (GEM, vgl. Brixy et al. 2009) wichtige Möglichkeiten, das Gründungsgeschehen in Deutschland mit dem anderer Länder zu vergleichen. Einen genaueren Überblick über diese und weitere Quellen bieten Fritsch et al. (2012, S. 4f.) und Franke (2009, S. 377). Allerdings sind die Zahlen durchaus mit Vorsicht zu interpretieren, da sie häufig unterschiedliche Kriterien bzw. Bezugsgrößen zugrunde legen. Franke (2009, S. 377) verdeutlicht z. B., dass nicht in allen Statistiken auch die sogenannten »freien Berufe« eingerechnet werden, obwohl diese gerade in den letzten Jahren deutlich zugenommen haben. Außerdem wird nicht in allen Quellen die Unterscheidung zwischen Vollzeit- und Nebenerwerbsgründungen gemacht, eine Unterscheidung, die bei der Beurteilung jedoch eine große Rolle spielt, da etwa bei Vollzeitgründungen die ökonomischen und sozialversicherungsbezogenen Risiken und Konsequenzen deutlich größer sind. Andererseits ist natürlich denkbar, dass Nebenerwerbsgründungen auch nur eine Passage darstellen im Sinne einer klugen Strategie, die Risiken zu minimieren, was besonders für ältere Existenzgründer von großer Wichtigkeit sein kann.

Der erwähnte Global Entrepreneurship Monitor erfasst im Unterschied zu den deutschen Quellen Existenzgründer nicht nur ab dem formalen Akt der Gründung, sondern schon in der Phase der Planung und Vorbereitung, wodurch wichtige Erkenntnisse auch für den gesamten Prozess der Existenzgründung gewonnen werden.

Wie stellen sich die Ergebnisse zu Selbstständigkeit und Existenzgründung im Überblick dar?

Eine wichtige Bezugsgröße ist die Anzahl derjenigen, die überhaupt selbstständig und nicht abhängig beschäftigt sind. Fritsch et al. (2012, S. 4) nennen eine Zahl von insgesamt 4,2 Millionen Selbstständigen im Jahre 2009, was einem prozentualen Anteil von 11 % der erwerbsfähigen Personen der Bevölkerung entspricht. Darin sind ausdrücklich nur Vollzeit-Selbstständige erfasst. Bemerkenswert an dieser Zahl ist der – im Vergleich zu anderen Ländern – deutliche Anstieg um fast 40 % im Vergleich zu 1991. Gründe dafür liegen offensichtlich in der Integration der ehemaligen ostdeutschen Länder, in denen die Gründungsquote besonders hoch war, und – wie Fritsch et al. feststellen, in einer verstärkten unternehmerischen Kultur in Deutschland. Darüber wird noch näher im folgenden Kapitel zu sprechen sein. Ein weiterer Aspekt der Ausweitung selbstständiger Tätigkeiten ist der starke Anstieg der klassischen freien Berufe, zu denen auch die Beratungsbranche gehört, sodass diese als Motor der Expansion von Existenzgründungen angesehen werden können. Ein wichtiger Aspekt ist die größere Neigung von Hochschulabsolventen zur Selbstständigkeit, insgesamt haben 30 % aller Selbstständigen einen Hochschulabschluss und – auf die Gruppe der Hochschulabsolventen heruntergebrochen – fast jeder fünfte von ihnen wird im Laufe seiner Berufskarriere irgendwann selbstständig tätig.

Im Übrigen ist ein Großteil der Selbstständigen männlich (69 %) und der Anteil der Ausländer bzw. Personen mit Migrationshintergrund an den Selbstständigen und Existenzgründern ist deutlich höher als der der Gesamtbevölkerung (vgl. Fritsch et al. 2012, S. 7). Franke (2009, S. 380) beschreibt daher den idealtypischen Gründer als männlich, 25 bis 44 Jahre alt, Migrationshintergrund, mit Hochschulabschluss, ehemals als Führungsperson tätig oder arbeitslos. Dabei ist zu berücksichtigen, dass die Kriterien mit der hohen Anzahl von Gründern in der Lebensphase zwischen 25 und 44 Jahren zusammenhängen. In einer Untersuchung der KfW-Bankengruppe (2008) wurde deutlich, dass jüngere Gründer signifikant häufiger als ältere ausländischer Herkunft sind und vor der Gründung Nicht-Erwerbspersonen waren.

Auch wenn der Anteil der Selbstständigen insgesamt im Steigen begriffen ist, lässt sich für das aktuelle Gründungsinteresse eher eine Stagnation bzw. ein Rückgang feststellen. Insgesamt trifft ca. 1 % der Bevölkerung jährlich eine Entscheidung zur Existenzgründung. Im Jahr 2009 waren das 294.000 Gründungen (Fritsch et al. 2012, S. 4). Franke (2009, S. 377) zitiert eine Statistik des Instituts für Mittelstandsforschung, wonach es im Jahre 2007 ca. 463.000 neue Unternehmen bzw. Existenzgründungen gab. Mit den Nebenerwerbsgründungen entsteht für 2007 so eine Gesamtzahl von ca. 860.000 Existenzgründungen, also durchaus ein Hinweis auf eine bedeutsame Gründungsaktivität. Die Differenz erklärt sich offensichtlich u. a. aus der Einbeziehung der Nebenerwerbsgründungen in die Statistik. Außerdem scheint es eine Tendenz nach unten zu geben: Der DIHK-Gründerreport geht davon aus, dass das Gründungsinteresse gesunken ist, da signifikant weniger Anfragen nach Unterstützung zur Existenzgründung zu verzeichnen waren (vgl. DIHK 2012).

Interessant ist, wie sich die Gründungen nach den unterschiedlichen Formen und Branchen differenzieren. Im Jahre 2007 setzten sich die Existenzgründungen zu 24,6 % aus Gründerpersonen in freien Berufen, 17,8 % aus dem Handwerk und 57,6 % aus sonstigen Berufen zusammen (KfW-Gründungsmonitor, zit. nach Franke 2009, S. 378). 84,4 % der Gründungen vollziehen sich im Dienstleistungsbereich, bei denen Handel und wirtschaftsnahe Dienstleistungen die größte Bedeutung haben. Dabei vollzieht sich eine spürbare Verschiebung in Richtung von Dienstleistungen (ca. 60 % aller Gründungen), während der Anteil der neuen Selbstständigkeit in Handel und Gastgewerbe sinkend ist. Jeder zweite Selbstständige arbeitet inzwischen im Dienstleistungssektor (Fritsch et al. 2012). Ein Grund für diese Entwicklung könnte neben der allgemeinen Bedeutungszunahme des Dienstleistungssektors auch die Tatsache sein, dass in diesen Bereichen die Eintrittsschwelle niedriger ist, da hier die ökonomischen Investitionen und Risiken im Vergleich zu gewerblichen Unternehmen, die Investitionen in Produktionsmittel erfordern, überschaubarer sind.

Dies zeigt sich u. a. darin, dass beim größeren Teil der Existenzgründungen die Finanzierung durch Sach- und Finanzmittel erfolgt, die größtenteils unter der 5.000-Euro-Grenze bleiben. Der größere Teil der Existenzgründer verwendet dabei Ersparnisse (59 %), Eigen- und Fremdmittel in Form von Krediten und Schenkungen (35 %) sowie Zuschüsse der Bundesagentur für Arbeit oder Beteiligungskapital kommen vergleichsweise seltener zum Einsatz (Franke 2009, S. 386). Zu den wichtigsten Geldgebern in Deutschland gehört dabei die KfW-Bank, die Existenzgründer allerdings indirekt über Hausbanken etc. unterstützt. Inzwischen gibt es auch spezielle Kapitalgeber, die sich aber vornehmlich auf junge »Start-up-Unternehmen« konzentrieren (ESMT 2015).

Im Vergleich zu anderen Ländern liegt Deutschland in den Gründungsaktivitäten zurück, wobei häufig als Ursache bürokratische Hemmnisse genannt werden. Konkret liegt die Gründungsquote in Deutschland bei 10,7 %, in Europa durchschnittlich bei 13,1 % (Franke 2009, S. 382 f.). Zu den hinderlichen strukturellen Rahmenbedingungen gehören z. B. bürokratische Hemmnisse, die sich in einer längeren Dauer des Gründungsakts widerspiegeln, aber auch höhere Kosten, geringere soziale Absicherung etc. So müssen Existenzgründer damit umgehen, dass bei Selbstständigkeit der Anteil des Arbeitgebers zur Sozialversicherung selbst erwirtschaftet werden muss, die Krankenversicherung meist teurer ist und eine Rückkehr aus der privaten in die gesetzliche Krankenversicherung häufig ausgeschlossen ist. Andererseits gehört Deutschland zu den Ländern, die sehr viel zur Unterstützung von Gründungen tun. So gibt es eine ausgebaute Förderlandschaft, eine solide Existenzgründungsberatung, unterstützende Institutionen und Netzwerke etc. Möglicherweise ist die geringere Gründungsneigung in Deutschland daher eher den sogenannten »mentalen Faktoren« geschuldet. Franke (2009, S. 389). Zu diesen zählen innere Hemmnisse, wie etwa die Angst vor dem Scheitern der Existenzgründung oder aber die Angst vor zu viel Arbeit. Letztere ist nicht unbegründet, da die Arbeitszeit von Selbstständigen nach einer Untersuchung ca. das 1,6-Fache der Arbeitszeit eines abhängig Beschäftigten beträgt (vgl. Bögenhold/Fachinger 2011, S. 263).

Neben diesen Faktoren spielt das soziale Image von Selbstständigen eine wichtige Rolle. Dabei ist interessant, dass es Differenzierungen zwischen den verschiedenen Formen der Selbstständigkeit gibt. Während Unternehmer bzw. Selbstständige, die Angestellte haben, und Entrepreneure, die als dynamisch, risikoreich, jung und progressiv angesehen werden, ein positives Sozialprestige haben, müssen diejenigen Selbstständigen, die meist Solo-Selbstständige sind, mit einem eher niedrigen Sozialprestige leben (Franke 2009, S. 389). Es bedürfte also einer deutlich stärkeren Förderung und positiven Bewertung des Images von Selbstständigen, wenn man die Zahl der Existenzgründungen vorantreiben will. So fordert der DIHK-Gründerreport zusammenfassend: »Gerade Deutschland ist auf kluge Köpfe mit innovativen Ideen angewiesen. ›Unternehmerische Selbstständigkeit‹ sollte stärker und bundesweit in den Schullehrplänen verankert werden.« (DIHK 2012, S. 3)

Was sind die Motive der Gründer? Grundsätzlich kommen Gründungen ja dann infrage, wenn eine reale oder drohende Erwerbslosigkeit umgangen bzw. verlassen werden soll, oder wenn man sich eine Verbesserung der Arbeitsinhalte, -weise oder -bedingungen erhofft. Insgesamt lässt sich konstatieren, dass die sogenannten »Necessity-Gründungen« oder »Push-Motive« (z.B. Arbeitslosigkeit) vorrangig sind und intrinsische Faktoren eher eine geringere Rolle spielen. So standen laut Mikrozensus zwischen 2001 und 2004 31,2 % aller Gründer im Jahr vor der Existenzgründung in einem abhängigen Arbeitsverhältnis, 24,3 % waren arbeitslos gemeldet, 11,4 % standen dem Arbeitsmarkt nicht zur Verfügung und 18 % waren bereits in einer anderen selbstständigen Unternehmung tätig (Fritsch et al. 2012, S. 10). Auch daraus lässt sich erschließen, dass neben einer hohen Quote an Arbeitslosen, die sich eine Verbesserung ihrer ökonomischen Situation erhoffen, durchaus eine Reihe von

Existenzgründungen anders motiviert sein muss, ohne dass es genauere Angaben über die Motive gibt. Bögenhold und Fachinger konstatieren daher zusammenfassend: »Die Gründungsrate ist stets eine Mischung von ›erzwungenen‹ und ›gewollten‹ Gründungen, als, in anderen Worten, eine Mischung aus ›necessity‹ und ›opportunity‹.« (2011, S. 259)

### 2.3.2 Tendenz: Zunahme der Solo-Selbstständigkeit

Es wäre zu kurz gegriffen, wollte man die Tendenz zur Zunahme der Anzahl der Selbstständigen in Deutschland pauschal als Ausdruck einer stärkeren unternehmerischen Kultur interpretieren. Alle Zahlen (Bögenhold/Fachinger 2011, 2012, 2012b; Fritsch et al. 2012) weisen ausdrücklich darauf hin, dass die größere Gesamtzahl Selbstständiger vor allem aus einem starken Zuwachs kleiner und kleinster Unternehmen, d. h. von Einzelunternehmern, Solo-Selbstständigen und Mikrounternehmen resultiert.

> Seit etwa 1994 ist die Zahl der Selbstständigen, die abhängig Beschäftigte in ihren wirtschaftlichen Unternehmungen haben, konstant geblieben, während sich die Zahl der Solo-Selbstständigen seit Anfang der 1990er Jahre kontinuierlich erhöht und letztlich verdoppelt hat. (Bögenhold/Fachinger 2011, S. 260)

So lag die Anzahl der Solo-Selbstständigen schon im Jahr 2009 bei 56 % (Fritsch et al. 2012). Darüber hinaus muss festgehalten werden, dass der größte Teil an der Gesamtzahl der Selbstständigen generell von Klein- und Mittelunternehmen gestellt wird. Etwa 98 % aller Unternehmen gehören in diese Kategorie (Bögenhold 1989). Dieser Trend bedeutet eine Umkehr gegenüber einer längeren Phase der Konzentration und Orientierung auf Großunternehmen. Das Aufkommen von Aktiengesellschaften und Großunternehmen durch Fusionen, Aufkäufe etc. hatte für längere Zeit in der zweiten Hälfte des vergangenen Jahrhunderts zu einem Sterben kleiner und mittlerer Unternehmen geführt. Die genannten Zahlen weisen aber darauf hin, dass sich die Zahl der kleineren Unternehmen und auch der Existenzgründungen offensichtlich konsolidiert hat und eher im Steigen begriffen ist. Worin liegen die Ursachen? In der Forschungsliteratur werden verschiedene Annahmen diskutiert. Eine zentrale Annahme ist, dass die Zunahme von Solo-Selbstständigen vor allem im Dienstleistungssektor einer allgemeinen wirtschaftlichen Entwicklung in Richtung einer größeren Bedeutung dieses Sektors insgesamt folgt. Gerade in diesem Bereich sind die Risiken und Eintrittsschwellen für Selbstständige relativ gering – was sich ja z. B. am durchschnittlichen Investitionsbedarf, der wie bereits erwähnt kaum über 5.000 Euro hinausgeht, gezeigt hat (Franke 2009). Kleinstunternehmer besetzen dabei möglicherweise Nischen, die sich nicht für standardisierte Massenproduktion bzw. Vervielfältigung eignen. Bögenhold und Fachinger konstatieren außerdem:

> Demographischer Wandel, Freizeitgesellschaft und zunehmende Individualisierung produzieren darüber hinaus neue soziale Bedürfnisse und Bedarflagen, die zur Grundlage von wirtschaftlich selbständigen Existenzen und neue Unternehmen werden. Soziale Dienste, Altersbetreuung, pflegerische und medizinische Versorgungsleistungen sowie Beratungsbedarfe in diversen Know-How-Feldern werden an Bedeutung gewinnen. (2011, S. 258)

In dieser Entwicklung spielen vor allem Frauen und Personen, die über einen Hochschulabschluss verfügen, eine wichtige Rolle. Gerade im Bereich von Beratung wird die Bedeutung von Wissen immer größer.

### 2.3.3 Tendenz: Prekarisierung der Selbstständigkeit

Es gehört zu den häufigen Fantasien, die um die Möglichkeit der Existenzgründung kreisen, dass Selbstständigen – wenn auch nach einer Durststrecke – die Chance auf wachsenden Reichtum winkt. Davor warnen allerdings verschiedene Autoren. Die wirtschaftliche Lage und die Einkommenssituation von Selbstständigen werden kontrovers diskutiert und beschrieben (vgl. Fritsch et al. 2012, S. 10). So stellen Bögenhold und Fachinger (1998) heraus, dass die Erwerbsspanne bei Selbstständigen und Existenzgründern von gesellschaftlichen Spitzeneinkommen auf der einen Seite bis zu Einkommen in der Nähe der Armutsgrenze auf der anderen Seite reicht. Neben den Gewinnern halten sich also offensichtlich eine Reihe der Selbstständigen ihr Einkommen betreffend in Bereichen auf, die der Hypothese Bögenholds von einer zunehmenden Prekarisierung der Selbstständigkeit Nahrung geben. 25 % aller Selbstständigen haben nach verschiedenen von Fritsch et al. (2012) zitierten Untersuchungen einen Durchschnittsverdienst von weniger als 1.100 Euro im Monat. Insgesamt haben nach den Auswertungen von Bögenhold und Fachinger fast 40 % der Selbstständigen ein durchschnittliches monatliches Nettoeinkommen, das unter dem der abhängig Beschäftigten liegt, die im Jahre 2006 durchschnittlich 2.764 Euro im Monat verdienten. Bemerkenswert erscheint dabei, dass bei den niedrigen Einkommen die Solo-Selbstständigen häufiger zu finden sind:

> Solo-self-employed people are primarily concerned with the situation since 14 % of them have a net income of less than 1100 euros and a further 24.5 % between 1100 and 2400 euros per month. (Bögenhold/Fachinger 2012, S. 234)

Gleichwohl gibt es aber auch andere Sichtweisen und Ergebnisse: Fritsch et al. (2012, S. 11) stellen fest, dass sich nach ihren Erkenntnissen für viele

Gründer der Wechsel in die Selbstständigkeit durchaus gelohnt hat, wenn man es aus einer eher individuellen Perspektive sieht. Demnach verfügten bereits drei Jahre nach der Gründung 38 % der Existenzgründer über ein Einkommen, das über demjenigen lag, was sie in der vorhergehenden abhängigen Beschäftigung verdient hatten. Bei 45 % blieb es nahezu gleich, während 17 % weniger verdienten.

Auch wenn es individuell positive Erfahrungen gibt, bleibt aber festzuhalten, dass offensichtlich für einen bestimmten Teil der Existenzgründer dieser Schritt ein erhebliches Risiko birgt und für eine absehbare Zeit erfordert, Ängste und ökonomische Unsicherheiten zu managen – und das möglicherweise nicht nur für sich allein, sondern auch in Verantwortung für Partner, Kinder etc.

## 2.4 Der ältere Existenzgründer im Fokus

### 2.4.1 Was sind »ältere Existenzgründer«?

Wie sieht die Situation für ältere Existenzgründer aus, wie unterscheidet sie sich von derjenigen jüngerer und wie spielen die einzelnen bisher genannten Faktoren bei ihnen zusammen?

Insgesamt ist festzustellen, dass es bis vor kurzer Zeit kaum bzw. nur kleinere Studien über die Lage älterer Existenzgründer gab. Dies mag damit zu tun haben, dass die Gesamtzahl älterer Gründer relativ überschaubar war und von daher diese Altersgruppe kaum in den Fokus rückte. Dementsprechend waren in den Gründungsstatistiken die älteren Existenzgründer meist stark unterrepräsentiert. Das hat sich nun mit der Aufmerksamkeit für die Auswirkungen des demografischen Wandels verändert. Als zweiter Grund ist die tendenziell rückläufige Zahl von Existenzgründungen zu nennen, die dazu führte, genauer zu analysieren, wie die Gründungsneigung in verschiedenen Lebensphasen zu beurteilen ist und welche speziellen Motive, aber auch Widerstände hier eine Rolle spielen könnten. So gibt es inzwischen einige Untersuchungen zur Existenzgründung Älterer (vgl. Franke 2012, 2009; Werner/Faulenbach 2009; DIHK 2012; Dürr/Weinhold 2010; Fernández-Sánches 2013; KfW-Bankengruppe 2008). Die umfassendste empirische Untersuchung über ältere Gründer stammt unter dem Titel »Ältere Gründerinnen und Gründer« von Nitschke (2010), die im Auftrag des RKW Kompetenzzentrums eine Studie durchgeführt hat, bei der neben einer Fragebogenuntersuchung und leitfadengestützten Interviews mit Betroffenen auch Expertengespräche mit ausgewählten Personen geführt wurden, die etwa als Gründungsberater oder als Verantwortliche der kreditgebenden Institute mit älteren Gründern in Kontakt sind.

Ein gemeinsames Problem der Untersuchungen besteht darin, dass die Definition dessen, was »ältere Gründer« sind, immer wieder unterschiedlich ausfällt. Für die weiteren Analysen der vorliegenden Untersuchung erscheint es deshalb sinnvoll, auf die vorhandenen Modelle zu rekurrieren. Eine in den meisten statistischen Auswertungen übliche Unterteilung folgt einem Modell von Phasen des (Berufs-)Lebens, die jeweils zehn Jahre umfassen. Gründergruppen werden dann unterteilt in die 25- bis 34-Jährigen, die 35- bis 44-Jährigen, die 45- bis 54-Jährigen und die 55- bis 65-Jährigen sowie diejenigen, die älter als 65 Jahre sind. Als ältere Existenzgründer gelten in der Literatur dann die 45- bis über 65-Jährigen mit den drei genannten Untergruppen. Häufig werden diese Gruppen auch zu einer Grundgesamtheit von älteren Existenzgründern in der Kategorie 50+ zusammengefasst. Hier liegt eine Bruchstelle in der Diskussion, da – wie noch näher auszuführen sein wird – gerade aus der entwicklungspsychologischen Perspektive 45-Jährige sich deutlich von über 50-Jährigen hinsichtlich ihrer Lebenssituation, Lebensperspektiven, Motive und Konflikte unterscheiden.

Dies zeigt sich u. a. auch in einer den Altersphasen folgenden Unterscheidung, die in der Studie der KfW-Bankengruppe (2008, S. 5) so beschrieben wird: Den »adolescent entrepreneurs« bis zum Alter Ende zwanzig folgen die »second career entrepreneurs«, die vor ihrer Existenzgründung schon einmal abhängig beschäftigt waren, und schließlich, als ältere Gründer, die »third-age-entrepreneurs« (oder auch »seniorpreneurs« oder »grey entrepreneurs«) zwischen 50 und 67 Jahren. Hier ist der Bezug nicht das reine Lebensalter, sondern eine Mischung aus biologischem Alter und Karrierestatus. Vor einer Sichtung der empirischen Ergebnisse muss daher deutlich festgestellt werden:

> Die unterschiedlichen Grundgesamtheiten führen zu unterschiedlichen Daten, die schwer zu vergleichen sind und kein einheitliches Bild über die Gründungsbeteiligung älterer Personen ergeben. Ebenso werden Aussagen zu Gründungsdeterminanten unterschiedlich stark erfasst und beruhen zum Teil auf Annahmen und Interpretationen. (Nitschke 2010, S. 19)

### 2.4.2 Zur Situation älterer Existenzgründer

Es bleibt vorab zu vermerken, dass im Jahre 2007 der Anteil der älteren Existenzgründer am Gesamtumfang der Gründungsaktivitäten relativ klein war. Franke (2009, S. 395) zitiert eine Statistik der KfW, nach der im Jahr 2007 nur 9,1 % der Vollerwerbsgründungen von 55- bis 64-Jährigen vollzogen wurden und selbst unter Einbeziehung der Altersklasse darunter, also der 45- bis 54-Jährigen nur ein Gesamtanteil von 27,4 % zu verzeichnen war. Der Höhepunkt der Bereitschaft, eine neue Existenz zu gründen, liegt also ganz offensichtlich in der Altersphase zwischen 35 und 45 Jahren. Gleichwohl wächst das Interesse an den älteren Gründern auch wegen der Vermutung, dass diese Zahlen nicht so bleiben werden (Fritsch et al. 2012). So nimmt etwa die KfW-Bankengruppe (2008, S. 4) in ihrem Gründungsmonitor an, dass bis zum Jahr 2020 die Zahl der älteren Gründer nicht nur relativ, sondern auch absolut zunehmen wird. Dies hat zum einen mit der alternden Bevölkerung generell zu tun, wodurch auch die relative Größe dieser Altersklasse zunehmen wird. Gleichzeitig nehmen aber die meisten mit der Thematik von Existenzgründung befassten Institutionen an, dass hier ein unentdecktes, noch zu förderndes Potenzial liegt. Es besteht ein Missverhältnis zwischen Potenzial und Realität, da in Deutschland die 55- bis 64-Jährigen 19 % der Bevölkerung, aber nur 9 % der Gründer ausmachen (Nitschke 2010). So wird in der Studie des RKW Kompetenzzentrums festgestellt: »Menschen ab 45 Jahren sind bisher wenig am Gründungsgeschehen beteiligt, obgleich sie viel Potenzial haben, das dem Gründungsverhalten Älterer förderlich sein sollte.« (Nitschke 2010, S. 6). Dass dies nicht nur Wunsch ist, sondern durchaus im Bereich der Möglichkeiten liegt, zeigt der in der gleichen Studie vorgenommene Vergleich mit anderen Ländern, in denen die Gründungsneigung Älterer nachweislich höher ist. Bemerkenswert in diesem Zusammenhang ist, dass im Gegensatz zur festgestellten sinkenden Gründungsneigung mit dem Älterwerden im Jahre 2009 aber immerhin mehr als 6 % aller Selbstständigen 65 Jahre und älter waren (Fritsch et al. 2012). Dies mag mit der größeren Freiheit nach der Pensionierung erklärt werden, aber auch mit frühzeitigen Entscheidungen, durch die diese Selbstständigkeit vorbereitet wurde, oder auch einfach mit der veränderten Einstellung älterer Berufstätiger. So kann sich laut Untersuchung des RKW Kompetenzzentrums (Nitschke 2010) fast die Hälfte der Arbeitnehmer, die älter als 55 Jahre sind, vorstellen, auch im Rentenalter noch erwerbstätig zu sein.

Was lässt sich aufgrund der empirischen Untersuchungen über die älteren Existenzgründer aussagen?

Fritsch et al. typisieren den älteren Existenzgründer im Unterschied zu den bereits beschriebenen jüngeren Existenzgründern folgendermaßen:

> Der ältere Gründer ist zwischen 55 und 64 Jahre alt und überwiegend verheiratet, wobei der Ehepartner mehrheitlich berufstätig ist. Vielfach ist der Gründer aufgrund der Unterhaltspflicht gegenüber eigenen Kindern auf ein festes Einkommen angewiesen. Zudem ist er für die Gründung, die er anstrebt,

fachlich gut qualifiziert und verfügt mindestens über eine abgeschlossene Berufsausbildung. Meist ist er Erstgründer im Dienstleistungsbereich, angetrieben von Pull-Motiven und einer positiven Einstellung gegenüber der eigenen Selbstständigkeit. (2012, S. 83)

Diese zusammenfassende Beschreibung bedarf einiger Konkretisierungen:

Bemerkenswert ist daran zum einen, dass ältere Gründer signifikant häufiger als Solo-Selbstständige arbeiten, d. h., dass sie in ihr Unternehmen keine Partner einbeziehen und auch nicht anstreben, durch ein entsprechendes Wachstum Mitarbeiter einzustellen und das Unternehmen zu vergrößern. Einer der Gründe für diese Tatsache scheint die geringere Zeitperspektive für das Unternehmen zu sein. Ältere Existenzgründer planen nicht unbedingt für 20 bis 30 Jahre, sondern haben naturgemäß eine begrenztere Zeitperspektive. So stehen persönliche Motive stärker im Vordergrund und weniger Fragen der Unternehmensentwicklung (vgl. Nitschke 2010).

Franke (2012) verweist auf Forschungsergebnisse nach denen späte Existenzgründer vor allem Neugründer sind, d. h. dass Betriebsübernahmen oder Ausgründungen aus bestehenden Unternehmen einen geringeren Anteil an den Existenzgründungen im späteren Erwachsenenalter haben.

Ein weiteres hervorstechendes Merkmal ist die eindeutige Präferenz bei den Branchen, in denen ältere Gründer tätig werden. Während bei Jüngeren eine stärkere Gründungsaktivität im Baugewerbe und in der Gastronomie auszumachen ist, gründen Ältere vorrangig in Beratungs- und Finanzdienstleistungen. Dabei vollzogen sich schon zwischen 2001 und 2005 die Gründungen im Bereich personenbezogener (84,4 %) und unternehmensbezogener (79 %) Dienstleistungen. So konstatiert der Gründungsmonitor der KfW-Bankengruppe:

> Das Übergewicht der älteren Gründer bei den persönlichen Dienstleistungen scheint vor allem durch die Branchen »Erziehung und Unterricht« sowie die Sammelkategorie ›Erbringung von sonstigen persönlichen Dienstleistungen‹ getrieben. (2008, S. 11)

Die Gründe dafür werden zunächst vor allem im ökonomischen Bereich gesehen. Gründungen in diesen Branchen erfordern relativ geringe Investitionskosten, insofern kann das Risiko, das bei einem Scheitern entsteht, minimiert werden. Häufig sind die Kosten sogar so überschaubar, dass auf persönliche Ersparnisse zurückgegriffen werden kann und keine Verbindlichkeiten bei Banken etc. entstehen, die ausgiebige Verhandlungen erforderlich machen würden. Ob es auch tiefer liegende Motive gibt, wie z. B. die Möglichkeit, im Beratungssektor eigene Erfahrungen weitergeben zu können und somit generativ tätig zu werden, wird aus vielen Studien nicht ersichtlich.

Interessant ist allerdings die Tatsache, dass es bei den Projekten der Gründer nicht nur um erworbenes Wissen geht, sondern dass auch innovative Projekte in wissensintensiven Branchen entwickelt werden (vgl. KfW-Bankengruppe 2008, S. 11). Dies widerspricht der gerade in der Entrepreneurforschung häufig genannten Annahme, dass Innovationen stets an ein jüngeres Lebensalter geknüpft sein müssen.

Ein weiteres bemerkenswertes Ergebnis ist die längere Lebensdauer der Gründungsprojekte Älterer. Die Projekte der Älteren haben im ersten Jahr nach der Gründung nur eine Abbrecherquote von 8 %, während bei den 18- bis 29-Jährigen 22 % Abbrecher zu verzeichnen sind:

> Als Ergebnis dieses deskriptiven Vergleichs lässt sich festhalten, dass ältere Gründer im Vollerwerb wie auch im Nebenerwerb über alle drei betrachteten Kohorten hinweg die niedrigsten Abbrecherquoten aufweisen. (ebd., S. 13)

### 2.4.3 Motivlagen älterer Existenzgründer

Zum besseren Verständnis der emotionalen Prozesse und zur Einordnung der Existenzgründung in die berufliche Biografie der Gründer sind die Erkenntnisse über die Motivlage der Betroffenen natürlich von besonderem Interesse.

Die Forschungslage gibt einiges zu relativ oberflächennahen Motivationen her. Erkenntnisse über tiefer liegende Motivationsstrukturen müssen aus den Ergebnissen erschlossen werden, ohne dass sie explizit zum Gegenstand der Untersuchungen gemacht wurden.

Die Entscheidung zur Selbstständigkeit erfolgt nach allen Erkenntnissen zwischen zwei Hauptdynamiken, die Bögenhold (1989, S. 269) die »Ökonomie der Not« und die »Ökonomie der Selbstverwirklichung« genannt hat. Dabei lässt sich mit Franke (2009) konstatieren, dass in Deutschland ein größerer Teil aller Entscheidungen zur Selbstständigkeit (also über alle Altersgruppen hinweg) durch »Push-Faktoren« beeinflusst wird, vornehmlich also Erfahrungen von bereits existierender oder drohender Arbeitslosigkeit. Demgegenüber scheinen intrinsische Motivationen, häufig auch als »Pull-Faktoren« beschrieben, geringer ausgeprägt zu sein. Doch gilt diese Regel auch für ältere Existenzgründer? Die Forschungsergebnisse lassen vermuten, dass dies nur bedingt zutrifft und reale Arbeitslosigkeit zwar ein wichtiger Motivator ist, aber doch insgesamt nicht so stark im Vordergrund steht wie bei Jüngeren. In diesem Alter gibt es eine steigende Anzahl von Menschen, die in die

Selbstständigkeit streben, um autonomer und sinnhafter zu arbeiten. Bögenhold sieht in diesem Zusammenhang verstärkte Hinweise darauf,

> dass Menschen aus stabilen Berufstätigkeiten mit überdurchschnittlichem Einkommen von abhängiger Beschäftigung in die Selbstständigkeit wechseln, um nicht weisungsgebunden zu sein und eigene Ideen zu verwirklichen, und dabei gelegentlich auch Einkommenseinbußen in Kauf nehmen. (1989, S. 269)

Überhaupt scheint der Wunsch nach größerer Autonomie eine der deutlichsten Motivationslagen zu sein, da – wie bereits beschrieben – selbst 65- bis 69-Jährige noch mit der Idee einer Gründung liebäugeln, um (endlich) ihr eigener Herr zu werden – offensichtlich nicht nur im Privatleben, sondern auch in einem beruflichen Kontext.

Außerdem weisen die Untersuchungen darauf hin, dass eine Polarisierung zwischen Push- und Pull-Motiven vermutlich in der Realität weniger ausgeprägt ist und sich die Motive überlagern können. Gründungen von über 50-Jährigen erfolgen oft in einer vorweggenommenen drohenden, aber noch nicht Realität gewordenen Arbeitslosigkeit. Dahinter steckt die Überlegung, dass Firmen diese Altersgruppe dann in den Blick nehmen, wenn durch Restrukturierungsmaßnahmen die Notwendigkeit besteht, sich möglichst unauffällig personell zu verkleinern. Dann wird erfahrungs- oder erwartungsgemäß ein Druck auf Ältere aufgebaut, einer frühzeitigen Pensionierung oder Abfindungsmodellen zuzustimmen. Personen in diesem Alter sehen kaum Chancen auf eine neue abhängige Beschäftigung und kommen solchen Möglichkeiten zuvor. In der Studie des RKW (Nitschke 2010) wird auch darauf verwiesen, dass Existenzgründungen nicht nur drohender Arbeitslosigkeit, sondern auch drohender Altersarmut auf der einen und befürchteter Beschäftigungslosigkeit auf der anderen Seite entgegenwirken sollen – eine eher langfristige Perspektive also, die nicht eindeutig Push- oder Pull-Motiven zugeordnet werden kann. Und auch bei Gründungen aus der Arbeitslosigkeit heraus werden bei 25 % der Gründer Ideen und Wünsche, eine eigene Geschäftsidee als Motiv angegeben. Dies scheint im Übrigen ein Garant dafür zu sein, die Erfolgschancen der eigenen Unternehmung zu erhöhen: »Je stärker die eigene Geschäftsidee, das Besetzen einer Marktlücke oder der Wunsch sein eigener Chef zu sein, ausgeprägt sind, desto ausgeprägter ist der Erfolg des Unternehmens.« (Nitschke 2010, S. 23). In der genannten Studie tauchen besonders bei den 55- bis 59-Jährigen auch Motive auf, die man im weitesten Sinne einem generativen Konzept zuordnen könnte, nämlich der Wunsch, sein eigenes Wissen nicht brachliegen zu lassen und anderen zur Verfügung zu stellen, bzw. auch explizit der Wunsch, Erfahrungen weiterzugeben (Nitschke 2010, S. 35).

## 2.4.4 Stärken und Schwächen, förderliche und hemmende Persönlichkeitsfaktoren

Existenzgründungen Älterer weisen einige deutliche Unterschiede im Vergleich zu denjenigen von Jüngeren auf. Wie sich diese realisieren, hängt jedoch stark vom Einzelfall ab. So stellt Bögenhold fest,

> dass bei den einzelnen Individuen verschieden abgesteckte Aspirationszonen einerseits, aber auch ungleich verteilte »objektive« Chancen, Risiken und Barrieren vorliegen, die in ihrer jeweiligen Kombination entweder eher förderlich oder aber behindernd wirken. (1989, S. 270)

Dabei geraten zunächst entgegen der geringeren Gründungsneigung Älterer einige empirisch nachweisbare objektive Vorteile in den Blick. Dazu gehören zunächst die geringeren finanziellen Belastungen älterer Gründer, die häufig über Erspartes verfügen und – angesichts der Präferenz für Solo-Gründungen und persönliche bzw. unternehmensnahe Beratungsleistungen – überschaubare Investitionskosten abzufedern haben. Meist wird der Start solcher Gründungen auch in die eigenen Privaträume verlegt, was die Kosten zusätzlich verringert und eine höhere Flexibilität beim Ausgleich zwischen beruflichen und familiären Verpflichtungen sowie die Einbeziehung des Partners in Unterstützungsleistungen (Telefon, Schreibarbeiten etc.) in der Startphase ermöglicht.

Fachlich und von den persönlichen Voraussetzungen her nennen alle Untersuchungen die Erfahrung als zentralen Erfolgsfaktor. Dies bezieht sich zum einen auf die deutlich ausgeprägte Branchenerfahrung Älterer sowie auf die damit oft einhergehende Führungs- und Berufserfahrung. Ältere Gründer gelten so als verlässliche Anbieter, die aufgrund ihrer meist langjährigen Tätigkeit in einem bestimmten Bereich gegenüber anderen Neugründern einen bestimmten Vorsprung in die Gründung mitbringen. Diese Vorteile können aber nicht in jedem Fall realisiert werden. Zwar lässt sich vermuten, dass Berufs- und Führungserfahrungen ein übergreifender Vorteil sind, Branchenkenntnisse werden aber nur dann wirksam, wenn die älteren Existenzgründer ihre selbstständige Tätigkeit im gleichen Feld realisieren, in dem sie schon während der abhängigen Beschäftigung tätig waren. Dies ist aber nicht immer der Fall und von den Betroffenen auch nicht unbedingt gewünscht. Es hängt von der Frage ab, ob die Hauptmotivation bei der Entscheidung ist, sein eigener Herr sein zu wollen, oder ob es um generelle Wünsche nach einer neuen, sinnerfüllten Tätigkeit geht. Dies betrifft auch einen weiteren häufig (vgl. KfW-Bankengruppe 2008) genannten Vorteil, die bessere soziale Vernetzung bzw. die größere Dichte der sozialen Kontakte, die bei einer Existenzgründung hilfreich sein können.

Ein spezifischer Vorteil aufgrund der eigenen Lebenssituation ist die Tatsache, dass Ältere eigene Erfahrungen damit haben, was es bedeutet, »älter« zu sein: Ältere Gründer können so die Bedürfnisse älterer Kunden besser antizipieren, was aber auch nur dann ein Vorteil ist, wenn der Selbstständige Kunden im gleichen (oder in einem höheren) Lebensalter im Blick hat. Da aber der größere Teil in den Bereichen persönlicher Beratungs- und Trainingsdienstleistungen unterwegs ist, bleibt anzunehmen, dass es sich häufig eher um die Weitergabe bereits erworbenen Wissens an Jüngere handelt.

Neben den fachlichen und beruflichen Kompetenzen gibt es einige Vorteile, die eher auf einer emotionalen und tiefer in der Persönlichkeit verankerten Ebene anzusiedeln sind. Dies wird häufig allgemein mit der Kategorie »Lebenserfahrung« bezeichnet. Damit wird eine Mischung aus Elementen bezeichnet, die mit Begriffen wie »emotionale Stabilität« (Nitschke 2010, S. 9) oder »größerer Zielgerichtetheit, Pragmatismus und geringerer Spontaneität« (ebd., S. 43) genauer umschrieben wird. Teil dieser eher auf einer stabilen Persönlichkeit aufbauenden Form von innerer Sicherheit ist die geringere Außenorientierung bei der Entscheidung. So nimmt die Abhängigkeit der Entscheidung vom erwarteten Sozialprestige des Selbstständigen im Alter deutlich ab (KfW-Bankengruppe 2008, S. 8). Schließlich befinden sich ältere Gründer häufig auch in einer besseren sozialen und ökonomischen Situation als jüngere. So fand Nitschke (2010) in der Studie für das RKW heraus, dass sich mit zunehmendem Alter auch der Familienstand verändert. Es sind deutlich mehr Personen verheiratet als in den jüngeren Gründerkohorten, nämlich insgesamt 58 %, wobei 64 % der Ehepartner erwerbstätig waren. Dies schafft Raum für eine Absicherung auf ökonomischer und emotionaler Basis, auch wenn dem andererseits natürlich Rücksichtnahmen aufgrund der persönlichen Verantwortung entgegenstehen. Warum, so lässt sich daher fragen, gründen dann so wenig Ältere eine neue Existenz, obwohl doch die Studie des RKW zusammenfassend feststellt: »Gerade Ältere können aufgrund ihrer Lebens- und Berufserfahrung sowie ihres Netzwerkwissens wissensintensive und somit auch volkswirtschaftlich bedeutsame Existenzen gründen.« (ebd., S. 12)

Manche der genannten Vorteile haben auch eine Kehrseite, die sie wiederum zu den Faktoren zählen lässt, die als Gründe für die spürbar geringere Gründungsneigung Älterer beschrieben werden. Das wichtigste Stichwort in diesem Zusammenhang heißt »Risiko«. Dazu gehört ausdrücklich die ökonomische Seite, auch wenn sich die Investitionskosten bei Solo-Gründungen im überschaubaren Bereich halten. Nicht alle Gründungen kommen mit geringen Investitionen aus. So ist es aufgrund des Gesamtrisikos und des höheren Lebensalters deutlich schwieriger, bei Banken Kredite zu bekommen. Diesbezüglich sind Ältere häufig latenten Diskriminierungen ausgesetzt (vgl. Nitschke 2010, S. 25). Die ökonomische Seite umfasst jedoch mehr als die reinen Investitionskosten, auch die sogenannten »Opportunitätskosten« (KfW-Bankengruppe 2008, S. 4) spielen hier eine wichtige Rolle. Damit ist gemeint, dass bei vielen Existenzgründungen aus abhängiger Beschäftigung heraus gut bezahlte Tätigkeiten aufgegeben werden, sodass ein Verlust an normalerweise zu erwartenden Einnahmen zu verzeichnen ist, während gleichzeitig bestehende Verpflichtungen (Unterhalt, Kredite, Mieten etc.) bestehen bleiben. Hinzu kommt eine geringere Zeitpräferenzrate (KfW-Bankengruppe 2008, S. 4), d. h., aufgrund des höheren Lebensalters stellt sich die Frage, in welchem Zeitraum die Investitionen amortisiert sein sollen bzw. müssen, deutlich schärfer als bei Jüngeren.

Ein zentrales Risiko, aufgrund dessen viele Ältere die Existenzgründung gar nicht erst in Angriff nehmen oder mitten im laufenden Prozess abbrechen, ist die Problematik der sozialen Absicherung. In Deutschland gehört eine angemessene soziale Absicherung zu den wichtigsten Einflussfaktoren für die Entscheidung für oder gegen eine selbstständige Tätigkeit (Franke 2009, S. 385 ff.). Dabei ist vor allem relevant, dass die Krankenversicherung bei Existenzgründungen allein getragen werden muss und der Arbeitgeberanteil zur Sozialversicherung entfällt. Selbstständige benötigen häufig auch zusätzliche Absicherungen gegen Arbeitslosigkeit. Zu diesem Themenkomplex gehört außerdem, dass der Wechsel in eine private Krankenversicherung mit den im Alter steigenden Kosten eine Entscheidung ohne Rückkehrmöglichkeit jenseits des Lebensalters von 55 Jahren ist. Gleichzeitig sind Verluste bei der späteren Rente unabdingbar, sodass eine Gründungsentscheidung wohlüberlegt sein will.

Wenn die Entscheidung zur Gründung gefallen ist, bleibt die Frage der Ökonomie eines der Hauptprobleme. So nennt der DIHK-Gründerreport (2012) nach einer Umfrage als wichtigste Probleme:
- Kaufmännische Defizite (63 %)
- Zu wenig Gedanken über das Alleinstellungsmerkmal (60 %)
- Finanzierung nicht gründlich durchdacht (54 %)
- Startinvestitionen (z. B. Steuern etc.) zu niedrig eingeschätzt (54 %)

Ähnliche Schwierigkeiten nach der Gründung nennt auch die Studie des RKW (Nitschke 2010), zusätzlich werden veraltetes Wissen, verlorene Kontakte und die starken Belastungen erwähnt.

Damit werden die spezifischen Einflussfaktoren auf der persönlichen Ebene angesprochen. Hier ranken sich die meisten Faktoren um die als Folge des objektiv und subjektiv erhöhten Risikos anzusehende Angst zu scheitern, die bei den deutschen Existenzgründern zu verzeichnen ist und von der rund ein Drittel aller Befragten belastet wird (vgl. Franke 2009, Nitschke 2010). Diese Angst hat natürlich handfeste Gründe, wie bereits beschrieben. Sie wird zusätzlich durch einige andere Faktoren gespeist. Zum einen handelt es sich bei der späten Existenzgründung nicht um ein Experiment, das man bei einem möglichen Scheitern ad acta legen kann, sondern es werden bedrückende Fantasien wirksam. Auch wenn Bögenhold und Fachinger (2012, S. 284) die Selbstständigkeit als eine mögliche Phase in der Berufsbiografie bezeichnen, aus der ein Wechsel in abhängige Tätigkeiten möglich ist, haftet der Entscheidung zur Selbstständigkeit im höheren Alter doch ein Gefühl von Endgültigkeit an. Dies ist – anders als in jüngeren Jahren – ja auch real begründet, da eine Rückkehr in abhängige Beschäftigungen jenseits des fünfzigsten Lebensjahrs oft ausgesprochen schwierig ist. In diesem Sinne bleibt zu fragen, ob die in Untersuchungen konstatierte geringere Veränderungsbereitschaft Älterer, die mit einer angenommenen geringeren körperlichen und psychischen Belastbarkeit einhergeht, nicht eher eine gesunde Reaktion auf die Prüfung der Gesamtsituation darstellt. Von daher ist der zusammenfassenden Einschätzung von Nitschke zuzustimmen:

> Dessen ungeachtet geht die Studie des RKW Kompetenzzentrums davon aus, dass die Angst zu scheitern bei älteren Gründern ausgeprägter ist als bei jüngeren, da sie existenzieller ist. Die Tatsache, dass ein Wiedereinstieg ins Berufsleben nach einem Scheitern für ältere gescheiterte Gründer schwerer ist als für jüngere, darf nicht vernachlässigt werden. Die Gründung, der Schritt ins Ungewisse, werden ältere potenzielle Gründer daher eher als letzte Chance verstehen, für die zudem Sicherheiten aufgeben müssen. (2010, S. 64)

Diese grundlegende Angst mag auch erklären, warum es trotz unbestreitbar größerer beruflicher und persönlicher Kompetenzen bei älteren Gründern zu ausgeprägteren Selbstzweifeln kommt als bei jüngeren. Dazu stellen Werner und Faulenbach fest:

> Ältere würden gemäß den Befunden stärker am Gründungsgeschehen teilhaben, wenn ihre Zweifel an den eigenen Fähigkeiten, die, daran sei erinnert, auch bei einer guten Ausstattung an gründungsspezifischem Humankapital vorliegen, ausgeräumt werden könnten. (2008, S. 53)

### 2.4.5 Spezielle Herausforderungen und Unterstützungsnotwendigkeiten im Gründungsprozess

Die Besonderheit der Situation älterer Existenzgründer und die deutliche Zuspitzung des Risikos haben zu Überlegungen geführt, wie eine Unterstützung der verschiedenen in den Gründungsprozess involvierten

Institutionen für diese Zielgruppe aussehen kann (vgl. Nitschke 2010; Franke 2012, 2009; KfW-Bankengruppe 2008). Dabei lassen sich als wichtigste Faktoren in den verschiedenen Gründungsphasen benennen:

## 1. Schaffung von Netzwerken in der Ideenfindungsphase

Viele Gründer arbeiten »im stillen Kämmerlein«, d. h., sie überlegen mehr oder weniger isoliert, was sie tun, wie sie das Konzept entwickeln und welche Geschäftsidee sie überhaupt umsetzen wollen. Gründer, die nach der Verselbstständigung befragt wurden, gaben den Wunsch nach einem Erfahrungs- und Ideenaustausch in der Vorgründungsphase als einen der wichtigsten Unterstützungswünsche an. Interessant ist aber, dass die Idee, im Team zu gründen, von den wenigsten real erwogen wird. Das hat vielleicht damit zu tun, dass der Wunsch, »sein eigener Herr zu sein«, als Motivation überstark ist: Dieser treibende Autonomiewunsch führt womöglich zu einer Verleugnung bzw. Abwehr der Einsicht, dass gemeinsame Gründungen viele Ängste lindern könnten. Darüber hinaus wird vermutlich ein Teil der Gespräche in familiären Beziehungen, die ja bei den späteren Gründern eine wichtige Rolle spielen, untergebracht.

## 2. Gute (Finanzierungs-)Beratung vor der Gründung

Gründercoaching ist eines der üblichen Angebote für Existenzgründer, das z. B. die Industrie- und Handelskammern anbieten. Zentral scheint dabei eine gute Beratung bei der Aufstellung der Finanzierungskonzepte zu sein. Dazu gehört nicht nur die Frage der zu investierenden Sachmittel, sondern auch eine realistische Beratung der zu erzielenden Einnahmen und der zu erwartenden Kosten für die ersten Jahre der Selbstständigkeit. Da die realen Investitionskosten ja häufig überschaubar sind und nicht der eigentliche Grund des gefühlten Risikos, müsste in Erwägung gezogen werden, dass die Frage des Geldes tiefer liegende Ängste, Hoffnungen und Konflikte transportiert (vgl. Haubl 1998). Darauf gibt es aber in den vorliegenden Studien so gut wie keine Hinweise, die meisten von ihnen bewegen sich – in einem psychoanalytischen Bezugssystem betrachtet – ausschließlich an der Oberfläche. Ein Hinweis darauf ist der in der Studie des RKW (Nitschke 2010) geäußerte Wunsch nach einer »Versicherung gegen das Scheitern«. Hierin wird vermutlich deutlich, dass es besserer Strategien zur Bewältigung der Existenzangst bedürfte, wenn man die Existenzgründung Älterer fördern will. Gleichwohl ist natürlich die Möglichkeit des Scheiterns Kern einer selbstständigen Tätigkeit und wird sich vermutlich nicht »versichern« lassen. Gründungscoaching müsste also – ausgehend von den »oberflächlichen« Bedürfnissen – auch einen Zugang zu tieferen Ängsten schaffen, um eine fundierte Auseinandersetzung schon vor der Entscheidung zur Selbstständigkeit zu gewährleisten.

### 3. Weiterbildung im Bereich Kundengewinnung und Marketing

Die Studie des RKW nennt überraschend auch eine fehlende Kompetenz bei der Kundengewinnung als wichtiges Problem nach der Verselbstständigung. Das dazugehörende Potenzial, Marketing zu betreiben, wird natürlich normalerweise in einer abhängigen Beschäftigung nicht erlernt. Gleichwohl überrascht, dass offensichtlich eine Reihe der Gründer auf diese Aufgabe schlecht vorbereitet ist.

Zusammenfassend lässt sich feststellen, dass eine Gründung für Ältere durchaus riskant und mit einer begründeten Angst vor dem Scheitern behaftet ist. Fragen der Gesundheit und Belastbarkeit, des Geldes, der oft fehlenden Rückkehrmöglichkeiten in abhängige Beschäftigungen und eine geringere Zeit zur Entwicklung des Unternehmens und der Amortisierung der investierten Mittel stehen dabei im Vordergrund. So ist es nicht verwunderlich, dass sich häufig eine Entscheidung gegen die Risiken und Belastungen der Selbstständigkeit ergibt, obwohl diese durchaus mit einem positiven Image behaftet ist. Andererseits besitzen aber in Deutschland – wenn auch nicht immer auf einer direkt bewussten Ebene – geregelte Arbeitszeiten, Urlaubsansprüche und ein sicheres Einkommen eine hohe Bedeutung (vgl. Franke 2009, S. 397).

# 3 Existenzgründung im Kraftfeld der demografischen Entwicklung

## 3.1 Im Sog der demografischen Veränderungen

Individuelle Lebens- und Karriereentscheidungen wie die Existenzgründung werden immer im Kontext sozialer und gesellschaftlicher Entwicklungen getroffen. Es handelt sich um komplexe Transformationsprozesse, in denen biografische Einflüsse und gesellschaftliche Dynamiken ineinandergreifen. Ist das von Bröckling beschriebene »Unternehmerische Selbst« noch eher als mehr oder weniger greifbares Leitbild, als untergründige Strömung anzusehen, wird es beim demografischen Wandel, einem zweiten, wichtigen Einflussfaktor, schon greifbarer. Die mit dem Schlagwort des demografischen Wandels gemeinten Prozesse hinterlassen deutliche Spuren in der Arbeitswelt, in individuellen Entscheidungen, Lebenslaufmustern und beruflichen Karriereplanungen.

Mit dem Begriff des demografischen Wandels werden zunächst zwei grundlegende Entwicklungen umschrieben, nämlich zum einen die Veränderung der Geburtenrate mit der Folge einer Veränderung der Zusammensetzung der (berufstätigen) Bevölkerung und zum zweiten die gesteigerte Lebenserwartung (Helfferich 2008). Der demografische Wandel hat enorme soziale Folgen: Dabei sind Fragen, die die individuelle Seite dieser Entwicklung wie etwa die längere Lebenserwartung o.Ä. betonen, von gesamtgesellschaftlichen Fragen einer älter werdenden Gesamtbevölkerung im Sinne der Bevölkerungspyramide zu unterscheiden. Auf der gesellschaftlichen und ökonomischen Ebene hat der demografische Wandel zur Folge, dass das Verhältnis der Zahl älterer zur Zahl jüngerer Menschen sich aufgrund der gleichzeitig geringer werdenden Geburtenrate verschiebt. Bereits für das Jahr 2015 wurde in Deutschland aufgrund dieser Entwicklung ein Fachkräftemangel von drei Millionen Beschäftigten erwartet (vgl. Deller/Maxin 2010b).

> Der demografische Wandel meint im engeren Sinn nur die rein quantitativen Veränderungen in der Zusammensetzung der Bevölkerung mit den jeweiligen Anteilen an jüngeren und älteren Frauen und Männern. (Helfferich 2008, S. 32)

Das bedeutet, dass die individuellen und sozialen Reaktionen auf diese Veränderung nicht zwangsläufig vorgegeben sein müssen, sondern persönlichen und politischen Entscheidungen unterliegen. Entscheidend für den demografischen Wandel ist, dass er (aufgrund der Geburtenrate als wesentlichem biologischen Faktor) kurzfristig nicht reversibel ist, es sei denn durch Zuwanderung. Daher ist er auch relativ gut prognostizierbar, auch wenn die Diskussion in Deutschland eine große Lücke zwischen Reden und Tun erkennen lässt.

### 3.1.1 Die Verringerung der Geburtenrate und die Verlängerung der Lebenserwartung

Als die beiden zentralen Faktoren des demografischen Wandels werden wie gesagt die Verringerung der Geburtenrate und die verlängerte Lebenserwartung angesehen. Über Letztere schreibt Haubl :

> Betrachtet man die gegenwärtigen gesellschaftlichen Bedingungen des Alterns, muss man mit einem demografischen Tatbestand beginnen: Im Lauf der Jahrzehnte ist die durchschnittliche Lebenserwartung in Deutschland aufgrund wachsenden Wohlstandes und medizintechnischen Innovationen steil angestiegen. Wer heute geboren wird, hat gute Chancen 80 Jahre alt und älter zu werden. Allerdings gibt es dabei auch einen sozialen Gradienten zu beachten: Zwischen den reichsten und den ärmsten Bevölkerungsteilen liegen heute skandalöse 10 Jahre Unterschied in der Lebenserwartung. (2015, S. 297).

Diese Entwicklung hat verschiedene Ursachen (vgl. Backes/Clemens 1998; Buchen/Maier 2008). Es sind zuallererst die Fortschritte in der Medizin, die zu einer Senkung der Sterblichkeit von Säuglingen und Älteren geführt haben, dann aber auch Verbesserungen im Bereich von Ernährung, Hygiene, Bildung, sozialen und wirtschaftlichen Lebensbedingungen, die sich positiv auf die Gesamtbelastung auswirken und daher die Lebenserwartung verbessern. So hat es einen steilen Anstieg der Lebenserwartung gegeben: Um 1800 lag die durchschnittliche Lebenserwartung bei 33 Jahren, sie stieg dann bis heute auf ca. 74 Jahre für Männer und 80 Jahre für Frauen (vgl. Backes/Clemens 1998, S. 24). Menschen, die heute geboren werden, können generell damit rechnen, dass sie durchschnittlich 80 Lebensjahre vor sich haben. Man kann diese Entwicklung aus verschiedenen Perspektiven sehen. So weist Meitzler (2011) in seiner »Soziologie der Vergänglichkeit. Zeit, Altern, Tod und Erinnern im gesellschaftlichen Kontext« pointiert darauf hin, dass es sich möglicherweise nicht allein um eine Verlängerung des Lebens, sondern auch um eine Verlängerung des Sterbens handelt.

Bezogen auf die berufliche Situation bedeutet diese Verlängerung der Lebenserwartung auch, dass Menschen, die im gesetzlich vorgeschriebenen Alter von 65 Jahren in den Ruhestand gehen, durchschnittlich noch 15 bis 20 Lebensjahre vor sich haben, die gestaltet werden müssen.

Diese Entwicklung geht einher mit einer gleichzeitig stattfindenden Verringerung der Geburtenrate, also der Anzahl der Geburten in Deutschland insgesamt. Die Anzahl der Geburten bleibt im Jahrgang der Kinder zahlenmäßig unter der Zahl der Eltern, was Schritt für Schritt zu einer veränderten Gesamtstruktur der Bevölkerung führt. Zuwanderung durch ausländische Menschen würde nur dann einen ausgleichenden Effekt haben, wenn vorrangig Jüngere einwandern würden, was aber faktisch nicht der Fall ist.

Zusammenfassend lassen sich die Wirkungen so beschreiben:

> Die Gesamtbevölkerung der Bundesrepublik Deutschland wird von gut 82 Millionen, die es heute sind, im Jahre 2020 auf 80–81 Millionen und im Jahre 2050 auf 69–74 Millionen zurückgegangen sein (s. Abb. 1). Im Jahre 2005 waren noch 20 % der Bevölkerung unter 20 Jahre (zum Vergleich: im Jahre 1871 waren es 43 %) und 19,3 % (1871: 5 %) über 65 Jahre. Das Verhältnis wird sich bereits im Jahr 2020 dahingehend verschoben haben, dass gut 18,3 % unter 20 Jahre und 20,5 % über 65 Jahre sein werden. Für das Jahr 2050 ist davon auszugehen, dass rund 15 % unter 20-Jährige 32–33 % über 65-Jährigen gegenüberstehen. Die Altersgruppe der 20- bis 65-Jährigen, aus der sich die Arbeitskräfte überwiegend rekrutieren, sinkt im selben Zeitraum von rund 61 % auf 52–53 % der Gesamtbevölkerung. In absoluten Zahlen bedeutet dies: Die Zahl der Menschen im erwerbsfähigen Alter wird sich von heute 50 Millionen auf 35–39 Millionen reduzieren. (Nikutta 2009, S. 11)

Dieser Prozess der Bevölkerungsentwicklung hat eine Reihe unterschiedlicher Konsequenzen, so etwa für das Gesundheitssystem in Form steigender Kosten, vor allem aber auch für die Rentenversicherung, da ein immer größer werdender Anteil von berenteten bzw. pensionierten Menschen durch immer weniger jüngere Berufstätige und ihre Beiträge für die Finanzierung aufgefangen werden muss. Außerdem führt der geringer werdende Anteil nachwachsender junger Kräfte zu Engpässen auf dem Arbeitsmarkt (zu konkreten Zahlen siehe die bereits weiter oben zitierte Studie von Deller und Maxin [2010b]).

Auch auf der individuellen Ebene hat die neue Situation Auswirkungen. Aus der Sicht des Einzelnen zeigen sich die Veränderungen im Rahmen des demografischen Wandels zunächst darin, dass Menschen aufgrund der steigenden Lebenserwartung auch jenseits des gesetzlich vorgesehenen Eintritts in den Rentenstatus noch geistig, körperlich und psychisch leistungsfähig sind. Die Verlängerung der durchschnittlichen

Lebenserwartung führt dazu, dass Menschen, die sich in der Lebensphase Ende vierzig oder Anfang fünfzig befinden, deutlich mehr gesunde Jahre vor sich haben als etwa Menschen, die 20 Jahre zuvor im gleichen Alter waren (Blawat 2010). Es kommt also zu einer Entkoppelung des Zusammenhangs zwischen Rentenalter und Invalidität im Sinne einer körperlichen Beeinträchtigung der Arbeits- und Leistungsfähigkeit (Haubl 2015). Gleichwohl stimmen mit den dadurch entstehenden Wünschen und der Ausnutzung des damit gegebenen Potenzials die notwendigen inneren und äußeren Rahmenbedingungen nicht unbedingt überein.

Der gesellschaftliche Druck, der durch die geringere Anzahl von Jüngeren, die in die Rentenkasse einzahlen, und auf der anderen Seite durch die wachsende Anzahl älterer Leistungsempfänger entsteht, bedarf neuer politischer und sozialer Konzepte. Neben der besseren Ausschöpfung des Potenzials arbeitender Frauen und einer größeren Einwandererquote stellt die Aktivierung älterer Menschen für berufliche Tätigkeiten eine vornehmliche Interventionsstrategie dar. Die Schaffung von Anreizen, sich auch nach der Pensionierung bürgerschaftlich oder beruflich zu betätigen, zielt auf die Minimierung ökonomischer Risiken und gesellschaftlicher Defizite. Das setzt auf der anderen Seite voraus, dass Ältere ihre Beschäftigungsfähigkeit – ihre »Employability« – sichern, was vor allem bedeutet, mehr auf die geistige und körperliche Fitness zu achten.

Aus dieser Perspektive stellt die Existenzgründung in der zweiten Lebenshälfte zweifellos einen interessanten Beitrag zu der Frage dar, wie sich angesichts der verlängerten Lebenserwartung und der Zunahme des Anteils älterer Menschen in unserer Gesellschaft die Rolle längerer Arbeitszeiten im persönlichen Leben begreifen und entwickeln lässt. Diese Diskussion wird für die abhängig Beschäftigten ja schon seit geraumer Zeit kontrovers geführt und hat zur schrittweisen Verlängerung der Lebensarbeitszeit bis zum 67. Lebensjahr geführt.

Hinzuweisen ist darauf, dass mit der Diskussion um die verlängerte Lebenserwartung und die ökonomischen Konsequenzen eine Wiederbelebung des Generationendiskurses zu beobachten ist. Neben der Frage der Generationengerechtigkeit (vgl. u. a. Bauer/Gröning 2008) entsteht ein Potenzial für konflikthafte Auseinandersetzungen, die in der Öffentlichkeit als Schreckensbild des »Kampfes zwischen den Generationen«, als Auseinandersetzung zwischen Jung und Alt um die begrenzten ökonomischen Ressourcen auftauchen. Ging es bisher eher um die Frage, wie junge Menschen die von den älteren Beschäftigten besetzten Arbeitsplätze ergattern können, herrscht an dieser Front angesichts des sich abzeichnenden Arbeitskräftemangels eher Ruhe. Es kommt zum sogenannten »War for Talents«, den einige größere Unternehmen im Kampf um die »Besten« bereits führen, und zu der bereits angedeuteten Auseinandersetzung um die bessere Nutzung des Potenzials der Älteren für betriebliche Zwecke.

### 3.1.2 Die Herausbildung des vierten Lebensalters und die »jungen Alten«

Die beschriebenen demografischen Veränderungen haben in Zusammenhang mit einem lange anhaltenden Trend zur früheren Berentung zu einer enormen Ausweitung der im Lebenslauf als Phase des »Alters« bezeichneten Lebensphase beigetragen. Diese Ausweitung hat zu einer Diskussion um eine notwendig erscheinende Differenzierung dieser Altersphase geführt. Inzwischen wird in der Forschung von einer Zweiteilung der gesamten Altersphase ausgegangen (vgl. Backes/Clemens 1998, S. 22 ff.), die sich auch von der bisherigen Definition, dass das Alter soziologisch mit der Pensionierung beginnt, tendenziell gelöst hat. In der Regel wird nun eine Phase, die in etwa zwischen dem 50. und 75. Lebensjahr angesiedelt wird, von einer zweiten Phase des Alters, dem »Hochalter«, das mit etwa 75 Jahren beginnt, unterschieden. Diese Differenzierung hat u. a. damit zu tun, dass die erste Phase im Normalfall von einer fortgesetzten relativen körperlichen und geistigen Fitness und Beweglichkeit geprägt ist, während in der Phase des »Hochalters« unaufhaltbare körperliche Einschränkungen in den Vordergrund treten (vgl. Heuft et al. 2000).

Mit dieser Differenzierung wird deutlich, dass sich 50-Jährigen eine neue Entwicklungsaufgabe stellt, für die bisher relativ wenige gesellschaftliche Muster und Strukturen angeboten werden. Wie kann ein »Drehbuch des Alters« (Ludwig 2008) aussehen, für das es keine Traditionen und Rollenanweisungen gibt? Es entsteht ein freies Feld, das je nach ökonomischer Ausstattung als interessante Herausforderung und Chance zur persönlichen Weiterentwicklung, aber auch als belastende Notwendigkeit erlebt werden kann.

Eine wichtige Rolle in diesem Zusammenhang spielt die Idee der Entwicklung einer neuen Zwischenphase im Lebenslauf, nämlich derjenigen der »jungen Alten« (Dyk van/Lessenich 2009; Haubl 2003b). Die so bezeichnete neue Sozialfigur

> beschreibt aktive Alte im Ruhestand, die gut situiert, körperlich fit, geistig rege, sexuell interessiert, kontaktfreudig und ständig auf Achse sind, kurz, deren Habitus und Lebensstil mit dem Begriff »Unruhestand« gekennzeichnet werden kann. (Buchen/Maier 2008, S. 15)

Man muss die derart gekennzeichnete Phase eigentlich zeitlich länger veranschlagen, sie beginnt im Alltag bereits dort, wo Menschen aufgrund das heranrückenden Rentenalters herausgefordert sind, über ihre Zukunft als Alte nachzudenken und darauf basierende Entscheidungen zu treffen, wie z. B. im Bereich des altengerechten Wohnens, aber auch in Bezug auf die Frage, wie lange sie berufstätig sein wollen. Diese Überlegungen finden häufig lange vor dem formalen Übergang in den Ruhestand oder andere Lebens- und Arbeitsformen statt.

Die Vorstellung von »jungen Alten« impliziert trotz aller Vorbehalte, die diesem Konzept gegenüber geäußert werden, drei interessante Aspekte: Zum einen stellt dieses Bild eine Reaktion auf die längere Lebenserwartung und die Veränderung der Lebensphasen dar, zum Zweiten kann es als Träger gesellschaftlicher Leistungserwartungen an die neue Altersgruppe gesehen werden und schließlich macht es auf einen möglichen, noch unerforschten Zusammenhang zwischen dieser Lebensphase des späteren Erwachsenenalters und der Adoleszenz aufmerksam.

Dass in einer Lebensphase die Adjektive »jung« und »alt« verknüpft werden, könnte allerdings auch als eine Art Verdrängung der Ängste vor der anstehenden neuen Lebensphase, die als einzige unweigerlich mit dem Tod endet, angesehen werden (Meitzler 2011). Es liegt nahe, dass die nicht mehr zu leugnende Notwendigkeit der Auseinandersetzung mit dem Tod zu verschiedenen Abwehrbewegungen führt (vgl. Kets de Vries 2014). Dabei geht es, wie Meitzler (2011) betont, möglicherweise nicht nur um den eigenen Tod, sondern auch um den gefürchteten Verlust von nahen Angehörigen, Freunden und auch Kollegen. Was läge also näher, als durch die Koppelung der beiden Begriffe im Bild der »jungen Alten« ein Stück der Bedrohlichkeit zu mildern?

Ein zweiter wichtiger Aspekt dieses Begriffspaars der »jungen Alten« ist der Bezug zur gesellschaftlich von dieser Altersgruppe geforderten Aktivität und Vitalität. Erst auf der Basis einer solchen Bereitschaft zur Leistungsfähigkeit entsteht das ökonomische Interesse an der Nutzung des Arbeitspotenzials älterer Menschen und an deren Potenzial als Kunden. Darin spiegelt sich sicher auch ein gesellschaftliches Leitbild wider, das King (2011) als Aufforderung zum »ewigen Aufbruch« als neuem kulturellem Muster bezeichnet hat, also als lebenslange Bereitschaft, Neues zu wagen und in allen Lebensbereichen umzusetzen. Implizit hat ein solches Muster natürlich zur Folge, dass sich Menschen dem Ideal der Leistungsgesellschaft unterwerfen und damit an dominante gesellschaftliche Strömungen anpassen (vgl. Buchen/Maier 2008, S. 15).

Interessant ist an dem Begriffspaar der »jungen Alten« allerdings auch die Verbindung zwischen dieser Altersphase und adoleszenten Themen. Die Ablösung aus einem Sicherheit gebenden System, wie sie die Anstellung bei einem Arbeitgeber bietet, der Aufbruch in neue gesellschaftliche Rollen, die Übernahme bzw. in diesem Fall Beibehaltung voller Verantwortlichkeit, auch für die eigene ökonomische Sicherung, lassen in der Tat Verknüpfungen und Wiederbelebungen der adoleszenten Situation zu, wie sie sich z. B. bei Männern gelegentlich in der Aufnahme entsprechender Hobbys, aber auch in neuen Partnerwahlen mit deutlich jüngeren Frauen in der sogenannten Midlife-Crisis zeigt.

## 3.2 Die Entgrenzung der Erwerbsarbeitsphase

### 3.2.1 Paradigmenwechsel: Von der Frühverrentung zur verlängerten Lebensarbeitszeit

Lange Zeit gab es eine Tendenz, das Ausscheiden aus dem Beruf immer früher einzuleiten, um die Freuden, die mit dem Rentenalter z. T. als »späte Freiheit« assoziiert waren, möglichst lange genießen zu können, ganz unabhängig davon, ob diese Phantasie auch der Realität entsprach oder nicht. Diese Tendenz taucht in der wissenschaftlichen Diskussion als ein wesentliches Element des Strukturwandels des Alters auf, und zwar als »Entberuflichung« des Alters (Backes/Clemens 2004). Dieser sowohl von den Einzelnen als auch von den Unternehmen forcierte Trend führte dazu, dass Ende der Siebzigerjahre des vorigen Jahrhunderts das Alter, in dem abhängig Beschäftigte in den Ruhestand gingen, auf durchschnittlich ca. 59 Jahre bei der Renten- und auf 61 Jahre bei der Angestelltenversicherung sank (Backes 2004, S. 42). Aus Sicht der Unternehmen stellte sich das laut Brussig (2005) so dar, dass mehr als 40 % von ihnen keine Personen über 50 Jahre mehr beschäftigten. Lange Zeit war dies offensichtlich gewollt, konnte doch so der »Generationentausch« (Backes/Clemens 2008, S. 57), also die Ablösung der älteren Generation durch die jüngere, reibungsloser bewältigt werden. Regelungen zum sogenannten »goldenen Handschlag« als Angebot zum großzügig entlohnten Ausscheiden gerade bei Führungspersonen unterstützten diese Tendenz.

Dies hat sich in den vergangenen Jahren allerdings spürbar geändert. So stellt Öchsner (2015) in der Süddeutschen Zeitung fest: »Jenseits der 60 ist seltener Schluss«. Zu diesem Zeitpunkt arbeiteten nach einer Untersuchung der Deutschen Rentenversicherung fast 50 % der 60- bis 64-Jährigen noch – mit weiter zunehmender Tendenz.

Für diese Trendwende gibt es verschiedene Gründe. Für die Unternehmen sinkt die Zahl verfügbarer Erwerbspersonen. Man kann die Entwicklung so interpretieren, dass älter werdende Beschäftigte ihre eigenen Lebensplanungen mit Blick auf eine biografisch verlängerte Erwerbsphase verändern. Aber dies ist noch nicht begleitet von konkreten Ideen darüber, wie sich die Betreffenden eine längere Erwerbstätigkeit vorstellen (vgl. Tesch-Römer et al. 2006a). Allerdings lässt sich mit Haubl durchaus feststellen:

> Wollen Deutsche bis 67 Jahren oder auch länger arbeiten, dann – und das gilt es zu betonen – nicht um jeden Preis. Sie erwarten, dass die Arbeitsbedingungen altersgerecht gestaltet werden: z. B. altersgemischte Teams, flexible Arbeitszeiten, Auszeiten (für familiäre Sorgearbeit), attraktive Weiterbildungsangebote, salutogene Arbeitsplätze (physisch und psychisch). Bei zu hohem Stress wird sich niemand, wenn er nicht muss, für ein Verbleiben entscheiden. So zeigt eine europaweite Befragung, dass es in Deutschland bei einer recht hohen allgemeinen Arbeitsplatzzufriedenheit doch 39 % der Befragten gibt, die über zu großen Arbeitsstress, und 16 %, die über ungesunde Tätigkeiten klagen. Solche ArbeitnehmerInnen dürften eher froh sein, sich in den Ruhestand zu verabschieden. (2015, S. 299)

Ursache des massiv politisch und öffentlich geförderten Wandels im Pensionierungsverhalten ist aber zweifellos die Wirkung des demografischen Wandels. Aus der Perspektive von Unternehmen und anderen Organisationen ergibt sich aus diesem sowie dem ab 2015 einsetzenden Schrumpfungsprozess auf dem Arbeitsmarkt (vgl. Ulrich 2005) die Notwendigkeit der Mobilisierung von Beschäftigungsreserven. Neben der Förderung der Berufstätigkeit von Frauen und der gezielten Zuwanderung stellen die älteren Arbeitnehmer ein wichtiges Reservoir dar, um die Produktivität zu erhöhen (vgl. Helfferich 2008). Außer der – wenn auch umstrittenen – politisch beschlossenen schrittweisen Verlängerung der Lebensarbeitszeit bis zum Alter von 67 Jahren geht es generell um die implizite Frage, wie ein längerer Verbleib im Berufsleben bewerkstelligt werden kann. Es kommt zunehmend darauf an, die Rahmenbedingungen zu erkunden und zu schaffen, die es attraktiv erscheinen lassen, weiterhin berufstätig zu sein.

Zweifellos lässt sich insgesamt absehen, dass Menschen in Zukunft freiwillig oder gesetzlich gezwungen länger arbeiten müssen, Erwerbszwang und Lebensarbeitszeit nehmen zu. Dieser Druck entsteht unabhängig von den Plänen der einzelnen Individuen durch die Situation in den Unternehmen und durch die Kosten, die der demografische Wandel für die Rentenversicherung mit sich bringt.

### 3.2.2 Nachberufliche Rollenübernahmen und Tätigkeiten

Bei der Frage, wie Menschen freiwillig zur weiteren Berufstätigkeit angeregt werden können, hilft eine Analyse der Rollenübernahmen und Tätigkeiten, die sie nach dem Renteneintritt üblicherweise vornehmen.

In Alterskonzepten wird häufig davon ausgegangen, dass eine positive Entwicklung im Alter entscheidend davon abhängig ist, wieweit es gelingt, nach dem Ende der Erwerbsphase und dem Ausscheiden aus dem Beruf neue, sozial produktive und zu sozialer Anerkennung führende Rollen jenseits der angestammten Berufsrolle zu übernehmen (vgl. Erlinghagen/Hank 2008; Schmid/Hartlapp 2008). Zu den sozialen Verlusten des Renteneintritts gehört, dass die Rollen und Aufgaben, die eine bestimmte berufliche Tätigkeit vermittelt, Schritt für Schritt entfallen. Insgesamt wird das Ausscheiden aus dem Beruf daher als ein kritisches Lebensereignis (Filipp/Aymanns 2010) wahrgenommen, das es zu bewältigen gilt. Nach der Berentung kommt es stark auf die eigene Motivation, das eigene Wollen an, d.h., Menschen müssen für diese Phase (neue) Ziele gewinnen. Kompensationen auf Rollenebene schaffen die Möglichkeit, die erlebten Verluste auszugleichen, indem Neues geschaffen oder Altes durch Ähnliches ersetzt wird.

Künemund (2006) hat im Rahmen eines Alterssurveys untersucht, welchen konkreten Tätigkeiten Menschen im Ruhestand nachgehen. Dabei wird unterschieden zwischen ehrenamtlichem Engagement, Pflegetätigkeiten, (Enkel-)Kinderbetreuung, informellen Hilfen und Transfers sowie schließlich der Aufnahme einer neuen Erwerbstätigkeit, die in vielen Fällen eher eine Fortführung der alten Tätigkeit unter neuen Rahmenbedingungen und finanziellen Konditionen ist. Dabei wird deutlich, dass Ältere keineswegs den Weg in den passiven Ruhestand wählen, sondern auf sehr unterschiedliche Weise produktiv bleiben und angesichts der längeren Lebenserwartung dieser neuen Lebensphase einen Sinn zu geben versuchen. Nur die fortgesetzte Erwerbstätigkeit erscheint noch immer als seltene Ausnahme. Auch auf der subjektiven Ebene ist der Anteil derjenigen, die gerne noch erwerbstätig sein möchten, mit 1 % im Jahre 1996 sehr gering. Schon in der Altersgruppe der 60- bis 64-Jährigen liegt der Anteil derjenigen, die erwerbstätig sind, im Jahre 2002 nur noch bei 31 %, auch wenn dieser Anteil offensichtlich leicht ansteigt.

Für 2015 stellt Haubl (2015) fest, dass zwar nachberufliche Aktivitäten und insbesondere das Ehrenamt für Ruheständler eine gute Möglichkeit darstellen, sich nützlich zu machen und ein Gefühl sozialer Zugehörigkeit zu entwickeln, aber ehrenamtliche Aktivitäten werden nur von 14 % der 55- bis 69-Jährigen übernommen. Backes et al. (2004) verweisen auf vielfältige politische, öffentliche und wissenschaftliche Bemühungen, diese Möglichkeit nachberuflicher Rollenübernahme zu stärken. Unter dem Stichwort »bürgerschaftliches Engagement« gilt die ehrenamtliche Übernahme bestimmter Funktionen und Aufgaben auch als Möglichkeit, Defizite in der gesellschaftlichen Unterstützung der Menschen zu kompensieren. Warum Menschen diesen Weg wählen oder nicht wählen, kann aus unterschiedlicher Perspektive diskutiert werden. Im Zusammenhang mit der Frage der Existenzgründung müssen solche Entscheidungen nicht nur aus politischer, sondern auch aus biografischer Sicht beurteilt werden. Die Frage ist, inwieweit nachberufliche Rollenübernahmen dazu dienen, Kontinuität in der eigenen Lebensgeschichte zu sichern oder aber auch kompensatorisch unterentwickelte Bereiche der eigenen Persönlichkeit durch solche Tätigkeiten, seien sie ehrenamtlich oder (nach)beruflich, zur Geltung zu bringen. Backes und Clemens (2008) weisen auch darauf hin, dass der Wunsch nach einer Sicherung der sozialen Integration bei solchen Entscheidungen zu berücksichtigen ist, stellt doch die Sorge um den Verlust wichtiger sozialer Beziehungen eine der größten Herausforderungen der Berentung dar.

Eine Verzahnung zwischen individueller Auseinandersetzung und gesellschaftlicher Wirkung, wie sie im bürgerschaftlichen Engagement deutlich wird, zeigt sich möglicherweise aber auch ganz besonders in einer darüber hinausgehenden Motivation, die bei einigen Untersuchungen zur nachberuflichen Tätigkeit sichtbar geworden ist. Die Motive lassen sich demnach neben Wünschen nach fortgesetztem Kontakt, nach Anerkennung, Wertschätzung und intrinsischen Motiven auch mit dem Begriff der »generativen Anliegen« beschreiben. Gerade nordamerikanische Befunde zeigen, dass der Wunsch, Wissen und Erfahrungen an Jüngere weiterzugeben, ein entscheidender Einflussfaktor für berufliche Aktivitäten in diesem Alter ist (vgl. Calo 2005; Dendinger et al. 2005, zit. nach Deller/Maxin 2010a). Dementsprechend haben sich vielfältige Formen der Mentorentätigkeit entwickelt, bei der der intensive Kontakt in Gesprächen zwischen erfahrenen und älteren Kollegen auf der einen und jungen Menschen auf der anderen Seite organisiert wird.

### 3.2.3 Silver Work – Arbeit in und nach der Übergangsphase zur Pensionierung

Gleichwohl hat sich trotz aller gegenläufigen Tendenzen in den vergangenen Jahren eine zunehmende Auseinandersetzung mit den realen Möglichkeiten nachberuflicher Berufstätigkeit entwickelt.

Für diese Formen der Weiter- bzw. Neubeschäftigung im Ruhestand gibt es unterschiedliche Begriffe. In Deutschland wird von »Silver Work« gesprochen, im Amerikanischen hat sich der Begriff des »Bridge Employments« durchgesetzt (vgl. Deller/Maxin 2008, 2010a). Bridge Employment ist durch reduzierte Stundenzahlen, geringere Belastung bzw. Verantwortung, größere Flexibilität und verminderte körperliche Beanspruchung gekennzeichnet, also verschiedene Elemente einer Form der Berufstätigkeit, die offensichtlich den Bedürfnissen älterer Führungskräfte und Mitarbeiter/-innen besser entspricht als die abhängige Vollzeitbeschäftigung. Diese Formen werden in »Career Bridge Employment« oder »Non-Career Bridge Employment« unterteilt (Feldmann 1994, zit. nach Deller/Maxin 2010a, S. 4). Letzteres beschreibt einen mit der neuen Tätigkeit einhergehenden Wechsel des Arbeitsfeldes, während es beim Ersteren mehr um eine anders organisierte Form der Tätigkeit im angestammten Berufsfeld geht.

Deller und Maxin (2010a, S. 7) identifizieren drei kritische Elemente bei der Entscheidung für eine Tätigkeit als Silver Worker: Zum einen bedarf es der persönlichen Befähigung zur Weiterarbeit, hier insbesondere der körperlichen und geistigen Fitness und des Wunsches, sich einzubringen. Dazu muss außerdem eine anforderungsgerechte Gestaltung der Tätigkeit kommen (umweltbedingter Faktor). Schließlich ist die im Ruhestand erlebte Freiheit ein wichtiger Faktor, der dazu führt, dass der Einzelne hohe Anforderungen an Tätigkeitsmerkmale wie Autonomie, Vielfalt und Entscheidungsfreiheit stellt. Es geht also um die Auseinandersetzung mit der Frage, wie die Menschen arbeiten wollen. Qualität, Inhalt und Rahmenbedingungen der Weiterbeschäftigung stehen im Zentrum der individuellen Entscheidung.

Die Zahl der nach der Berentung weiterhin Tätigen nimmt zwar zu, sie bleibt aber insgesamt dennoch auf einem geringen Niveau. Möglicherweise hat die geringe Anzahl der Berufstätigen nach Beendigung der Erwerbsphase eben auch mit der Organisation der Arbeit (Verträge, Stunden, Verpflichtungen etc.) zu tun, die dem Wunsch nach Autonomie, größerer Freiheit und Freizeit entgegensteht. Aus diesem Grund könnte die späte Existenzgründung mit der Chance auf eine selbstbestimmtere Form des Arbeitens eine Option sein. Franke (2010) hat untersucht, ob dies nur eine Illusion oder tatsächlich eine genutzte Möglichkeit ist. Die »Gründungsquote« der 55- bis 64-Jährigen in Deutschland liegt bei unter 3 %, ist also verschwindend gering, obwohl dies die eigentliche Phase der Vorbereitung auf eine neue Existenz sein könnte. Ältere Existenzgründer sind also ausgesprochen untypisch. Zahlen für die über 65-Jährigen liegen in der Untersuchung von Franke (ebd.) überhaupt noch nicht vor. Allerdings wird auch deutlich, dass es signifikante soziale Unterschiede gibt. So besteht eine deutlich höhere Gründungsneigung bei Hochqualifizierten, was auch dadurch zu erklären ist, dass gerade freie Berufe in die Kategorie der Existenzgründer fallen und diese oft einen universitären Abschluss voraussetzen. Franke (ebd.) weist darauf hin, dass bei Aktivitäten in Richtung Existenzgründung auch mentale Aspekte eine Rolle spielen, wobei die gesellschaftliche Bewertung und Anerkennung der Selbstständigkeit eine wichtige Rolle spielt.

## 3.3 Alters(leit)bilder – vom Disengagement zum kompetenten Alter

Welche Entscheidungen Menschen hinsichtlich ihrer Berufs-, Karriere- und Lebensplanungen treffen, hängt nicht allein von den realen Möglichkeiten ab, die ihnen zur Verfügung stehen, sondern ganz wesentlich auch von existierenden Vorstellungen über das Alter, von den sogenannten Altersbildern. Dabei muss zwischen den subjektiven Altersbildern, den Selbstbildern und den Fremdbildern, also gesellschaftlich virulenten Bildern des Alters und des Alterungsprozesses unterschieden werden. Zu den inneren Bildern gehören die internalisierten Vorstellungen, die geprägt sind durch übernommene Vorstellungen vom Alter, aber auch von Erinnerungen und eigenen Erfahrungen mit Personen aus dem näheren und weiteren Umfeld. Die Kommission des dritten Altenberichts definiert Altersbilder als

> allgemeinere Vorstellungen über zu erwartende altersbedingte Veränderungen, mutmaßliche charakteristische Eigenschaften älterer Menschen, die durch Faktoren wie Gesundheit und Krankheit im Alter, Autonomie und Abhängigkeiten, Kompetenzen und Defizite, Freiräume, Gelassenheit und Weisheit, Befürchtungen über materielle Einbußen, Gedanken über Sterben und Tod geprägt werden, genauso wie Rechte und Pflichten älterer Menschen. (2001)

Bestehende Altersbilder sind wirkungsvoll, d. h., sie haben nicht nur einen Einfluss auf persönliche Entscheidungen, sondern als Selbstzuschreibung bewirken sie Wohlbefinden oder aber negative Einstellungen und haben, wie Haubl feststellt, einen Einfluss auf die körperliche und vermutlich auch psychische Gesundheit:

> So weisen Gesellschaftsmitglieder mit einem negativen – Defizit orientierten – Altersbild weisen Jahre später mit einer höheren Wahrscheinlichkeit Herzkreislauferkrankungen und kognitive Beeinträchtigungen auf als Gesellschaftsmitglieder mit einem positiven – Potenzial orientierten – Altersbild. (2015, S. 299)

Altersbilder als gesellschaftliche Bilder vermitteln sich in unserer Gesellschaft meist über die Medien, d. h. über Darstellungen des Alters in Fernsehen, Presse, Social Media etc. Dabei kann festgestellt werden, dass sich in den letzten Jahren ein deutlicher Wandel des Altersbildes vollzieht. Dies weist darauf hin, dass Altersbilder eine wechselvolle Geschichte haben.

Verschiedene Autoren wie z. B. Honneth (2007) verweisen darauf, dass in früheren Jahrhunderten das Alter eine hohe Wertschätzung und Anerkennung genoss. Dies war nicht nur auf moralische Vorstellungen gegründet, sondern auch Ergebnis der Tatsache, dass Ältere insbesondere auch im beruflichen Bereich häufig Träger von Wissensbeständen und Fertigkeiten waren, die gesellschaftlich benötigt wurden. Solche positiven Vorstellungen finden sich auch in der aktuellen Diskussion, etwa dann, wenn Psychoanalytiker dafür plädieren, das Alter radikal positiv zu bewerten, nämlich als Zeit, in der sich der eigene Charakter zur endgültigen Reife und Vollendung entwickelt (vgl. Nikutta 2009). Bauer und Gröning (2008) beschreiben dieses positive Bild als »familialistisches Bild der Alten«, wonach alt zu sein meist bedeutete, sich aus den meisten gesellschaftlichen Rollen zurückzuziehen sowie sich weise und gütig in den Kreis der Familie zu begeben.

Hier wird deutlich, dass man nicht der Vorstellung erliegen sollte, dass das frühere Altersbild ungebrochen positiv besetzt war. Implizit sind auch heute noch viele Vorstellungen vom Altern von der sogenannten »Alterstreppe« bestimmt, also einem Bild, nachdem zwischen Geburt und Tod zunächst ein Aufstieg zu einem fiktiven Höhepunkt im Erwachsenenalter erfolgt, in der zweiten Lebenshälfte aber der Abstieg bis hin zum Tod unausweichlich ist (vgl. Flüter-Hoffmann 2011). Zugespitzt taucht diese Vorstellung in einer Zeile von Hermann Hesses Gedicht »Der Mann von fünfzig Jahren« auf: »Von der Wiege bis zur Bahre sind es fünfzig Jahre, dann beginnt der Tod.« (Hesse 1975)

Hinter diesen Vorstellungen stand die »Disengagementtheorie« (vgl. Cumming/Henry 1961), nach der soziale Rollen, insbesondere die berufliche Rolle auf der einen Seite Ziele und Strategien zu ihrer Verwirklichung liefern können. Auf der anderen Seite können Rollen, wie sie berufliche Aufgaben mit sich bringen, eine Last darstellen, die möglichst bald abgeworfen werden soll. Welche dieser beiden Möglichkeiten erlebt wird, hängt von komplexen Faktoren ab. Die Disengagementtheorie beschreibt das Alter vorwiegend aus der Perspektive eines Rollenverlusts, der im Wesentlichen durch das Ausscheiden aus der Berufsrolle bedingt ist. Dabei verlieren auch andere soziale Kontakte an Bedeutung, sodass es zu einem Rückzug in das Private, Familiäre, allenfalls noch auf das engere Wohnumfeld kommt. Dieser Rückzug ist aber nicht ausschließlich selbst gewählt, sondern Ergebnis einer latenten Form der sozialen Ausgrenzung, die Honneth (2007) als »Ghettoisierung der Alten« charakterisiert.

Im Zuge der Entwicklung der Alternswissenschaft (Gerontologie) wandelte sich allerdings Schritt für Schritt das Altersbild: Vor dem Hintergrund einer zunehmenden Individualisierung und Konstruktion der Lebensphasen wird nun auch das Alter mehr und mehr zu einer schöpferisch geprägten Phase oder zumindest zu einer Phase weiter bestehender gesellschaftlicher Produktivität. Zu dieser Vorstellung gehörte zunächst die Idee des Alters als Zeit der »späten Freiheit« (Rosenmayr 1990), worunter besonders die Phase nach dem Austritt aus dem Berufsleben verstanden wurde. Dieses Altersbild hatte im Übrigen vermutlich einen wichtigen Einfluss auf die Tendenz zu einem immer früheren Ausscheiden aus dem Berufsleben.

Gleichzeitig vollzog sich aufgrund der demografischen Entwicklung, angestoßen durch die Ökonomie, ein langsamer, aber stetiger Wandel des Altersbildes. Die Konsumgüterindustrie hat den wachsenden Markt der Alten entdeckt, sodass ein durchweg negativ geprägtes Altersbild umsatzschädigend wirken würde. »Aktives Altern« ist von nun an das Idealbild des Alterns bzw. des Alterungsprozesses. Die Weltgesundheitsorganisation (WHO) definiert:

> Unter aktivem Altern versteht man den Prozess der Optimierung der Möglichkeiten von Menschen, im zunehmenden Alter ihre Gesundheit zu wahren, am Leben teilzunehmen und ihre persönliche Sicherheit zu gewährleisten und derart ihre Lebensqualität zu verbessern. (2002, S. 12 ff.)

Nach dieser Vorstellung bleiben Menschen, die auch nach Beendigung der Berufskarriere etwas leisten, eher glücklich und gesund und sie sind in der Lage, etwas zur gesellschaftlichen Entwicklung beizutragen:

> Einer aktuellen Untersuchung im Auftrag der Körber-Stiftung (wenn auch nur an Arbeitnehmer_innen im öffentlichen Dienst) hat – unabhängig vom Alter der Befragten – vier trennscharfe Altersbilder ergeben. Der kollektivsolidarische Typ mit 34 %, der hedonistische Typ mit 30 %, der leistungsorientierte Typ mit 22 % und der wertkonservative Typ mit 14 %. Die meisten der Befragten gehen, unabhängig von ihrem eigenen Altersbild, davon aus, dass die Häufigkeit des aktiv-leistungsorientierten Typs zunehmen wird. […] Mit den bekannten Sinus-Milieus in Verbindung gebracht, bestehen große Ähnlichkeiten mit dem Milieu der »modernen Performer«. Sie kennzeichnet eine ständige Suche nach neuen beruflichen Bewährungsproben, eine hohe Leistungs- und Risikobereitschaft, ökonomisches Denken, Internationalität sowie eine hohe IT- und Multimedia-Kompetenz. In der Gesamtstichprobe der Deutschen macht dieses Milieu 11,3 % aus, die Teilstichprobe der Deutschen, die 50 Jahre und älter sind, kommt auf 4 %, Tendenz steigend. (Haubl 2015, S. 297)

Schon die genannten Beschreibungen lassen erahnen, dass es um das gesellschaftliche Altersbild zu Beginn des 21. Jahrhunderts nicht gut bestellt ist. Die öffentliche Beschreibung von Alten bleibt stark ambivalent. In vielen Fällen herrscht auch heute noch ein Defizitmodell hinsichtlich der Alternsprozesse vor. Zwar finden wir in der Werbung und im Fernsehen inzwischen eine Reihe von aktiven, jung wirkenden oder handelnden Alten, aber andere Darstellungen verknüpfen das Altsein mit Bildern des kranken, pflegebedürftigen, leistungsgeminderten und gebrechlichen Menschen:

> Auf der anderen Seite wird die Generation der Älteren pauschalisierend als kränklich, abhängig vom Gesundheitswesen und bedeutungslos dargestellt. [...] Auf diese Weise wird die Individualität der einzelnen Älteren negiert und durchaus eine Art von Altersdiskriminierung geschaffen.

So fasst Nikutta (2011, S. 14) die Ergebnisse verschiedener Studien zusammen. Es wäre interessant zu erforschen, ob diese ambivalenten Aspekte des Altersbildes möglicherweise einer Aufspaltung in die Gruppe der »jungen Alten« und die des »Hochalters« jenseits des 75. Lebensjahrs entspricht.

Im Unternehmensbereich dominiert nach einer Studie der Commerzbank (2009) noch heute vorwiegend ein Altersleitbild, das mit den Zuschreibungen des Verlusts von Fähigkeiten, Krankheitsanfälligkeit und beruflicher Passivität gekennzeichnet werden kann. Aus diesem Grunde herrscht die Haltung vor: »Viele Unternehmen halten ältere Arbeitnehmer derzeit noch für kostenintensiv und können sich nur schwer vorstellen, sie bis zum Alter von 67 Jahren zu beschäftigen.« (ebd., S. 31)

Hier werden (vgl. Haubl 2015) die Folgen der Frühverrentungsstrategie sichtbar, wie sie lange Zeit durch die Unternehmen, flankiert von Gesellschaft und Politik, betrieben wurde. Es herrschte die Idee vor, dass ältere Arbeitnehmer über keine Fähigkeiten verfügen, die nicht auch Jüngere besitzen, im Gegenteil, ältere Arbeitnehmer galten als leistungsschwach, zunehmend desinteressiert und innovationsfeindlich. Da gleichzeitig lange Zeit ausreichend jüngere Arbeitskräfte zur Verfügung standen, lag es im Interesse der Unternehmen am Generationentausch, also des Übergangs von älteren Führungskräften zu jüngeren, rechtzeitig für eine Berentung zu sorgen. Dazu gehört, dass es auch nicht mehr als sinnvoll angesehen wurde, in die Weiterbildung älterer Mitarbeiter und Führungskräfte zu investieren. Inzwischen gibt es einen Wandel, der der demografischen Entwicklung geschuldet ist. Es werden Programme und Projekte für Ältere im Zuge des »Age Management« entwickelt, wobei allerdings der darin geäußerte Anspruch nicht unbedingt Handlungskonsequenzen hat. Wir haben es mit einer in gewisser Weise schizophrenen Situation zu tun, nach der ein verändertes Altersbild im Unternehmen propagiert wird, gleichzeitig aber nach wie vor Ältere als eine Art »Dispositionsmasse« in Reorganisationsprozessen gelten. Unternehmen fördern Ältere, wenn es ihren eigenen Interessen entspricht, also mit der boomenden Gesundheitsmanagementindustrie, mit Wissenstransferprogrammen beim Ausscheiden aus dem Betrieb, mit eigenen Beratungsfirmen für

Pensionäre, die dem Unternehmen so weiter zur Verfügung stehen, und Mentoringprogrammen. Auch im Bereich der Beratung nehmen die Auseinandersetzungen mit einer älter werdenden Klientel zu und etablieren sich unter dem Begriff des »Developmental Coaching« (Palmer/Panchal, 2011; Gould 2006). Ob es sich dabei ansonsten aber eher um die Aufrechterhaltung eines positiven Scheins handelt, um potenzielle Kunden nicht zu vergraulen, wird sich noch zeigen müssen.

Zusammenfassend lässt sich also feststellen:

1. Altern und Entscheidungen, die das eigene Altwerden betreffen, werden von z. T. stereotypen Altersbildern beeinflusst, bis in die körperliche und psychische Gesundheit hinein.
2. Zweifellos hat sich ein zuvor negatives Altersbild langsam zu einer positiveren Sicht des Alters entwickelt.
3. Dieses Bild bleibt gleichwohl ambivalent und wird von den interessierten Gruppen je nach Bedarf verwendet.
4. Das, was unter dem Begriff des »Altersbildes« gemeint ist, ist eine komplexe Mischung aus gesellschaftlich erzeugten und tradierten Vorstellungen einerseits und einem ebenso komplexen Selbstbild andererseits.
5. Für die vorliegende Untersuchung ist die Idee von Göckenjan (2000) hilfreich, nach der Altersbilder »Kommunikationskonzepte« sind, die die Idee vom Altern prägen und für die sozialen Akteure handlungsleitend sind. In diesem Sinne könnte man in Anlehnung an das Modell der »Organization in the Mind« von Armstrong (1991) hier von einem Konzept des »Age in the Mind« sprechen, um der beschriebenen Komplexität Rechnung zu tragen. Mit diesem Konzept wird in ganz besonderer Weise das Ineinandergreifen von gesellschaftlichen Stereotypen, individuell erworbenen Einstellungen und Mustern sowie unbewussten Reaktionen auf latente Prozesse in sozialen Systemen, insbesondere im Unternehmensbereich, Rechnung getragen.

# 4 Existenzgründung im Kontext von Sozialisation, Lebenslauf und Karriereentwicklung

## 4.1 Lebenslauf, Sozialisation und Statuspassagen

Im vorhergehenden Kapitel ist deutlich geworden, dass eine wesentliche Schwäche vieler psychologisch orientierter Ansätze darin liegt, dass die Entscheidung zur Existenzgründung vorrangig als ein Ergebnis stabiler Motivationssysteme und Persönlichkeitsmerkmale interpretiert wird. Was fehlt, ist eine längsschnittorientierte Perspektive, die diese Entscheidung einbettet in einen größeren lebensgeschichtlichen Zusammenhang sowie in biografische Muster und Erfahrungen. Aus sozialpsychologischer Sicht sollen daher im Folgenden theoretische Konzepte dargestellt werden, die dabei helfen können, Existenzgründungen in einen lebensgeschichtlichen Kontext zu stellen. Dazu wird es notwendig sein, besonders deutlich zu machen, wie sich bestimmte Aspekte der Lebensphase, in der sich die älteren Existenzgründer befinden, beschreiben und im Kontext lebensgeschichtlicher Dynamiken einordnen lassen.

### 4.1.1 Konzepte menschlicher Entwicklung

Bei dem Versuch einer Einteilung von Lebensläufen gibt es ein grundsätzliches Problem: Mit der Betrachtung von Lebensläufen und den treibenden Faktoren für die Veränderungen, die Menschen im Laufe ihres Lebens vollziehen, sind unterschiedliche wissenschaftliche Disziplinen befasst – womit schon fast notwendigerweise unterschiedliche theoretische Konzepte, Begrifflichkeiten und Herangehensweisen verbunden sind. Unstrittig ist, dass die Veränderungen im Erwachsenenalter aus einem sehr komplexen Bündel von biologischen, psychischen und gesellschaftlichen Einflüssen angetrieben werden. In modernen Gesellschaften entwickeln sich Lebensläufe einerseits unter dem strukturellen Einfluss gesellschaftlicher Bedingungen, zu denen u. a. Ökonomie, Politik, Arbeitsbedingungen und spezifische Organisationen gehören, und andererseits durch die individuelle Seite der Persönlichkeit mit ihren ganz eigenen Erfahrungen, Charakterzügen, Lebens- und Berufszielen und Beziehungen. Es mag also wie oben gesagt »ein Problem« sein, dass sich unterschiedliche wissenschaftliche Disziplinen mit der alterstypischen Verfasstheit menschlicher Lebenssituationen und Entwicklungsprozesse befassen, gleichwohl erscheint es der Komplexität des Untersuchungsgegenstandes angemessen – und somit nur konsequent. Vorrangig soll im Folgenden auf solche Konzepte zurückgegriffen werden, die das späte Erwachsenenalter aus einer Soziologie des Lebenslaufs sowie aus der Perspektive einer psychoanalytischen Entwicklungswissenschaft (vgl. Poscheschnik/Traxl 2016) beschreiben.

Dazu sind einige begriffliche Abgrenzungen sinnvoll: Die erste betrifft die Unterscheidung zwischen »Lebenslauf« und »Biografie«: Kohli (1978) unterscheidet zwischen Lebenslauf als »objektiver Ereignisgeschichte« und der je spezifischen Biografie als einer subjektiv gestalteten und interpretierten Lebensgeschichte. Damit wird deutlich, dass die Entwicklungen im Lebenslauf nicht vorgegeben sind, sondern vom Subjekt selbstbestimmt mitentschieden werden können. Grundsätzlich besitzen Menschen die Möglichkeit, sich von gesellschaftlich vorgegebenen Mustern und auch von lebensgeschichtlich erworbenen inneren Repräsentanzen zu lösen, sie werden also Subjekt ihrer Lebensgeschichte, die aus dem gesellschaftlich vorgezeichneten Muster des Lebenslaufs eine je spezifische Biografie macht.

Alle Entwicklungen im Lebenslauf zielen auf die Entwicklung der Persönlichkeit bzw. einer spezifischen Identität. An dieser Stelle soll nicht weiter auf die konzeptionellen Aspekte dieser beiden Begriffe eingegangen werden. Festzuhalten ist aber, dass mit dem Persönlichkeitsbegriff die Idee eines spezifischen Gefüges verschiedener Einstellungen, Verhaltensweisen, Reaktionsbereitschaften etc. eines Menschen verbunden ist, das auf der Basis biologischer, gesellschaftlicher und emotionaler Prozesse und Begegnungen im Laufe der Lebensgeschichte entsteht. Dabei lassen sich sowohl eine spezifische Individualität als auch ein Sozialcharakter (vgl. Haubl 2011) ausmachen, d. h. einzigartige Elemente und Bereiche, die die Mitglieder einer Gesellschaft oder bestimmten sozialen Gruppierung teilen (Tillmann 2001).

In der Soziologie ist eine der grundlegenden Unterteilungen des Lebenslaufs diejenige in die drei bzw. vier Phasen von Kindheit, Jugend, Alter (und Hochalter). Etwas differenzierter und unter Einbeziehung entwicklungspsychologischer Erkenntnisse wird die Kindheit in Säuglingsphase, frühe Kindheit und reife Kindheit unterteilt. Als Lebensphase gilt aus soziologischer Sicht ein typisches Set von Positionen und Rollen, die sich um die unterschiedlichen Schritte ranken. Die Differenzierung der Gesellschaft nach bestimmten Lebensaltern war seit jeher an die jeweilige Epoche gebunden. Diese Unterteilung lässt sich in die Lebensbereiche des Individuums differenzieren, also auf Familie, Bildung und

Arbeit anwenden. Hinsichtlich der beruflichen Entwicklung wird dabei neben einer entsprechenden Differenzierung, auf die noch einzugehen sein wird, vielfach auch mit dem Konzept der Karriereentwicklung gearbeitet, mit dem die Veränderungen in der Phase der Berufstätigkeit beschrieben werden.

### 4.1.2 Lebenslauf und Sozialisationsprozesse

Durch die Differenzierung der Mitglieder einer Gesellschaft nach Lebensaltern bzw. Lebensphasen war es möglich, Abschnitte zu bilden, für die spezifische Handlungsmuster zu erlernen waren sowie Rollen und Positionen bereitgestellt wurden. Diese Einteilung verschafft sowohl dem Einzelnen als auch den sozialen Gruppen bzw. der Gesellschaft ein gewisses Maß an Sicherheit. Mit der Idee, dass für die jeweiligen Lebensphasen und die Zugehörigkeit zu einer spezifischen Altersgruppe Lern- und Eingliederungsprozesse erforderlich sind, ist auf die Entwicklung des Einzelnen als Sozialisationsprozess verwiesen. Im Zentrum von Sozialisationsprozessen stehen die Entwicklung, Veränderung und Reifung der menschlichen Persönlichkeit. Sozialisation meint den

> Prozeß der Entstehung und Entwicklung der Persönlichkeit in wechselseitiger Abhängigkeit von der gesellschaftlich vermittelten sozialen und materiellen Umwelt. Vorrangig thematisch ist dabei [...], wie sich der Mensch zu einem gesellschaftlich handlungsfähigen Subjekt bildet. (Geulen/Hurrelmann 1980, zit. nach Tillmann 2001, S. 10).

Sozialisationstheoretisch nehmen demnach die gesellschaftlichen bzw. strukturellen Rahmenbedingungen über vier verschiedene Ebenen Einfluss auf die Entwicklung der Persönlichkeit, und zwar neben der individuellen Ebene über die direkte Ebene von Interaktionen und Tätigkeiten, etwa in der Familie zwischen Eltern und Kind, in Schule, Freundesgruppen (Stichwort: Peergroup) etc. Darüber hinaus spielen Massenmedien, Betriebe u. a. auf der institutionellen Ebene und gesamtgesellschaftliche Faktoren (Wirtschaft, Politik, Sozialstruktur und Kultur) eine einflussreiche Rolle.

Wie sich auf der Ebene der direkten Interaktionen gesellschaftliche Vorstellungen und Normen auswirken, hatte besonders Lorenzer (1984) mit seinem Konzept der symbolischen Interaktionsformen im Rahmen einer materialistischen Sozialisationstheorie eindrücklich gezeigt. Hier ist in Bezug auf das Thema der Existenzgründung im späteren Erwachsenenalter zu vermuten, dass etwa direkte Beziehungen zwischen Kindern und Großeltern schon früh bestimmte Vorstellungen über diesen Lebensabschnitt vermitteln.

Zum Zweiten ist im Sozialisationskonzept der direkten Interaktionen und Tätigkeiten auch der Gedanke angelegt, dass mittels elterlicher Interaktionen auch Erfahrungen früherer Generationen in den Prozess hineinspielen, auch traumatische Erlebnisse und belastende Erfahrungen (vgl. Bohleber 2008; Völter 2008). Dies impliziert auch die wichtige Annahme, dass sich in den verschiedenen Phasen Erlebnisse, Eindrücke und Prägungen aus früheren Phasen nicht einfach »abhaken« lassen, sondern frühere Einflüsse in gegenwärtige Beziehungen und Entscheidungen übertragen werden. Dies ist unter dem Aspekt der psychoanalytischen Entwicklungskonzepte intensiver erforscht, wobei in diesen Theorien häufig gesellschaftliche und soziale Aspekte stark vernachlässigt werden.

Die Sozialisationsforschung leidet in Bezug auf die Altersthematik ein wenig unter ihrer doch als relativ dünn angesehenen Ergiebigkeit. Interessant für die hier relevante Fragestellung ist die Tatsache, dass das Erwachsenenalter in der Sozialisationsforschung oft irgendwo zwischen dem 20. (aufgrund des Berufseintritts) und 65. Lebensjahr, also der gesetzlich vorgesehenen Pensionierung, angesetzt wird. Diese grobe Unterteilung lässt sich naturgemäß so nicht mehr halten, sondern ist dem Hauptinteresse der Sozialisationstheorie an der Entwicklung bis zum Eintritt in das Erwachsenenleben geschuldet. Dieser Zeitpunkt wurde früher als das Ende der Sozialisation angesehen, ein Konzept, das schon seit geraumer Zeit differenziert wurde. Die Prozesse, um die es in der vorliegenden Untersuchung geht, sind im weitesten Sinne der tertiären Sozialisation zuzuordnen, also Prozessen, die sich vor allem um Fragen des Berufs, der Weiterbildung und der Auseinandersetzung mit gesellschaftlichen Institutionen drehen (vgl. Poscheschnik/Traxl 2016, S. 33 ff.)

Kohli (1975) verweist gleichwohl darauf, dass das Sozialisationskonzept in seiner klassischen Ausprägung nur begrenzt dazu taugt, im Bereich der Altersgruppe Erwachsene und ältere Erwachsene zu arbeiten. Das hängt damit zusammen, dass Sozialisation als Begriff die Vorstellung einer Vorbereitung auf die Gesellschaft in der Rolle des Erwachsenen impliziert. Mit dem Eintritt in die Rolle des Erwachsenen – etwa durch Heirat, Familiengründung und Berufsbeginn – galt eigentlich die Sozialisation in gewisser Weise als abgeschlossen. Diese Idee spiegelt sich wider in einer reduzierten Einteilung des Lebens in die gesellschaftlich differenzierbaren Phasen von Kindheit, Jugend und Erwachsenenalter als primärer, sekundärer und tertiärer Sozialisation. Was die vorliegende Untersuchung zu Sozialisationsprozessen im Bereich der beruflichen Veränderungen betrifft, so beschränkte sich die Forschung lange auf die Phase des Eintritts in das Berufsleben, vor allem auf die Sozialisation in der Hochschule.

Brim und Wheeler (1974) haben als eine der Ersten ein dezidierteres Konzept der Erwachsenensozialisation vorgelegt. Sie halten Sozialisationsprozesse auch im höheren Alter für unabdingbar, da dort neue Positionen eingenommen werden müssen, die im Zuge des Statuswechsels etwa zwischen Berufstätigkeit und Berentung erworben und gelernt werden müssen. Darüber hinaus bewirkt auch der soziale Wandel, der mit neuen Altersbildern und -rollen einhergeht, die Notwendigkeit zur »Resozialisation« (Kohli 1984, S. 307).

Kohli hat in diesem Zusammenhang betont, dass eine Sozialisationsforschung in Bezug auf ältere Erwachsene unweigerlich eine Auseinandersetzung mit dem Phänomen der Abbauprozesse führen muss, während in der Kindheit und Jugend vor allem aus einer Perspektive des Aufbaus und Wachstums diskutiert werden kann.

Die Sozialisationsforschung erweist sich zusammenfassend als nur begrenzt ergiebig für das Anliegen dieser Untersuchung, was die Einbeziehung anderer entwicklungspsychologischer Konzepte nahelegt.

### 4.1.3 Das Konzept der Lebensspanne

In der Entwicklungspsychologie gilt seit geraumer Zeit das Konzept der lebenslangen Entwicklung, wie sie in der »Life-span Theory« formuliert wird, als theoretisches Hauptkonzept. Besonders Baltes (1990) hat mit dem Ansatz der Lebensspannen aus psychologischer Perspektive die Ausweitung des Interesses an Fragen der individuellen Entwicklung des Menschen besonders vorangebracht. Zu den Grundannahmen gehört, dass Prozesse der Verhaltensänderung zu jeder Zeit im Verlaufe des menschlichen Lebens, also von der Geburt bis zum Tod, auftreten. Diese Einschätzung beinhaltet die Einsicht, dass zu jedem dieser Veränderungsprozesse einerseits Wachstumselemente gehören, andererseits aber auch Abbauprozesse und Verluste. Baltes (1990) postuliert, dass mit wachsendem Lebensalter der Einfluss biologischer Faktoren wieder zunimmt, und zwar im negativen Sinne. Die Kräfte der Person müssen immer mehr in die Verarbeitung von Verlusten auf sozialer Ebene und Abbauprozessen auf körperlicher Ebene investiert werden, sodass die Energien für Neuanfänge und Wachstumsprozesse deutlich geringer sind als etwa in der Kindheit und der Jugend. In welchem Umfang Entwicklungen in bestimmten Lebensaltern stattfinden, variiert einerseits je nach äußeren Lebensbedingungen und Ressourcen, andererseits nach den Lebenserfahrungen und der Plastizität der Psyche der jeweiligen Person.

Es bleibt zu betonen, dass der Lebensspannenansatz deutlich macht, wie jede Veränderung progressive und regressive Seiten hat. Das bietet die Chance, sich von einer reinen Verlustperspektive, wie sie sich im

Defizitmodell des Alters (siehe Kapitel 3) äußert, zu entfernen. Bedeutsam ist darüber hinaus, dass auch das Lebensspannenkonzept ausdrücklich darauf hinweist, dass die einzelnen Abschnitte im Lebenslauf nicht isoliert betrachtet werden dürfen, sondern immer im Zusammenhang mit zurückliegenden Erfahrungen und Lebensphasen, aber auch mit zukünftigen.

### 4.1.4 De-Institutionalisierung des Lebenslaufs

> Das Konzept der »Lebensphasen« differenziert den Lebenslauf in eine kontinuierliche Folge von regelmäßig auftretenden, unterscheidbaren Phasen, wodurch die Lebensspanne eines Individuums zyklisch strukturiert wird. (Neugarten/Dratan, zit. nach Clemens 2010, S. 93)

Es hat historisch eine lange Zeit gedauert, bis sich in diesem Sinne gesellschaftlich übergreifende Grundmuster des Lebenslaufs als »zyklisch« wiederkehrende Sequenzen mit den entsprechenden sozialen Vorstrukturierungen etabliert hatten, sodass man auf dieser Grundlage allgemeingültige Aussagen treffen konnte. In der Soziologie wurde in diesem Sinne von einer »Institutionalisierung des Lebenslaufs« (Kohli 1984) gesprochen, d. h. von einer Art Normalbiografie, die als Orientierung für den Einzelnen, aber auch seine soziale Umgebung dienen konnte. Eine solche Normalbiografie ist allerdings eine Errungenschaft der Zeit nach dem Zweiten Weltkrieg. Bis dahin ließen sich solche Muster kaum sinnvoll beschreiben, was den wiederkehrenden Kriegen mit ihrer begrenzten Lebenserwartung und Zerstörung jeglicher Normalität geschuldet war. Darüber hinaus waren das doch lange nicht so ausgebaute Gesundheitswesen und die geringere Beherrschung verschiedener Infektionskrankheiten Faktoren, die es schwierig machten, ähnliche Verläufe hinsichtlich der Familien- und Berufsbiografie zu entwickeln bzw. wissenschaftlich zu beschreiben.

Dieser Form der Institutionalisierung war aber keine lange Zukunft gegönnt, da mit Beginn der Siebzigerjahre des vorigen Jahrhunderts sowie der allgemeinen Tendenz zur Flexibilisierung und Individualisierung eine partielle Auflösung der entstandenen Muster erfolgte. Dies begann schon mit der Einführung von erweiterten frühkindlichen Betreuungsmöglichkeiten (Krippen, Tagesstätten, Tagesmütter etc.) und setzte sich ganz besonders im Bereiche weiblicher Lebensläufe fort. Dort sind inzwischen vielfältige Muster entstanden, die von Erziehungs-, Arbeits-, Teilzeitarbeitsphasen und Phasen selbstständiger Tätigkeit oder gekoppelten Modellen geprägt sind. Die Notwendigkeit, Beruf und Familie in Einklang zu bringen, hat auch zu einer Verdichtung von lebensrelevanten Entscheidungen im Alter um die Mitte dreißig geführt. Darüber hinaus sind die Grenzen des Berufseinstiegs sehr flexibel geworden und Zeiten von Aus- bzw. Fortbildung, Berufstätigkeit, auch selbstständiger Arbeit wechseln sich ab, während früher nach der Ausbildung und dem Berufseinstieg üblicherweise eine lange Zeit der Berufstätigkeit bis zur Berentung erfolgte – eine lange Phase, in der die Differenzen nur aufgrund von Karriereschritten deutlich wurden.

Die De-Institutionalisierung findet seit geraumer Zeit aber auch ihren besonderen Ausdruck in den Veränderungen an der Grenze zum Ausscheiden aus dem Berufsleben. Nach einer längeren Phase des vorgezogenen Ruhestandes gibt es nun die z. T. entgegengesetzte und aus unterschiedlichen persönlichen und politischen Motiven erfolgte Verlängerung der Lebensarbeitszeit bzw. des späteren Renteneintritts. Insgesamt sind die Berufs- und Arbeitsbiografien sehr viel diskontinuierlicher geworden. Das innere Arbeitsmodell des Alters aufgrund des erworbenen Altersbildes ist traditionellerweise mit Sicherheit, Ruhe, Erholung zu beschreiben, die erfahrbare Realität heißt oft: Unsicherheit über die Zukunft, Erfahrungen des Entlassen-Werdens, Anforderungen zur Selbstvermarktung, zur Sicherung des Lebensunterhalts im Alter etc. Gerade der Übergang in die Rente wird zu einem kritischen Lebensereignis. Folgerichtig betont Haubl:

> Je früher, unfreiwilliger und unvermittelter der Übergang erfolgt, desto negativer wird er erlebt. Dabei macht es einen Unterschied, ob jemand aus einer beruflichen Vollbeschäftigung heraus in den Ruhestand geht, oder – was immer häufiger geschieht – aus einer Reihe prekärer Arbeitsverhältnisse oder gar chronischer Arbeitslosigkeit heraus. Generell gilt: Wenn die Zufriedenheit mit der eigenen Berufsbiographie groß ist, erleichtert das den Übergang in die nachberufliche Zeit. (2015, S. 301)

Die Individualisierung der Lebensläufe nimmt als Folge der De-Institutionalisierung zu und hat zwei Gesichter: Sie bedeutet zum einen eine Chance zur selbstbestimmteren Lebensgestaltung, ist als eine Chance zur Subjektwerdung im Sozialisationsprozess zu bewerten, andererseits stellt sie aber auch hohe Anforderungen an die eigenen Steuerungs- und Gestaltungskompetenzen im Lebenslauf. Menschen müssen zunehmend ihre Lebensformen, Karrieren und sozialen Bindungen selber basteln, ohne dass dazu immer ausreichend gesellschaftliche Rahmenbedingungen und Ressourcen zur Verfügung gestellt werden. Vor einer solchen Herausforderung stehen ganz besonders die späten Existenzgründer, da es für diesen Weg bisher wenige Vorbilder gibt und seine Wahl eine oft sehr riskante Entscheidung in der Gestaltung der eigenen Biografie bedeutet.

### 4.1.5 Existenzgründung als Trennung und Übergang: Statuspassagen und Krisen

Die zuvor beschriebene Definition von Lebensphasen impliziert die Betonung der jeweiligen Phasen als Einheiten wie etwa Ausbildung, Berufstätigkeit oder Rente, entscheidend für das Erleben der Individuen sind aber möglicherweise eher die Übergänge zwischen diesen Phasen, da sie als besonders dramatisch empfunden werden und erworbene Sicherheiten aufbrechen. Solche wichtigen Übergänge sind z. B. der Schuleintritt, die Beendigung der Schulzeit, das Ausbildungsende und der Berufseintritt, der inzwischen in vielen Betrieben minutiös durchgeplant ist mit Bewerbungsverfahren, Assessment-Centern, Trainee-Zeiten und entsprechenden Ritualen. Besonders auch am Ende der Berufstätigkeit haben sich eindrückliche Gestaltungen des Übergangs entwickelt. Diese Übergänge sind zwar individuell gestaltet und werden auch durch biologische Reifungs- bzw. Veränderungsprozesse angestoßen, sie sind aber gleichzeitig stark gesellschaftlich geprägt und ritualisiert. Übergänge werden daher als Statuspassagen, Statusübergänge oder auch kritische Lebensereignisse (vgl. Filipp; Aymanns 2010) gefasst und beschrieben:

> Der Begriff »Statuspassage« orientiert sich an den Übergängen in normalbiographischen Entwürfen […] oder deren Varianten, die zwischen verschiedenen Lebensbereichen und -abschnitten entwickelt, ausgehandelt und verändert werden. (Clemens 2010, S. 94)

Für solche Statuspassagen lässt sich in Anlehnung an van Gennep (1986) idealtypisch eine meist dreiphasige Struktur beschreiben: Sie beginnen mit einer Trennungs- und Ablösephase, setzen sich mit einer als Schwellenzustand beschreibbaren Übergangsphase fort, um dann in einen neuen Zustand der Sicherheit zu münden. Besonders für die Übergangsphase gilt, dass es sich um eine psychisch und sozial ausgesprochen verletzliche Situation handelt, da der alte Status seine orientierende Wirkung Schritt für Schritt verliert und die Sicherheit, die der neue Status bietet, noch nicht gewonnen ist. Übergangsriten stellen Räume zur Verfügung, in denen Menschen mit Unterstützung Älterer oder auch Gleichaltriger eine Auseinandersetzung mit ihrer bisherigen und zukünftigen Identität führen können. Das ursprünglich aus der Anthropologie stammende Konzept von van Gennep wurde auf verschiedene Bereiche des persönlichen und beruflichen Lebens erweitert (vgl. Petriglieri/Petriglieri 2008, S. 14). Zwar gibt es auch soziale und gesellschaftliche Hilfen, aber im Grunde muss die Sicherheit individuell gewonnen werden, insbesondere wenn solche stützenden Rituale und spezifischen Arrangements fehlen oder schwach ausgeprägt sind. Für Existenzgründer im späteren Erwachsenenalter sind daher stützende Angebote wie etwa Gründungsberatungen und Coachings vermutlich von besonderer Bedeutung, soweit sie überhaupt als ausreichend empfunden werden. Kontos (2008, S. 58) betont, dass der Einstieg in die berufliche Selbstständigkeit »biographische Arbeit« erfordert im Hinblick auf die Neuorientierung und die Entwicklung neuer Routinen im Alltag.

Kets de Vries (1998) hat das recht grobe dreiphasige Modell von van Gennep im Hinblick auf persönliche Veränderungen und Übergänge im beruflichen Kontext aus psychodynamischer Perspektive differenziert. Er beschreibt als Phasen zunächst die Wahrnehmung einer negativen Emotion, eine Unzufriedenheit oder tägliche Frustration als ersten Schritt, mit dem der innere Trennungsprozess beginnt. Erst durch ein »Focal Event« als zweite Phase, wie z. B. Erkrankungen oder sichtbare negative Konsequenzen bei anderen (Unzufriedenheit, Erkrankung, Stress etc.), wird der Ablösungsprozess dann auch äußerlich sichtbar. In der dritten Phase erfolgt eine öffentliche Bekanntmachung des Änderungsschritts, wodurch der Übergangsprozess eine bestimmte Verbindlichkeit erhält. Nach einem weiteren, vierten Schritt der inneren Auseinandersetzung (»Inner Journey«) mündet der Übergangsprozess dann im fünften und letzten Schritt in eine Internalisierung der Veränderung (für eine detailliertere Beschreibung des Modells siehe Kapitel 2.1.3).

Auch hier wird deutlich, welche Unsicherheit diese Übergangssituationen mit sich bringen. Sie werden zur Erleichterung daher häufig von Ritualen begleitet. Haubl betont ganz in diesem Sinne, dass sie eine sehr tief gehende Wirkung haben können: »Deswegen enthalten sie alle in mehr oder wenig erkennbarer Form einen rituellen Tod, dem eine Auferstehung oder Wiedergeburt folgt.« (2003a, S. 32). Dabei betrifft die Unsicherheit nicht nur denjenigen, der sich im Übergang befindet, sondern sie erfasst auch die sozialen Gruppen bzw. Institutionen, zu denen die entsprechende Person gehört.

Bußhoff (2001) sieht gar die Übergangssituationen im beruflichen Bereich als die eigentlich prägenden Faktoren in der beruflichen Entwicklung an. Aus seiner Sicht sind Übergänge charakterisiert und initiiert durch das Erleben außergewöhnlicher Unstimmigkeiten im Verhältnis zur sozialen und physischen Umwelt, sie stellen eine Destabilisierung dar, übersteigen im Erleben des Betroffenen das normale Maß und lassen die Frage, wie es weitergehen soll, zum expliziten Gegenstand der Überlegungen werden. Übergänge erfordern neben haltenden Strukturen und Ritualen auf der persönlichen Ebene vor allem Lernprozesse, psychodynamische Auseinandersetzungen und Entscheidungen, um die Diskrepanz, die sich entwickelt hat, wieder auszubalancieren.

Wichtig ist, dass zwischen selbst initiierten Übergängen und zufallsbedingten bzw. extern ausgelösten Übergängen durch Arbeitslosigkeit,

Krankheit, Veränderungen im System zu unterscheiden ist. Häufig fehlen strukturierte und gesellschaftlich anerkannte Formen des Übergangs, insbesondere dann, wenn es sich – wie im Fall der Existenzgründung – eher um untypische oder unerwartete Lebensereignisse handelt. In diesem Fall werden die Übergänge auch als »Transitionen« bezeichnet, die im Regelfall eine deutlich größere Belastung für die Betroffenen darstellen (vgl. Welzer 1993, S. 37).

Seit geraumer Zeit haben sich die Statuspassagen von der Arbeit in den Ruhestand stark verändert, immer weniger greifen vorgesehene Muster, etwa was den Zeitpunkt, die Form und die Endgültigkeit der Pensionierung angeht. Anzunehmen ist, dass die »normalen« Statusübergänge in den Ruhestand bzw. im späten Erwachsenenalter in das Rentendasein, die lange Zeit relativ berechenbar erschienen (vom Vorruhestand, der allerdings selbst gesteuert war, einmal abgesehen), unsicherer geworden sind. Die Bedeutung kritischer Lebensereignisse (Krankheit, Trennungen, Restrukturierungsmaßnahmen im Unternehmen, Fusionen, Insolvenzen o. Ä.) nimmt zu und stellt den Einzelnen vor große Dilemmata und Herausforderungen. Statuspassagen gehen mit einer besonderen Verwundbarkeit der Betroffenen einher und bedürfen verschiedener Foren der Unterstützung, ökonomisch, beraterisch, räumlich, um angemessen bewältigt werden zu können. Gleichzeitig sind Statuspassagen mit ihrem Aufbrechen des Gewohnten ein hervorragender Anlass, reflexiv das eigene Leben zu ordnen und über eine Neuorientierung für die nächste Lebensphase nachzudenken.

### 4.1.6 Weiterführende Überlegungen

Wie lassen sich die wichtigsten Ergebnisse der Auseinandersetzung mit den beschriebenen soziologischen und psychologischen Konzepten von Lebenslauf und Biografie mit den dazugehörenden Phasen und Übergängen beschreiben?

1. Die durch den demografischen Wandel und insbesondere die deutliche Erhöhung der Lebenserwartung (vgl. Kapitel 3) ausgelösten Veränderungen implizieren vor allem eine Verlängerung der Lebensläufe, für deren Gestaltung keine gesellschaftlich vorgeprägten oder verbindlichen Muster bestehen. Sowohl individuell als auch gesellschaftlich werden Anfangs- und Endpunkte der Lebensphasen immer stärker flexibilisiert und individualisiert.

2. Ein Ergebnis dieser Veränderung ist die Differenzierung des Alters in ein zweites und drittes Alter (Tesch-Römer/Wurm 2006), wobei das

Erstere, das mit dem höheren Erwachsenenalter benannt wurde, noch Berufstätigkeit impliziert, während erst das Hochalter ab ca. 75 Jahren das Ausscheiden aus dem Beruf vorrangig aufgrund biologischer Prozesse, die noch zu beschreiben sind, impliziert. Aber für Selbstständige ist möglicherweise auch diese Grenze durchlässig, da sie über das Ausmaß ihrer Arbeit selbst entscheiden können. Levinson (vgl. Gould 1999) hat schon früh eine Differenzierung gerade des gesamten Erwachsenenalters vom Beginn bis zum Tode für sinnvoll gehalten. So unterscheidet er das frühe, mittlere, späte und sehr späte Erwachsenenalter und geht davon aus, dass jede dieser Phasen ca. sechs bis acht Jahre dauert und dass sie durch Übergangsphasen von jeweils vier bis fünf Jahren voneinander getrennt werden.

3. Dies bedeutet auch, dass die verinnerlichte Dreiteilung des beruflichen Lebenslaufs in Ausbildung, Arbeit und Ruhestand aufgebrochen wird und individuell neu konstruiert werden muss.

4. Da für diese Umbrüche übergreifende gesellschaftliche Muster und institutionelle Flankierungen noch rar sind, sind die Individuen gefordert, ihre Lebensläufe und Berufsbiografien selbst »zu basteln«: Clemens (2010) nennt als Schlagworte für diese Aufgabe »Patchwork-Lebensentwurf«, »biographischer Inkrementalismus« oder eben »Bastelperspektive für Lebenslauf und Lebensphase«.

> Statuspassagen gehen mit einer besonderen Vulnerabilität der Passierenden einher und benötigen deshalb besondere soziale Unterstützung – kognitiv, emotional und praktisch. Dabei macht es einen Unterschied, ob ein Statuswechsel freiwillig erfolgt oder erzwungen wird. Statuspassagen sind Zeiten, in denen die Passierenden ihr Leben neu ordnen – die Geschichte ihres bisherigen Lebens bilanzieren und ein möglichst stimmiges Narrativ, stimmig für sie selbst und ihre Mitmenschen, entwerfen. Gelingt das nicht, kommt es zu keiner Passage, sondern zu einem Bruch. (Haubl 2016)

5. Da die verbindlichen und verlässlichen gesellschaftlichen Muster fehlen nach denen die Veränderungsprozesse eingeleitet werden, werden zunehmend »kritische Lebensereignisse« zu Auslösern von Entwicklungsprozessen. Neben den selbst initiierten Veränderungen wie z. B. der Entscheidung, sich selbstständig zu machen, treten gerade im mittleren und höheren Erwachsenenalter verschiedene Lebensereignisse auf, die zu Entwicklungsprozessen auffordern. Dazu gehören neben Erkrankungen auch der Auszug von Kindern aus dem Haus, der Tod von Eltern oder sogar Partnern und schließlich, im beruflichen Kontext, die Arbeitslosigkeit bzw. anstehende institutionelle Veränderungen.

6. Diese Veränderungen beinhalten erhebliche soziale und psychische Implikationen. Sie müssen als kritische Übergangsphasen gesehen werden, deren Gestaltung und sozialer Flankierung eine besondere Bedeutung zukommt. Aufgrund der längeren Lebenserwartung kann also insbesondere die Altersspanne zwischen 50 und 60 Jahren immer weniger einem Modell folgen, nach dem diese Phase eine reine Zeit der Vorbereitung auf den langsamen Ausstieg aus dem Berufsleben und des Rückzugs aus gesellschaftlichen Rollen darstellt. Diese Phase wird unausweichlich immer stärker mit der Frage verknüpft sein, welche Tätigkeit nach der normalen Erwerbstätigkeit aus der Sicht des Individuums tragfähige Lebensperspektiven, Ziele und Vorstellungen garantieren kann. So könnte man diese Alters- bzw. Berufsphase unter den Bedingungen des demografischen Wandels hypothetisch auch selbst als neue Transformationsphase betrachten. Dabei wäre die in dieser Phase entscheidende Aufgabe, ein tragfähiges individuelles »Drehbuch des Alterns« (Ludwig 2008) zu entwickeln, da traditionelle Perspektiven, die besonders familiäre Tätigkeiten im Bereich der Erziehung von Enkelkindern oder der Pflege von Angehörigen in den Vordergrund stellen, immer weniger ausreichen.

Gleichzeitig ist die Entscheidungssituation zur Existenzgründung eine Loslösungssituation, die aus psychoanalytischer Perspektive vermutlich alte Muster und Erfahrungen aus den lebensgeschichtlich bedeutsamen Ablösephasen reaktiviert. Dazu gehören vor allem die frühe Individuationsphase sowie die Phase der Ablösung im Verlauf der adoleszenten Krise. Aus diesem Grunde soll im Folgenden spezifisch psychoanalytischen Modellen der psychischen Entwicklung noch einmal genauer nachgegangen werden.

## 4.2 Psychoanalytische Aspekte der Entwicklung im reifen Erwachsenenleben

Lange Zeit stand die Beschäftigung mit Fragen der menschlichen Entwicklung im Erwachsenenalter außerhalb des Interesses. Ausnahme ist das Werk von Erikson, das noch immer als Basiswerk gilt, in neuerer Zeit haben sich andere Autoren ebenfalls intensiv mit Fragen des mittleren (Montero et al. 2013) und höheren bzw. hohen Erwachsenenalters (Peters 2004) auseinandergesetzt. Im Folgenden sollen neben einer Darstellung der Arbeit von Erikson und seiner Weiterentwicklungen einzelne herausragende Aspekte der Entwicklung im höheren Erwachsenenalter beleuchtet werden.

## 4.2.1 Das Ringen zwischen Stagnation und Generativität als Hauptkonflikt des höheren Erwachsenenalters – Erikson und die Erweiterungen seines Konzepts

### 4.2.1.1 Eriksons Konzept der psychosozialen Entwicklung im Erwachsenenalter

Es ist unstrittig, dass die Psychoanalyse wie kaum eine andere Theorie der psychischen Entwicklung zentrale Beiträge zur Frage geleistet hat, wie sich die menschliche Persönlichkeit im Laufe ihres Lebens entfaltet und welchen altersspezifischen Konflikten sie ausgesetzt ist bzw. welche sie zu lösen hat. Lange Zeit unterlag die psychoanalytische Theorie jedoch einer ähnlichen Beschränkung, wie sie für die Sozialisationsforschung gilt: Sie beschränkte sich auf die frühen Phasen der psychischen Entwicklung in Kindheit und Jugend, da angenommen wurde, dass mit dem Abschluss der Adoleszenz die zentralen Grundlagen der menschlichen Persönlichkeit nicht nur entwickelt, sondern in gewisser Weise auch festgelegt sind. Das Erwachsenenalter, geschweige denn das höhere Erwachsenenalter, kamen in diesen Theorien nicht vor, sie wurden als gelungene oder misslungene bzw. pathologische Ausformungen dessen gesehen, was in der frühen Kindheit angelegt ist.

Als Rahmen für die vorliegende Untersuchung taugt vor allem das ursprünglich von Erikson (1973) entwickelte Konzept für die genannte Lebensphase zwischen dem Ende des fünften Lebensjahrzehnts und der Pensionierung mit der als »Generativität« postulierten Haltung. Es ist die Lebensphase, die dadurch gekennzeichnet ist, dass Menschen zwischen den Polen »Generativität und Selbstabsorption bzw. Stagnation« um eine Sinngebung für dieses Alter ringen und sich auf der Suche nach einer ihrer psychosozialen Entwicklung angemessenen Rolle befinden.

Die Arbeiten von Erik H. Erikson (1973; 1981) sind hinsichtlich der Erweiterung des psychoanalytischen Fokus über die frühe Kindheit und Jugend hinaus richtungsweisend gewesen. Erikson ist aus sozialpsychologischer Perspektive häufig kritisiert worden, u.a. weil seine Konzepte sich auf eine spezifische historische Epoche bezogen, als mittelschichtsorientiert und normativ angesehen wurden und einer empirischen Grundlage entbehrten. Es ist auch interessant, dass Eriksons Konzept nach seinem Erscheinen ein wenig in der Versenkung verschwunden war, sich aber offensichtlich in den vergangenen Jahren wieder größerer Beliebtheit erfreut. Einer der Gründe ist vermutlich, dass angesichts des demografischen Wandels den späteren Phasen des Erwachsenenlebens eine stärkere Aufmerksamkeit zukommt und insbesondere Eriksons Konzept der Entwicklung der Generativität als Hauptaufgabe des Erwachsenenlebens aus verschiedenen Gründen eine tragfähige Grundlage zur

Diskussion bietet (Conzen 2007; Ernst 2008; King 2002; Kotre 1984; Kruse/Schmitt 2010; Peters 2004). Entwicklung und menschliches Wachstum müssen im Sinne Eriksons (1973) als eine Abfolge von Krisen gesehen werden, in denen zeitlich jeweils spezifische innere und äußere Konflikte bearbeitet und in eine Balance bzw. zu einer Lösung gebracht werden müssen. Daraus sollte ein Gefühl innerer Einheit hervorgehen, gepaart mit der Erfahrung, ein handlungsfähiges Subjekt innerhalb gesellschaftlicher Standards des Umfeldes, in dem die jeweilige Person lebt, zu sein. Diese Entwicklung folgt einem gewissen Grundplan, der in seiner zeitlichen Abfolge nicht beliebig ist (epigenetisches Prinzip). Spezifische Teile müssen zu bestimmten Zeiten im menschlichen Leben vorrangig bearbeitet werden, die Lösung bzw. Entwicklung einer Balance zwischen den Konfliktpolen ergibt die reifende Ich-Identität.

Erikson beschreibt die menschliche Entwicklung in insgesamt acht Phasen, die jeweils durch eine ganz eigene psychosoziale Spannung gekennzeichnet sind. Diese Spannung wurde ursprünglich als eine stark gegensätzliche Polarität aufgefasst und mit der Idee einer gelungenen bzw. einer misslungenen Lösung assoziiert. Diese Auffassung ist von Erikson selbst zugunsten einer Sichtweise revidiert worden, nach der es bei den Spannungspolen weniger um sich ausschließende Gegensätze denn um Pole eines Konflikts geht, die jeweils eine eigene Berechtigung in sich tragen. So ist etwa die Stagnation im reifen Erwachsenenalter nicht nur als zu überwindende Fehlentwicklung, sondern als notwendige Phase bzw. Position anzusehen, ohne die eine Entwicklung in Richtung der Generativität nicht möglich ist.

Krisen, wie sie in der Auseinandersetzung und bei dem Ringen um die Gewinnung der neuen Stufe auftreten, sind bei Erikson keine Katastrophen, sondern ein gesunder und normaler Sachverhalt. Krisen beschreiben Wendepunkte in der subjektiven Entwicklung, an denen die Person zu Entscheidungen gezwungen ist. Die Krise um die Existenzgründung im reifen Erwachsenenalter ist möglicherweise eine dieser Wegscheiden, an denen der Konflikt zwischen Generativität und Stagnation gelöst werden muss.

Die im Folgenden genannten acht Stadien der Entwicklung sind bei Erikson (1973) unterteilt in fünf Stadien der Kindheit und Jugend sowie drei Stadien des Erwachsenenseins. Die Pole der jeweiligen Stadien lauten:
(1) Ur-Vertrauen vs. Ur-Mißtrauen
(2) Autonomie vs. Scham und Zweifel
(3) Initiative vs. Schuldgefühle
(4) Werksinn vs. Minderwertigkeitsgefühl

(5) Identität vs. Identitätsdiffusion
(6) Intimität und Distanzierung vs. Selbstbezogenheit
(7) Generativität vs. Stagnation bzw. Selbstabsorption
(8) Ich-Integrität vs. Verzweiflung und Ekel

Aus der gemeinsamen Intimität – Phase (6) – ergibt sich der Wunsch nach Generativität als einem Wunsch, sich selbst weiterzugeben. Generativität ist die zeitlich längste Phase in Eriksons Entwicklungsmodell und umfasst die Zeit vom Beginn der biologischen Elternschaft bis zur Ablösung der eigenen Kinder.

Ausgangspunkt des Konzepts von »Generativität« sind im Eriksonschen Modell zuallererst Fortpflanzungsfähigkeit, Produktivität, Kreativität. Angenommen wird, dass sexuelle Partner, die in ihrer Beziehung zueinander die »wahre« Genitalität finden, wünschen, mit vereinter Kraft einen gemeinsamen Sprössling aufzuziehen. Dieser Wunsch gilt als das ursprüngliche Streben nach Generativität, weil es sich durch Genitalität und die Weitergabe der eigenen Gene auf die nächste Generation richtet:

> Generativität ist in erster Linie das Interesse an der Erzeugung und Erziehung der nächsten Generation, wenn es auch Menschen gibt, die wegen unglücklicher Umstände oder aufgrund besonderer Gaben diesen Trieb nicht auf ein Kind, sondern auf eine andere schöpferische Leistung richten, die ihren Teil an elterlicher Verantwortung absorbieren kann. (Erikson 1973, S. 117)

Die Generativität unterliegt also selbst einer Entwicklung und Veränderung. So werden in der Literatur (Kotre 2001; Peters 2004) inzwischen unterschiedliche Formen der Generativität beschrieben, die auch im Lebenslauf zeitlich aufeinander folgen: Ausgehend von der biologischen Generativität, die mit Zeugung und Elternschaft im Alter zwischen dem 30. und 40. Lebensjahr den Umschlagpunkt bildet, an dem der Individuationsprozess der Kindheit und Jugend, der sich als Ablösungsprozess darstellt, sein symbolisches Ende findet, schreitet der Mensch über Formen der sogenannten elterlichen und technischen Generativität zu der Form der Generativität, bei der es schließlich um eine besondere Art der eher symbolischen Fürsorge und Sorge für die jüngere Generation, und zwar nicht nur der eigenen Kinder geht. Erikson hat für die sich jetzt entwickelnde Form der Generativität einen Begriff gefunden, den der »Großgenerativität«. Diese Form hat mit der Großelternrolle zu tun, aber auch mit einer Verbindung »zum großen Plan der Dinge« (Kotre 1984).

Mit dem Begriff der Großgenerativität sollten bei Erikson auch die Rollen des alternden Elternteils, des Beraters, Mentors abgedeckt und gleichzeitig den Verlusten Rechnung getragen werden, die sich auf verschiedenen Ebenen mit dem Älterwerden unausweichlich einstellen. Diese über Verluste stimulierte Auseinandersetzung mit dem Tod und den Grenzen der menschlichen Existenz befördert auch das Ringen um die Entwicklung einer Haltung, die über die eigene Existenz hinausdenkt, und impliziert damit ausdrücklich einen anderen Blick auf die Generationenfrage. Dazu gehört auch die Fähigkeit, beiseite zu treten, um Raum für die nächste Generation zu öffnen. Es ist eine interessante Frage, ob und in welchem Maße die Entscheidung zur Existenzgründung auch eine Akzeptanz dieses Prozesses in Bezug auf den Verlust der betrieblichen (Führungs-)Rollen beinhaltet.

Generativität erscheint auf den ersten Blick als etwas ausgesprochen Altruistisches, faktisch ist sie aber auch deutlich auf das eigene Selbst bzw. die eigene Befindlichkeit bezogen. Man kann durchaus annehmen, dass die Generativität eine stark narzisstische Seite hat. Dies wird vor allem dann sichtbar, wenn sie mit dem Wunsch verknüpft ist, nicht nur für die nachfolgende Generation zu sorgen, sondern den Jüngeren auch etwas zu hinterlassen, ein Erbe, ein Vermächtnis, und damit symbolisch unsterblich zu werden (z. B. Zacher et al. 2011a, 2011b; Gould 2006).

Kotre hat an dieser Stelle die Unterscheidung in eine stark auf die eigene Person bezogene »agentische« und eine auf andere Personen gerichtete »kommunale« Ausprägung der Generativität eingeführt (vgl. Kessler 2006, S. 30). Die agentische Form der Generativität fokussiert demnach die eigenen Ressourcen, Potenziale und Entwicklungsmöglichkeiten und deren Ausschöpfung, es ist gleichsam eine Form der Ermöglichung für sich selbst. Die kommunale Form der Generativität fokussiert stärker die schon bei Erikson angelegte Bezogenheit auf Angehörige der jüngeren Generation.

Im Prinzip arbeitet Erikson mit der »Idee eines generativen Drangs« (Conzen 2007), d. h. einer Tendenz, menschliches Leben hervorzubringen, zu schützen, zu fördern und weiterzugeben. Interessanterweise entsteht dieser Drang an dem Punkt, wo sich die Intimität zweier Menschen, die sich in einer festen Partnerschaft zusammenschließen, Ausdruck in der Zeugung eines Kindes verschafft und damit einen Ausdruck findet, der über das Paar hinausgeht. »1 + 1 = 3«, könnte man bildhaft sagen, um deutlich zu machen, dass die Intimität des Paars etwas qualitativ Neues hervorbringt.

### 4.2.1.2 Generativität und Generationenbezug

Eine Auseinandersetzung mit der generativen Lebensphase lässt sich nicht ohne Blick auf die jüngere Generation und das Generationenverhältnis führen. Generativität, verstanden als Fürsorge und Raumgeben für die Individuation und Entwicklung jüngerer Menschen und die Sorge um das Weiterbestehen von Gesellschaft und Kultur über das eigene individuelle Interesse hinaus, berührt unweigerlich diese Themen, wie verschiedene Autoren betonen:

> Schließlich ist Generativität keine einseitige Angelegenheit, sondern eine Beziehungsform zwischen Alt und Jung, in der sich Generationen im Idealfall gegenseitig das Gefühl vermitteln, ›gebraucht‹ zu werden. (Haubl/Daser 2006, S. 113)

> Will man das Wesen einer jeden neuen Generation untersuchen, muss man sehr genau das Wesen des Übergangs von einer zur nächsten Generation prüfen. Wie und wo ortet sich eine im Entstehen begriffene Generation im Verhältnis zu den früheren? (Bollas 2000, S. 240)

Haubl und Daser (2006) haben im Rahmen eines Projekts zur Nachfolge in Familienunternehmen gezeigt, wie bedeutsam transgenerationelle Prozesse sind, d.h., dass z.b. eigene Kindheits- und andere Erfahrungen in die aktuelle Situation des Generationenwechsels hineinspielen. Es wäre also zu überprüfen, ob und wie die Entwicklung von Generativität im Kontext der Existenzgründung durch biografische Erfahrungen mit den eigenen Eltern oder anderen Autoritätsfiguren beeinflusst bzw. beeinträchtigt oder gefördert wird. Eine generative Haltung zu zeigen bedeutet:

> Gelingt Generativität, dann anerkennt die Kindergeneration (dankbar), dass sie ohne die Vorleistungen der Generation nicht(s) wäre, so wie die Elterngeneration (dankbar) anerkennt, dass von ihnen nur dann etwas bleibt, wenn die Kindergeneration ihre Projekte fortführt. (ebd., S. 110)

### 4.2.1.3 Störungen der Generativität

Ernst (2008) hat die Fähigkeit zur Generativität in der aktuellen gesellschaftlichen Situation als weitgehend gestört diagnostiziert. Solche Störungen lassen sich dabei von zwei Ebenen her beschreiben: Zum einen handelt es sich um Störungen, die der individuellen Entwicklung der einzelnen Personen geschuldet sind, zum anderen können Störungen auch als gesamtgesellschaftliche beschrieben werden.

Individuell entstehen solche Störungen u.a. durch ungelöste Entwicklungsaufgaben aus früheren Phasen. Wichtig ist, dass Konflikte in einer bestimmten Lebensphase zwar ihre jeweiligen Höhepunkte haben, dass sie aber von Anfang an bestehen und auch in späteren Entwicklungsphasen zyklisch wiederkehren können (siehe dazu auch die Ausführungen zu Beginn von Kapitel 4.1.4). Aus dieser Erkenntnis heraus wäre also zu fragen, ob die Existenzgründung z. B. Ergebnis eines ungelösten Ringens um Autonomie ist oder aber frühere Konflikte störend in diesen Prozess hineinwirken. Diese Idee der Verzweigung bzw. die Annahme von »Rückständen« aus früheren, nicht konsequent vollzogenen Entwicklungen eröffnet für die vorliegende Untersuchung die Frage, ob es sich bei der Entscheidung zur Existenzgründung um einen innerlich begründeten »Spätstart« im Sinne eines Nachholens oder doch eher um einen gesellschaftlich geförderten »Frühstart« im Sinne eines Vorwegnehmens zukünftiger gesellschaftlicher Entwicklungen handelt. Erikson hat frühzeitig betont, dass es sowohl longitudinale, also im Verlauf des Lebens auftretende Kompensationen geben kann, die in späteren Stufen des Lebenszyklus erlangt werden und vorhergehende Defizite ausgleichen, als auch horizontale Kompensationen im gleichen Entwicklungsstadium (Erikson 1973, S. 66).

Eine Störung der Generativität entsteht auf der Seite der erwachsenen Generation durch die Schwierigkeit, loszulassen, sich also Abschiedsprozessen zu stellen, und auf der Seite der jüngeren Generation durch die Schwierigkeit, die ältere Generation zu konfrontieren und eigene Lösungen für die gestellte Aufgabe zu entwickeln. Durch die vermiedene Auseinandersetzung werden die konstruktiven Möglichkeiten und Wirkungen generativen Handelns verschenkt (Daser/Haubl 2009). Erikson hat für diese potenzielle Störung mit der der Entwicklung von Generativität entgegenstehenden Tendenz zur »Stagnation bzw. Selbstabsorption« einen eigenen Begriff vergeben. In der frühen Auseinandersetzung stand die Stagnation eigentlich vorrangig für einen scheiternden Prozess, ohne dass es klarer geworden wäre, was damit gemeint ist und ob sich eine einfache Spaltung in einen günstigen Ausgang und einen ungünstigen Ausgang aufrechterhalten lässt. Was aber heißt Stagnation? Es gibt dazu in der Literatur wenige Hinweise, es scheint selbstverständlich zu sein, was unter Stagnation zu verstehen ist. Erikson selbst hat an verschiedenen Stellen Stagnation im reifen Erwachsenenalter als geschwächte Autonomie, verlorene Initiative, vermisste Intimität, vernachlässigte generative Tätigkeit, nicht genutzte Identitätspotenziale beschrieben, also als eine Ansammlung unerledigter Entwicklungsaufgaben im Sinne seines Modells des Lebenslaufs. Eine positive Sicht der Stagnation könnte demgegenüber aber auch eine Anerkenntnis des Bedürfnisses nach Ruhe, Erholung, Innehalten bedeuten, möglicherweise als Resultat anstrengender Lebensaufgaben in der vorangegangenen Lebensphase, möglicherweise aber auch als Phase der inneren Auseinandersetzung mit dem bevorstehenden Übergang.

Was sind die Ursachen von Stagnation?

Aus Eriksons Sicht sind es zunächst nicht bewältigte Aufgaben aus früheren Lebensphasen, vor allem eine nicht gelungene Ablösung oder eine nicht ausreichend entwickelte Form der Intimität und Bindung. Dies lässt sich nicht allein auf die privaten Beziehungen begrenzen, sondern äußert sich auch in beruflichen Situationen. Schon zu Zeiten Eriksons bestanden Zweifel, ob der moderne Mensch diesem Anspruch gewachsen ist. Erikson konstatierte, dass der immer deutlicher werdende Anspruch nach Mobilität ein nicht mehr ausreichendes Maß an lebendigem Beteiligt-Sein an gesellschaftlichen Prozessen bewirken könnte.

Eine zweite Störung der Generativität entsteht durch die Schwierigkeit, loszulassen, sich also Abschiedsprozessen zu stellen.

Ernst (2008) hat die Hypothese entwickelt, dass es aber nicht nur auf individueller Ebene zu einer Störung der Generativität kommen kann, sondern dass aus verschiedenen Gründen auch von einer gesellschaftlichen Beeinträchtigung der Generativität in ihren unterschiedlichen Ausdrucksformen ausgegangen werden kann. Das Konzept der Generativität steht einer gesellschaftlichen Tendenz zur Individualisierung und Selbstverwirklichung diametral gegenüber. Ernst spricht im Zusammenhang mit der Forderung nach einer stärkeren Auseinandersetzung mit der Generativität von einer altruistischen Wende, die durch eine generative Form des Umgangs zu bewirken sei (ebd.).

Die Idee, dass die Generativität von gesellschaftlichen Kräften attackiert wird, hatte schon Erikson. Die geringer werdende Geburtenzahl sah er als eine Art »Zeugungsfrustration«, der er ähnlich destruktive Potenziale zuschreibt, wie sie die Verdrängung der Sexualität zu Zeiten Freuds hatte (Erikson 1973). Stagnation impliziert aus seiner Perspektive ein Kreisen um sich, um die eigene Person.

Außerdem könnten die zunehmenden Diskontinuitäten des Familienlebens eine Störung des generativen Drangs bewirken, wie etwa Conzen (2007) betont hat. Die Frage ist also, ob man überhaupt noch von einer generativen Tendenz sprechen kann, wenn nachweisbar Bindungslosigkeit, Trennungen, narzisstische Orientierungen und Orientierung an kurzfristigen Interessen die gesellschaftliche Realität beherrschen. Generativität als individuelle Haltung, aber auch als gesellschaftlich wirksames Element wird gleichsam von innen ausgehöhlt.

### 4.1.2.4 Generativität und die Entstehung des Neuen

Über den Zusammenhang von Generation, Generativität und der Entstehung des Neuen im persönlichen, vor allem aber auch im gesellschaftlichen Kontext hat King (2011, 2002) unter Nutzung des Eriksonschen Konzepts eine für unseren Zusammenhang wertvolle Weiterentwicklung geschaffen. Dieser Ansatz ist für diese Untersuchung von besonderem Interesse, da mit der Existenzgründung auch implizit die Idee der Entstehung des Neuen bzw. eines Aufbruchs und Neuanfangs verknüpft ist, und zwar sowohl gesellschaftlich, organisatorisch als auch individuell. Der Begriff des Entrepreneurs impliziert als Rolle die Erneuerung, und auch biografisch verlässt ein Existenzgründer die vertrauten Wege abhängiger Beschäftigung. King hebt darauf ab, den Begriff der

> Generativität als dialektisches Komplement der adoleszenten Individuation zu entwickeln. Ausgangspunkt ist ein erweitertes Verständnis von Generativität, das einmal auf die generativen Bedingungen für Individuation abzielt, d. h. auf die Gesamtheit der dafür notwendig zur Verfügung stehenden oder gestellten Haltungen und Ressourcen seitens der jeweils sorgenden Generation, zum zweiten auf die im Prozess der Individuation zu erringende Position und Fähigkeit der Wirkmächtigkeit, d. h. der Produktivität und Kreativität im übergreifenden Sinne. (2002, S. 13)

Es werden also zwei verschiedene Formen von Generativität beschrieben, eine, die der jüngeren Generation zuzuschreiben ist im Sinne einer Ablösung und Gewinnung von Autonomie, und eine zweite, der älteren Generation zugehörige, die die Bedingungen für diesen Individuationsprozess garantiert. King nimmt nun an, dass die

> Entstehung des Neuen in der Adoleszenz [...] in modernisierten Gesellschaften daran gebunden (ist), ob und in welcher Weise Individuation ermöglicht wird. Sie hängt davon ab, dass im Zuge der adoleszenten Bildungsprozesse die lebensgeschichtlichen Konstellationen der Vergangenheit und der Gegenwart in einer sowohl abgrenzenden als auch bezogenen Weise vorwiegend produktiv verarbeitet und in einen neuen Zukunftsentwurf neu figuriert werden können. (2002, S. 35)

Nach Kings Verständnis gibt es neben der individuellen Ausgestaltung der Generativität, die hier lebensgeschichtlich ein wenig früher angesiedelt ist als bei Erikson und sich auf den Zeitpunkt der elterlichen, biologischen Generativität bezieht, auch eine gesellschaftliche Relevanz der Generativität (King 2002, S. 13). Sie sieht in der Generativität eine Kraft, die allen Formen der menschlichen Reproduktion innewohnt, also nicht nur der biologischen bzw. individuellen, und siedelt diese in der Nähe eines Triebs bzw. eines allgemeinen generativen Drangs an. Generativität steht

> für eine *psychische Elternschaft*, die sich nicht nur auf das Verhältnis zu eigenen Kindern reduziert, sondern übergreifend eine Haltung der kreativen Wirkmächtigkeit, der Fürsorge und Verantwortung für etwas oder andere umfasst. (King 2011, S. 211)

Damit berührt sie die Vorstellung, dass Generativität, ähnlich wie etwa das Bindungsbedürfnis, zur motivationalen Grundausstattung des Menschen gehört und nicht nur ein Wert oder eine bestimmte zu erringende Haltung ist.

Die Verknüpfung von Adoleszenz, Generativität und der Entstehung des Neuen ist schon bei Erikson angelegt, da er betont, dass in der Adoleszenz individuell alle bisherigen Kindheitserfahrungen infrage gestellt und in einer qualitativ neuen Weise strukturiert werden. Diese Vorstellung beinhaltet die Überzeugung, »dass man sich zu einer bestimmten Persönlichkeit innerhalb einer nunmehr verstandenen sozialen Wirklichkeit entwickelt« (Erikson 1966, S. 107).

King (2011) weist weiter darauf hin, dass tradierte Formen der Bewältigung dieser Krise nicht mehr taugen und dass in der Spätmoderne im Zuge gesellschaftlicher Veränderungen neue Muster der Bewältigung der Vergänglichkeit und der Generationenbeziehungen entstehen. Für unseren Zusammenhang ist dabei ihre Vorstellung bedeutsam, dass es eine gesellschaftliche Tendenz gibt, »den adoleszenten Aufbruch auf Dauer zu stellen« (King 2011). Der Zusammenhang, wie er etwa noch von Erdheim (1984, S. 271 ff.) beschrieben wurde, dass nämlich die Adoleszenz nicht nur persönlich, sondern auch gesellschaftlich der zentrale Ort bzw. die Quelle von Veränderungsprozessen sei, entkoppelt sich. Zwar bleibt eine Generationenspannung bestehen, aber alle müssen sich inzwischen ständig auf Neues einstellen und es hervorbringen, es entsteht eine »Position des ewigen Aufbruchs« (King 2011).

Damit die Adoleszenz, aber auch die angenommenen späteren Aufbruchsprozesse diese Qualität annehmen können, bedarf es der Gewährung eines Moratoriums, eines psychosozialen Möglichkeitsraums, der jene

> weitergehenden psychischen, kognitiven und sozialen Separations-, Entwicklungs- und Integrationsprozesse zulässt, die mit dem Abschied von der Kindheit und der schrittweisen Individuierung im Verhältnis zur Ursprungsfamilie, zu Herkunft und sozialen Kontexten im Zusammenhang stehen. (King 2002, S. 29)

Dies zu garantieren erfordert auf der Erwachsenenseite die Entwicklung einer generativen Haltung.

Im Kontext der Untersuchung von Existenzgründungen Älterer erscheint bedeutsam, dass Aufbruch nicht mehr das Privileg der Jugend ist, sondern eine Herausforderung gerade auch für diese Altersgruppe. Die Frage ist zu stellen, ob nicht eine solche – üblicherweise eher in der Adoleszenz anzusiedelnde – Dynamik in ähnlicher Weise auftaucht, mit allen Möglichkeiten, aber auch Risiken.

## 4.2.2 Verlust, Trennung und Tod – Angstabwehr im reifen Erwachsenenalter

Wenn die mit dem Ringen um Generativität einhergehende Auseinandersetzung mit der Generationenspannung ernsthaft geführt wird, stößt der ältere Erwachsene unweigerlich auch an Fragen der eigenen Begrenztheit und Vergänglichkeit, die durch die Generationenfolge repräsentiert wird. Eine Reihe von Autoren, die im Folgenden näher vorgestellt werden sollen, geht davon aus, dass in der Phase der Generativität im reiferen Erwachsenenalter eine vorwegnehmende Auseinandersetzung mit dem Alter und vor allem der Unausweichlichkeit des Todes geführt wird, die durch berufliche Abschiede, die Auseinandersetzung mit den eigenen älter werdenden Eltern oder deren Tod und andere Verluste intensiv geführt werden muss.

Die Altersphase um die fünfzig ist von einer spannungsreichen Dynamik geprägt: Zum einen ist sie häufig gerade auf der beruflichen Ebene der Höhepunkt der Wirksamkeit und des Erfolgs, gleichzeitig stellt sie auch bewusst den Zenit der beruflichen Möglichkeiten dar, subtil entsteht durch die Erfahrung der Grenzen, die damit einhergehen, eine Verstärkung der Notwendigkeit, sich mit dem Altern auseinanderzusetzen.

Ein bahnbrechender Beitrag aus psychoanalytischer Perspektive war die in den Sechzigerjahren des vorigen Jahrhunderts durchgeführte Analyse von Elliot Jaques zur Midlife-Crisis. Jaques (1984) beschäftigte sich mit der Tatsache, dass am Ende des dritten Lebensjahrzehnts die Todesrate unter Künstlern auffällig hoch war. Er betrachtete diese Phase als eine der zentralen Krisen im menschlichen Leben und konzeptualisierte dies mit dem Bild der Midlife-Crisis. Wenn man einbezieht, dass zum einen Künstler vermutlich eine ganz spezielle Population darstellen und dass zum anderen Mitte der Sechzigerjahre des vorigen Jahrhunderts die Lebenserwartung des Mannes noch durchschnittlich zehn Jahre geringer war und dass schließlich der C.G. Jung zugeschriebene Satz, dass der 50. Geburtstag den »Mittag des Lebens« darstelle, lassen sich in begründeter Weise Jaques' Erkenntnisse auf die heutige Situation von Menschen übertragen, die Ende vierzig sind und in eine ähnliche psychische Krise geraten.

In der neueren psychoanalytischen Literatur (z.B. Montero et al. 2013) schlägt Colarusso ebenso vor, diese Phase zeitlich weiter zu fassen:

> I would define midlife as that phase of development which encompasses the years between approximately forty and sixty-five and is characterized by the engagement of several quasi-universal developmental tasks which are unique to this time in life.

Kern der Überlegungen von Jaques (1984) ist es, dass in der Midlife-Crisis die psychische Abwehr der eigenen Sterblichkeit nicht mehr aufrechtzuerhalten ist und eine innere Auseinandersetzung erforderlich macht. Dabei geschieht eine Regression in der Form, dass die im Sinne von Melanie Klein (1971) infantile depressive Position wiederbelebt und durchgearbeitet werden muss.

Die Paradoxie besteht nach Jaques in der Tatsache, dass zwar einerseits meist ein hoher Grad an Selbstentfaltung und Erfüllung erreicht wird, dies aber gleichzeitig als Zenit erlebt wird und folglich am Ende der Strecke auf der anderen Seite der Tod in den Blick gerät:

> I believe, and shall try to demonstrate, that it is the entry upon the psychological scene of the reality and inevitability of one's own eventual personal death, that is the central and crucial feature of the mid-life phase – the feature which precipitates the critical nature of the period. (1984, S. 206)

Gleichzeitig werden in dieser Phase Abwehrbastionen gegen die Ängste hinsichtlich der eigenen Sterblichkeit aufgebaut. Dazu gehören unbewusste Fantasien der eigenen Unsterblichkeit sowie z. T. hektische Betriebsamkeit zur Aufrechterhaltung der Illusion der eigenen Jugend:

> The compulsive attempts, in many men and women reaching middle age, to remain young, the hypochondrial concern over health and appearance, the emergence of sexual promiscuity in order to prove youth and potency, the hollowness and lack of genuine enjoyment of life, and the frequency of religious concern, are familiar pattern. (ebd., S. 218).

Neben beruflicher Stagnation sind besonders die Erfahrung des eigenen Älterwerdens als Eltern und die Auseinandersetzung mit der Tatsache, dass die eigenen Kinder das Haus verlassen (Stichwort: »Empty Nest«), Auslöser für den Durchbruch der Ängste vor der eigenen Sterblichkeit. Überhaupt ist der drohende Wegfall der Berufstätigkeit ein wichtiger Vorbote der im späteren Alter nicht mehr auszugleichenden und drohenden Verluste. Die anstehende Verabschiedung aus dem Beruf und von den häufig damit einhergehenden engen Bindungen an Kollegen, Mitarbeiter, Vorgesetzte oder auch die Organisation als Ganzes ist wohl eine der deutlichsten Einschnitte und Verluste (vom Tod enger Angehöriger abgesehen), die der älter werdende Erwachsene zu verarbeiten hat (vgl. Peters 2004).

Jaques (1984) betont, dass es wenig Schutz vor den durchbrechenden Ängsten, katastrophischen Fantasien und alten Ängsten vor inneren verfolgenden Objekten gibt, dass es aber darauf ankommt, vor allem die aggressiven und destruktiven Fantasien erneut durchzuarbeiten sowie Möglichkeiten der Wiedergutmachung und Sublimation zu schaffen. Wie

Menschen die Herausforderungen dieser Krise meistern, hängt – ähnlich wie Erikson es formuliert hat – davon ab, inwieweit es ihnen gelungen ist, die vorhergehenden Krisen zu bewältigen. Man kann Eriksons »Generativität« als eine Möglichkeit sehen, die Herausforderungen der Krise zu meistern. Zusammenfassend beschreibt Jaques diese so:

> Working through again the infantile experiences of loss and grief gives an increase in confidence in one's own capacity to love and mourn what has been lost and what is past, rather than to hate and feel persecuted by it. We can begin to mourn our own eventual death. Creativeness takes on new depths and shades of feeling. (ebd., S. 220)

Und weiter:

> The sense of life's continuity may be strengthened. The gain is in the deepening of awareness, understanding, and self-realization. Genuine values can be cultivated – of wisdom, fortitude and courage, deeper capacity for love and affection und human insight, and hopefulness and enjoyment [...]. (ebd., S. 221)

Er betont auch, dass damit eine Milderung des Perfektionsideals einhergehen kann und Ambivalenzen und Konflikte leichter zu ertragen sind.

Kets de Vries (2014) hat in ähnlicher Weise den Versuch unternommen, die Bedeutung der oft unbewussten Angst vor der eigenen Sterblichkeit für den Bereich von Führung, Organisationen und Arbeit näher zu untersuchen. Ausgehend von der Tatsache, dass in vielen, vor allem kulturellen Bereichen die Realität des Todes und die Auseinandersetzung mit der Sterblichkeit eine große Rolle spielen, in der Führungsliteratur und vor allem in Motivationstheorien aber so gut wie gar nicht auftauchen, formuliert er die Hypothese, dass die Abwehr der Angst vor dem Tod ein heimlicher Motivator vieler Aktivitäten von Führungskräften ist.

Zwar sind seiner Ansicht nach Abwehrprozesse grundsätzlich auch sinnvolle Bewältigungsversuche, ein rigider Gebrauch aber problematisch, da er zu viel psychische Energie in die falsche Richtung lenke. Eine übergroße Angst vor der eigenen Sterblichkeit und eine entsprechende Verdrängung können dazu führen, dass es zu einem Rückzug aus der aktiven Beteiligung am Leben kommt.

Kets de Vries beschreibt eine Reihe von Ereignissen, durch die die Abwehr durchbrochen wird, und durch die Menschen eine Erinnerung an die eigene Sterblichkeit nahegebracht wird (2014, S. 10ff.). Dazu gehören:
- Der Tod nahestehender Personen
- Lebensbedrohliche Erkrankungen oder Unfälle
- Trennungen von wichtigen Beziehungspersonen
- Situationen dramatischer Traumen
- Das »Empty-Nest-Syndrom«

- Jobverlust
- Jahrestagsreaktionen
- Verstörende Träume und Todesträume

Ein Versuch, die Sterblichkeit zu verdrängen, ist die Konstruktion symbolischer Systeme von Unsterblichkeit: »Going from the natural to the symbolic world, our perception of symbolic immortality is essential to our mental health and our ability to maintain a vital and enduring self.« (ebd. S. 15)

Die innere Besetzung mit der Frage der eigenen Sterblichkeit ist natürlich altersabhängig: Unter vierzig erleben wir uns als unsterblich, jenseits der vierzig entsteht immer mehr die Frage nach der verbleibenden Zeit. Welche Coping-Strategien entwickeln Führungskräfte? Kets de Vries (ebd., S. 15 ff.) nennt vor allem:

- Die Suche nach einer Verbindung mit der Natur, die als unsterblich erlebt wird
- Glaubenssysteme
- Prokreation, Kinder
- Entwicklung von Kreativität und künstlerischen Fähigkeiten

In der Welt der Arbeit herrschen nach Kets de Vries jedoch eher untaugliche bzw. problematische Verdrängungsmechanismen vor. Dazu zählt er vor allem die manische Abwehr in Form des »Workaholism«, die dazu dient, Gefühle von Hilflosigkeit und Verzweiflung vom Menschen fernzuhalten. »Sonntagsneurotiker« sind in diesem Zusammenhang eine typische Spezies im Unternehmensbereich, da am Wochenende ihre psychische Abwehr zusammenbricht. Schließlich ist die Verneinung der Nachfolgethematik im Unternehmen eine destruktive Form der Verleugnung der Todesangst. Einige Führungskräfte bedienen sich auch der Technik, etwas Unsterbliches zu schaffen und den Nachkommen ein Erbe zu hinterlassen, in Form einer Organisation, eines Gebäudes, eines Preises o. Ä.

Die Angst vor der eigenen Sterblichkeit wird, wie Kets de Vries betont hat, u. a. durch die Erfahrung von Verlusten an die Oberfläche gespült. Nun betonen einige Autoren, wie vor allem Peters in seiner Zusammenschau zur Entwicklungspsychologie des Alterns, dass die Auseinandersetzung mit Objektverlusten zu den zentralen Aufgaben und Herausforderungen im Alterungsprozess gehört. Dabei muss allerdings genau differenziert werden:

> Eine solche Differenzierung der Verlusthypothese erfordert die Unterscheidung zwischen Trennungen wie etwa der Ablösung der erwachsenen Kinder, die zu keinem endgültigen Abschied führen, Rollenverlusten wie der Aufgabe

gesellschaftlicher und beruflicher Positionen, Ich-Verlusten wie körperlichen oder kognitiven Einbußen und schließlich Objektverlusten. (2004, S. 199).

Besonders der Abschied aus dem beruflichen Kontext, wie er durch die Pensionierung erfolgt, hat den Charakter einer prekären Statuspassage, da er den Beginn des eigentlichen Alters signalisiert, einer Lebensphase, die mit vielen negativen Assoziationen behaftet ist. Aus diesem Grunde kann man davon ausgehen, dass der Abschied aus dem Berufsleben ein besonders markanter Einschnitt ist, der die Ängste vor der eigenen Sterblichkeit intensiv triggert. Schon Freud hatte es ja als wesentliche Ziele angesehen, dass der Mensch lieben und arbeiten könne.

Die genannten Autoren verknüpfen dies mit der These, dass mit zunehmendem Alter die Fähigkeit zur Trauer bzw. zur Verlustverarbeitung nicht nur hinsichtlich wichtiger Objektverluste, sondern auch bezogen auf die Grenzen der eigenen Körperlichkeit zu einer der wichtigsten Kompetenzen wird.

King (2002) beschreibt, dass es eine innere Verknüpfung zwischen der Adoleszenz und der generativen Phase des reifen Erwachsenenalters gibt. Beide Phasen erfordern die Auseinandersetzung mit Trennungen, Abschieden und Verlusten. In der Adoleszenz ist die Aufgabe der frühen Objektbeziehungen gefordert und die Entwicklung einer eigenen, erwachsenen Identität; in der generativen Phase beginnt der Abschied in Richtung eines z. T. endgültigen Verlusts und die besonders intensive Suche nach Kompensationen bzw. reifen Verarbeitungsformen, wie sie Kets de Vries (2014) beschrieben hat.

### 4.2.3 Das fragile Größenselbst

Man kann die Bedrohung durch den Abschied aus der Organisation, wie ihn Führungskräfte bei der Verselbstständigung erleben, unterschiedlich analysieren. Denkbar wäre etwa, ihn daraufhin zu untersuchen, ob und wie z. B. Trennungsängste aktiviert werden. Im Fokus der meisten vorliegenden Untersuchungen steht aber die Auseinandersetzung mit dem Selbstwertgefühl in dieser Phase. Eine Reihe von Autoren (Kets de Vries 2014; Dörr 2011; Montero et al. 2013) bescheinigt Menschen in der mittleren Lebensphase jenseits der 45 ein besonderes Maß an narzisstischer Verwundbarkeit, das höhere Erwachsenenalter gilt grundsätzlich als »narzisstische Herausforderung« (Peters 2016, S. 378). Dies hat einerseits mit der durchbrechenden Angst vor der eigenen Sterblichkeit zu tun. Kets de Vries (2014) stellt lakonisch fest, dass der Tod die ultimative Verletzung und narzisstische Kränkung ist. Montero et al. schreiben:

The trauma of one's own future death working-through psychic work during midlife has a particular dealing with the recovery of self-regard, Selbstgefühl, the sense of self. Both, omnipotent child's residual narcissism and each ›remnant of the primitive feeling of omnipotence which his experience has confirmed‹ are altered during midlife by a narcissistic crisis with several different outcomes. (2013, S. XX).

Von einer Reihe von Autoren werden die besondere Verwundbarkeit und das fragile narzisstische Selbstgefühl also vornehmlich auf die biologischen Veränderungen zurückgeführt. Bollas (zit. nach Montero et al. 2013, S. XXV) betont die bereits mehrfach erwähnte Wiederkehr adoleszenter Dynamiken, da eben die Veränderungen des Körpers bestimmte Themen an die Oberfläche befördern, die vor allem eine Herausforderung für das narzisstische Gefühl implizieren. Die mittlere Lebensphase, hier auch »Midlife« genannt, erlaubt kein Ausweichen mehr durch manische Abwehrprozesse und Allmachtsfantasien.

Teilweise fehlt in den psychoanalytischen Beschreibungen jedoch der Blick auf die soziale Verfasstheit des eigenen Lebens, indem die Fragilität des Größenselbst in dieser Lebensphase einseitig mit den biologischen Veränderungen begründet wird. Diese Beschränkung durchbricht Kets de Vries (2014), indem er darauf verweist, dass die Angst vor dem Älterwerden als narzisstische Herausforderung einer der wesentlichen Gründe ist, warum sich Menschen vor dem Ruhestand fürchten. Es geht nicht nur um die Auseinandersetzung mit den körperlichen Einschränkungen, sondern auch um den Wegfall von sozialen Rollen, insbesondere der Berufsrolle als Quelle narzisstischer Befriedigung. Das trifft natürlich in besonderem Maße auf Führungskräfte zu, bei denen die berufliche Position und Aufgabe oft eine der wichtigsten Quellen der Befriedigung darstellt. Und umgekehrt finden gerade Menschen mit einer narzisstischen Grundstruktur Zugang zu Führungsrollen. Sie geraten in ein besonderes Dilemma:

People with a fundamentally narcissistic structure, and the worst is when the narcissistic structure led them to a certain success in life, intelligent people, with working capacity and beauty, they feel confronted at this point because they don't have the capacity to work through the great frustration, the limit of existence. (de Masi 2013, S. XXI).

Es gibt keine Untersuchungen darüber, wie die Existenzgründung in diesem Kontext wirkt. Einerseits kann sie aufgrund der Veränderung des sozialen Status durchaus zu einem narzisstischen Gewinn führen, andererseits bleibt zu klären, ob es sich nicht um einen Abwehrprozess handeln könnte, der die Auseinandersetzung mit Kränkungen, wie sie z. B. durch den Arbeitsplatzverlust entstehen, verhindert.

## 4.3 Berufliche Sozialisation

Entscheidungen zur Existenzgründung sind nicht nur Entscheidungen im Kontext der eigenen Lebensgeschichte, sondern sie sind Entscheidungen, die der eigenen Erwerbsbiografie durch einen radikalen Bruch eine neue Richtung verleihen. Es sind in diesem Sinne auch Entscheidungen, die den Verlauf der eigenen Karriere z. T. unwiderruflich beeinflussen. Gleichwohl greifen Biografie und Karriereentwicklung in komplexer Weise ineinander.

### 4.3.1 Modelle der Karriereentwicklung

Rappe-Giesecke (2008) hat ein Modell entwickelt, mit dem sie versucht, dieser Komplexität Rechnung zu tragen. Sie definiert: »Karriere entsteht aus den Relationen zwischen den drei simultan ablaufenden Prozessen der Gestaltung der Biographie, der beruflichen Laufbahn und des professionellen Werdegangs.« (2008, S. 139)

Dieses sogenannte triadische Modell führt neben der Biografie also die Entwicklung der Professionalität, die sich unabhängig von konkreten Organisationen vollziehen kann, und die sogenannte Funktionskarriere als die drei Grundpfeiler der Karriereentwicklung ein. Mit Letzterem ist der Weg gemeint, den eine Person innerhalb eines bestimmten Unternehmens oder Unternehmensverbundes macht.

Die Cluster, die diese drei Bereiche differenzieren und die als relevante Bereiche genauer analysiert werden sollen, sind hinsichtlich der Person (also der biografischen Dimension) einerseits das psychische System, die Lebensgeschichte und der Zustand des biophysischen Systems. Für die Funktionskarriere gelten als wichtige Indikatoren der formale Status und die Aufgaben, die Belohnungen sowie die berufliche Laufbahn, wobei hier vor allem die institutionalisierten Laufbahnen im Unternehmen inkl. der »Verweildauer/Stehzeiten und Wechsel« (Rappe-Giesecke 2008, S. 145) zu nennen sind. Auf der Ebene der professionellen Karriere spielen fachliche Qualifikationen, die durch Aus- und Weiterbildungen geprägt werden, die »deformation professionnelle« (als Niederschlag professionstypischer Umgangsformen und des gesellschaftlichen Status der Profession) sowie der Werdegang innerhalb der Profession eine wichtige Rolle.

Es existiert eine Reihe von Modellen zur Karriereentwicklung. Für sie gilt ähnlich wie für Lebenslauf- und Entwicklungsmodelle: Modelle von Lebens- und Karrierephasen sind als Versuch zu verstehen, Auskunft darüber zu geben, welche strukturellen Konflikte Menschen in welchen Phasen ihres beruflichen Lebens lösen müssen. Auch wenn diese Phasen inhaltlich und zeitlich bei jedem Menschen unterschiedlich verlaufen, handelt es sich – so die Grundannahme der Modelle – um eine je spezifische Ausprägung von menschlichen bzw. beruflichen Basiskonflikten. Lengersdorf und Meuser (2011, S. 57) betonen darüber hinaus, dass es sich bei den üblichen Modellen von Karrierephasen nicht unbedingt um empirisch gesicherte Modelle handelt, sondern dass in ihnen eher bestimmte Normalitätsvorstellungen enthalten sind. Faktisch ist zu berücksichtigen, »dass die Normalerwerbsbiographie – die zugleich auch ein zentraler Parameter des industriegesellschaftlichen Männlichkeitskonstrukts ist – durch zahlreiche Entwicklungen unter Druck gerät« (ebd., S. 60). Gleichwohl kann man davon ausgehen, dass existierende Karrieremodelle Teil der inneren Vorstellung der Menschen sind, wie ihre weitere Entwicklung vonstattengehen könnte, und damit Orientierungen für sie selbst und andere Beteiligte vermitteln.

Ein in Theorie und Praxis noch immer häufig genanntes älteres Modell ist das von Lievegoed (2001), der als Erster versucht hat, Lebenslauf und Berufsbiografie einerseits zu differenzieren, andererseits aber auch zu integrieren. In seinem zweifellos eher idealtypischen und normativen Modell kommt der Midlife-Phase zwischen 40 und 65 Jahren eine wichtige Bedeutung zu. Die Krise, die durch die näher rückenden Fragen nach dem Ausstieg aus dem Beruf und der Endlichkeit ausgelöst wird, führt seiner Ansicht nach bei einigen zu einem Gefühl von Sinnlosigkeit und Leere. Gleichzeitig wird dieser Phase großes Potenzial zugesprochen:

> Zu keiner Zeit des Lebens ist die seelische Konstellation noch einmal so günstig für eine weitgehende Loslösung aus einer allzu großen Ichverhaftung und damit auch für die Entwicklung echten Mitgefühls und selbstloser Hingabebereitschaft wie jetzt. (Moers, zit. nach Lievegoed 2001, S. 90)

Es gibt also für diese Phase einerseits die Möglichkeit zu einer echten Reifung und Weiterentwicklung und andererseits zu einem destruktiven Ausgang, einer tragischen Lösung, die nach Lievegoed nicht selten auch von körperlichen Beeinträchtigungen begleitet wird. Zwar nennt er keine empirischen Nachweise für diese Thesen, gleichwohl fokussiert diese Vorstellung deutlich, wie intensiv der Konflikt in dieser Lebensphase eigentlich ist.

Lievegoed hat die Zeit der Midlife-Crisis, beginnend in der Mitte der Vierzigerjahre, nicht nur als Beginn der Involution und des Verlusts, sondern auch als Zeit, die einen besonderen Durchbruch zu einem höheren Niveau beruflichen Arbeitens möglich macht, beschrieben:

> Für den Mann, der die Krise der Vierzigerjahre überwunden hat, sind die Fünfzigerjahre eine Art Befreiung. Der Horizont wird weiter, neue und weiterreichende Probleme werden sichtbar. Das Leben wird interessanter, der Abstand zu den kleinen, alltäglichen Problemen wird größer. Man interessiert sich jetzt mehr für allgemeine Planungs- und Führungsprobleme. (2001, S. 93)

Und etwas weiter:

> Ein Mensch, der sich kontinuierlich entwickelt, erreicht Mitte fünfzig einen zweiten, schöpferischen Höhepunkt. Er kann seine Erfahrungen überschauen und einordnen, und er ist noch vital genug, sie in seine Arbeit einzubringen. Dies ist das Alter der ›eminent leaders‹, der großen Führungspersönlichkeiten. (ebd.)

Jenseits aller idealisierenden Tendenzen, die in dieser Aussage liegen, bleibt die Feststellung, dass die Midlife-Crisis auch als Übergangsphase anzusehen ist, die Neuentwicklungen bewirken kann, die jenseits eines defizitorientierten Abbaumodells liegen.

Neben Lievegoed nennt Rappe-Giesecke eine Reihe weiterer Autoren (vgl. Rappe-Giesecke 2008, S. 272 ff.), die Modelle beruflicher Karrierephasen vorgelegt haben. Diese sind häufig aus der Sicht von Praktikern der Personalentwicklung oder Beratung formuliert. Dazu zählen Modelle, die fast alle die Berufsphase zwischen dem 50. und dem 60. Lebensjahr als Leitungsphase mit Verantwortung im großen Rahmen beschreiben, als Führungsphase, in der Innovationen und strategische Entwicklung gefördert, aber nicht immer mehr selbst angestoßen werden. Regnet (zit. nach Rappe-Giesecke 2008, S. 272) beschreibt diese Zeit allerdings auch als Plateauphase, d. h. als eine Zeit, in der weitere Aufstiege nicht mehr oder nur noch sehr selten stattfinden.

Das renommierte Management-Training-Institut Malik (vgl. Galler 2009) nennt die Phase um die Fünfzigerjahre innerhalb der Karriereentwicklung die »Maintenance-Phase«, die nach den frühen, »Growth-, Exploration- der Establishment-Phase« folgt und schließlich in das »Disengagement« mündet. Kennzeichen dieser Phase sind der Ausbau gewonnener Fähigkeiten, die Rolle als »Top-Experte«, die Übernahme von Gesamtverantwortung in der Führungsrolle. Hinzu kommt die neue Rolle als Lehrer und Mentor. Als Problem wird in dieser Karrierephase die häufig veraltete Wissensbasis gesehen, die entweder zu einem neuen Weiterbildungsschub führen kann oder aber der Vorbereitung auf die sogenannte »Post Career-Career« dient. Kennzeichnend sind darüber hinaus die vollendete Leistungsfähigkeit und hohe persönliche Reife bei gleichzeitig wachsender Gefahr der Betriebsblindheit oder Alterssturheit.

Von besonderer Bedeutung ist das von Edward Schein (2004) entwickelte Modell. Schein hat eine Differenzierung zwischen der äußeren und inneren Karriere und das Konzept der »Karriereanker« in die Diskussion eingeführt. Er beschreibt ein zehnphasiges Modell der »äußeren Karriere«, also der Entwicklung des Berufslebens einer Person (vgl. Kahlert 2013, S. 102), das – ähnlich wie andere Modelle – als letzte vier

Phasen die Krise der mittleren Jahre, die Phase des Schwung-Erhaltens, Wiedergewinnens oder Ausklingenlassens, die Loslösungsphase und schließlich den Ruhestand beschreibt. Für den Zusammenhang der vorliegenden Untersuchung bedeutsam ist die Differenzierung der Bewegung, in die sich Karrieren aus Sicht von Schein entwickeln können. Er unterscheidet eine vertikal-hierarchische Bewegung, also Aufstiege, horizontal-radiale Bewegungen, d. h. Bewegungen in andere Funktionsbereiche, auch als laterale Karrieren bekannt, und schließlich funktional-zirkuläre Ausweitungen, d. h. Aufstiege, die durch einen Zuwachs an Macht und die Annäherung an das Zentrum gekennzeichnet sind (vgl. Kahlert 2013, S. 103). Da die Möglichkeiten der letztgenannten Bewegung aufgrund der beschränkten Anzahl entsprechender Führungsrollen in den meisten Unternehmen sehr beschränkt sind, werden vermutlich für Männer im höheren Berufsalter laterale Karrieren interessant. Diese äußeren Karrieren werden angesichts brüchiger Berufsbiografien und der gerade im Führungsbereich üblichen Arbeitgeberwechsel möglicherweise schwieriger bzw. fragmentierter. Nach Schein (2004) werden diese Bewegungen zusammengehalten durch die innere Karriere. Die innere Karriere meint nach Schein die subjektive Sicht einer Person auf die eigene Berufsbiografie, also das Bild, das man von sich selbst im Zusammenhang mit der Entwicklung des Berufslebens und der Rolle, die man selbst darin spielt, entwickelt. Es handelt sich um eine Art von Werten, Motivationen und Selbstkonzepten. Schein nennt insgesamt acht »Karriereanker«, die von der technischen Kompetenz über die Befähigung zum General Management, das Bedürfnis nach Sicherheit/Beständigkeit, das Bedürfnis nach Selbstständigkeit und Unabhängigkeit, unternehmerische Kreativität, Hingabe an eine Idee oder Sache, die totale Herausforderung bis schließlich zur Lebensstilintegration reicht. Unschwer lassen sich hier Bezugspunkte zur Existenzgründung entdecken, die aber einer empirischen Überprüfung bedürfen. Sozialpsychologisch interessant ist, dass Schein diese Karriereanker nicht nur als innerpsychische Motivationen begreift, sondern darauf hinweist, dass diese Systeme Änderungen von außen unterliegen. Dies betrifft makrosystemische Veränderungen, wie sie etwa im Konzept des »Unternehmerischen Selbst« (vgl. Kapitel 2) beschrieben sind, aber auch Veränderungen im sozialen Nahbereich, wie sie z. B. durch eine Existenzgründung geschaffen werden. (vgl. Kahlert 2013, S. 8 f.)

Zusammenfassend lässt sich feststellen:
Bisher bedeutete das Alter 50+ im Regelfall den Beginn einer Statuspassage in Richtung Alter, d. h. den Einstieg in die große Veränderung des markanten Statuswechsels zwischen Berufstätigkeit und Rente als

Beginn des Alters im Sinne eines radikalen Übergangs. Ruhestand und Alter waren Zwillinge, d. h., der gesellschaftliche Status des Alters war an die Beendigung der Berufstätigkeit gekoppelt. Karriereverläufe haben sich in verschiedene Entwicklungsmöglichkeiten differenziert, zusätzlich zur klassischen Laufbahnkarriere gibt es fachbezogene Karrieren innerhalb eines Unternehmens oder Karrieren, die vorrangig an der erworbenen Professionalität orientiert sind. (Rappe-Giesecke 2008; Lengersdorf/Meuser 2011). Daraus erfolgt eine zunehmende Notwendigkeit, die eigene Karriere selbst zu gestalten. Zu berücksichtigen ist dabei auch, dass es neben Unsicherheiten in der beruflichen Entwicklung auch familiäre Einflussfaktoren (Trennungen, Scheidungen, Berufstätigkeit der Partnerinnen, Krankheit bzw. Pflegebedürftigkeit der Eltern etc.) gibt, die einerseits die Planbarkeit des beruflichen Aufstiegs erschweren, andererseits aber auch zu Neuorientierungen und Neujustierungen genutzt werden können. Ein Problem ist, dass im Unterschied zu Frauen männliche Karrieren innerhalb von Unternehmen relativ gesichert erscheinen, was sich in relativ starren Mustern der Karriereentwicklung niederschlägt. Aufgrund von Veränderungen im Bereich der Arbeit geraten männliche Karriereverläufe unter Druck und sind zunehmend von Brüchen, Unsicherheiten, Diskontinuitäten bedroht. (Lengersdorf/Meuser 2011).

Die Übergangsphase um die 50 ist daher oft nicht länger der Einstieg in den Statuswechsel zum Alter, sondern der Beginn eines möglichen Kurswechsels, da der Ruhestand aktiv gestaltet werden muss. Er kann gelegentlich zeitlich genauso lange dauern wie das vergangene Berufsleben.

### 4.3.2 Die Verschiebung beruflicher Ziele in Richtung Emotionsregulation

Die sozioemotionale Selektivitätstheorie (vgl. Bürger 2009) geht der Frage nach, wie sich im Laufe des menschlichen Lebens die eigenen Ziele und damit auch die beruflichen Ziele Älterer entwickeln.

Dabei werden vor allem die persönlichen beruflichen Ziele fokussiert, also die Bereiche, die nicht vom Unternehmen vorgegeben werden und ihren Niederschlag in üblichen Karriereentwicklungsprogrammen finden. Dabei handelt es sich um »Anliegen, Projekte und Bestrebungen [...], die eine Person in ihrem Alltag verfolgt und in Zukunft realisieren möchte« (Brunstein, zit. nach Bürger 2009, S. 10). Zwar können auch vom Unternehmen vorgegebene Ziele qua Selbstverpflichtung zu persönlichen Zielen werden, aber es gibt jenseits solcher Vorgaben einen persönlichen Bereich. So betrachtet Super (zit. nach Bürger 2009, S. 13) berufliche Entwicklung als lebenslangen Prozess, in dem eine Person ihr Potential dann verwirklicht, wenn es ihr gelingt, im Verlauf der beruflichen Laufbahn ihren Beruf und ihr ›Selbstkonzept‹ – ihrem Bild von sich selbst – in möglichst weitgehende Übereinstimmung zu bringen.

Damit ist die Bedeutung eigener, z. T. unbewusst verankerter Idealvorstellungen in den Blick genommen, die sich dann in konkreten Zielen niederschlagen und in der Midlife-Phase einer Überprüfung und gegebenenfalls notwendigen Veränderung unterzogen werden. Diese kann die realistische Betrachtung äußerer Möglichkeiten beinhalten, aber auch eine intrinsische Veränderung aufgrund der veränderten sozialen und psychischen Lebenssituation. Dabei findet im mittleren Erwachsenenalter eine Verschiebung statt: Carstensen et al. (zit. nach Bürger 2009) unterscheiden zwei Grundorientierungen in der beruflichen Zielsetzung, nämlich zum einen Wissenserwerb als Investition in die Zukunft und zum anderen Emotionsregulation als den Versuch, positive Emotionen zu erfahren und negative zu vermeiden.

Mit zunehmendem Alter und einer sich verengenden Zeitperspektive lässt sich gemäß empirischen Studien eine Verschiebung in Richtung zu einer stärker an Emotionsregulation und auf kurzfristige Perspektiven orientierten Haltung feststellen:

> Personen, die die ihnen verbleibende Zeit als begrenzt wahrnehmen (aufgrund von Alter, aber auch von Krankheit oder angesichts einer bevorstehenden Emigration), präferieren eher Ziele, die auf die Regulation ihrer Emotionen gerichtet sind. Sie wollen positive Emotionen erfahren, Sinn finden, Intimität erleben in sozialen Beziehungen, Zugehörigkeit und zwar in der Gegenwart. (Bürger 2009, S. 1)

# 5 Untersuchungsdesign – Grundlagen und Hypothesen der Untersuchung

In diesem Kapitel werden zunächst der theoretische Hintergrund des Untersuchungsansatzes sowie die Wahl des methodischen Vorgehens und im Anschluss daran der Forschungsprozess in seinen einzelnen Schritten erläutert.

## 5.1 Untersuchungsansatz und Präzisierung der Forschungsfragen

Als »späte Zünder« hat Franke (2010) Menschen bezeichnet, die sich vergleichsweise spät in ihrer beruflichen Karriere zu einem Ausstieg aus der abhängigen Beschäftigung zugunsten einer Freiberuflichkeit entscheiden.

Forschungsgegenstand dieser Studie ist die Entscheidung zur Existenzgründung von männlichen Führungskräften zu einem späten Zeitpunkt ihrer beruflichen Karriere jenseits eines Alters von 50 Jahren. Das Hauptinteresse galt bei der Konzeption der Studie und der Interviews vor allem drei Fragen:

1. *Entstehungsgeschichte:* Was sind die zentralen – auch unbewussten – Motivkonstellationen, die zur Existenzgründung geführt haben, und wie lassen sich diese (berufs)biografisch verstehen?

2. *Prozess:* Wie verläuft die Existenzgründung als Statusübergang und welche Erfahrungen machen dabei die Befragten?

3. *Unterstützung:* Welche Gelingensbedingungen, welche internen und externen Ressourcen auf der persönlichen, sozialen und strukturellen Ebenen beeinflussen, unterstützen oder beeinträchtigen den Prozess der Verselbstständigung?

Die Untersuchung erfolgte dabei auf dem zuvor beschriebenen theoretischen Hintergrund

a) der Ergebnisse der Forschung zur Existenzgründung,
b) sozialisationstheoretischer und entwicklungspsychologischer Modelle und Erkenntnisse sowie
c) von Einflüssen des demografischen Wandels auf die Gestaltung von Lebensläufen, insbesondere der Gestaltung des späteren Erwachsenenalters.

Die Förderung solcher Existenzgründungen folgt gesellschaftlich dabei verschiedenen Wellen. Eine besondere Rolle spielten sie im Zuge des Aufbaus der sogenannten »Ich-AGs«, die zu Zeiten der Regierung Schröder der Überwindung der Arbeitslosigkeit in Deutschland dienen sollten. Die vorliegende Studie grenzt sich allerdings davon ab, da es sich bei diesen Ich-AGs im Regelfall um Existenzgründungen handelte, die nicht aus innerer Motivation entstanden sind, sondern aus Notsituationen der Arbeitslosigkeit. Im Gegensatz dazu geht es in dieser Untersuchung um die sogenannten »Potentialgründer« oder auch »privilegierten Gründer« (Kontos 2004), bei denen zumindest auf den ersten Blick keine Bedrohung durch Arbeitslosigkeit oder sozialen Abstieg erkennbar ist, sondern eine mehr oder weniger freie Entscheidung zu einer neuen Form und Verfasstheit beruflicher Existenz stattfindet.

Im Unterschied zu existierenden Untersuchungen richtet sich der Blick nicht vornehmlich auf die Persönlichkeitsstruktur und speziell für eine Existenzgründung förderliche Eigenschaften. Es geht mehr um eine »generalisierende« Fragestellung (vgl. Flick 2009, S. 203) bei der der zu untersuchende Gegenstand – in diesem Fall die Existenzgründung älterer Führungskräfte – in einen größeren Zusammenhang gestellt wird. Es geht um die Frage, wie es eigentlich zur Existenzgründung kommt, vor welchem persönlichen und sozialen Hintergrund solche Möglichkeit aufgegriffen und umgesetzt wird. Wie lässt sich dieser Entschluss im Kontext der Biografie der Betreffenden verstehen und einordnen? Dabei ist nicht nur die vergangene Lebenszeit im Fokus, also frühere Erlebnisse und Entscheidungen in der Lebensgeschichte, sondern auch der prospektive Moment: Welche Bedeutung hat die Existenzgründung in Bezug auf eine vorgestellte Zukunft, sowohl beruflich als auch privat? Was sind in diesem Kontext die offenen und die latenten Motive, die zu dieser Entscheidung führen?

Die Einbettung in die Biografie legt nahe, dass eine solche Entscheidung nicht unbedingt spontan und nur auf den Moment bezogen gefällt wird, sondern einen längeren Prozess umfasst. Welche Phasen lassen sich dort beschreiben und wodurch sind sie gekennzeichnet? Was und wie wird in diesem Prozess gelernt?

Die Forschungsabsicht steht aber auch im Zusammenhang mit einem Interesse, das auf die Anwendung der in der Untersuchung gewonnenen Ergebnisse für Beratungs- und Fortbildungszwecke zielt. Daher soll neben den biografischen und prozessualen Aspekten auch gefragt werden, unter welchen Bedingungen die Existenzgründung gelingt, zu einer Etablierung der Selbstständigkeit führt und welche persönlichen und äußeren Faktoren dabei eine Rolle spielen. »Gelingen« ist zweifellos eine subjektive Kategorie, theoretisch kann auch ein »Scheitern« als wertvolle biografische Erfahrung verbucht und so rückblickend als »gelungen« gewertet werden – selbst wenn diese aktuell nicht mehr andauert. In dieser Untersuchung steht allerdings nicht das Scheitern im Vordergrund, sondern das Interesse, Existenzgründung als eine wichtige und hilfreiche Entscheidung in der Gestaltung der eigenen Biografie zu erleben: Dann kann sie als »gelungen« gelten.

Vor dem beschriebenen theoretischen Hintergrund ist die Untersuchung als empirische Arbeit und qualitative Studie angelegt, in der nicht nur bereits vorhandene Erkenntnisse und bestehende Vorannahmen überprüft und ggf. bestätigt oder korrigiert werden sollen. Stattdessen sollen Fragen gestellt werden, die eine größtmögliche Offenheit schaffen, Neues zu entdecken, in diesem Sinne selbst »generativ« zu sein (Strauss 1994, S. 50).

### 5.1.1 Anlage der Studie und Erhebungsmethode

Die vorliegende Studie sucht nach biografisch verankerten Beweggründen für die Entscheidung zur Existenzgründung und nach dem mit der Existenzgründung verbundenen Prozessablauf. Sie ist dabei einem interpretativen Paradigma verpflichtet (Flick 2000; Lueger 2010) Der Autor versucht, das Erleben der Befragten aus ihrer Perspektive zu sehen und zu interpretieren. Der Forschungsansatz ist qualitativ orientiert und folgt damit allgemeinen Prinzipien qualitativer Sozialforschung, so vor allem dem Prinzip der Offenheit, einem Verständnis von Forschung als Kommunikation sowie dem Reflexivitätsprinzip (vgl. Franke 2012, S. 136).

Qualitative Forschung zielt vorrangig auf exemplarisches Wissen und nicht auf repräsentative Ergebnisse. Dabei werden die gewonnenen Erkenntnisse nicht allein auf die Befragten als Einzelpersonen bezogen, sondern sie schaffen auch Zugang zu einem Bereich der umfassenderen sozialen und gesellschaftlichen Wirklichkeit. Biografien sind subjektive Konstruktionen, in denen sich Allgemeines und Spezielles abbildet. Sie bilden eine Schnittstelle zwischen Individuellem und Sozialem. Die Untersuchung steht damit auch in der Tradition einer im englischsprachigen Raum sogenannten Form des »socio-analytic interviewing«. Long und Harding beschreiben dies so:

The researcher is interested in understanding the dynamics that support and obscure social and organizational structures and cultures. The interview is one avenue into such an understanding. (2013, S. 92)

Diese Untersuchung ist somit nicht als Einzelfallstudie angelegt, sondern als eine Studie, die auf dem Vergleich unterschiedlicher Probanden und ihrer (beruflichen) Biografie beruht. Bestimmte Ausschnitte und Inhalte der Biografien der verschiedenen Befragten werden gegenübergestellt, um aus dem Vergleich allgemeine und personenübergreifende Erkenntnisse im Hinblick auf die Fragestellungen zu gewinnen.

Vor dem beschriebenen theoretischen Hintergrund wurde für diese Untersuchung also eine qualitative Forschungsstrategie gewählt, bei der biografisch-narrative Interviews geführt und nach Prinzipien qualitativer Datenauswertung interpretiert wurden. Grundsätzlich ist das methodische Vorgehen an der Grounded Theory orientiert, die mit ihren Prinzipien und insbesondere der Vorstellung von der Offenheit dem Interesse und der Anlage der Untersuchung entsprach. Die Grounded Theory (Glaser/Strauss 1998; Strauss/Corbin 1996) zielt auf die Generierung einer gegenstandsverankerten Theorie, wobei Datensammlung, Analyse und Theoriebildung in einer wechselseitigen Beziehung stehen und zirkulär aufeinander bezogen sind:

> Die Grounded Theory kann als eine Basisstrategie interpretativer Sozialforschung aufgefasst werde, wobei sie die Theoriegenerierung und das Primat der empirisch vorfindbaren Wirklichkeit in den Vordergrund stellt. (Lueger 2010, S. 220)

Am Anfang des Forschungsprozesses steht ein Untersuchungsinteresse und ein definierter Untersuchungsbereich mit den entsprechenden Forschungsfragestellungen und nicht eine vorgefasste Theorie. Dieser radikale Anspruch ist naturgemäß auch ein Stück unrealistisch, da theoretische Vorannahmen und Kenntnisse des Forschers in sowohl in das Untersuchungsinteresse mit den entsprechenden Forschungsfragestellungen und in die Interpretation der gewonnenen Daten einfließen. Daher haben Strauss/Corbin (1996) diesen Anspruch ein Stück revidiert und das theoretische Vorwissen, die persönliche und berufliche Erfahrung des Forschers als wichtiges, wenn auch stets zu reflektierendes Element und damit als Prinzip der theoretischen Sensibilität in den Forschungsprozess einbezogen.

### 5.1.2 Gütekriterien

Qualitative Sozialforschung, die im Wesentlichen auf der Interpretation von Texten fußt, muss sich in einer spezifischen Weise dem Anspruch an Güte und Qualität stellen. Psychoanalytisch orientierte Forschung nutzt die Subjektivität des Forschers als besondere Möglichkeit zu einem tieferen und umfassenderen Verständnis von sozialen Phänomenen. Dabei besteht immer die Gefahr, dass Subjektivität mit einer Beliebigkeit der Interpretation verwechselt wird (vgl. Jaeggi/Möller 2002). Um dieser Gefahr entgegenzuwirken, wurde inzwischen eine Reihe von spezifischen Kriterien für qualitative Verfahren entwickelt, durch deren Einhaltung der Qualitätsanspruch guter Forschung sichergestellt werden soll (vgl. Lettau/Breuer 2009; Flick 2009; Mayring 2002). Die für diese Arbeit wichtigsten Kriterien waren:

## 1. Verfahrensdokumentation und Transparenz

Dieses Kriterium beinhaltet eine fundierte Darstellung des Forschungsvorgehens und die Dokumentation der einzelnen Bearbeitungsschritte, so wie es im vorliegenden Fall eingehend beschrieben und erläutert wurde.

## 2. Gegenstandsangemessenheit der Methode

Dieses Kriterium bezieht sich auf die Wahl der Methoden sowohl bei der Sammlung der Daten als auch bei der Auswertung. Neben der grundsätzlichen Angemessenheit qualitativen Vorgehens erscheint die Nutzung des biografischen Interviews zur Klärung von Motiven und biografischer Einbettung der Existenzgründung ebenso angemessen wie die Wahl der Auswertungsmethoden, die auf ein Verständnis der z. T. latenten Motive und Dynamiken abzielte.

## 3. Triangulation

Damit ist die Arbeit in mehreren Analysegängen gemeint, um eine einseitige Fixierung zu vermeiden. Die Interpretation der Interviews in verschiedenen Gruppen leistet ebenfalls einen Beitrag zur Triangulation.

## 4. Reflektierte Forschersubjektivität

Die Subjektivität des Forschers nicht unreflektiert zu nutzen, sondern Bedingungen zu schaffen, um eigene unbewusste Verstrickungen zu erkennen und abwägend einzubeziehen, wird durch die Interpretation in unterschiedlichen Gruppen ebenso gewährleistet wie z. B. durch ein Forschungstagebuch. Die Arbeit in der Gruppe kann auch als Forschungssupervision gesehen werden. Darüber hinaus werden in der Untersuchung Hypothesen über Zusammenhänge durch ausführliche Zitate aus den einzelnen Interviews belegt und nachvollziehbar gemacht.

## 5.2 Die Erhebungsmethode: biografisch-narrative Interviews

Für das explorative Vorgehen in dieser Arbeit zur Erkundung von Existenzgründungen im Kontext der Berufsbiografien erschien die Anwendung qualitativer Erhebungs- und Auswertungsinstrumente sinnvoll. Entscheidungen, auch im Ruhestand beruflich aktiv zu bleiben, lassen sich nicht als einmalige Ereignisse erklären, sondern sie entwickeln sich vermutlich in einer zeitlichen Dimension über mehrere Jahre hinweg als ein länger andauernder Prozess, beeinflusst durch unterschiedliche biografische und aktuelle Faktoren. Erfolgreiches »aktives Altern« setzt gelegentlich sehr früh im Lebenszyklus an. Die Grundlagen für lebenslanges Lernen sind im Grunde schon familiär angelegt bzw. werden in Kindergarten, Schule und Ausbildung geschaffen. Aus diesem Grunde erschien die Entscheidung für die Arbeit mit biografisch-narrativen Interviews (Mey/Mruck 2010; Marotzki 2000; Völzke 1997) sinnvoll. In diesen wird ein Zugang zum Forschungsgegenstand durch das Erzählen von Lebensgeschichten gesucht. Die Befragten können ihre Perspektive auf den zu untersuchenden Gegenstand erzählerisch entfalten und so die Datensammlung in erheblichem Maße selbst strukturieren. Das narrative Interview als besondere Variante eines biografisch orientierten Forschungszuganges wurde durch Schütze (1983) entwickelt und gilt als das prominenteste Erhebungsinstrument in der qualitativen Sozialforschung (Rosenthal/Fischer-Rosenthal 2000). Beim biografisch-narrativen Interview steht nicht ein Fragenkatalog im Vordergrund, sondern der Befragte wird gebeten, eine längere, zusammenhängende Darstellung seines Lebens bzw. eines Teils davon, hier besonders der beruflichen Biografie auf dem Weg bis zur Existenzgründung und auch darüber hinaus zu geben. Kern dieses Verfahrens ist die durch eine Eingangsfrage stimulierte Stegreiferzählung (Flick 2009, S. 115 f.). Dies verschafft die Möglichkeit, biografische Faktoren so gut wie möglich zu berücksichtigen und zugleich – stärker als z. B. in reinen leitfaden- oder problemzentrierten Interviews – auch latente oder unartikulierte Sinngehalte zu entschlüsseln, wodurch das biografisch-narrative Interview auch zum Tiefeninterview wird. Zur Sicherstellung des Letzteren ist es dabei sinnvoll, im Sinne von Leithäuser (1988) zwischen Erhebung und Auswertung zu differenzieren und gleichzeitig von Anfang an mit der Forschungsreflexion zu beginnen. Dem wurde u. a. durch Prä- bzw. Postskripte und eine Reflexion im Rahmen eines Forschungstagebuchs entsprochen. Zu diesen Aufzeichnungen gehören Besonderheiten der Interviewsituation, eigene Emotionen während des Interviews, aber auch Reflexionen danach.

Neben den Stärken des narrativen Interviews musste mit der Problematik umgegangen werden, dass die Forschungsfragen über die biografische Beschreibung hinaus auf den Verlauf des Prozesses und die Gelingensbedingungen für eine Existenzgründung im späteren Berufsleben zielten. Aus diesem Grunde wurde der biografisch-narrative Teil um Elemente eines leitfadengestützten Interviews ergänzt. Nach der ausführlichen Beschreibung der Biografie wurden also Fragen nach den genannten Themen gestellt.

## 5.3 Die Erhebung

### 5.3.1 Das Sample

Neben der Entscheidung für das biografisch-narrative Interview spielt das Sampling als Auswahl derjenigen Untergruppe von Personen, die für diese Untersuchung befragt wurden, eine entscheidende Rolle. Wie bereits dargelegt, handelt es sich um eine explorative Untersuchung, deren Grundlage nicht in der Repräsentativität der ausgewählten Befragten für die Gesamtheit der älteren Existenzgründer liegt, sondern in einer Stichprobe, die hinsichtlich der Fragestellung einen möglichst hohen Erkenntnisgewinn versprach. Die Untersuchung als qualitative Forschung zielt auf die Schaffung exemplarischen Wissens (Flick 2009; Przyborski/Wohlrab-Sahr 2010), wozu ein begründetes Vorgehen bei der Zusammensetzung der Stichprobe und der Auswahl der konkreten Befragten notwendig ist.

Bei der Zusammensetzung des Samples erfolgte die Entscheidung für ein Vorgehen, das sich am »Theoretical Sampling« der Grounded Theory orientiert:

> Theoretisches Sampling meint den auf die Generierung von Theorien zielenden Prozess der Datensammlung, währenddessen der Forscher seine Daten parallel sammelt, kodiert und analysiert, sowie darüber entscheidet, welche Daten als nächstes erhoben werden sollen und wo sie zu finden sind, um seine Theorie zu entwickeln, während sie emergiert. (Glaser/Strauss 1998; S. 53)

Der Grundgedanke besteht also darin, nicht schon zu Beginn das gesamte Sample festzulegen, sondern dieses Schritt für Schritt aufzubauen, und zwar nach eher theoretischen Gesichtspunkten und Erkenntnissen, die sich erst im Verlauf des Forschungsprozesses herauskristallisieren. Idealtypisch wird erst nach der Durchführung und Analyse eines Interviews eine Entscheidung darüber getroffen, welche Daten als Nächstes erhoben werden sollen. Der Prozess der Stichprobenziehung ist dann beendet, wenn im theoretischen Sinne nichts Neues mehr entdeckt wird, es also zu einer »theoretischen Sättigung« (Schreier 2010) kommt. Diesem idealtypischen Verlauf des Forschungsprozesses sind natürlich auch Grenzen aus Zeit-, Kosten- und Personalgründen gesetzt. Gleichwohl spielt das grundsätzliche Vorgehen im Forschungsprozess eine bedeutsame Rolle. Die Auswahl der Fälle erfolgte dementsprechend nicht zufällig, sondern im Sinne des Konzepts absichtsvoll. Zu Beginn des Prozesses wurde eher nach dem Prinzip des »Snowball-Sampling« (Przyborski/Wohlrab-Sahr 2010, S. 180) vorgegangen, d.h., dass nach Durchführung des ersten Interviews Kontakte des Interviewten zum nächsten Probanden entstanden. Dieses Prinzip wurde aber danach durch die Auswahl von Interviewpartnern im Sinne des Theoretical Sampling abgelöst. Dabei wurde schrittweise auch auf die ersten Ergebnisse der Kodierungen und Interpretationen der ersten Interviews zurückgegriffen. Hier stand vor allem der Gedanke im Vordergrund, eine Kontrastierung von Fällen zu ermöglichen. So wurde nach dem zweiten Interview deutlich, dass sich die Voraussetzungen (beide Gesprächspartner kamen aus früheren IT-Unternehmen aus dem mitteldeutschen Raum) stark ähnelten. Daraufhin wurde ein Interviewpartner gesucht, der als Vertriebschef in einem in Westdeutschland angesiedelten Industrieunternehmen tätig gewesen ist. In einem dritten Schritt erfolgte eine Erweiterung und Kontrastierung in dem Sinne, dass eine ehemalige Führungskraft eines gemeinnützigen Unternehmens befragt wurde und schließlich auch eine Person, die im kommunalen Bereich gearbeitet hatte, sowie eine Person, die Teile ihrer Berufsbiografie in beiden Bereichen verbracht hatte. Durch diese Strategie konnte eine Verengung auf den ökonomischen Bereich ausgeschlossen werden.

*Kriterien der Fallauswahl*

Aufgrund der begrenzten Größe der Stichprobe von zehn Personen kam es darauf an, vorab eine Auswahl zu treffen, die auf der einen Seite dem Anspruch an größtmögliche Homogenität bestimmter äußerer Voraussetzungen entsprach, damit auf der anderen Seite eine vermutete Heterogenität hinsichtlich der Motive und Voraussetzungen sichtbar werden konnte. So wurden einige Kriterien für die Stichprobe vor den Interviews für alle Interviewpartner festgelegt:

1. **Altersspektrum:** Es wurden Existenzgründer befragt, die zum Zeitpunkt des Ausstiegs aus dem beruflichen Organisationskontext und des Aufbaus ihrer Selbstständigkeit mindestens 50 Jahre und nicht älter als 65 Jahre sein sollten. Die untere Grenze ergibt sich automatisch aus der Fragestellung der Untersuchung über ältere Existenzgründer,

da die übliche »Hochphase« der Verselbstständigung zwischen 35 und 45 Jahren liegt. Die obere Grenze ist der Tatsache geschuldet, dass es laut anderen empirischen Untersuchungen (z.B. Franke 2012) inzwischen zwar auch jenseits des 65. Lebensjahrs eine größer werdende Zahl von Menschen gibt, die eine selbstständige Tätigkeit aufnehmen, allerdings sind in diesem Alter die Rahmenbedingungen grundsätzlich anders als in der Altersgruppe der 50- bis 65-Jährigen. Existenzgründungen jenseits des 65. Lebensjahres fehlt weitgehend das Element des ökonomischen Risikos, da die entsprechenden Personen in Form von Renten oder Pensionen bereits über ein Einkommen verfügen, das ihnen eine Grundversorgung sichert. In diesem Sinne scheinen solche Existenzgründungen stärker von einem Wunsch nach nachberuflicher Tätigkeit und nach einer sinnvollen Gestaltung des Alters getragen zu sein. Der Abschied aus dem institutionellen Kontext ist aber schon ohne eigenes Zutun vollzogen, sodass es keiner aktiven Entscheidung mit allen emotionalen Beimengungen bedarf. Außerdem schließt die Beschränkung auf die 50- bis 65-Jährigen an Altersunterteilungen an, wie sie auch in anderen Untersuchungen vorgenommen werden, sodass eine gewisse Vergleichbarkeit ermöglicht werden konnte.

**2. Geschlecht:** Die zweite Entscheidung bezog sich auf das Geschlecht, und zwar in der Form, dass lediglich männliche Existenzgründer befragt wurden. Dies hat vor allem zwei Gründe: Zum einen ist der typische Gründer, wie aus anderen Forschungsprojekten bekannt, männlich (vgl. Franke 2012). Dies hat vermutlich damit zu tun, dass in Führungspositionen, die vor allem im Fokus der Untersuchung standen, nach wie vor vorwiegend Männer zu finden sind. Zum anderen verlaufen Berufskarrieren von Männern deutlich anders als die von Frauen (vgl. Lengersdorf/Meuser 2011), was auch Auswirkungen auf die Motivation und Anlässe zur Existenzgründung hat. Bei Frauen spielen außerdem Zeiten der Elternschaft, Teilzeitbeschäftigungen u. Ä. eine größere Rolle (vgl. Kontos 2008).

**3. Führungsrolle:** Die Beschränkung auf Personen, die vor ihrer Existenzgründung in Führungspositionen waren, war vor Beginn des Forschungsprozesses Teil der Überlegung, ohne dass es bereits zu einer festen Entscheidung gekommen war. Es stellte sich aber als sinnvoll heraus, zum Zwecke der Vergleichbarkeit diesem Kriterium zu folgen. Das hat im Wesentlichen damit zu tun, dass Führungskräfte über bessere ökonomische Voraussetzungen verfügen, um die riskante Entscheidung zur Aufgabe einer bezahlten abhängigen Beschäftigung zu treffen. Damit einher ging eine Beschränkung auf Personen, die eher der Kategorie der

Potenzialgründungen zuzuordnen sind und weniger – zumindest auf den ersten Blick – den Notgründungen, bei denen die Motivation häufig von außen gesetzt wird. Bei den befragten Führungskräften handelte es sich demzufolge meist um Personen, die unterhalb der Vorstands- und Geschäftsführerebene auf der zweiten Führungsebene tätig und leitende Angestellte im Sinne des Betriebsverfassungsgesetzes gewesen waren, also eigenständig Personal einstellen und entlassen konnten, Aufgaben wahrnahmen, die für den Bestand oder die Entwicklung des Unternehmens bedeutsam waren, und auch eine gewisse Entscheidungsfreiheit bezüglich finanzieller Entscheidungen hatten (vgl. Nikutta 2009, S. 107).

4. **Form der Selbstständigkeit**: Ein letztes Ausschlusskriterium bezog sich auf die Form der Selbstständigkeit. Franke (2010, 2012) hat auf die wichtige Unterscheidung zwischen Freiberuflern und Gewerbetreibenden unter den Existenzgründern hingewiesen. Der Aufbau eines gewerblichen Betriebs erfordert in der Regel von Anfang an deutlich höhere Investitionen etwa in Maschinen, Gebäude und zusätzliches Personal und ist daher nicht mit den Existenzgründungen von Freiberuflern zu vergleichen, die in der Regel minimale Investitionsmittel benötigen (wie etwa Computer, Büro, Website etc.).

Mit dieser Samplingstrategie entspricht die Stichprobe im Übrigen weitgehend den Kriterien, die auch Franke (2012) bei ihrer Untersuchung gesetzt hat. Franke benennt weitere Merkmale, die sich im Laufe des Forschungsprozesses auch bei der vorliegenden Untersuchung zeigten, aber zu Beginn nicht bewusst geplant waren. Dazu gehören der Ausschluss von Menschen, die bereits früher eine gescheiterte Gründung erlebt hatten, sowie der Ausschluss von Gründern, die sich noch in der Planungsphase befinden und den Schritt zur Selbstständigkeit noch nicht vollzogen haben.

*Zugang zum Feld*

Die Anzahl von Führungskräften, die sich im späteren Erwerbsalter zur Existenzgründung entscheiden, ist überschaubar. Es stellte sich also von Anfang an die Frage nach dem besten Weg, eine entsprechende Anzahl von geeigneten Interviewpartnern zu gewinnen.

Der Zugang zum Feld erfolgte mithilfe verschiedener Strategien. Zum einen bestanden erste Zugänge und Kontakte durch eine Gruppe, die an das Forschungsinstitut als eine Art »Sounding Board« zu Fragen von Führung und Beratung angebunden war. In dieser Gruppe befinden sich sowohl Führungskräfte aus größeren Unternehmen im Finanzdienstleistungs- und IT-Bereich als auch selbstständige Berater. Dadurch war ein großes Netzwerk gegeben, in dem sich auch Personen befanden, die den Prozess der Existenzgründung jenseits des 50. Lebensjahres durchlebt hatten oder aufgrund ihrer Position Kenntnis von entsprechenden Personen hatten.

Ein zweiter Zugang erfolgte durch die Vorbereitung eines Forschungsprojekts zur Existenzgründung Älterer im Rahmen des Forschungsinstituts. Dazu wurden Kooperationen mit verschiedenen relevanten Institutionen (Ministerien, Banken, IHK, Beratungsstellen für Existenzgründer etc.) aufgebaut. Auch wenn das geplante Forschungsprojekt leider aus ökonomischen Gründen nicht realisiert werden konnte, war es dennoch möglich, dieses neue Netzwerk zur Information über die Studie und für den Zugang zu potenziellen Interviewpartnern zu nutzen. Die Suche nach möglichen Probanden wurde außerdem unterstützt durch ein Informationsblatt, das über die Adressverwaltung des Forschungsinstituts versandt wurde.

Darüber hinaus wurden auch Informationskanäle genutzt, die sich durch die eigene freiberufliche Tätigkeit des Autors als Fortbildner, Coach und Berater im Rahmen von Führungskräfteentwicklungen und -beratungen eröffneten. Schlussendlich konnte auch auf Empfehlungen und Vermittlungen zurückgegriffen werden, die im Rahmen des Doktorandenkolloquiums gegeben wurden. Durch diese breite Streuung wurde es möglich, eine Verengung des Samples auf einen einzigen Sektor der Selbstständigkeit und eine regionale Einschränkung auf den Bereich in der Nähe des Forschungsinstituts zu vermeiden.

### 5.3.2 Durchführung der Interviews und Besonderheiten

Insgesamt wurden zehn Interviews mit männlichen Existenzgründern durchgeführt, die als ehemalige Führungskräfte tätig gewesen waren. Die Interviews fanden im Zeitraum Mai 2013 bis Juli 2015 statt und dauerten durchschnittlich eineinhalb Stunden. Die Befragten waren zum Zeitpunkt der Untersuchung zwischen 53 und 60 Jahren alt und hatten ihre Selbstständigkeit im Alter zwischen 50 und 59 Jahren aufgenommen. Alle Befragten waren als Freiberufler im Beratungsbereich tätig, teilweise als Teil einer GbR und andere als Gesellschafter einer GmbH sowie in einer Praxisgemeinschaft mit anderen Kollegen. Die Herkunftsberufe waren im Finanzdienstleistungs- bzw. Bankenbereich, in der IT, in pädagogischen Berufen oder anderen technischen Berufen und Wirtschaftsunternehmen angesiedelt.

Bei den Befragten bestand mit einer Ausnahme das Gründungsobjekt, also die gegründete Firma (vgl. Franke 2012) weiter, sie waren im formalen Sinne also »erfolgreiche« Existenzgründer. Lediglich einer der Befragten hatte inzwischen die Selbstständigkeit zugunsten einer Festanstellung im Personalbereich einer großen Versicherung wieder aufgegeben. Alle Befragten waren mit unterschiedlichen fachlichen Schwerpunkten als Berater tätig. Diese reichten von Fachberatung, Coaching, Trainings, Organisations- und Projektentwicklung bis zu sogenannten »Reflexionspartnerschaften«, einer Mischung zwischen Fach- und Prozessberatung.

Die Interviews wurden als Face-to-Face-Interviews durchgeführt, die Gespräche digital aufgezeichnet, anschließend auf mittlerem Niveau transkribiert. Die Namen der Befragten, Herkunfts- und Tätigkeitsorte sowie die Namen der angesprochenen Organisationen wurden anonymisiert. Letzteres war vor allem wichtig, da es sich um Personen mit früherer Führungsverantwortung in teilweise großen Konzernen handelte und die zugesicherte Vertraulichkeit absolut gesichert werden musste, da andererseits eine Identifizierung leicht gewesen wäre.

Möglicherweise hätte sich durch die Nutzung von Videoaufzeichnungen durch die nonverbale Ebene eine zusätzliche Erkenntnismöglichkeit eröffnet. Darauf wurde allerdings verzichtet, da dies eine latente Skepsis der Befragten vor der Präsentation und Selbstdarstellung vergrößert hätte. Die Sorge für eine sichere und geschützte Umgebung erschien sehr wichtig, da Führungskräfte in höheren Positionen üblicherweise eher skeptisch sind, wie Klenke (2008) bei der Analyse von qualitativen Forschungsprojekten im Bereich der Führungsforschung festgestellt hat. Aus diesem Grunde erhielten die Befragten vorher ein Schreiben, in dem das Forschungsprojekt ausführlich vorgestellt und die Rahmenbedingungen erläutert wurden. In diesem Zusammenhang wurde auch der Bezug des Dissertationsforschungsprojekts zur Tätigkeit des Forschers beim Forschungsinstitut betont. Vermutlich hat dies dazu beigetragen, dass die Befragten überraschend offen auf die Fragen antworteten und in den meisten Fällen bereitwillig von sich und ihrer (Berufs-)Biografie erzählten. Offensichtlich bestand auch ein Bedürfnis, sich zu präsentieren und seine eigene Geschichte reflektierend darzustellen.

Nach Long und Harding (2013, S. 94 ff.) besteht die Rolle des Forschers vor allem im Management der Aufgabe, der vereinbarten Zeit, des Raums und der Sicherung der ethischen Grundlagen des Forschungsprozesses. So wurde für die Befragungen sichergestellt, dass sie entweder in den eigenen Büros bzw. Praxisräumen stattfanden oder in einem speziellen Raum für Interviews im Forschungsinstitut. Neben technischen und organisatorischen Gründen mag dabei eine Rolle gespielt haben, ob die Befragten überhaupt über ein Büro verfügten oder ihre Selbstständigkeit aus dem Home-Office erfolgte. Die Personen mit Home-Office hatten offensichtlich eher ein Interesse, das Interview im

Forschungsinstitut durchzuführen. Ob dabei auch Schamgefühle eine Rolle spielten, den Interviewer in die Privaträume einzuladen, wo die begrenzte Größe des »Unternehmens« sichtbar geworden wäre, kann allenfalls vermutet werden.

Für die praktische Durchführung der Interviews und die Interviewtechnik war klar, dass im Rahmen eines qualitativen Forschungsstils, der auch auf die Einbeziehung latenter Sinnstrukturen zielt (Lettau/Breuer 2009), die Geschichte der Kontaktgewinnung für die weitere Analyse als ertragreiche Information über den Forschungsgegenstand angesehen werden muss. Im Rahmen eines telefonischen Vorgesprächs zur Kontaktaufnahme wurde das Forschungsprojekt kurz vorgestellt, über das Vorgehen und die voraussichtliche Dauer des Interviews informiert. Anschließend wurde darüber hinaus die Bereitschaft zur Speicherung des Interviews auf einem Datenträger und die Nutzung der anonymisierten Daten für die Auswertung besprochen und dann erst ein konkreter Termin sowie der Ort für das Interview vereinbart.

In den meisten Fällen erfolgte die Kontaktaufnahme aufgrund persönlicher Empfehlungen, sodass bereits ein grundlegendes Vertrauen bestand. In einem Fall gab es die Verunsicherung, ob der Befragte noch sinnvolle Informationen geben konnte, nachdem er die Selbstständigkeit wieder aufgegeben hatte. In einem anderen Fall wurde der Gesprächstermin zweimal verschoben und das Interview musste auf zwanzig Minuten verkürzt werden, da der Betreffende aufgrund des Verkehrs zu spät kam und anschließend seinen Zug dringend erreichen musste. Das Gespräch wurde auf dem Weg zum Bahnhof fortgesetzt, der letzte Teil konnte also nicht digital aufgenommen, sondern musste aus der Erinnerung protokolliert werden. Auf das Angebot einzugehen, einen weiteren Termin auszumachen, wurde in diesem Fall verzichtet, da die ursprünglich offene Situation des narrativen Interviews dann nicht mehr gegeben gewesen wäre. In der Analyse des Gesprächs wurde später deutlich, dass die Inszenierung als ein »beschäftigter und viel gefragter Selbstständiger« Teil der Dynamik und narzisstischen Abwehr war.

Die Gespräche wurden in mehreren Schritten, die sich an üblichen Vorgehensweisen bei narrativen Interviews (vgl. Flick 2009; Lueger 2010) orientierten, durchgeführt. Zunächst wurden die Befragten noch einmal kurz über die Ziele und Rahmenbedingungen und den geplanten Verlauf des Interviews sowie die ungefähre Dauer informiert. Darüber hinaus wurde die Vertraulichkeit zugesichert sowie über den Umgang mit den erhobenen Daten hinsichtlich Anonymisierung und Veröffentlichung informiert. Anschließend erfolgte der Einstieg in die narrative Phase mithilfe des »erzählgenerierenden Anreizes« durch eine Frage, die in etwa lautete:

»*Ich möchte Sie bitten, mir die Geschichte Ihrer Selbstständigkeit zu erzählen, so wie sie sich entwickelt und zugetragen hat. Fühlen Sie sich frei, alles einzubeziehen, was aus Ihrer Sicht dafür von Bedeutung ist, zu welchem Zeitpunkt in Ihrem Leben Sie immer damit beginnen wollen.*«

Die anschließende Erzählung des Befragten wurde zunächst durch Elemente des aktiven Zuhörens und ein möglichst zurückhaltendes Eingreifen begleitet, um die Situation so offen wie möglich zu halten und dem Befragten einen weiten Spielraum für seine Darstellung zu eröffnen. Die grundsätzliche Haltung in dieser Phase war durch ein Bemühen gekennzeichnet, durch interessiertes Zuhören, nicht wertende Nachfragen und auch nonverbale Kommunikation im Sinne zustimmender Gesten und entsprechender Mimik dafür zu sorgen, dass die Befragten möglichst frei von sich erzählen konnten. Auf diese Weise sollte auch Raum für die Entfaltung eher vor- oder unbewusster Prozesse geschaffen werden.

In der darauffolgenden Phase wurden einzelne Aspekte der Einstiegserzählung näher beleuchtet und in Form des immanenten Nachfragens im Hinblick auf bestimmte Lebensphasen, einzelne benannte Situationen oder durch die Anregung zur Veranschaulichung einzelner Aspekte mithilfe von Belegerzählungen (vgl. Hopf 2000) spezifiziert. In dieser Phase wurde zusätzlich von Interventionen Gebrauch gemacht, die über das aktive Zuhören, die Exploration von Details und anschaulichen Beispielen hinaus durch das Zur-Verfügung-Stellen freier Assoziationen des Interviewers gekennzeichnet war, ein Mittel, um spontan auf latente Prozesse und Aspekte zu reagieren. Dies diente auch dazu, das Interview für den Befragten zu einem offenen Raum werden zu lassen, in dem er sich nicht nur als Forschungsobjekt, sondern auch als Forschungssubjekt erleben konnte. Long und Harding befürworten diese Vorgehensweise: »[...] because there is the intent also for the interview to be a potential space for the interviewer to explore their own thoughts and feelings about the organization and the issue(s) under question.« (2013, S. 93)

Die Bedeutung dieses Aspekts mag daraus erschlossen werden, dass in den meisten Fällen das Interview auch eine entlastende und selbstvergewissernde Funktion zu haben schien und einen Raum für die zusammenhängende Darstellung der eigenen Existenzgründungsgeschichte eröffnete. Dies wurde nach mehreren Interviews von den Probanden ausdrücklich als positive Erfahrung dargestellt.

Nach dieser sehr offenen Phase gab es eine weitere Phase, in der Elemente eines leitfadengestützten Interviews (Flick 2009, S. 201) einbezogen wurden, um der Dreiteilung der Forschungsfrage gerecht zu werden. Neben dem offenen Teil des Gesprächs gab es also auch Fragen nach dem spezifischen Prozess der Existenzgründung sowie nach der Einschätzung hinsichtlich der Gelingensbedingungen von Existenzgründungen im späteren Erwachsenenalter und der Bedeutung der Entscheidung für die zukünftige Lebensplanung, soweit diese noch nicht im Interview aufgetaucht waren. Es stellte sich heraus, dass die meisten Befragten die Aufforderung zum Erzählen der Geschichte ihrer Selbstständigkeit als eine Aufforderung zur Darstellung ihrer beruflichen Biografie interpretierten. Soweit es möglich erschien, wurden in dieser Phase daher auch Fragen nach weiter zurückliegenden biografischen Einflüssen gestellt, was einige der Befragten aufgriffen, andere aber eher abwehrten.

Der thematische Teil des Nachfragens erfolgte nicht anhand einer abzuarbeitenden Frageliste, sondern eher spontan aufgrund einer Stichwortliste, die dem Forschungsinteresse und den Forschungsfragen entsprach.

Zum Abschluss des Gesprächs wurde durch den Interviewer aktiv das Erleben des Interviews als Prozess und das Beziehungserleben thematisiert.

## 5.4 Auswertung der Interviews und Generierung der Ergebnisse

Ausgangspunkt der Interpretationen im Rahmen der Auswertung sind die in den biografischen Interviews gewonnenen Erzählungen, Berichte und rückblickenden Bewertungen sowie die subjektiven Bewertungen und Notizen des Interviewers über die Eindrücke vor den bzw. im Anschluss an die Interviews. Das explorative Vorgehen in dieser Arbeit zur Erkundung der Motivkonstellationen, biografischen Hintergründe und Rahmenbedingungen der Entscheidung zur Existenzgründung bedarf nicht nur angemessener Erhebungs-, sondern auch Auswertungsinstrumente, um neue Hypothesen über diesen Prozess entwickeln zu können, da es – im Unterschied zu anderen, häufig quantitativ orientierten Datenanalysen – nicht vorrangig um die Überprüfung bestehender Theorien geht. Im Mittelpunkt steht die subjektive Erfahrung der Befragten, um Zusammenhänge zwischen inneren und äußeren Bedingungen, Wirkfaktoren der zugrunde liegenden Situation und des Prozesses zu erkennen, zu verstehen und mögliche Erklärungen zu finden. Dabei wird im Sinne einer psychoanalytisch inspirierten Sozialforschung explizit auch nach dem latenten, d. h. dem sowohl dem Interviewten als auch dem Interviewer im Moment des Gesprächs verborgenen Sinn gesucht. Unbewusste Teile der Lebensentscheidung, also Konflikte, Ängste, Wünsche und Geschichten, die den Prozess der Verselbstständigung beeinflusst oder determiniert haben, sollen durch die Art der Auswertung erfasst werden können.

Dabei ist zu berücksichtigen, dass der durch das Interview entstandene Text selbst kritisch reflektiert werden muss. So sind die Interviews keine einfache Zusammenfassung einer »objektiven« Lebensgeschichte, sondern sie stellen selbst ein für diese und in dieser Situation entstandenes Produkt dar. Die Erzählung der Interviewten wird beeinflusst durch Wünsche, ihre eigene Geschichte möglicherweise erstmals zu formulieren, sie neu zu ordnen, auf ihr Gegenüber hin zu interpretieren und umzuarbeiten. Es geht dabei nicht um gezielte Verfälschungen, auch wenn dies theoretisch und praktisch durchaus zu den Möglichkeiten gehört, sondern um eine zusammenfassende Verdichtung früherer Erlebnisse, den Versuch eines Entwurfs einer für den Autor stimmigen Geschichte. Interviewprotokolle geben in diesem Sinne »[...] Zeugnis von einer *Kompromißbildung*, die aus *selbstwertdienlicher Eindruckslenkung, Sinnstiftung und wahrheitsdienlicher Selbstaufklärung* besteht« (Haubl 1998, S. 27, Hervorhebungen im Original). Dieser Erkenntnis muss die Auswertungsmethode Raum geben können.

### 5.4.1 Auswertung als mehrstufiger Prozess

Dem zuvor formulierten Anspruch wurde durch einen mehrstufigen, zirkulären Prozess Rechnung getragen. Gemäß der skizzierten Forschungsperspektive erschien dabei grundsätzlich eine vertikale wie auch eine horizontale Auswertung sinnvoll (vgl. Leithäuser/Volmerg 1988). »Vertikal« bedeutet hier die detaillierte Analyse eines Einzelfalls bis in die tieferen latenten Sinnschichten hinein, »horizontal« die vergleichende Analyse zwischen den Interviewten mit dem Ziel übergreifender Kategorienbildung. In der vertikalen Analyse steht die Auseinandersetzung mit dem Einzelfall, mit der spezifischen Komplexität und Dynamik des Interviews im Vordergrund. In der horizontalen Deutungsebene wird die Ebene des einzelnen Interviews verlassen und der Versuch unternommen, die Inhalte aller Interviews im Hinblick auf die theoretischen Dimensionen der Existenzgründung zu analysieren und wiederkehrende Muster zu finden.

### 5.4.2 Die Analyse der einzelnen Fälle auf der Grundlage der Grounded Theory als erster Schritt

Es wurden mehrere Auswertungsmethoden angewendet, wobei Basis der Interpretation eine weitgehende Orientierung am Forschungsparadigma der »Grounded Theory« (vgl. Glaser/Strauss 1998) war. Für die Grounded Theory gilt ein mehrstufiges Vorgehen, Interviews durch die Entwicklung sogenannter Codes aufzubrechen und in einem zirkulären Verfahren verstehende Zugänge zum Gesagten zu entwickeln. Gleichzeitig ist in der Grounded Theory angestrebt, im Prozess des Verstehens und Interpretierens schon zu einem frühen Zeitpunkt induktiv zu einer Konzept- und Theoriebildung zu gelangen.

*a) Thematische und formale Sequenzierung des Textes*

In einem ersten Schritt wurde vorab der Text (z. T. mehrfach) gelesen, um eine zusammenfassende Beschreibung bzw. Nacherzählung des Interviews zu entwerfen, die eine verdichtete Beschreibung der berichteten persönlichen Geschichte der Existenzgründung darstellt.

In diesem Kontext wurde eine thematische und formale Sequenzierung des einzelnen Interviews durchgeführt, wobei Kriterien für diese Sequenzierung ein Wechsel des Themas, ein Wechsel des Sprechers oder ein Wechsel im Erzählmodus waren, um beispielsweise Sequenzen zu unterscheiden, in denen es um Erzählungen, Situationsbeschreibungen, Argumentationen o.Ä. geht. Gleichzeitig wurden schon zu diesem Zeitpunkt wichtige, auffällige Textstellen markiert bzw. Notizen angelegt. Außerdem wurde anhand des Textes eine Lebenslinie aus den seitens des Interviewten genannten Daten erstellt, die einen visuellen Eindruck der Existenzgründungsgeschichte und der biografisch als relevant angesehenen Ereignisse beinhaltete. Dieser Analyseschritt diente als Vorbereitungsschritt für die weitere Analyse und um einen ersten Gesamteindruck über das Interview zu ermöglichen.

*b) Thematische Analyse des Interviews durch Kodierungsverfahren*

Danach begann die genauere Arbeit am Text. In den ersten Interviews wurde Zeile für Zeile gelesen und mit dem Verfahren des »offenen Kodierens« gemäß der Grounded Theory gearbeitet, d. h., einer Textstelle bzw. einer Sequenz im Interview wurden bestimmte Begriffe zugeordnet. Dabei wurde das Computerprogramm »MAXQDA 11« als technische Unterstützung zu Hilfe genommen. Die in diesem ersten Schritt entwickelten Begriffe wurden teilweise direkt aus dem Text gewonnen (»In-vivo-Codes«). Darüber hinaus wurden aber an dieser Stelle auch Begriffe und Konzepte relevant und verwandt, die auf dem Hintergrund der Forschungsfragestellung theoriegeleitet eine Rolle spielen und als konzeptuelle Codes beschrieben werden können. Dieses scheinbare Paradox, nämlich einerseits der Anspruch größtmöglicher Offenheit und andererseits der Rückgriff auf theoretische Ressourcen, ist an dieser Stelle unausweichlich: »Der Gesprächsanalytiker muß über alles Mögliche Bescheid wissen und soll doch zugleich der Sicherheit und Relevanz dieses Wissens für die Gesprächsanalyse mißtrauen.« (Deppermann 2008, S. 84). Für die vorliegende Arbeit wurden im Sinne der beschriebenen theoretischen Sensibilität beim Auswertungsprozess die im Theorieteil dargestellten Konzepte aus der empirischen Forschung zur Existenzgründung, aus Entwicklungs- und Sozialisationstheorien sowie alterssoziologischen Konzepten verwandt.

In einem nächsten Schritt wurden die aus den ersten Interviews gewonnenen Codes axial codiert, d. h. zu ersten Hauptkategorien und Hypothesen im Zusammenspiel von Daten und theoretischem Hintergrundwissen gruppiert. Dabei wurden, wie Flick (2009, S. 169) vorschlägt, besonders diejenigen Kategorien ausgewählt, deren weitere Bearbeitung für die Hypothesenbildung besonders vielversprechend erscheinen.

Schließlich wurden Schlüsselkategorien gebildet (z. B. »Selbstheilung«, »Angstabwehr« etc.), die sich wie ein roter Faden durch die Subkategorien ziehen. Jedes neue Interview wurde bei der Fallanalyse zunächst offen kodiert und dann in einem weiteren Schritt mit den bestehenden Kategorien aus den vorherigen Interviewanalysen verglichen. Darüber hinaus wurde im Interpretationsprozess auch thematisch kodiert, da durch die Dreiteilung der Forschungsfrage bestimmte inhaltliche Schwerpunkte vorgegeben waren.

Abschließend fand – nach einer tiefenhermeneutischen Interpretation der Interviews bzw. einzelner Stellen darin – im Sinne des selektiven Kodierens eine Re-Kodierung des gesamten Materials nach den entwickelten Schlüsselkategorien statt.

### 5.4.3 Tiefenhermeneutischer Zugang

Lueger (2010, S. 153) betont, dass die Vieldeutigkeit und komplexe soziale Verankerung der Sprache grundsätzlich nach einer eingehenden Interpretation verlangt, die über eine reine Zusammenfassung und Themenbildung hinausgeht und erst durch tiefer gehende Auslegungsverfahren befriedigend erfasst werden kann.

Man muss davon ausgehen, dass die Motivation und die biografische Einbettung einer Entscheidung zur Existenzgründung auch von vielen, z. T. schwer auszuhaltenden Emotionen, wie etwa Ängsten vor dem Scheitern, Verlustängsten, Existenzängsten etc., begleitet wird, die dem Interviewten nicht bewusst sind, weil sie aus gutem Grund verdrängt werden sollen oder müssen, um die eigene Handlungsfähigkeit und das Selbstwertgefühl aufrechtzuerhalten. Das gilt regelhaft für Emotionen, die entweder als sozial unerwünscht interpretiert werden oder für den Sprecher belastend sind, wie z. B. Angst, Schmerz, Trauer etc., und die durch das Gespräch an die Oberfläche gelangen könnten. Eine solche Möglichkeit gilt natürlich ganz besonders für biografische Interviews, in

Auswertung der Interviews und Generierung der Ergebnisse 145

denen Erfahrungen aus der eigenen Lebensgeschichte gezielt angesprochen werden. Auf der Basis eines psychoanalytischen Verständnisses vom menschlichen Erleben und Verhalten muss davon ausgegangen werden, dass den Probanden ihre wahren Motive nicht vollumfänglich bewusst sind. Das tiefenhermeneutische Verstehen (vgl. Lorenzer 1986; Leithäuser/Volmerg 1988; König 2005; Haubl o. J.) gilt als wirksame Methode, um Zugang zu solchen Erlebnisschichten, wie sie sich in narrativen Interviews darstellen, zu gewinnen. Es wird davon ausgegangen, dass dem Erzähler bestimmte Sachverhalte nicht bewusst sind, d. h., sie sind auch nicht beschreibbar, sondern müssen mithilfe bestimmter Operationen erschlossen werden. Eine zentrale methodologische Grundannahme des tiefenhermeneutischen Vorgehens lautet:

> Die Textproduktion ist bewusst-unbewusst determiniert. Alles, was geäußert wird und wie es geäußert wird, ist nicht zufällig. Der Text gibt die Denkbewegung mit allen Wegen und Umwegen des Sprechers wieder. Insofern hat alles, was sich am Text beobachten lässt, eine Bedeutung, auch wenn sie sich nicht sofort erschließt. Nichts ist zufällig. (Haubl o. J.)

Entscheidend ist, dass sich die tiefenhermeneutische Analyse dabei nicht allein auf eine Analyse des Übertragungs-und Gegenübertragungsgeschehens zwischen zwei Personen, hier dem Interviewten und dem Interviewer, beschränkt. Sie baut darauf auf, dass konkrete Interaktionen zwischen Beteiligten auch ein Ergebnis von Sozialisationsprozessen sind, in denen sich wiederum kulturelle und gesellschaftliche Prozesse niederschlagen. Solche Dynamiken werden nicht nur in Interaktionen, sondern auch in kulturellen Objekten (Räume, Institutionen, dingliche Symbole etc.) übertragen. Dies spielte in der Auswertung besonders bei der Analyse der Bedeutung der Räumlichkeiten, in denen Existenzgründer ihre Selbstständigkeit starten, eine wichtige Rolle.

Zugänge zu den latenteren Sinnschichten ergeben sich in der Regel über Abweichungen von der Wohlgeformtheit der Sprache und Konventionen sowie irritierende Konstellationen in der Beziehung und sind so »Schlüssellöcher« zum Unbewussten (vgl. Haubl o. J.).

In diesem Sinne wurden einzelne Textstellen, die diesen Kriterien entsprachen, gezielter interpretiert, wobei die Analyse innerhalb einer Gruppe und ggf. die Reflexion der Forschungsbeziehung als Mittel genutzt wurden.

*Gruppeninterpretationen*

Als zentraler Zugang im Sinne des tiefenhermeneutischen Verfahrens wird die Interpretation der Texte im Rahmen eines Gruppensettings angesehen. Die Gruppe schafft eine Art Resonanzraum, in dem latente

Inhalte von unterschiedlichen Personen gleichsam im Spiegel wahrgenommen und zurückgespiegelt werden können. Die Arbeit in Gruppen steht dabei in der Tradition der Forschungswerkstätten, wie sie an unterschiedlichen Stellen (z. B. Reichertz 2013; Riemann 2005; Mruck/Mey 1998) beschrieben worden sind.

Für die vorliegende Arbeit standen dabei drei unterschiedliche Gruppen zur Verfügung:

1. Bei der ersten Gruppe handelt es sich um eine am Forschungsinstitut angesiedelte Werkstatt zur tiefenhermeneutischen Interpretation unter dem Titel »Arbeit-Organisation-Beratung«: Die Mitglieder arbeiten in diesem Themenbereich an ihren empirischen Qualifikationsarbeiten (Promotion, Habilitation) und sind bei der Auswertung ihrer Forschungsdaten auf eine Interpretationsgruppe angewiesen. Primäres Ziel der Interpretationswerkstatt ist die wechselseitige Unterstützung bei der Auswertung von empirischen Forschungsdaten aus den eigenen Qualifikationsarbeiten, die nicht allein geleistet werden kann. Die Tiefenhermeneutik ist die zentrale Auswertungsmethode der Interpretationswerkstatt, bestimmt jedoch nicht alleine die Auswertungspraxis dieser Gruppe. Die Interpretationswerkstatt verfolgt einen multimethodischen Forschungsansatz, in dem um die psychoanalytische Grundorientierung herum andere Verfahren der qualitativen Sozialforschung, wie die Grounded Theory, die Metaphernanalyse oder inhaltsanalytische Verfahren eingesetzt werden. Die Mitglieder der Interpretationswerkstatt sind in verschiedenen Methoden psychoanalytisch inspirierter Sozialforschung ausgebildet. Sie arbeiten mit diesen Methoden in verschiedenen Forschungsprojekten am Forschungsinstitut und verfügen z. T. über eine langjährige Praxis in entsprechenden Interpretationsgruppen.

2. Darüber hinaus wurden einzelne Interviews bzw. interessant erscheinende Sequenzen im gemeinsamen Doktorandenkolloquium der Universität Kassel, des Sigmund-Freud-Instituts und der Johann Wolfgang Goethe-Universität Frankfurt a. M. unter Leitung von Prof. Dr. Dr. Rolf Haubl und Prof. Dr. Heidi Möller vorgestellt.

3. Schließlich wurde am Forschungsinstitut eine kleine Interpretationsgruppe mit zwei Studierenden in der Abschlussphase ihres Studiums gebildet, die sich in ihren Arbeiten speziell mit Fragen der Existenzgründung auseinandersetzen.

Die Arbeit in all diesen Gruppen erfolgte im Regelfall nach einem ähnlichen Schema:

Am Anfang wurde ein Moderator bestimmt sowie ein Prozessbeobachter, der handlungsentlastend Notizen machte, die dem Vorstellenden anschließend zur Verfügung gestellt wurden. Teilweise waren die Texte bereits vorher gelesen, ansonsten wurden sie ganz oder teilweise in der Gruppe laut vorgelesen. In der anschließenden Assoziationsphase konnte auf Irritationen wie etwa auffällige Abweichungen vom erwarteten Sprachgebrauch, unverständliche oder mehrdeutige Sequenzen, herausstechende Metaphern, spontane Erinnerungen an eigene Erlebnisse, überraschende Assoziationen oder Widersprüche reagiert werden.

Im weiteren Verlauf wurden die Assoziationen diskutiert und interpretiert, mit bisherigen Eindrücken des Interviewers aus dem Interview verknüpft, wobei immer wieder neue Assoziationen Raum bekamen, die jeweils an konkrete Textstellen angebunden werden sollten. Schließlich erfolgten eine abschließende Phase der Ergebnissammlung und die Formulierung einer Interpretation. Gemeinsam wurde am Schluss – ggf. mithilfe des Beobachters – reflektiert, wie der Interpretationsprozess erlebt wurde, um evtl. noch neue Erkenntnisse zu gewinnen.

*Beziehungsanalyse*

Tiefenhermeneutische Verfahren nutzen in den meisten Fällen auch die im Forschungsinterview entstehende Beziehung zwischen Interviewer und Interviewtem als Quelle zusätzlicher Erkenntnisse. Wie alle Beziehungen im menschlichen Leben entwickeln sich hier Übertragungs- und Gegenübertragungsdynamiken, d. h. unbewusst determinierte Beziehungskonstellationen, in denen sich frühere Beziehungen oder aber latente Beziehungswünsche niederschlagen. Zum einen kann das eine Quelle von Störungen im Interview sein, es bedarf also einer anschließenden Gegenübertragungsanalyse des Forschers, um eigene unbewusste Absichten und Tendenzen erkennen zu können. Auf der anderen Seite stellt die Beziehung ein Reservoir an Verständnismöglichkeiten bereit, die es zu nutzen gilt.

Es ist in diesem Sinne ausgesprochen wichtig, das Interview nicht als reine Erzählung der Interviewten aufzufassen, sondern es als kommunikative Situation auszulegen und der Beziehung zwischen dem Interviewer und dem Interviewten Aufmerksamkeit zu widmen. Das Interview kann auch als Beziehungsraum (Tietel 2000) verstanden werden, in dem sich wichtige, vor allem latente Aspekte des Forschungsthemas spiegeln. Daher soll die sich im Gesprächsverlauf entwickelnde Dynamik der Beziehung zwischen Interviewtem und Interviewer durch eine psychodynamische Beziehungsanalyse in den Interpretationsprozess einbezogen werden. Dabei ist daran zu erinnern, dass Äußerungen im Interview immer auch Selbstdarstellungen des Sprechers sind, durch die er Einfluss auf sein Gegenüber nehmen will. Dabei wird aus psychoanalytischer Perspektive davon ausgegangen, dass dieses Gegenüber nicht allein der reale Gesprächspartner ist, sondern der Sprecher ihn auch als ein Objekt anspricht, das er bewusst-unbewusst in ihm sieht. Im Interview finden also auch Prozesse der Übertragung und Gegenübertragung statt, die den Inhalt und den Prozess der Kommunikation mitgestalten. Die spezifische Form der tiefenhermeneutischen Interpretation der Daten zielt auf genau diese latenten Bedeutungen.

Die Analyse des Interviews soll sich – wenn sie auf ein Verständnis tieferer Dimensionen abzielt – nicht allein auf den Text beschränken, sondern sie bedarf der Einbeziehung des Kontextes und des Beziehungsgeschehens zwischen Interviewtem und Interviewer. Zu diesen Rahmenbedingungen zählen u. a. die soziale Konstitution der Gesprächssituation, also Fragen des Zustandekommens, der Rollen und Funktionen der Beteiligten, der zeitliche Rahmen, der Ort etc. Dies wird unterstützt durch ein Forschungstagebuch bzw. entsprechende persönliche Notizen, in denen dem Interview vorausgehende Prozesse, Fantasien und interviewbegleitende Erfahrungen festgehalten und für die Auswertung zugänglich gemacht werden. Ein typisches Beispiel für eine solche Reflexion war die Analyse des abgebrochenen bzw. aufgrund der Verspätung des Interviewpartners verkürzten Interviews. In der Gestaltung der Beziehung zum Interviewer wurde die narzisstische Struktur der angestrebten Beziehung deutlich, durch die der angstabwehrende Charakter der Existenzgründung erschlossen werden konnte. Die Reflexion innerhalb der Interpretationsgruppen sollte neben der inhaltlichen Bearbeitung auch gewährleisten, dass eigene berufsbiografische Anteile und Verwicklungen aufseiten des Interviewers der Reflexion und Interpretation zugänglich gemacht werden konnten.

### 5.4.4 Verdichtung und Typisierung

An die Analyse der einzelnen Fälle schloss sich ein Vergleich der Fälle an, um Unterschiede und Gemeinsamkeiten zu entdecken. Zwischen den Interviews wurden sowohl einzelne Ausprägungen verglichen als auch die Gestalt des Gesamtprozesses der Existenzgründung. Ein häufiges Ziel qualitativer Forschung ist die Entwicklung von Typen, d. h. die Ausbildung aussagekräftiger und wissenschaftlich nachvollziehbarer theoretischer Konstrukte, die sich an die Forschungsfrage anbinden lassen.

> Mit dem Begriff Typus werden die gebildeten Teil- und Untergruppen bezeichnet, die gemeinsame Eigenschaften aufweisen und anhand der spezifischen Konstellation dieser Eigenschaften beschrieben und charakterisiert werden können. (Kelle/Kluge 2010)

Bei der Typisierung geht es um eine höhere Abstraktionsstufe: Was ist das Gemeinsame zwischen zwei bzw. mehreren Fällen, und zwar unabhängig von den jeweiligen Unterschieden?

Auch die vorliegende Untersuchung zielt nicht auf ein allein fallorientiertes Verständnis, sondern sie versucht, die Ergebnisse fallübergreifend im Sinne der Typenbildung zu systematisieren (vgl. Flick 2009; Kelle/Kluge 2010). Es geht also darum, herauszufinden, ob in den Interviews typische Dynamiken, Prozesse oder Verarbeitungsformen sichtbar werden. Eine solche Typenbildung dient der Verdichtung, die durch mikroskopische Einzelanalysen, einen anschließenden systematischen Vergleich der Fälle nach Inhalten und die Analyse inhaltlicher Sinnzusammenhänge gewonnen wurde, und wird dann in Bezug zu bestehenden theoretischen Konzepten gesetzt. Dabei gibt es mehrere Möglichkeiten: Entweder lassen sich einzelne Personen bzw. Interviews den gebildeten Typen zuordnen oder es gibt eine Typisierung nach Themen bzw. nach theoretischen Konzepten. Durch die Kombination der verschiedenen Auswertungsverfahren, die Abfolge der Schritte und die dadurch entstehenden Muster konnten Gemeinsamkeiten und Unterschiede in den Interviews deutlich hervortreten.

In dieser Arbeit erfolgt eine solche Typenbildung im Hinblick auf Muster von Motivkonstellationen bei der Existenzgründung. Soweit es die Ergebnisse zulassen, werden im Auswertungs- und Interpretationsteil der Arbeit abschließend diese Typen vorgestellt und anhand des gewonnenen Materials verdeutlicht. Dabei soll betont werden, dass es sich um eine thematische bzw. an theoretischen Konzepten orientierte Typisierung handelt. Den genannten Typen der Existenzgründung lassen sich einzelne befragte Personen nur bedingt zuordnen, da die Verschränkung von Motiven, Prozessen und Ressourcen sehr komplex ist und sich einer solchen Vereinfachung weitgehend widersetzt.

Ein vorsichtiger Versuch, diese Typen auch mit den Ergebnissen der beiden anderen Forschungsfragen nach dem Prozess der Existenzgründung und den Ressourcen für eine gelungene Existenzgründung in Zusammenhang zu bringen, erfolgt in der zusammenfassenden Bewertung der Forschungsergebnisse.

*Zusammenfassung*

Die Auswertung der Interviews wurde in folgenden Schritten vollzogen:
Zunächst wurde der einzelne Text im Sinne einer mikroskopischen Detailanalyse (vgl. Deppermann 2008, S. 52) inhaltlich analysiert und mithilfe des Kodierungsverfahrens der Grounded Theory aufgearbeitet. Anschließend wurden die Texte bzw. einzelne Stellen tiefenhermeneu-

tisch interpretiert. Dabei wurden sie zunächst im Sinne einer vertikalen Hermeneutik als einzelne Interviews interpretiert und anschließend übergreifend horizontal interpretiert mit dem Ziel der Generalisierung und Typenbildung. Grafisch lässt sich der Forschungs- und Auswertungsprozess in Anlehnung an Franke (2012, S. 140) wie in Abbildung 2 geschehen darstellen.

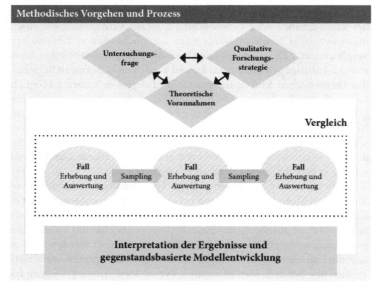

Abbildung 2: Forschungs- und Auswertungsprozess, in Anlehnung an Franke 2012, S. 140

## 5.5 Reflexion über die Rolle des Forschers

Die eigenen Grundannahmen, Wirklichkeitskonstruktionen und verarbeiteten Erfahrungen im Hinblick auf den Forschungsgegenstand lassen sich trotz aller Reflexion und allen Bemühens durch den Forscher nicht gänzlich ausschalten. Sie können bei einer gezielten Auseinandersetzung eine zusätzliche Hilfe zum Verstehen des Beziehungsgeschehens im Interview sein (vgl. Tietel 2000). Die Subjektivität des Forschers kann insbesondere aus tiefenhermeneutischer Perspektive also als ein wertvolles Interpretationsinstrument betrachtet werden, gleichwohl beinhalten die spezifische Biografie des Forschers, sein Vorwissen und die eigene berufliche Situation Gefahren für den Forschungsprozess, wenn sie in ihren Wirkungen unreflektiert bleiben. Daher sollen einige zusätzliche Anmerkungen zur Rolle des Forschers in dem Prozess der Durchführung der Interviews und der Anlage der Untersuchung insgesamt gemacht werden.

Die Entscheidung zur Existenzgründung als Selbstständiger ist Teil der beruflichen Biografie des Autors dieser Studie, auch wenn sie lebensgeschichtlich früher (mit 43 Jahren) fiel als bei den Interviewten des untersuchten Samples. Er ist somit seit ca. 20 Jahren selbstständig als Berater, Trainer und Coach tätig. Davor war er zehn Jahre in leitenden Funktionen als Führungskraft aktiv. In diesem Sinne ist er mit seiner eigenen (Berufs-)Geschichte selbst involviert, aber auch für die Befragten (denen diese Information heute grundsätzlich verfügbar ist durch Website, Internet etc.) möglicherweise ein »Vertrauter« bzw. ein Modell, das Interesse, Sehnsucht, Neid oder auch Skepsis erweckt. Dies spiegelt sich in einigen Interviews durch entsprechende Nachfragen der Interviewpartner vor Beginn oder nach Abschluss des »offiziellen« Interviews wider. Auch Interesse an einer Kooperation mit dem Forscher in anderen beruflichen Kontexten wird an der einen oder anderen Stelle spürbar. Außerdem wurde hier und da der Wunsch deutlich, durch das Interview Zugang zu neuen Feldern, insbesondere zum Forschungsinstitut im Hintergrund der Studie zu erhalten.

Ein weiterer Punkt ist die methodische Gestaltung der Durchführung der Interviews. Die Entscheidung für biografisch-narrative Interviews im Rahmen qualitativer Forschung zeitigt einige Vor- und Nachteile. Da auch Supervision und Coaching als Beratungskonzepte, die der Autor in seinem Hauptberuf verwendet, sinnverstehende Beratungsformen sind, gibt es eine unübersehbare Nähe zwischen seinem Forschungsvorgehen und seinen sonstigen beruflichen Tätigkeiten und typischen Interventionen, etwa was das Bemühen um die Entdeckung tieferer Sinnstrukturen und die Einbeziehung latenter Ebenen, ein bestimmtes Konzept von Distanz und Neutralität etc. angeht. Diese Nähe erleichtert das Verstehen, da es in gewisser Weise geübt ist, es erschwert aber auch eine genaue Definition und Abgrenzung zwischen den beiden Gesprächsformen, da auch die Interviewten um die Kompetenz des Forschers »im Hintergrund« wissen und sich womöglich latent Hilfe für ihre z. T. durchaus schwierige berufliche Situation wünschen. Um eine klare Rollentrennung zu vollziehen, wurde im Rahmen eines anderen, der Untersuchung vorausgehenden Forschungsprojekts gezielt eine Form der Interviewführung eingeübt und reflektiert, die der Technik des biografisch-narrativen Interviews entspricht. So wurde es leichter, die Chancen, die aus einer Supervisions- und Coachingkompetenz resultieren, etwa das ruhige Abwarten bei entstehenden Pausen, das assoziative Nachfragen etc., zu nutzen. Gleichzeitig konnte vermieden werden, auf offene oder latente Bitten der Befragten nach weiterer Kooperation einzugehen. So war es leichter, Rollenvermischungen auszuschließen.

Sich selbstständig zu machen war und ist ein innerhalb der Profession der Supervisoren (zu der der Verfasser gehört) treibendes, wenn auch häufig nicht offen geäußertes Ideal. Selbstständigkeit bzw. Freiberuflichkeit galt unter Supervisoren lange Zeit als eine gelungene Form der Emanzipation aus institutionellen hierarchischen Verhältnissen und gewissermaßen als Nachweis der »Reife« und der für erwachsene, kritische Menschen erstrebenswerten Unabhängigkeit. Diese Idee der Selbstständigkeit orientierte sich mehr oder weniger offen am Beruf des Therapeuten in eigener Praxis. Es äußerte sich in Begrifflichkeiten (»Supervisionspraxis«), Organisationsformen (Einzelpraxis) und Arbeitsstrukturen und -routinen (Dauer und Frequenz der Beratung).

Zu Beginn meiner Untersuchung, insbesondere beim Versuch, die Fragestellung möglichst genau zu definieren, spielte im Hintergrund die Gefahr einer unbewussten Idealisierung der Existenzgründung als erstrebenswertes Ziel im beruflichen Leben eine wichtige Rolle. Ursprünglich sollte untersucht werden, inwieweit generative Motive im Sinne Eriksons (1973) bedeutsam sind. Aufgrund der Berufsbiografie des Autors bestand anfangs eine solche Tendenz zur Idealisierung und zur Abwehr schwierigerer Aspekte der Existenzgründung, etwa hinsichtlich der Verarbeitung der Trennung aus dem institutionellen Kontext oder Phasen des Zweifels bis hin zu Momenten der Verzweiflung, wie sie bei einigen Probanden spürbar waren. So war er davon ausgegangen, dass die Entscheidung zur Existenzgründung jenseits des 50. Lebensjahres vermutlich stark von generativen Motiven getragen ist. Durch mehrere Gespräche innerhalb des Doktorandenkolloquiums und Auseinandersetzungen mit einer Gruppe von Kollegen wurde deutlich, dass darin eine Engführung angelegt war, durch die möglicherweise wertvolle Ergebnisse in ganz andere Richtungen verloren gehen könnten. Im Sinne eines qualitativen Vorgehens, dessen Kernidee die Ergebnisoffenheit und die Suche nach bisher unbekannten Erkenntnissen ist, kam es daher darauf an, die Fragestellung so offen wie möglich zu halten. Neben positiv besetzten Motiven – wie z. B. der Generativität – können ja viele, auch weniger »hehre« Motive bei der Existenzgründung offen oder latent eine Rolle spielen. Außerdem stellte sich die Frage, ob die postulierte Generativität nicht auch eine Verleugnungsfunktion gegenüber den im zunehmenden Alter auftretenden Ängsten vor Verlust, Trennung, Tod und Sterben hat. Dieser Option galt es durch die Anlage der Studie Rechnung zu tragen.

Die eigene Geschichte als Existenzgründer impliziert also zusammenfassend ohne Frage die Gefahr eigener Verwicklungen, emotionaler Blockaden oder angenommener Selbstverständlichkeiten. Auch aus diesem Grund war die Reflexion der Interviews im Rahmen einer Interpretationsgruppe ganz besonders wichtig.

# 6 Ergebnisse der Untersuchung

In diesem Kapitel werden die Ergebnisse der empirischen Untersuchung strukturiert dargestellt und in bestehende Theorien eingeordnet. Darauf aufbauend werden neue theoretische Überlegungen angestellt und Hypothesen für weitere Untersuchungen entwickelt.

Die Darstellung folgt einem wiederkehrenden Schema: Zunächst wird einer der Interviewten kurz porträtiert, um ein Bild der jeweiligen Person entstehen zu lassen. Anschließend werden anhand von Interviewausschnitten dieses Gründers, ergänzt aus den anderen Interviews, zentrale Befunde erläutert. Diese werden zusammenfassend mit bestehenden theoretischen Konzepten abgeglichen und diskutiert.

Illustrierend sind wörtliche Zitate aus den verschiedenen Interviews eingefügt. Innerhalb einzelner Interviews erfolgt dies durch die Angabe der Zeile, mit der das Zitat beginnt wie z. B.: »(403)«. In zusammenfassenden Kapiteln, in denen Zitate aus unterschiedlichen Interviews herangezogen werden, wird der Zeilennummer jeweils das Kürzel des Interviewten vorangestellt, wie z. B.: »(G., 405)«

Die Gliederung dieses Kapitels folgt den drei bereits mehrfach genannten zentralen Fragestellungen für diese Untersuchung:

*1. Was sind die zentralen – auch unbewussten – Motivkonstellationen, die zur Existenzgründung geführt haben, und wie lassen sich diese (berufs-)biografisch verstehen?*
Antworten dazu finden sich in Kapitel 6.1.

*2. Wie verläuft der Prozess der Existenzgründung als Statusübergang und welche Erfahrungen machen dabei die Befragten?*
Antworten dazu finden sich in Kapitel 6.2.

*3. Welche Gelingensbedingungen, welche internen und externen Ressourcen auf der persönlichen, sozialen und strukturellen Ebene beeinflussen, unterstützen oder beeinträchtigen den Prozess der Verselbstständigung?*
Antworten dazu in Kapitel 6.3.

## 6.1 Biografische Motivkonstellationen und psychosoziale Funktionen der Existenzgründung

Was sind die Beweggründe für die Entscheidung zur Existenzgründung, wie sind diese biografisch eingebettet und welche psychosozialen Funktionen erfüllt die neu gewonnene Selbstständigkeit?

Die im Folgenden als »Dimensionen« beschriebenen drei psychosozialen Funktionen der Existenzgründung entsprechen grundlegenden Reaktionen, emotionalen Zuständen und Motiven, wie sie in vielen individuellen und organisatorischen Veränderungsprozessen auftreten und mit den Begriffen des »suffering self, managing self und creative self« (vgl. Smith 2003) beschrieben worden sind. Es handelt sich dabei um komplexere Motivbündel und Konstellationen, die ineinandergreifen und in der Befragung nicht isoliert auftraten.

Wie im ersten Fallbeispiel deutlich wird, lassen sich diese Beweggründe nicht eindeutig auf einen einzelnen Aspekt reduzieren, sodass sich eine Typisierung, anhand derer sich die einzelnen Personen zuordnen ließen, eher verbietet. Allerdings lassen sich die Beweggründe, die z. T. nur aus unbewussten Motiven erschlossen werden können, bestimmten unterschiedlichen Dynamiken zuordnen, die im Folgenden als »Dimensionen« bezeichnet werden. In den meisten Fällen tauchen sie als Mischformen auf. Allerdings lassen sich die jeweiligen Interviewten anhand bestimmter dominanter Dimensionen charakterisieren. Aus diesem Grund wird bei der Beschreibung der Dimensionen jeweils ein Kurzprofil eines bestimmten, für den beschriebenen Aspekt typischen Interviewpartners vorangestellt.

Der Begriff der »Dimension« wird auch deswegen benutzt, weil man sich die jeweilige Ausformung bei der einzelnen Person als einen bestimmten Wert auf einer vorgestellten Skalierung vorstellen muss. So kann – bezogen auf einen einzelnen Interviewpartner – auf einer angenommenen Skala von 1–10 für jeden Befragten ein bestimmter Wert beschrieben werden. Gleichzeitig lässt sich für die gleiche Person also auf der vorgestellten Skala hinsichtlich der anderen Dimension ebenfalls ein anderer Wert annehmen, und schlussendlich gilt das auch für die dritte hier genannte Dimension. Die einzelne Person ist also mehr oder weniger reparativ, mehr oder weniger protektiv, mehr oder weniger innovativ. So ergibt sich für jede Person ein bestimmtes Muster, wobei einzelne Personen in der Regel in einer der Dimensionen einen deutlichen Schwerpunkt haben, ohne dass sich daraus ein eindeutiger »Typ« herauskristallisieren ließe. Es gibt also (ohne dass dies zahlenmäßig genau festzulegen ist) jeweils bei den Personen in den einzelnen Dimensionen ein »mehr oder weniger«. Die in den jeweiligen Kapiteln ausführlicher vorgestellten Interviewpartner haben in der beschriebenen Dimension jeweils eine dominante Ausprägung. Die spezifischen Mischungen bei den einzelnen Personen sind daher eher individuelle Identitätsbeschreibungen, es gibt keine polaren Typen und Gegentypen.

Darüber hinaus muss betont werden, dass grundsätzlich auch andere Dimensionen denkbar sind. So könnte man die Interviews z. B. auch unter dem Aspekt einer »rebellischen« oder »generativen« Dimension beschreiben. Das Interviewmaterial legt jedoch die im Folgenden beschriebene Schwerpunktsetzung nahe. Andere Dimensionen spielen aber in den Interviews in einer übergreifenden und vergleichenden Sicht eine nachrangige Rolle. In der Untersuchung habe ich nicht vorrangig eine umfassende Beschreibung von Dimensionen intendiert, sondern versucht, die wichtigsten Motive und Motivkonstellationen herauszuarbeiten.

### 6.1.1 Die reparative Dimension der Existenzgründung: Zwischen Verwundung und Selbstfürsorge

In fast allen Interviews wurde deutlich, was bereits Kontos (2008) als überraschende »Entdeckung« benannt hatte, nämlich die Erkenntnis, dass Existenzgründungsprozesse in einzelnen Fällen vorrangig als »Self-Healing Project« angesehen werden müssen. Damit ist gemeint, dass Entscheidungen zur Existenzgründung reaktiv verknüpft waren mit vorhergehenden Erfahrungen erheblicher gesundheitlicher Bedrohung oder gar Beeinträchtigung auf der körperlichen oder psychischen Ebene. In der *»reparativen Dimension«* geht es darum, dass die Existenzgründung einen Versuch darstellt, schmerzhafte und ängstigende Erfahrungen unter Kontrolle zu bekommen und erlittene Beschädigungen unterschiedlichster Form zu heilen. Man kann den Existenzgründer, bei dem diese Dimension vorherrschend ist, auch als einen zunächst stark mit inneren Prozessen beschäftigten Menschen beschreiben, dessen Merkmal die Verarbeitung psychischer Verletzungen und Beeinträchtigungen ist. Diese Situation führt zu einer Verlangsamung des Existenzgründungsprozesses und zu einem temporären Rückzug in geschützte äußere und soziale Räume.

Ausgangspunkt der Existenzgründung als »self healing project« (Kontos 2008) ist zunächst ein Gefühl von Enttäuschung, Kränkung und Zurückweisung im Bereich der beruflichen Rolle. Es geht um Störungen der Bindung an die und die Identifikation mit der Organisation, um Brüche im psychologischen Vertrag, das Zerbrechen des »Organizational Commitment« (Czander/Lee 2001) und des Gefühls der Zugehörigkeit (Tietel 2012). Diese Prozesse verlaufen gelegentlich langsam und fast unbemerkt als schleichende Entfremdung, teils stürmisch oder mit aufwühlenden und traumatischen Erlebnissen. Sie sind Ergebnis von organisatorischen Umstrukturierungen, Fusionen, Reorganisationsprozessen oder dem Wechsel wichtiger Entscheidungsträger. Die durch diese Prozesse durchbrochene innere Abwehr schafft einen Raum, in dem auch andere Probleme aus der eigenen Lebensgeschichte oder aus dem sozialen Umfeld an die Oberfläche kommen. Vor allem treten unbewältigte Konflikte und Lebensaufgaben wieder auf den Plan. Jeder Mensch hat im Laufe seines Lebens bestimmte Lebensaufgaben zu erfüllen und psychische Konflikte zu bewältigen (vgl. Erikson 1973). Diese Aufgaben werden aber nicht immer ausreichend oder vollständig gelöst, es bleiben unerledigte Konflikte, unerfüllte Wünsche oder auch Traumata zurück, die latent die Lebensführung beeinflussen. Sie konstituieren eine spezifische Verwundbarkeit (vgl. Haubl 2016), können aber natürlich auch Triebkraft für Entwicklungen und Veränderungswünsche sein. Dafür bietet die aufgebrochene Situation einen Rahmen, eine Art »potential space« (Winnicott 1984). Dies gilt offensichtlich ganz besonders für nicht gelöste Abhängigkeiten, ungelöste ödipale Konflikte, wie etwa zu starke Rebellionstendenzen oder Idealisierungen insbesondere von Vaterfiguren. Es brechen alte Autonomie- und Abhängigkeitskonflikte auf, zu deren Bearbeitung die Existenzgründung einen wichtigen Beitrag leisten kann. In gewisser Weise gerät diese auch zu einer Art dritter bzw. vierter Individuation. Sie geht in dieser Konstellation häufig einher mit einer ausgedehnteren Übergangsphase, die u. a. der Entgiftung von schädlichen Einflüssen aus der aktuellen Situation zum Ziel hat. Darüber hinaus bedeutet sie aber auch – ähnlich wie in der Adoleszenz – eine z. T. schwierige Ablösungsphase aus dem sozialen Kontext beruflicher Organisationen, die für eine lange Zeit auch als »Übertragungsnest« (Schulte 1977) gedient haben können. Möglicherweise nicht ganz zufällig verläuft dieser Prozess gelegentlich parallel zu der Ablösung der eigenen leiblichen Kinder der befragten Existenzgründer, die vermutlich auch als schmerzhaft erlebt und von Trauer begleitet wird.

In diesem Sinne ist die Existenzgründung als Selbstheilung auch eine Ressource zur Bewältigung schwieriger und kritischer Lebenssituationen (vgl. Haubl 2016) auf unterschiedlichen Ebenen. In gewisser Weise stellt die Herausforderung durch die Veränderungen im Unternehmensbereich eine »letzte Chance« dar, bestimmte Entwicklungen nachzuholen oder im Sinne der Nachträglichkeit (vgl. Kirchhoff 2009) zu Ende zu bringen. Die Beweggründe zur Existenzgründung weisen in diesem Fall vielfältige Bezüge zur eigenen Lebensgeschichte bzw. Berufsbiografie auf und können ohne diese Faktoren nicht ausreichend verstanden werden.

Im Folgenden sollen einzelne Aspekte dieses Motivationstyps zunächst anhand der Existenzgründung von Herrn H., ergänzt um Erfahrungen anderer interviewter Existenzgründer, verdeutlicht werden. Anschließend werden die Erkenntnisse mit Hilfe weiterer Interviews verdichtet und theoretisch eingeordnet.

### 6.1.1.1 Gründerporträt Herr H.

*Zur Person*

Herr H. ist zum Zeitpunkt des Interviews 61 Jahre alt. Er hat sich im Alter von 60 Jahren nach einer längeren Pause – wegen eines Burn-outs – selbstständig gemacht. Die Frau sichert das Basiseinkommen der Familie während des Aufbaus der Selbstständigkeit von Herrn H.

*Gründungsobjekt*

Herr H. ist seit fast einem Jahr als Freiberufler tätig. Er hat gemeinsam mit einem älteren Kollegen, der bereits pensioniert ist, eine Beratungspraxis gegründet. Sie teilen sich eine Büroetage mit mehreren Räumen im Zentrum der Stadt J. im westdeutschen Raum.

*Berufsbiografie und Karriereentwicklung*

Auf den ersten Blick auffällig ist, dass Herr H. seine berufliche Entwicklung in einem – gemessen an seiner späteren Vorstandsrolle – fremden Arbeitsbereich beginnt. Er arbeitet 20 Jahre in der Sozialarbeit, macht dort im klassischen Sinn Karriere und übernimmt Führungsrollen. Zehn Jahre lang entwickelt und managt er Projekte bei einem Träger der Sozialhilfe. Er wird stellvertretender Geschäftsführer, kann dann aber nicht weiter in den Vorstand aufsteigen. Möglicherweise aufgrund der darin liegenden latenten persönlichen Kränkung und Zurückweisung spielt er zu diesem Zeitpunkt erstmals mit dem Gedanken, sich selbstständig zu machen, verwirft aber diesen Plan, da der avisierte Partner für die Existenzgründung anderweitig eine lukrative Stelle angeboten bekommt. Eine überraschende Veränderung geschieht, als ihn ein guter Freund, der mit zwei Kompagnons ein Unternehmen in einer boomenden Branche gegründet hat, bittet, im neu gegründeten Unternehmen die Rolle der Personalleitung zu übernehmen. Was Herrn H. zum Wechsel der Rolle und der Branche animiert, ist die gemeinsame Idee einer »beteiligungsorientierten Führung«. Bemerkenswert ist, dass hier ein persönlicher Übergang vom Non-Profit-Bereich in den ökonomischen Sektor und damit einen von anderen Werten und Dynamiken bestimmten Bereich geschieht. Tragend für diese Entscheidung ist die freundschaftliche Verbindung, die Herr H. zu einem der Gründer und Vorstandsmitglieder hat.

Herr H. bleibt mehr als zehn Jahre in dieser Funktion, von der er selbst sagt, dass sie ihm Spaß mache und ihn herausfordere. Lediglich mit den administrativen Aufgaben hat er Schwierigkeiten, was ihn aber zum damaligen Zeitpunkt nicht grundsätzlich stört. Das verändert sich mit dem Ausscheiden seines Freundes aus dem Vorstand: Herr H. bekommt nach neun Jahren im Unternehmen selbst die Option, in den Vorstand des Unternehmens aufzurücken, etwas, was ihm in seiner früheren Tätigkeit verwehrt blieb, und nimmt dieses Angebot an, auch weil er Sorge hat, andernfalls unter einem unbekannten neuen, von außen kommenden Vorstand zu arbeiten. Nach drei Jahren Tätigkeit im Vorstand, in denen das Unternehmen aufgrund des zunehmenden wettbewerblichen Drucks ins Schlingern gerät, erkrankt Herr H. und entwickelt ein Burn-out, was ihn schließlich zu der Entscheidung bringt, das Unternehmen zu verlassen und sich selbstständig zu machen.

### *Biografische Besonderheiten*

Bei Herrn H. gibt es wenig familiäre Erfahrungen mit einer selbstständigen Tätigkeit. Herr H. bezeichnet sich selbst als von Kindheit an introvertiert, was ihm im Rahmen seiner Selbstständigkeit dann besondere Anstrengung abfordert, wenn er dort den ersten Schritt in Richtung Vertrieb machen muss.

Interessant ist, dass Herr H. immer wieder von seiner »Chefallergie« spricht. Er hat eine grundsätzliche Ambivalenz gegenüber Vorgesetzten und Führungspersonen und tendiert zum Kampf und zu »Reibereien«, wie er es selbst benennt. Diese eher oppositionelle Haltung zeigt sich in einem Widerstand gegenüber dem gesamten Bereich der Ökonomie. Es scheint so, als ob es bei Herrn H. eine unabgeschlossene innere, ödipal gefärbte Auseinandersetzung mit dem Vater gibt; er sucht den Kontakt zu Männern, mit denen er gut zusammenarbeiten kann, aber es entstehen auch immer wieder grundsätzliche Konflikte und Unverträglichkeiten. Eine Ambivalenz zwischen Ablösungswunsch und Nähebedürfnis ist unübersehbar, weswegen er von sich sagt, dass er die Einsamkeit fürchte. Am besten ist es, wenn er kooperativ mit Männern zusammenarbeiten kann.

### *Existenzgründung – Motive und berufsbiografische Einbettung*

#### Der »Honeymoon«

Die Geschichte beginnt wie viele Berufsbiografien der interviewten Personen: Am Anfang steht eine als positiv und reizvoll erlebte Herausforderung zur beruflichen Weiterentwicklung. Herr H. bekommt das

Angebot, nach der am Ende frustrierenden und kränkenden Erfahrung im Non-Profit-Bereich, wo ihm trotz guter Qualifikation ein weiterer Aufstieg verwehrt wird, in einer neuen Rolle gestaltend tätig werden zu können. Es ist schon immer sein Wunsch gewesen, selbst bestimmen zu wollen, Ideen zu verwirklichen und etwas zu bewegen und nicht auf bürokratische Hürden zu stoßen.

*»Ich war ja selbst Führungsmensch, und ich hatte auch einen Chef, der da ganz interessant war. Ein bisschen alt und hausbacken, aber er hat sich viel Gedanken gemacht. Also da konnte man mit so einer guten Reibung auch einiges entwickeln und lernen. Und das war eigentlich der inhaltliche Punkt, warum ich gesagt habe, ach, das könnte ich mir jetzt gut-, das könnte ich mir jetzt gut vorstellen. Wenn Sie mir damals die Wahl gegeben hätten, würdest du das Gleiche gerne in einer Non-Profit-Organisation machen, hätte ich gesagt, ja. Das ist komisch bei mir, ich finde eigentlich Unternehmer klasse, ich finde, etwas zu machen, was nach vorne zu bringen, das finde ich klasse, aber das ganze System (lacht), in dem das stattfindet, das finde ich eigentlich mittlerweile wieder so krank wie als junger Mensch (lacht).«* (323)

Es passt einfach, was ihm der befreundete Kollege da anbietet, und selbst die Ambivalenz gegenüber dem Wirtschaftsbereich kann temporär zurückgestellt werden.

### Erste Risse und der Verlust wichtiger Identifikationsfiguren

Erste Risse entstehen, als die administrativen Aufgaben, die Herr H. nicht gerne mag, eine immer größere Rolle einnehmen. Dies hat auch mit dem starken Wachstum des Unternehmens zu tun, die *»Firma explodiert«*:

Herr H. fühlt sich überfordert, seine inneren Vorstellungen und Arbeitsprinzipien lassen sich unter dem zunehmenden Druck nicht weiter aufrechterhalten und bedrohen zum ersten Mal seine Gesundheit. Das, was vorher so gut gepasst hat, bekommt Risse, das Gesamtgefüge beginnt ins Wanken zu geraten. Wirklich schwierig wird es in dem Moment, wo der Freund, der Herrn H. ins Unternehmen geholt hatte, gemeinsam mit anderen Partnern das Unternehmen verlässt. Erstmals tritt ein Gefühl der Unsicherheit, des Verlassen-Seins und der Einsamkeit auf – ein Punkt, der später noch eine größere Rolle spielen wird. Aus Vernunftüberlegungen und gegen seine inneren Widerstände entscheidet sich Herr H. schließlich dennoch, die ihm angebotene Rolle im Vorstand zu übernehmen:

## Strategische Umorientierung

Zum Problem wird die schon mit innerem Widerstand getroffene Entscheidung nun durch äußere Entwicklungen. Die Branche, in der er tätig ist, gerät aufgrund zunehmender Konkurrenz in eine kritische Situation. Die neuen Vorstände verfügen nicht über die Kenntnisse und Erfahrungen wie die vorherigen und geraten immer weiter unter Handlungs- und Entscheidungsdruck. Die Krise des Unternehmens führt zu strategischen Veränderungen und damit auch zu einer Veränderung der Rolle von Herrn H. Seine sozialen Kompetenzen sind zunehmend weniger gefragt oder sie reduzieren sich auf akute Kriseninterventionen und nicht mehr auf die ursprünglich gedachte Entwicklung einer neuen Führungskultur, Herr H. wird zum »Feuerwehrmann«, zum Feigenblatt des neuen Vorstands:

*»Also ich bin dann schon in viele Situationen einfach geschickt worden: Mensch, das klappt da nicht, geh doch mal hin und gucke, ob du da irgendwas machen kannst. Also mehr oder weniger (heikle) Situationen, halt immer, wenn es irgendwo gemenschelt hat und ihnen um die Ohren geflogen ist, dann war ich da so ein bisschen Handaufleger, der dann irgendwie diese Situation geklärt hat.« (592)*

## Werteverlust

In diesem Prozess kommt es zu einem zunehmenden Verlust an Möglichkeiten, seine eigenen Werte zu verwirklichen, die Herrn H. bei der Aufnahme der Tätigkeit und generell in seinem beruflichen Leben wichtig waren: Es fehlt ihm an nötigen Freiräumen, er kann seine geduldige und auf Nachhaltigkeit orientierte Arbeitsweise nicht mehr beibehalten. Er ist gezwungen, Dinge zu tun, die nicht seinen Kompetenzen entsprechen, und er muss seine Ideale von guter Führung opfern, *»dieses, du machst gar nicht mehr das, was Du wirklich gerne machst« (49)*. Die Krise im Verhältnis zwischen Herrn H. und seiner Firma spitzt sich zu:

*»Also die letzten Jahre habe ich es wirklich als Korsett empfunden. Das fand ich schon interessant, je weiter oben, desto weniger Freiraum.« (197)*

Biografische Motivkonstellationen und psychosoziale Funktionen 163

**Verlust der Anerkennung**

Aber noch zieht Herr H. aus dieser Erfahrung keine Konsequenzen. Im Gegenteil, als sein Freund, der inzwischen nicht mehr im Unternehmen ist, ihn bittet, zum Wohle des Unternehmens noch ein wenig dort zu bleiben, engagiert sich Herr H. offensichtlich über seine körperlichen und psychischen Grenzen hinaus. Bevor diese Überforderung manifest wird, muss er aber miterleben, wie er zum Objekt von Kritik wird. Offensichtlich ist der Vorstandssprecher, der stark unter ökonomischen Druck steht, mit der Arbeitsweise von Herrn H. nicht mehr zufrieden:

*»dann gibt es einen völlig überlasteten Vorstand, der lauter kleine Einzelentscheidungen trifft, und dann geht das Unternehmen den Bach runter. (...) Andersrum kann man vielleicht erzählen, der H., der braucht immer so lange, der braucht immer so viel Grundorientierung, der braucht so lange, bis er sich die Orientierung geschaffen hat. Das kann auch richtig sein von der anderen Seite her. Aber ich kann nur aus mir raus (leben) und (...), was ich für richtig halte, und das hat einfach nicht mehr reingepasst und hat dann auch dazu geführt, dass die Zusammenarbeit mit meinem Vorstandssprecher für mich unaushaltbar geworden ist.« (468)*

Nachdem deutlich geworden ist, dass Herr H. dieser veränderten Situation nicht mehr gewachsen ist, erscheint es auch nicht verwunderlich, dass der Vorstand ihn gerne aus dem Unternehmen drängen möchte.

**Erkrankung**

Bevor es dazu kommen kann, spitzen sich die Symptome von Herrn H. aber in bedrohlicher Weise zu. Er entwickelt Schlafstörungen und steuert auf die entscheidende Situation zu, in der ihm deutlich wird, dass die innere Bindung und Identifikation mit dem Unternehmen zerbrochen ist und die Distanz und gespürte Ablehnung ihn massiv schädigen:

*»Also es war mir sofort klar, als ich da krank geworden bin, das war so eine-, die Konzentration war abgeschaltet, das Gedächtnis hatte schwere Lücken, ich habe einfach nichts mehr auf die Beine gekriegt. Ich wollte was sagen und es ist was Anderes dabei rausgekommen. War, Gott sei Dank-, also die akute Phase waren drei Wochen« (53)*

Die Einsicht kommt ihm im Rahmen einer Vorstandssitzung, er verlässt die Sitzung, dann das Unternehmen und begibt sich in ärztliche Behandlung mit der Diagnose »Burn-out« und »depressive Reaktion«.

### Trennung und Existenzgründung

Herr H. spricht davon, dass ihn »der Körper abgeschaltet hätte« (46), der Ausstieg erfolgt also zunächst nicht als bewusste Entscheidung. Zwar hat Herr H. schon vorher Fluchtgedanken gehabt, aber er ist bis zu diesem Zeitpunkt eher Objekt des Prozesses als aktiv Handelnder. Möglicherweise hat dies auch mit den vielfältigen subtilen Kränkungen und Abwertungen zu tun, die ihm unter dem wachsenden ökonomischen Druck widerfahren. In einer symbolisch hoch aufgeladenen Szene seines Ausstiegs wird deutlich, wie Herr H. diesen Prozess möglicherweise erlebt, nämlich als eine Form von Abstieg:

> *»Das ist so komisch, als ich an diesem Tag runtergefahren bin mit dem Aufzug und rausgegangen bin auf zitternden-, ziemlich zitternden Knien, da wusste ich, dass ich nicht wieder zurückkomme. Das war so ein, da gehe ich nicht wieder hin. Das hat mich in eine Situation gebracht, das ist so blödsinnig, was ich hier mache, dass ich so hier stehe, in so einer Verfassung, das muss ein Ende haben.«* (540)

Er fährt mit dem Aufzug hinunter und seine Knie zittern, vermutlich vor Angst, Wut und Traurigkeit, aber es ist der erste Schritt zur Erdung, die dann in der Existenzgründung ihren Abschluss findet. Dieser Prozess dauert jedoch, zunächst muss sich Herr H. erholen und sich mit den erlittenen Kränkungen und Frustrationen auseinandersetzen. Nach einer Orientierungsphase entscheidet er sich, gemeinsam mit einem älteren Kompagnon eine Beratungspraxis aufzubauen, in der er zunächst vorrangig Angebote macht, die seiner ehemaligen Tätigkeit im Personalbereich entsprechen und die er immer schon einmal verwirklichen wollte.

### 6.1.1.2 Reparative Funktion der Existenzgründung – Merkmale und biografische Bedeutung

Was in diesem Prozess deutlich wird, ist der Wunsch, durch die Existenzgründung und die Angebote, die in der freiberuflichen Tätigkeit gemacht werden, erlittene Enttäuschungen, Kränkungen, Verluste und Prozesse des Ausgeschlossen- und nicht mehr Anerkannt-Werdens zu heilen. Im Fall von Herrn H. deuten mehrere Anzeichen auf eine solche Funktion hin.

Zunächst schließt die Tätigkeit an die inhaltlich bereits vorher ausgeübten Funktionen an: Herr H. kann nun, ohne sich rechtfertigen zu müssen, seine Vorstellungen von Personalführung und Personalentwicklung verwirklichen und die Wertschätzung erfahren, die ihm zum Ende seiner Funktion als Personalvorstand vorenthalten wurde. Er kann durch die von ihm nun alternativ gewählte Struktur seiner Freiberuflichkeit, mit einem Partner gemeinsam zu arbeiten, an die verloren gegangene Beziehung zu seinem Freund anknüpfen, die ihm den Wechsel aus dem sozialen Bereich in die Wirtschaft erst ermöglicht hatte. Möglicherweise hat die Kritik, die zum Schluss an ihm geübt wurde, auch seinem Selbstwertgefühl mehr zugesetzt, als er im Interview ausspricht. Unbewusst mag angesichts des ökonomischen Drucks und der daraus resultierenden Fixierung auf Zahlen auch die Frage mitgeschwungen haben, ob er als Pädagoge tatsächlich den Regeln und Forderungen der ökonomischen Welt gewachsen ist.

Aufschlussreich ist im Zusammenhang mit der Hypothese der reparativen Funktion der Existenzgründung auch die Bezeichnung, die Herr H. und sein Geschäftspartner ihrer Firma geben: Sie nennen sie »Praxis«. »Praxis« ist in der Beratungsbranche ein aktuell relativ seltener Begriff und tauchte eher in den Anfängen der professionellen Entwicklung der Supervision auf. Er erinnert an das Gesundheitswesen, in dem sich niedergelassene Ärzte und Psychotherapeuten in Praxen organisieren. Die Existenzgründung hat auch auf institutioneller Ebene symbolisch die Funktion eines »Selbstheilungsprojekts«, um erlittene Kränkungen und gesundheitliche Beeinträchtigungen zu heilen oder aber zumindest deren Heilung zu ermöglichen.

### 6.1.1.3 Zusammenfassende Beschreibung und theoretische Einordnung

Existenzgründung als »Repair Work« (Kontos 2008) bedeutet den Versuch, drohende oder bereits erlittene Beschädigungen unterschiedlichster Art zu reparieren und zu heilen. Diese Dimension verweist also darauf, dass die Existenzgründung meist auch eine Funktion hat, die »rückwärts« gerichtet ist in dem Sinne, dass sie Vergangenes bewältigen helfen soll. Dies ist auch der Grund dafür, dass diese Prozesse von den Existenzgründern meist nicht direkt benannt werden, sondern unbewusst erfolgen. Dabei zielt die Selbstheilungsdynamik in der Existenzgründung auf die Bewältigung von Enttäuschungen, die sich zunächst als Beziehungsenttäuschungen zeigen und dann z. T. auf die psychische Struktur destabilisierend wirken können. Erkrankungen, körperlich oder psychisch sind eine potenzielle Gefahr, sie treten aber nicht in allen Fällen auf. Dieser Mechanismus soll im Folgenden ausführlicher illustriert werden.

Wenn man die Entwicklung von Herrn H. in Richtung Existenzgründung beschreiben will, folgt diese einem wiederkehrenden Muster bei vielen der befragten Existenzgründer. Nach einer Zeit hoher Identifikation mit ihrer Arbeit und der Organisation, in der sie tätig sind, die häufig mit einem intensiven persönlichen Erlebnis und/oder einer starken Bindung an eine Bezugsperson im Unternehmen startet, entstehen zunehmend Risse in der Identifikation. Diese werden oft ausgelöst durch Trennungen, d. h. durch das Weggehen dieser Identifikationsfiguren oder räumliche Wechsel der Interviewpartner einerseits und Veränderungen auf der Unternehmensseite andererseits. Es kommt zu Beziehungsenttäuschungen und zu Prozessen, die sich als Form der Marginalisierung, Exklusion und des Ausschlusses beschreiben lassen. Dies führt zu Verletzungen, Enttäuschungen und Frustrationen, die zunächst nicht angemessen beantwortet werden können, sondern (psycho-) somatisch verarbeitet werden und zu eskalieren drohen. Schließlich lässt sich der Bruch nicht mehr leugnen und endet entweder in Trennungen, auf die eine Zeit der Verarbeitung und Orientierung folgt, oder aber in Existenzgründungen, die für die Betroffenen eine wichtige reparative Bedeutung haben. Dies soll nun näher erläutert werden.

*»Matching« – frühe Identifikationsfiguren*

In einigen der Interviews wird beschrieben, dass am Beginn der Karriere wichtige Begegnungen mit Personen standen, die zu einer hohen Identifikation, einem Gefühl großer Wertschätzung und verlässlichen Beziehungen geführt haben. So beschreibt Herr G. seine Einstiegsszene in seine neue Rolle im Unternehmen folgendermaßen:

*»Und dann zeigte er mir den Leiter einer anderen Division. (…) Und da komme ich in so ein Büro rein, da kniet ein Mann auf dem Boden und versucht, irgendwie Ordnung in sein Chaos zu bringen. Guckt mich an und sagt, ich habe gerade erfahren, ich muss ein Interview mit Ihnen führen, wenn Sie mir jetzt noch zwei Minuten geben, machen wir das. Dann hat er sich hingesetzt und gesagt, ich weiß es zwar nicht, was ich Ihnen sagen soll, wir sind hier bei der Firma G., wir haben was Neues im Kopf, aber wir wissen nicht, ob es funktioniert. Interessiert Sie das? Ich sage, wenn Sie mir es näher erläutern, vielleicht (lacht). Dann hat er mir gesagt, ist was ganz Neues, wir müssen Marktanteile zurückgewinnen, die wir verloren haben. (…) Das fand ich toll, das war so straight forward, authentisch. Der Typ war, wie er war.«* (G., 72)

Was hier geschieht, lässt sich theoretisch als eine Art Urszene der Entstehung einer Bindung an die Organisation und als Etablierung der Zugehörigkeit erklären. Tietel (2012) hat das Gefühl von Zugehörigkeit in Organisationen im Bereich der beruflichen Arbeit als elementar für die emotionale Befindlichkeit und das Leistungsvermögen beschrieben. Er zitiert Pfaff-Czarnecka, die darauf verweist, was Zugehörigkeit bietet:

> [...] eine emotionale soziale Verortung, die durch gemeinsame Wissensvorräte, das Teilen von Erfahrungen oder die Verbundenheit durch Bande von Gegenseitigkeit entsteht und bekräftigt wird. Es ist die Sehnsucht nach dem Impliziten, nach dem Vertrauten und Dauerhaften, das die Erschütterung durch Konfrontationen mit dem [...] Fremden für viele Menschen so unerwünscht werden lässt. (Tietel 2012, S. 8)

Zugehörigkeit ist also emotional hoch aufgeladen und daher sowohl ein wichtiger Teil des »Organizational Commitment« als auch – wenn sie fehlt – ein wichtiges Motiv zur Trennung. Mit dem Konzept des »Organizational Commitment« (Czander/Lee 2001) wird beschrieben, wie sich individuelle und organisatorische Erfordernisse und Bedürfnisse zu einem passenden Gefüge ineinander verschränken. Dabei wird davon ausgegangen, dass sich solche Bindungen nicht allein rational erklären lassen, sondern teilweise von unbewussten Dynamiken getragen werden:

> In addition, the psychoanalytic position maintains that commitment results from a fit between these conscious and unconscious motivations, and the characteristics of the workplace environment. Consequently, psychoanalyst's view commitment to an organization as a psychic function, in that it serves both a defensive function (it reduces anxiety), and also functions as a vehicle for the gratification of conscious and unconscious wishes. (ebd., S. 55).

Aus psychoanalytischer Sicht erfordert die Aufnahme solcher Bindungen die Möglichkeit einer positiven Übertragung früherer Erfahrungen mit wichtigen Bezugspersonen. Dies geschieht hier ganz deutlich durch die positive Beziehung zwischen Herrn H. und dem Vorgesetzten, der ihn einstellt. Die beschriebene Situation hat wenig mit den heute eher üblichen Auswahlverfahren und Assessment-Centern zu tun, sondern sie mutet an wie eine Begegnung zwischen einem jungen Mann und einer faszinierenden väterlichen Figur. Positive Erfahrungen und Gefühle werden so auf die Organisation übertragen, die auf der unbewussten Ebene das Angebot einer »guten Familie« verspricht. Neben der idealisierbaren Organisationsfamilie als Ganzes – und weiteren Faktoren – spielt dabei die Beziehung zwischen der einstellenden Person als Vorgesetztem und der neuen Führungskraft eine wichtige Rolle. Czander und Lee nennen als zwei der fünf wichtigsten Voraussetzungen für die Entstehung des »Organizational Commitment«:

> Instilling in the employee a hope that he/she will be valued and that the corporation will provide the same haven and sense of community in an ideal sense as is experienced within the family. [...] To do this the organization must function as maternal haven by being constant, reliable, noncritical, and empathic, and at the same time showing patience and setting limits. [...] Establishing leader-followers relations that are not feared and criticized, not harsh and punitive, but held in high esteem, respected and valued. (2001, S. 67)

## Risse in der Beziehung

Vertrauenspersonen, die die Basis für eine engagierte und kraftvolle Zusammenarbeit schaffen, wechseln gelegentlich, sei es, weil sie im Falle von Herrn H. das Unternehmen verlassen, sei es aber auch, weil sie sich in ihrem Verhalten verändern und eine vormals sichere Bindung fragiler wird. So beschreibt Herr G., wie sich diese Sicherheit z. T. unmerklich auflösen kann:

> »*Gut. Und da gab es die eine oder andere größere Reiberei. Ich bin nicht der, der das nicht sagt, was ihn gerade bedrückt. Ja, da kamen wir ein bisschen aneinander.*« (G., 279)

Diese und andere Erfahrungen unterminieren das Vertrauen:

> »*Vertrauen ist für mich unheimlich wichtig. Und ich habe auch Vertrauen in die Mitarbeiter, das ist für mich auch wahnsinnig wichtig. Und wenn ich kein Vertrauen habe, dann sage ich das auch. Und den Anspruch hatte ich auch immer nach oben. Und ich war mir am Ende nicht mehr sicher, ist da noch ein Verhältnis, was auf Vertrauen basiert, oder ist es ein Verhältnis, was halt so ist oder.*« (G., 691)

## Strukturelle Veränderungen

Nicht immer startet die Veränderung mit Brüchen und Rissen in wichtigen Beziehungen, sondern der Prozess der Entfremdung kann die Folge struktureller Veränderungen sein. Dazu gehören vor allem Reorganisationsprozesse, Strategiewechsel und Fusionen, die zu konzeptionellen Veränderungen, Veränderungen in der Bedeutung der jeweiligen Rolle oder im Gefühl der Zugehörigkeit führen. Zum einen handelt es sich

# Biografische Motivkonstellationen und psychosoziale Funktionen

dabei um strategische Neuorientierungen in der Organisation, die – falls die Führungskraft überhaupt in dieser Rolle ist – zunächst als Konflikte auftreten. So befindet sich Herr E., der im Non-Profit-Bereich arbeitet, im Dissens mit seinem Träger:

»*Und das Zweite ist schon, dass es parallel doch auch einige konfliktäre Situationen gegeben hat, also die was mit der Organisationsstruktur der Einrichtung zu tun hatten, weil es ist ja keine selbstständige Einrichtung gewesen ist, sondern eben eingebunden wirklich in dieses Großunternehmen.*« *(E., 68)*

Oft haben die Interviewten, obwohl sie allesamt Führungskräfte sind, wenig Einfluss auf strategische Entwicklungen, insbesondere dann, wenn sie in großen Konzernen arbeiten. So gerät Herr A. in eine schwierige Situation:

»*Und man hat den Konzern ausgerichtet mit der Konsequenz, man will immer im Markt an erster Stelle sein, was dazu geführt hat in der Entscheidung kein IT. Wir werden es nicht schaffen mit IT, ja und wir werden uns davon trennen. Man hat dann gesucht, aber erst mal nicht gefunden, hat dann den Bereich abgetrennt, [...] und das wo anders hingeschoben und die dann irgendwo, ja, sich überlassen, ja?*« *(A., 136)*

Solche Entscheidungen werden oft aus Motiven getroffen, die weniger mit fachlichen Überlegungen zu tun haben, sondern ökonomisch bedingt sind und mit strategischen Entscheidungen der aktuellen Vorstände zu tun haben. Diese Veränderungen, die mit Prozessen der persönlichen Marginalisierung, Ausgrenzung einhergehen, werden ohnmächtig erlebt:

»*Das muss man noch dazusagen, Ende des Jahrtausends hatte die R. AG den ersten, ich sage mal, Paradigmenwechsel eingelitten. Das Geschäft-, nach Übernahme der M.-AG verändert sich das Geschäft stark in Deutschland.*« *(B., 180)*

Interessant und aufschlussreich ist hier der Versprecher, dass der Paradigmenwechsel »eingelitten« wird. Unbewusst besteht eine Klarheit darüber, dass Herr B. diesen Prozess nicht gestalten kann, sondern erleiden muss, er ist bis auf Weiteres Opfer einer Entscheidung, die an anderer Stelle getroffen worden ist.

Ein zweiter einflussreicher Prozess ist der mit strategischen Neuorientierungen häufig verbundene Schritt zur Fusion mit anderen Firmen.

»*Dann nach drei Jahren kam der erste Merger. Und dann begann diese Phase der Mergeritis. Kriegen Sie alles heute noch mit, wir möchten die Nummer eins werden, war so das-, die Vorgabe. Und dann wird eben gemergt. Dann wurde erst mal mit einer vergleichbar großen Firma in O. gemergt. Das war für mich eine ganz neue Erkenntnis, eine erfolgreiche Truppe A und eine erfolgreiche Truppe B werden gemergt. Es war nicht so, dass die anderen nicht erfolgreich waren, die waren genauso erfolgreich wie wir, also das war hervorragend, nur anders. So, und die Frage war jetzt, wer überlebt das Ganze? Weil Synergie heißt im Prinzip Abbau von Ressourcen. Und das war damals vierunddreißig Prozent Personal, und ich habe jeden einzelnen der Leute, die bei uns gekündigt wurden, selbst entlassen, jeden.*« (G., 163)

Fusionen führen zu Rollenveränderungen, aber eben auch zum Verlust von Arbeitsplätzen. Fusionen sind in diesem Sinne mehr noch als Strategiewechsel auch eine reale Bedrohung und zerstören das Vertrauen und die Sicherheit enorm. Sie sind häufig auch mit Kulturwechseln verbunden.

»*Nach dieser Fusion mit A.S. hat sich die Firma drastisch geändert, da kam halt dieser amerikanische Stil sehr stark rein, und dann kommt ja auch dieses Karrieredenken voll hoch.*« (B., 1086)

Fusionen gehen fast immer mit Reorganisationsprozessen einher, die zwar im ein oder anderen Fall auch Entwicklungschancen eröffnen, meist aber zu Degradierungen, Marginalisierungen und sozialer Exklusion führen, hinter der das Ziel steckt, die Betroffenen aus dem Unternehmen zu drängen, auch wenn dies zunächst aufgrund ihrer exponierten Situation schwierig ist und nur durch entsprechende finanzielle Anreize zu bewerkstelligen ist.

»*Äh, die Firma hat natürlich versucht, äh, verschiedene Modelle, die vorhandenen im Inland 15.000 Mitarbeiter loszuwerden. Der Haupt-, äh, die Hauptentscheidung war dann R.A.R., das war der Dienstleistungsbereich, also nix mit Maschinen, und der wurde dann zerschlagen und in die Z. überführt, ein (...) Konzern, L. N. Ähm, das wurde dann auch regulär verkauft. Und in dieser Phase gab es verschiedene, äh, Versuche aus dem Personal, das Personal loszuwerden. Ich formuliere das jetzt mal ein bisschen drastisch, weil so war es auch.*« (B., 202)

In manchen Fällen sind solche Veränderungen in der Personalstruktur auch mit Änderungen an der Konzernspitze und mit Personalentscheidungen verknüpft, die die Führungskräfte ihren Führungsjob kosten, ohne dass sie sich dagegen wehren können. Es sind zwei Prozesse, die hier beschrieben werden und die die Phase der Trennung Schritt für Schritt einleiten, an deren Ende dann die Existenzgründung steht. Zum einen kommt es zu einer Bedrohung des Zugehörigkeitsgefühls. Selbst wenn man in postmodernen Organisationen ein umfassendes Zugehörigkeitsgefühl kaum noch erwarten kann, obwohl das für Führungskräfte möglicherweise noch wichtiger ist als für einfache Mitarbeiter, so kommt es doch zu einem Riss bzw. zu einem Bruch des »psychologischen Vertrags« (vgl. Tietel 2012; Daser 2009). Mit dem Begriff des psychologischen Vertrags wird eine Art impliziten Vertrags zwischen Organisation und Mitarbeiter bzw. Führungskraft bezeichnet, der neben z. T. unausgesprochenen Erwartungen auch emotionale Versprechen beinhaltet. Die emotionale Bindung wird durch symbolisch aufgeladene Situationen und durch alltägliche Interaktionen gefestigt oder aber gebrochen.

Der zweite relevante Prozess hat stark mit der sozialen Rolle bzw. Positionierung zu tun. Durch die Reorganisationen, strategischen Umorientierungen und Fusionen gerät die ursprünglich zentrale Position der Beteiligten ins Wanken, sie werden einem kaum merklichen Prozess der sozialen Degradierung oder Exklusion ausgesetzt. Das Konzept der sozialen Exklusion ist zwar ursprünglich im Bereich prekärer Beschäftigung und Migration entwickelt worden, es lässt sich aber auf die Situation übertragen, wenn man soziale Exklusion als einen Prozess versteht, bei dem der spätere Existenzgründer im beschriebenen Sinne an den Rand gedrängt oder aus wesentlichen sozialen Prozessen und Entscheidungen innerhalb des Unternehmens ausgeschlossen wird. In diese Richtung weist auch das Konzept von Bude und Lantermann (2006), die neben der objektiven Diagnose des Ausschlusses auch von einem »Exklusionsempfinden« sprechen.

### *Identifikations- und Werteverlust*

Die Veränderungen in der Struktur und Kultur der Unternehmen beeinträchtigen nicht nur das Selbstwertgefühl der Interviewten, sondern sie fordern ihnen auch etwas ab, was in der Phase der völligen Identifikation im Hintergrund stand oder gar nicht existierte, nämlich ein Arbeiten gegen die eigenen inneren Werte und Idealvorstellungen. Es kommt zu schwer aushaltbaren Brüchen und Situationen:

> *»Und dann muss man plötzlich eine Betriebsstätte schließen, sehr lukrative Betriebsstätte, aber die liegt in der Stadtmitte, das Grundstück kann*

*man gut vermarkten, die brauchten Geld, jetzt musst du zwanzig Mitarbeiter da entlassen, so. Denen zu begreifen, denen hast du fünf Jahre vorher immer erzählt, ihr seid die beste Firma, ihr seid-, ihr macht die höchsten Erträge, ihr seid am profitabelsten und so. Und jetzt machst du jetzt vor Weihnachten das denen kund und sagst, also wir schließen das und wir haben keine weitere Verwendung, weil-, so. Das ist dann schon hässlich, da hat man dann schon sehr hässliche Gespräche.«* (D., 187)

Die Veränderungen entfremden die Interviewten von sich selbst und vom unausgesprochenen psychologischen Kontrakt sowie dem Gefühl des Einverständnisses. Ein sehr eindrückliches Beispiel für die Stelle, an der dieser Bruch geschieht, wird von Herrn G. beschrieben:

*»Für mich eine unheimlich schwere Zeit. Also ich gebe Ihnen ein Beispiel. Da sitzt vor Ihnen jemand, der vierzig Jahre im Unternehmen war, kleiner Lagerarbeiter. Der kommt rein, setzt sich hin, da sitzt der HR-Mann, da sitzen Sie, da war ich schon Director, und sagt, wo muss ich unterschreiben (.)? Ich sage, Sie müssen jetzt nicht unterschreiben. Wir unterhalten uns jetzt über die Tatsachen. Nein, sagt er, brauchen Sie nicht. Sie müssen nur das Papier hinlegen, wo ich unterschreiben muss. (...) Konnte ich auch nichts mehr machen. Habe den Wisch hingelegt, der hat unterschrieben. Hat zurückgegeben und hat gesagt,(.), jetzt muss ich Ihnen mal was sagen. Vierzig Jahre meines Lebens habe ich hier verbracht, super Zeit gehabt. Jeden Mittag habe ich hier ein Essen gratis bekommen, dann habe ich eine kleine Flasche Wein mit heimgenommen und ein Brot. Ich habe gut gelebt, ich habe nicht viel verdient, aber es war meine Heimat. Und wissen Sie was, Sie sind ein feiner Kerl. Ich wünsche Ihnen eines, dass Ihnen das nie passiert, was mir gerade passiert. Ist aufgestanden, gibt mir die Hand, geht. Da habe ich gesagt, also so tief emotional hätte es jetzt nicht sein müssen. So diese-, diese Anonymisierung der Synergie runtergebrochen auf den Einzelfall, ja, das hat mich dann im Laufe dessen, was kam, sehr geprägt.«* (G., 175)

Diese Szene steht im Kontrast zur anfangs beschriebenen Situation, bei der zu Beginn zwischen Herrn G. und dem Vorgesetzten eine emotionale Bindung entstand. Herr G. ist gezwungen, gegen seine Vorstellungen und Werte aufgrund einer Fusion, die er zwar kognitiv akzeptiert, die ihm aber den motivationalen Boden unter den Füßen wegreißt, zu handeln. Es scheint so, als ob dies der Moment ist, wo der psychologische Kontrakt zu zerbrechen beginnt.

Solche Risse oder auch andere Prozesse der sozialen Exklusion führen zu einem Verlust der Identifikation, sie werden wie eine Kränkung erlebt, der man nicht entfliehen kann. Czander und Lee beschreiben den Entfremdungsprozess zwischen dem Unternehmen und der Führungskraft:

> These organizations are experienced as a lost object, which results in a loss of confidence, a loss of interest, and the re-experiencing of affects associated with anger and aggression. (2001, S. 65)

Auf solche Prozesse reagieren die Beteiligten unmerklich, aber immer deutlicher mit einem Rückzug aus der Bindung an die Organisation. Was hier im Kleinen geschieht, stellt sich gesellschaftlich als allgemeine Tendenz dar: Menschen entwickeln angesichts der Ubiquität dieser Dynamiken aufgrund von Reorganisationen, Fusionen etc. neue Modelle der Bindung an Organisationen, mit denen sie sich teilweise schon im Vorhinein vor schmerzhaften Enttäuschungen schützen (vgl. Beumer 2013). Wut und Schmerz über die Enttäuschung werden nicht geäußert, sondern bilden später als reparative Fantasie eine wichtige Unterströmung der Entscheidung zur Selbstständigkeit.

### *Enttäuschung, Verletzung und Bedrohung durch Krankheiten*

Nicht immer kommt es im Verlauf des Prozesses zu körperlichen Symptomen wie z. B. bei Herrn H., sondern häufig wird eine Situation aufgrund des Gefühls des Verlassen-Werdens einfach emotional als schmerzlich erlebt. So beschreibt Herr A.:

> »*Und dann hat man natürlich da Menschen kennengelernt und wir haben immer so drei Kapitalformen, Humankapital, Strukturkapital, Beziehungskapital in der Organisation. Und im Endeffekt ist das Beziehungskapital zu den Leuten dort, so wie die Ehe, ist ja im Endeffekt, Sie sind mit so vielen Leuten zusammen, sind befreundet und dann wird geschnitten und dann wirklich sind sie weg. Und das ist das Schmerzliche, zu sagen, ich verliere eigentlich eine große Familie, dann erst mal das, dieses Band, ja?*« *(A., 437)*

Dieser Schmerz wird erst im Nachhinein, also nach der Entscheidung, das Unternehmen zu verlassen, bewusst realisiert, aber die schleichende Entfremdung zeigt ihre Wirkungen. Dass dieser Prozess auch jenseits manifester Erkrankungen prinzipiell bedrohlich werden kann, realisiert Herr A., als er vom überraschenden Tod eines früheren Kollegen erfährt:

> »*Der ist dageblieben und ist dann eingesetzt worden in, in einem Kundenprojekt, ja? Als Geschäftsführer, in einem gemeinsamen und ist vor, ja, einem halben Jahr habe ich (war?) Samstag die Zeitung aufgeschla-*

*gen und in die Todesnachricht, sage ich, den kennst du doch, ja? Und dann war das ein Kollege, ja.«* (A., 957)

Auch wenn kein direkter Zusammenhang zwischen der Belastung und Kränkung durch die Exklusion genannt wird, ist die innerlich hergestellte Verknüpfung doch überdeutlich. Dies stimmt überein mit Untersuchungen, die deutlich machen, dass solche kritischen Lebensereignisse durchaus unangenehme Folgen haben können. So betonen Filipp und Aymanns:

> Unmittelbare Reaktionen auf das Ereignis X umfassen physiologische Veränderungen (vor allem auf kardiovaskulärer, endokriner und immunspezifischer Ebene), negative Emotionen der unterschiedlichsten Qualität sowie spontane Deutungsversuche des Geschehens; diese Reaktionen stehen selbstredend in wechselseitiger Interaktion und Rückkopplung. (2010, S. 52)

Der hier beschriebene Prozess lässt sich theoretisch noch genauer beschreiben. Zum einen kann man die dargestellten Dynamiken so deuten, dass es sich aus Sicht der Existenzgründer um das Auftreten eines kritischen Lebensereignisses handelt, das sie nicht selbst verursacht haben, sondern das durch soziale und organisatorische Prozesse entsteht. Kritische Lebensereignisse sind laut Filipp und Aymanns (2010, S. 13) Brüche, die im »Passungsgefüge« zwischen dem Einzelnen und den Selbstverständlichkeiten, Sicherheiten und Routinen der sozialen Umwelt entstehen. Sie schaffen in mehr oder weniger ausgeprägter Form eine psychische Krise, die laut Ulich beschrieben wird als ein

> belastender, temporärer, in seinem Verlauf und in seinen Folgen offener Veränderungsprozess der Person, der gekennzeichnet ist durch eine Unterbrechung der Kontinuität des Erlebens und Handelns, durch eine partielle Desintegration der Handlungsorganisation und eine Destabilisierung im emotionalen Bereich. (1987, S. 51)

Die interviewten Personen waren in einer deutlichen Anzahl von Fällen solchen Prozessen ausgesetzt, die sie durch die Existenzgründung in ein neues Gleichgewicht bringen wollten.

Insgesamt passt zu diesen Situationen das bereits von Shapero (1975) beschriebene Bild des Entrepreneurs als »displaced, uncomfortable person«. Shapero hat den Entrepreneur als jemanden beschrieben, der aufgrund der ihm zugefügten Kränkungen und Enttäuschungen häufig so empfindet:

> Although the person may be able to find another job easily, he is bitter, insulted, and determined never to let others control him again. (ebd., S. 83)

Möglicherweise erklärt diese Dynamik, warum fast alle interviewten Existenzgründer tendenziell eher als Solo-Selbstständige arbeiten wollten. Es ist nicht nur, wie Bögenhold (2012a, 2012b) vermutet, eine Form der ökonomischen Risikoabsicherung, sondern auch ein reparativer Versuch, erlittene Beschädigungen zu heilen und sich vor dem erneuten Aufreißen einer solchen Wunde in abhängigen Beschäftigungen und Beziehungen zu schützen. Shapero behauptet, dass diese Erfahrung des Displacements für Gründer generell gilt:

> To summarize, the person, who wants to form a company needs to be, in some sense, a displaced person. (1975, S. 86).

Kets de Vries (1977, S. 35) erweitert diese Hypothese auf den familiären Bereich, indem er nicht allein die Exklusionsprozesse innerhalb des Unternehmens einbezieht. Er geht davon aus, dass es in den meisten Fällen auch einen unglücklichen biografischen Familienhintergrund gibt, in dem Erfahrungen des Zurückgewiesen-Seins, der Exklusion, konflikthafte Beziehungen oder turbulente, feindlich eingestellte soziale Bezüge vorherrschen. Auch wenn die Interviews diese Hypothese nur teilweise bestätigen, lässt sich in Einzelfällen eine Kombination aus biografischen und berufsbiografischen Erfahrungen nicht von der Hand weisen. Man kann also davon ausgehen, dass frühere Verletzungen, unvollendete Entwicklungsprozesse und -blockaden in der Enttäuschungssituation aktualisiert werden und mehr oder weniger bewusst durch die Existenzgründung gelöst werden sollen.

Existenzgründungen sind eine Form, solche Kränkungserfahrungen und Erfahrungen der sozialen Exklusion reparativ zu heilen und – wie im folgenden Kapitel noch deutlicher beschrieben werden soll – protektiv zu vermeiden.

### 6.1.2 Die protektive Dimension der Existenzgründung: Existenzgründung als Angstabwehr

Nicht immer dient die Existenzgründung allein einer reparativen Verarbeitung zurückliegender Erfahrungen und Kränkungen. Existenzgründung kann neben der Verarbeitung erlittener, also vergangener Enttäuschungen und Verletzungen auch ein Mittel zur Abwehr von Ängsten sein, die eher die Zukunft bzw. einzelne Aspekte der erwarteten Situation betreffen. In diesem Fall erscheint es sinnvoll, von einer »*protektiven Dimension*« der Existenzgründung bzw. Selbstständigkeit zu sprechen. Existenzgründungen, wie sie in der vorliegenden Untersuchung auftauchen, bieten dabei vor allem eine Chance, auf drei grundlegende Ängste zu reagieren.

Arbeiten zu können, mit der Hoffnung auf eine geregelte Tätigkeit und ein geregeltes Einkommen, ermöglicht eine basale zeitliche und räumliche Strukturierung des Alltags (vgl. Haubl 2016) und schützt so vor Ängsten der kompletten sozialen und psychischen Desintegration. Die Existenzgründung ist dabei nicht allein eine Form innerpsychischer Angstabwehr, wie etwa Verdrängung, Verleugnung etc., sondern kann dadurch, dass sie äußere Strukturen nutzt, als eine Form eines psychosozialen Angstabwehrsystems im Sinne von Menzies-Lyth (1974) beschrieben werden. Neben grundlegenden Ängsten vor Abstieg, sozialer Exklusion und psychischer Desintegration ist das Ausscheiden aus einem Unternehmen in einem Alter jenseits des 50. Lebensjahres auch ein Auslöser grundlegender Ängste, die sich um die Themen Alter, Sterben und Tod ranken. In fast allen Fällen tauchten in den Gesprächen Erzählungen von sterbenden Angehörigen, verstorbenen Kollegen oder gar Partnerinnen auf, sodass anzunehmen ist, dass die Übergangssituation solche Themen und die damit verbundenen Ängste triggert. Dies wird forciert durch die häufig parallelen Ablösungssituationen von eigenen Kindern, die ins Studium gehen oder ihre eigenen Familien gründen. Das Ausscheiden aus den Unternehmen, aus denen die Führungskräfte kamen, ist im Regelfall kein üblicher Wechsel des Arbeitsplatzes oder des Unternehmenskontextes, sondern es nimmt den Abschied aus dem Arbeitsleben, die Berentung, vorweg. Bion (1991) hat diese Erfahrung mit dem Begriff »the shadow of the future« beschrieben, also als etwas, was sich in weiter Ferne ankündigt, aber doch nicht zu übersehen bzw. zu überfühlen ist. Das traditionelle Altersbild beinhaltet noch immer Elemente, wie sie in der Disengagementtheorie (Cumming/Henry 1961) beschrieben sind, also die Idee des immer stärkeren Rückzugs aus beruflichen Rollen und sozialen Zusammenhängen, der schließlich absehbar im Prozess des Sterbens endet. Existenzgründungen vermitteln als Prozess und Struktur eine Möglichkeit, dies in den Hintergrund zu drängen. Der Existenzgründer wird zum Erzeuger eines neuen Systems, weswegen mehrere der Befragten von »ihrem Baby« sprechen, wenn sie über ihre neue Firma bzw. Selbstständigkeit sprechen. In Abwandlung eines Zitats von Victor Hugo (vgl. Heisterkamp 2015), der Enkel als »Morgenröte des Alters« bezeichnet hat, stellt die Selbstständigkeit eine Form dar, die aufkommende Angst vor dem Alter ins Positive zu wenden und sich einem Neuanfang widmen zu können, der alle Kraft erfordert. Existenzgründungen erfüllen eine Funktion, wie sie Luft beschrieben hat: »Die biologischen Kausalketten von Abbau und Altern finden auf symbolischer Ebene Antworten, die zu Gegenbewegungen und kreativen Lösungen führen« (2013, S. 598).

Eine dritte Quelle von Angst hängt in der Untersuchung meist mit einem drohenden Verlust des Selbstwertgefühls zusammen. Im Fall von Herrn I. stand nach einer Zeit als bedeutender und politisch gefragter

Verantwortlicher in der Stadtverwaltung eine Veränderung in dem Sinne an, dass durch Wahlen bzw. politische Entwicklungen der gegenwärtige Status bedroht sein könnte. Herr I. reagiert auf diese drohende narzisstische Kränkung mit der Gründung einer eigenen, europaweit agierenden Firma mit mehreren Mitarbeitern und als »einziges Unternehmen« mit Leistungsangeboten in einem spezifischen Bereich. Selbstständigkeit ist dann eine institutionalisierte Form, Ängste vor Minderwertigkeit und/oder Kränkung abzuwehren. Diese akut drohenden Ängste verbinden sich mit dem anderen, bereits genannten grundlegenden Problem der narzisstischen Kränkung durch das Älterwerden. Selbstständigkeit im Beruf ist ein Symbol für Potenz (vgl. Prochowski 2016), und die Unversehrtheit sowie die soziale Anerkennung, die der Rolle eines Unternehmers zuteil wird, schützt vor Enttäuschungen und Kränkungen, denen man sich in einer abhängigen Beschäftigung nicht entziehen kann. Die Existenzgründung als protektive Form der Angstabwehr dient also dazu, dass der Betreffende das substanzielle Gefühl wiedergewinnt oder sich erhalten kann, die Kontrolle über seinen Alltag zu haben.

Die hier genannten Ängste, gegen die es sich zu schützen gilt, sind dabei mächtig und realistisch. So beschreiben etwa Brost und Veiel (2015) in einem Artikel für DIE ZEIT, wie Führungskräfte der Deutschen Bank nach ihrem Ausscheiden aus dem Vorstandsjob zwar weiter beschäftigt werden, aber in ein Gebäude abgeschoben werden, das umgangssprachlich als »Sterbehaus« bezeichnet wird. Narzisstische Kränkung in Verbindung mit der Angst vor dem Sterben und dem sozialen Bedeutungsverlust werden hier überdeutlich.

Es handelt sich um die unvermeidlichen Ängste, die aufgrund der alterstypischen narzisstischen Verwundbarkeit von Führungskräften und der andrängenden existenziellen Ängste im Alter vor sozialem Ausschluss und letztendlich vor dem Tod eine besondere Herausforderung für Männer darstellen, die zwischen 50 und 65 Jahren von der Führungsrolle in die Selbstständigkeit wechseln.

Berufliche Krisen können als kritische Lebensereignisse gesehen werden, durch die bestehende Formen der Angstabwehr zusammenbrechen oder zumindest durchlöchert werden. Die Existenzgründung als Form, ein neues System der Angstabwehr aufzubauen, soll vor den destabilisierenden Aspekten der Krise auch in Zukunft einen Schutz geben (vgl. Haubl et al. 1983).

Dies soll nun anhand der Berufsbiografie von Herrn F., dessen Existenzgründung schlussendlich zwar scheitert, die aber doch wichtige Erkenntnisse liefern kann, etwas ausführlicher illustriert werden. Anschließend erfolgt eine weitere Illustration mit Hilfe weiterer Interviews und eine theoretische Einbettung.

## 6.1.2.1 Gründerporträt Herr F.

**Zur Person**

Herr F. ist zum Zeitpunkt des Interviews 54 Jahre alt, geschieden und hat zwei Kinder. Er hat sich ein Jahr zuvor für eine zeitlich überschaubare Zwischenphase selbstständig gemacht, die Selbstständigkeit aber nach kurzer Zeit zugunsten eines Angebots, bei einem großen Unternehmen tätig zu werden, wieder aufgegeben. Beide Eltern von Herrn F. leben noch, die Mutter ist pflegebedürftig.

**Biografische Besonderheiten**

Die Eltern von Herrn F. haben als Kleinselbstständige gearbeitet. Herr F. erwähnt dieses Geschäft als Negativbeispiel für Selbstständigkeit, da die »Input-Output-Relation nicht gestimmt habe und die Arbeit im Laden ein Knochenjob« war, wodurch für ihn als Kind wenig Zeit und Aufmerksamkeit übrig blieben.

Erst spät im Gespräch wird deutlich, dass Herr F. in seinem Erwachsenenleben eine Reihe traumatischer Erfahrungen verarbeiten musste, wozu Sterbe- und Suizidfälle in seiner nächsten Umgebung gehörten. Fast zeitgleich mit seinem Ausscheiden aus der Firma, in der Herr F. vor seinem Existenzgründungsversuch tätig war, ereilt ihn eine private Trennung. Die Trennung verläuft ausgesprochen turbulent. Herr F. muss zu seinen Eltern in eine weit vom bisherigen Wohnort entfernte Stadt in Norddeutschland ziehen, auch, um seinen Vater bei der Pflege der kranken Mutter zu unterstützen. In der Trennungsphase gibt es Schwierigkeiten im Kampf um die Verantwortung für die Kinder.

**Gründungsobjekt**

Herr F. hat sich mit Unterstützung der Agentur für Arbeit als freiberuflicher Berater selbstständig gemacht, wobei sein Ziel war, ein Produkt anzubieten, das er aus seiner früheren Tätigkeit bei einem anderen Unternehmen kannte. Er arbeitet zunächst im Rahmen und Auftrag einer größeren Beratungsfirma, die sich auf Personaldienstleistungen spezialisiert hat, ist aber formal Freiberufler. Er gibt seine Freiberuflichkeit allerdings nach kurzer Zeit wieder auf, da er ein Angebot im Personalbereich eines großen Unternehmens erhält. Da er von seinen Eltern in seinem Wohnort ein Haus mit mehreren Wohnungen geerbt hat, führt er nebenberuflich eine andere Art von Selbstständigkeit weiter, indem er in seinem Haus Büros gezielt an junge Unternehmensgründer in der Startphase vermietet.

Biografische Motivkonstellationen und psychosoziale Funktionen 179

## *Berufs- und Karriereentwicklung*

Ursprünglich hatte Herr F. eine Berufsausbildung gemacht aber anschließend noch ein Studium absolviert und war dann als Trainee im Bereich des Personalwesens eingestiegen. Dort wurde sein »Talent« für den Vertriebsbereich entdeckt. Danach wechselte er wieder in den Personalbereich, wurde dann zwischenzeitlich Produktionsleiter und landete schließlich wieder im HR-Bereich bei einem Unternehmen in der Nahrungsmittelbranche. Dort arbeitet Herr F. sehr erfolgreich. Er entwickelt seine Abteilung weiter und steht kurz davor,

*»Weltverantwortung beziehungsweise wenigstens die Europaverantwortung da zu übernehmen« (116)*

wie er es ausdrückt. Seine Pläne werden aber durchkreuzt, da der Sohn des Aufsichtsratsvorsitzenden aus dem Ausland zurückkehrt und für den CEO des Unternehmens tätig wird. Diese Zusammenarbeit klappt aber überhaupt nicht, weswegen dem Sohn der Bereich verantwortlich übertragen wird, in dem eigentlich Herr F. die Leitung übernehmen sollte. Die neue Chefin aber möchte Herrn F. loswerden und drängt ihn aus dem Unternehmen:

*»Aber so ist mir dann am zweiten Januar, am ersten Arbeitstag im neuen Jahr, um vierzehn Uhr gesagt worden-. Ja, erst mal war der Satz wörtlich: Sie werden hier nichts mehr. Und das andere könnte ich mal so salopp umschreiben, dieses Unternehmen ist für uns beide zu klein. Also das zog sich dann noch zwei Monate hin über Anwälte und so weiter und so weiter, sodass ich dann letztendlich meinen Arbeitsplatz verloren habe und dann bezahlt freigestellt wurde, bezahlt freigestellt wurde bis Ende des Jahres und dann auch unter Zahlung einer Abfindung.« (34)*

Da Herr F. gleichzeitig die Trennung von seiner Frau verarbeiten muss, wird die Belastung offensichtlich zu groß und Herr F. verbringt einige Zeit in einer Klinik. Nach dem Ausscheiden muss sich Herr F. zusätzlich mit unvorhergesehenen finanziellen Problemen auseinandersetzen. Im Rahmen seines Ausscheidens hat Herr F. eine Outplacementberatung finanziert bekommen, die aber aus seiner Sicht erfolglos ist. Bewerbungen verlaufen im Sande, entweder weil er überqualifiziert ist oder wegen seines zu hohen Alters.

Er entscheidet sich dann, mit Unterstützung der Arbeitsagentur in die Selbstständigkeit zu wechseln, und ist durch den Zuschuss der Agentur für Arbeit für einige Monate abgesichert. Zunächst startet er als Freiberufler in einem größeren Beratungsunternehmen, das sich auf Personaldienstleistungen spezialisiert hat. Es fällt ihm aber schwer, angesichts der familiären, ökonomischen und räumlichen Belastungen die Energie aufzubringen, die für die Existenzgründung auch aus seiner Sicht nötig wäre. Er bekommt dann durch einen Headhunter ein Angebot, für ein großes Unternehmen im Personalbereich, seinem angestammten Arbeitsfeld, tätig zu werden, und greift dieses Angebot, das er wie »sechs Richtige im Lotto« erlebt, sofort auf. Er beendet seinen »Ausflug in die Selbstständigkeit«, da er erkennt, dass er hier schnell in eine ökonomisch bedrohliche Lage kommen würde, und arbeitet seitdem zufrieden beim neuen Arbeitgeber.

## Gründungsmotive, Gründungsverlauf und der Prozess der Existenzgründung

Die Existenzgründung von Herrn F. kann als ein weitgehend gescheiterter Versuch betrachtet werden, sich durch den Aufbau einer Selbstständigkeit angesichts einer ökonomisch, sozial und psychisch außerordentlich beängstigenden Situation protektiv vor den inneren und äußeren Bedrohungen zu schützen und eine Art strukturelles Bollwerk zu implementieren. Gleichwohl – oder gerade wegen des Scheiterns bzw. Abbruchs der Existenzgründung – lassen sich am Beispiel von Herrn F. Elemente dessen genau beobachten, was im Folgenden die »protektive Dimension« der Existenzgründung genannt werden soll. Damit ist der Versuch gemeint, sich mithilfe der Selbstständigkeit eine Struktur zu schaffen, die vor verschiedenen Bedrohungen Schutz bieten soll.

Die Geschichte beginnt mit einer enormen psychischen und sozialen Kränkung, ähnlich wie sie bereits im Hinblick auf die reparative Funktion der Selbstständigkeit beschrieben wurde: Am ersten Arbeitstag des neuen Jahres wird Herr F. damit konfrontiert, dass ihn die neue Leitung seines Bereichs offensichtlich unmissverständlich aus dem Unternehmen entfernen möchte. Das ist eine doppelte Kränkung, da sie die berechtigten Karrierehoffnungen von Herrn F., »Weltverantwortung« zu übernehmen, zunichtemacht. Aber man begnügt sich nicht damit, ihm diese Größenvorstellungen zu rauben, sondern man will ihn gleich ganz loswerden. Es kommen also zwei Bedrohungen zusammen: Neben der Attacke auf das Größenselbst und das Selbstwertgefühl von Herrn F. wird ihm gleich auch noch der berufliche Boden, »die sichere Scholle«, wie er später wiederholt sagt, unter den Füßen weggezogen. Darin steckt natürlich eine enorme Aggression. Was Herrn F. dann endgültig aus der Bahn wirft, ist die private Trennung, woraufhin er eine Auszeit nehmen muss. Ihm widerfährt also nicht nur eine berufliche Enttäuschung, sondern sein gesamtes Lebensgefüge gerät ins Wanken, die Halt gebenden Beziehungen und Institutionen zerbrechen mit einem Schlag, sodass temporär eine Klinik als »Ersatzspieler« zur Stabilisierung einbezogen werden muss. Angesichts dieses umfassenden Heimatverlusts und der Re-Inszenierung alter Traumata fühlt sich Herr F. gezwungen, zurück in seine alte Heimat zu den Eltern zu gehen. Aber auch dort ist die haltende Funktion nur begrenzt vorhanden, da er sich im Gegenteil neben seinen Kindern auch noch um seine erkrankte Mutter kümmern muss.

In dieser Situation, in der es zu einem Komplettausfall aller Halt gebenden Strukturen und symbolisch mütterlichen Funktionen kommt, ist Herr F. existenziell auf sich selbst zurückgeworfen. Er kann sich nur selbst bemuttern und ist gleichzeitig gefordert, diese Aufgabe auch noch für seine Kinder und die kranke Mutter zu übernehmen. Auf diese konkrete biografische Situation trifft genau das zu, was Filipp und Aymanns in allgemeiner Form beschrieben haben:

> Zuweilen kommen kritische Lebensereignisse auch in Gestalt traumatischer Erfahrungen oder existentieller Bedrohung daher, welche die Belastbarkeit der Betroffenen zum Teil übersteigen und in ihrer Dramatik zu Hilflosigkeit, Gefühlen der Ohnmacht bis hin zu einem tiefgreifenden Verlust der Handlungsorientierung führen und damit in eine Lebenskrise münden mögen. (2010, S. 13)

Im Unterschied zu den Kränkungen und Konfrontationen, von denen im Zusammenhang mit der reparativen Existenzgründung die Rede war, geht es bei der protektiven Verarbeitung um eine viel grundlegendere Destabilisierung, von der nicht nur das innere System, sondern auch die äußeren Halt gebenden Strukturen betroffen sind. Die Bedrohung ist existenziell und scheint alle Bereiche zu erfassen

Herr F. unternimmt zunehmend von Verzweiflung geprägte Versuche, durch Bewerbungen bei verschiedenen Unternehmen aus dieser Situation herauszukommen, aber er scheitert. Neben seiner Überqualifikation kommt eine weitere Kränkung des Selbstwertgefühls hinzu, da ihm bedeutet wird, dass er zu alt sei für eine Neueinstellung. Diese Erfahrung verschärft das Gefühl der Bedrohung:

> »Und (3) es knabberte auch unwahrscheinlich an meinem Selbstbewusstsein, insbesondere weil kein Silberstreif da am Horizont war.« (130)

In der letzten Bemerkung liegt der Grund für die Entscheidung zur Existenzgründung als einer protektiven, d. h. Schutz versprechenden und in die Zukunft gerichteten Maßnahme der Angstabwehr. Herr F. benötigt eine neue äußere Struktur, mit deren Hilfe er sowohl seinen regressiven

Tendenzen als auch den sich in der Bewerbungsphase wiederholenden Kränkungserlebnissen etwas entgegensetzen kann.

Von besonderer Bedeutung ist, dass Herr F. bei der Suche nach einer neuen Beschäftigung auch noch eine weitere Erfahrung macht, die als Erfahrung des beruflichen sozialen Sterbens bezeichnen werden könnte, nämlich den Verlust sämtlicher vorher vorhandener Netzwerke und hilfreichen Beziehungen:

>»Wo ich auch schwer dran geknabbert habe, dieser-, dieser-, also ich bezeichnete das-, diese geliehene Macht, die Sie haben. Ich war Aufsichtsratsmitglied bei der-, bei der. Ich habe dann ein Netzwerk-. Sie glauben gar nicht, dieses berufliche-, berufliche Netzwerk. Ich habe mich jetzt noch neulich, ich habe mit einem-, auch mit einem Ex-Kollegen unterhalten, der übrigens auch, ja, auf der Suche ist. Aber der ist noch ein paar Tage älter, also er könnte im Prinzip sich auch zur Ruhe setzen. Der sagte mir, du glaubst gar nicht, wie schnell dieses vermeintliche Netzwerk, was man hat und man kennt jeden und hier und da, wie schnell das weg ist, weil man keine gemeinsame Basis mehr hat, weil man den Job nicht mehr hat.« (233)*

Herr F. ringt um Worte und um seine Fassung und der Schock der erlebten Situation ist noch im Interview mit Händen greifbar. Später beschreibt er, wie dieses Netzwerk aufgrund seiner Neuanstellung beim Konzern wieder »an- und ausgeswitcht« worden sei. Dieses Herausfallen aus sozialen Systemen auch im beruflichen Kontext erschwert die Situation natürlich sehr, auch als er sich zur Existenzgründung entscheidet.

Die neue Freiberuflichkeit kann man als eine Form der »institutionalisierten Angstabwehr« (Menzies-Lyth 1974) sehen, d. h. als Aufbau eines Systems, das dabei helfen soll, eine als ökonomisch, sozial und psychisch bedrohlich empfundene Situation zu stabilisieren und den damit verbundenen Ängsten eine Struktur entgegenzusetzen.

Herr F. startet nun also seine neue Existenz mithilfe einer Outplacementberatung, der Agentur für Arbeit und der Kooperation mit einem Unternehmen der Personalberatung, das ihm aber außer dem Firmennamen im Endeffekt wenig Halt gibt. Es gelingt Herrn F. nur rudimentär, das neu geschaffene System der Freiberuflichkeit aufrechtzuerhalten. Er kann keine Aufträge generieren, räumlich verfügt er über kein Büro und zeitlich über keine Struktur, um den Anforderungen in der neuen Rolle zu genügen. Trotzdem muss man feststellen, dass die Freiberuflichkeit etwas schafft, was dieser protektiven Funktion der Existenzgründung generell innewohnt. Sie gibt einen rudimentären Halt, indem sie eine Struktur, eine Rolle und vor allem eine Vorstellung der eigenen Zukunft aufbaut, die Herrn F. dabei unterstützt, nicht in eine unkontrollierbare Regression zu geraten, kurz: Sie bietet ihm Schutz. Herr F. überlegt, ob er auch andere Jobs hätte übernehmen können, etwa als Interimsmanager. Das aber hätte Mobilität erfordert, die er aufgrund der Situation mit seinen Kindern und der kranken Mutter nicht anbieten konnte. Die Existenzgründung ist also für ihn eine Form, sich temporär eine »sichere Scholle« zu schaffen, aber angesichts der Herausforderungen scheitert dieser Versuch und wird vorzeitig abgebrochen. Hier kommt ihm das Angebot entgegen, als Angestellter für einen großen Konzern zu arbeiten, die Versicherung schafft buchstäblich auch für ihn eine Sicherheit, um einen Neustart vorzunehmen.

Für das Scheitern der Freiberuflichkeit als Angstabwehrsystem gibt es im Fall von Herrn F. neben der schon beschriebenen Überlastung einen weiteren Grund. Was Herrn F. neben seiner Motivation zur inhaltlichen Arbeit als Berater beeinträchtigt (er setzt mehr auf die stabilisierende Funktion), ist ein fehlendes bzw. beschädigtes inneres Objekt. Seine Eltern waren Kleinselbstständige aber Herr F. scheint darunter eher gelitten zu haben:

*»Nee, also von daher, das war nicht erstrebenswert. Es war höchstens in der Form, wenn du-, wenn du wirklich so weit hinten runterfällst und hast gar nichts mehr, dann machst du einen Laden auf. So-, so von der Sicherheit her, aber Ziel war das nie.« (588)*

Hier ist biografisch angelegt, wie Herr F. seine Selbstständigkeit sieht, nämlich als Sicherheitssystem für alle Fälle, nicht als Ort der Selbstverwirklichung. Allerdings verbleibt nach seiner Rückkehr in das Angestelltenverhältnis ein kleines, eher symbolisches Erbe seiner Selbstständigenexistenz: Er vermietet im Wohnhaus, das er von den Eltern übernommen und in dem er ein eigenes Arbeitszimmer eingerichtet hat, Büros und Arbeitsplätze an junge Unternehmer.

Herr F. möchte es nicht als neue Geschäftsidee sehen, aber es dient offensichtlich auch zur Verarbeitung des nicht gelebten Modells als Selbstständiger, für das aufgrund der emotionalen und familiären Situation einfach nicht genügend Energie verfügbar war, wie er feststellt. Diese Idee hat, da er auch andere Optionen zur Vermietung gehabt hätte, neben allen reparativen Elementen auch eine generative Dimension. In einer Art der Fürsorge für jüngere bzw. nachfolgende Existenzgründer stellt er diesen für den Aufbau ihrer Selbstständigkeit die haltende Umgebung zur Verfügung, die er in mehrfacher Hinsicht benötigt hätte, um sein Modell der Zukunftsgestaltung als Selbstständiger zu entwickeln.

### 6.1.2.2 Die protektive Dimension der Existenzgründung Älterer – charakteristische Merkmale und biografische Einbettung

Wie stellt sich die protektive Funktion der Existenzgründung – als Versuch, ein System zur Angstabwehr und Bewältigung aufzubauen – im Detail dar? Zunächst bleibt festzuhalten, dass jede Form der Existenzgründung ein kritisches Lebensereignis darstellt, in dem nicht nur Fragen der Bewältigung von erlittenen Enttäuschungen, Kränkungen und Konfrontationen bedeutsam werden, sondern auch die Herausforderung enthalten ist, strukturelle Konzepte für die Zukunft und ein ausreichendes Maß an Selbstfürsorge zu entwickeln. Dabei wird in der protektiven Verarbeitung versucht, den Wegfall eines schützenden Systems, wie es feste Angestelltenverhältnisse bieten, zu kompensieren. Angestellt zu sein sichert mittels des materiellen Arbeitsvertrags, aber auch durch den psychologischen Vertrag, ein ausreichendes Containment der Ängste, die – und das ist hier eine wichtige Erfahrung – bei älteren Existenzgründern intensiver auftreten, selbst wenn sie als ehemalige Führungskräfte auf höheren Positionen ökonomisch gesichert zu sein scheinen. Wie im Fall von Herrn F., der eigentlich mit einem Aufstieg gerechnet hatte, kommt es zu nicht abzusehenden Ereignissen in der Karriere, hier obendrein noch gepaart mit der Trennung von seiner Ehefrau. Filipp und Aymanns (2010) nennen diese »non-events« (ebd., S. 34) und »off-time-Ereignisse« (ebd., S. 41). Gemeint sind damit Lebensereignisse, die nicht zu dem gehören, womit man in einem »normalen« Lebenslauf rechnen kann oder muss. Gerade dadurch entfalten sie eine ausgesprochen große Belastungswirkung, sie zerstören die normalen sozialen Abwehrstrukturen, mit denen sich Menschen gegen grundlegende unbewusste Ängste schützen, und fordern einen Prozess der Bewältigung und Transformation. Dieser ist zukunftsorientiert, d. h., es geht um ein Persönlichkeitskonzept, um Perspektiven, die die eigene Situation auf eine langfristige Basis stellen können. An dieser Stelle bekommt die Existenzgründung eine wichtige Funktion, indem sie ein berufliches Gerüst verspricht, mit dem man ein neues (Berufs-) Leben aufbauen kann. Zentral für diese Funktion der Selbstständigkeit als Angstabwehr ist, dass die durch das kritische Lebensereignis ausgelöste Veränderung umfassend ist. Sie beschränkt sich nicht auf Anpassungen der inneren Welt, wie dies etwa durch eine Bearbeitung der Ängste und Fantasien in einer Therapie geschehen könnte, sondern sie erfordert den Aufbau einer neuen institutionellen Struktur, die den Betroffenen auch das Gefühl vermittelt, dass sich die vor ihnen liegenden Prozesse und ihre inneren Dynamiken nicht ihrer Kontrolle entziehen. Auf diese Weise lassen sich Gefühle von Ohnmacht, Hilflosigkeit und erzwungener Passivität vermeiden (vgl. Filipp/Aymanns 2010). Herr F. beschreibt dies so:

> *»Also ich dann schon, auch, wenn es nicht so viele Bewerbungen waren, aber doch irgendwo frustriert war, weil-. Also all das, was-, was veröffentlicht war, was in den Zeitungen war, ich sage ja, ich kann das Wort überqualifiziert überhaupt nicht mehr hören. So dass ich dann eigentlich den Gedanken da dann doch anfing zu verfolgen mit dem-, mit dem, mit der Selbstständigkeit, und hier eben sagte, ach ja, mach doch eigentlich das, die Not zur-, zur Tugend.« (131)*

Herr F. möchte sich nicht mehr passiv von Entscheidungen anderer abhängig machen, die drohen, ihn in seinem Selbstbewusstsein massiv zu schädigen und aus dem Arbeitsleben fernzuhalten, sondern er will für sich selbst sorgen, indem er aktiv eine neue Struktur aufbaut.

> Die Imagination als Unternehmer wendet die Ohnmachtserfahrung tatsächlicher oder drohender Arbeitslosigkeit in den Aktivismus desjenigen, der sich auf eigene Rechnung auf dem Arbeitsmarkt zu behaupten sucht. (Bröckling 2007, S. 56).

Seine Aussage »die Not zur Tugend machen« darf an dieser Stelle aber nicht oberflächlich mit der in der Existenzgründungsdebatte klassischen Unterscheidung von Not- und Potenzialgründungen verwechselt werden. Bei ihm liegt weder ein inhaltlich getragener innerer Antrieb vor noch eine Notgründung mithilfe irgendeiner Tätigkeit, um Arbeitslosigkeit abzuwenden oder zu überwinden. Im Kern soll die Existenzgründung ein umfassendes inhaltliches und strukturelles Modell für die zukünftige Lebensführung sein. Ihre psychosoziale Funktion liegt darin, eine Neuorientierung, die vor den aufkeimenden Ängsten Sicherheit bietet, zu ermöglichen.

Worum geht es bei der Angstabwehr? Ausgangspunkt ist eine Situation, die den Betroffenen vor eine große Herausforderung stellt, wie dies im Fall von Herrn F gegeben ist. Die überraschende Auflösung des Arbeitsverhältnisses, gepaart mit der Trennung von seiner Frau, bedarf einer Form von Bewältigung und Verarbeitung, durch die gleichzeitig neue Strukturen für die Zukunft aufgebaut werden.

> Bewältigung eines kritischen Lebensereignisses heißt in einem umfassenden Sinne, auf mentaler und/oder aktionaler Ebene eine wechselseitige Angleichung herzustellen zwischen dem, was ist, und dem, was sein soll. (Filipp/Aymanns 2010, S. 128).

Auf dieser Gleichzeitigkeit von innerer und äußerer Anpassung basiert die Wirksamkeit der institutionellen Angstabwehr. Mit dem Angstabwehr-Konzept hat Menzies-Lyth (1974) beschrieben, wie institutionelle Arrangements eine Verbindung mit der inneren Welt von Menschen eingehen, um sie vor der Überflutung durch Ängste vor Chaos, psychischer Desintegration, Verlust und Tod zu schützen. Ursprünglich war dieses Konzept auf das Bewusst-Werden von Ängsten beschränkt, die aufgrund der beruflichen Aufgabe entstehen können, wie etwa im Krankenhausbereich, wo eine Konfrontation mit Schmerz, Angst, Leiden und Sterben unausweichlich ist. Das Konzept der sozialen Angstabwehr hat inzwischen eine Erweiterung erfahren in dem Sinne, dass es auch um allgemeine Situationen geht, in denen Ängste entstehen und bewältigt werden müssen. Es geht nicht allein um eine innerpsychische Funktion, sondern auch darum, dass bestimmte Arbeitsformen gleichzeitig dafür sorgen, dass jemand arbeitsfähig bleibt und die Aufgaben der Organisation angemessen erledigt werden können (vgl. Kinzel 2002).

Eine solche Aufgabe übernehmen in vorhersehbaren Abschieds- und Veränderungssituationen im Übrigen auch häufig Rituale, wie etwa bei der Verabschiedung aus der beruflichen Rolle. Solche Rituale stehen aber in der Situation der Existenzgründung – wie im Fall von Herrn F. – nicht zur Verfügung, sie müssen entwickelt werden. Mit der Wahl, sich selbstständig zu machen, werden dabei zwei Richtungen vereinigt, die üblicherweise in Transformationsprozessen eingeschlagen werden, nämlich »changing the self« und »changing the world« (vgl. Filipp/Aymanns 2010, S. 141).

Um welche existenziellen Ängste, die unter Kontrolle gebracht werden müssen, geht es in den Existenzgründungprozessen der Befragten?

### Angst vor sozialem Sterben und Tod

»*Dann war ich aber mittlerweile so 47-, 57 Jahre alt, und dann meinte ich, ja, jeder kennt mich in der (...) Branche, ich habe was erreicht, ich habe was vorzuweisen, also jeder wartet ja förmlich darauf, den V. als Geschäftsführer wieder einzustellen. Habe dann meine Kaffeetrinkgespräche geführt und stellte fest also nach geraumer Zeit, also einem halben Jahr, schätze ich mal so, man will dich gar nicht (lacht).« (D., 25)*

Was Herr D. hier andeutet, ist ein Prozess, der mit dem Begriff des sozialen Sterbens oder des sozialen Todes (vgl. Erdheim 1984) beschrieben werden kann. Nachdem Herr D. aus seinem Job als Führungskraft ausgestiegen ist, brechen die Kontakte merklich und unmerklich ab. Er spürt in dieser Situation, dass er aus dem Geschehen und den sozialen

Beziehungen ausgeschlossen ist und nicht mehr dazugehört. Eine ähnliche Erfahrung hatte ja Herr F. gemacht, bei dem die Netzwerke nach seinem Ausscheiden zusammenbrachen – so lange, bis er wieder fest angestellt war und sagen konnte, dass »er wieder unter den Lebenden« weile. Dass ein Ausschluss und Ausgegrenzt-Werden aus den beruflichen und sozialen Bezügen erfolgt, wenn Menschen sich zur Existenzgründung entscheiden, liegt in gewisser Weise in der Natur der Sache. Der »displaced entrepreneur« (Shapero 1975) hat seine Rolle und seinen Status aufgegeben bzw. im Fall der forcierten Trennung wie bei Herrn F. verloren und »gehört nicht mehr dazu«. Berufliche Tätigkeit bedeutet immer auch soziale Kontakte, Beziehung und eine Verankerung in einem bestimmten sozialen Gefüge, wie es eine Organisation bieten kann. Mit dem Ende beruflicher Tätigkeit ist immer auch die Lösung von Bindungen und sozialen Zugehörigkeiten verknüpft.

Seine besondere Dynamik erfährt dieser Prozess dadurch, dass er bei älteren Existenzgründern ein Grundthema anrührt, das altersspezifisch ist, nämlich die Angst vor Sterben und Tod. Kets de Vries (1977) hat festgestellt, dass in Gesprächen mit jüngeren und älteren Existenzgründern bei Letzteren erstaunlich häufig konkrete Erfahrungen bzw. Auseinandersetzungen mit Fragen von Tod und Sterben auftraten. Dies spiegelt sich in den Interviews dieser Studie. Sehr verdichtet lässt sich das bei Herrn F. beobachten, aber auch bei Herrn A. fällt die Zeit seiner Existenzgründung mit dem Herzinfarkt seines Vaters und der damit verbundenen Angst vor dem Sterben zusammen und darüber hinaus bildet ein Kollege, den Herr A. kannte und von dessen Tod er erfährt, die Folie zur Bewertung seiner eigenen Entscheidung zur Existenzgründung als einem im Wortsinne lebenswichtigen Schritt.

Bei Herrn C. geht die Existenzgründung nach dem Tod der Ehefrau zeitlich einher mit der anstehenden Ablösung der Kinder aus dem Haushalt. Dabei hat das Auftauchen des Todes und die Erfahrung mit dem Sterben in der näheren Umgebung zwei Seiten: Zum einen bewirkt die Erfahrung sozialen Sterbens und die Auseinandersetzung mit dem Tod nahestehender Personen in der eigenen Umgebung oft eine spezifische Stärke, die zu den besonderen Persönlichkeitsmerkmalen von Entrepreneuren gehört (Kets de Vries 1977; Shapero 1975). Auf der anderen Seite triggert diese Erfahrung alle Ängste vor dem eigenen Tod.

> Ruhestand wird von denen, die mit ihrem Unternehmen »verheiratet« sind, oft als Bedeutungsverlust und damit als schwere narzisstische Kränkung erlebt, die einer Todesdrohung gleich kommt. »Workaholics« arbeiten nicht in erster Linie, um produktiv zu sein, sondern um ihre Todesangst zu beruhigen. Die Erwerbsarbeit ist eine »narzisstische Plombe«. (Haubl 2015, S. 302)

Selbst wenn die befragten Führungskräfte nicht unbedingt als Workaholics gelten müssen, kann man aufgrund ihrer hohen Position davon ausgehen, dass das Ausscheiden aus dem angestellten Job eine echte psychische Bedrohung bedeutet.

Dies verknüpft sich mit einer altersspezifischen Besonderheit, die die Bewältigung der durchbrechenden Ängste besonders bedeutsam macht. Das Ausscheiden aus der angestellten Tätigkeit nimmt in gewisser Weise die Auseinandersetzung mit dem Alter vorweg und erfolgt zu einem relativ frühen Zeitpunkt. Peters (2004) hat auf Untersuchungen verwiesen, nach denen der Übergang in die Zeit nach der Berufstätigkeit umso schwerer zu bewältigen ist, je unfreiwilliger und je unvermittelter er erfolgt, wie etwa im Fall von Herrn F.

Für alle bedeutet der Austritt aus der Anstellung die Konfrontation mit dem Alter und dem potenziellen Ausscheiden aus den entsprechenden Halt gebenden Bindungen und Bezügen.

»*Die gewechselt haben, von denen man sich überhaupt trennen wollte. Also älter heißt bei mir, über 50. (3) Ich habe da Erklärungsmuster für, ja?, die sind halt eben teurer als jüngere, das ist der einzige Grund. Ja?*« (B., 462)

Alt zu sein bedeutet innerpsychisch also die Bedrohung des Ausgesondert-Werdens. Die realistische Erfahrung, kaum in eine Anstellung zurückkehren zu können, weil mit dem Alter das hohe Gehalt, aber manchmal einfach auch nicht näher benannte Gründe verknüpft sind, die zum Ausschluss führen, erzeugt Angst.

Gleichzeitig bedeutet die Tatsache, 50 Jahre und älter zu sein, auch eine unvermeidliche Konfrontation mit der Begrenztheit des Lebens: »Nun erfährt die Verlustthematik im fortgeschrittenen Lebenslauf eine besondere Akzentuierung, und kein anderes Thema drückt dem Alter in ähnlicher Weise seinen Stempel auf.« (Peters 2004, S. 198).

Psychoanalytisch ausgedrückt geht es um die Erfahrung und Verarbeitung von Objektverlusten, die sich im Alter jenseits der 50 häufen. Dies hat zunächst mit normalen Trennungen und Abschieden, etwa dem Auszug der Kinder aus dem Haus, zu tun wie im Fall von Herrn C. Neben Scheidungen, die sich zu dieser Zeit ebenfalls häufen, ist aber auch die Wahrscheinlichkeit höher, dass man der Erfahrung des Todes der eigenen Eltern ausgesetzt ist und außerdem mehr als in jüngeren Jahren Kollegen, Freunde und Bekannte sterben, wie etwa im Beispiel von Herrn A.

All diese Erfahrungen konfrontieren mit der eigenen Vergänglichkeit, dem Älterwerden und der Realität des Todes. Dies bedarf intensiver innerer Arbeit und des Aufbaus eines Lebenskonzepts, das die bewusstwerdenden Ängste erträglich macht. Gleichwohl ist die Angst vor dem Tod im Sinne von Kets de Vries (2014) auch ein heimlicher Motivator und ein Triebmittel für den Aufbau entsprechender Lebens- und Arbeitskonzepte sowie Abwehrsysteme, wie sie sich protektiv in der Existenzgründung spiegeln. Die generelle Notwendigkeit des Umgangs mit Vergänglichkeit, Altern und Sterben bezieht sich

> Nicht nur auf Alter und Tod, sondern auch auf das reale oder symbolische Abgeben von Macht, Positionen oder Ressourcen noch zu eigenen Lebzeiten an die Folgegeneration. (King, 2001, S. 217)

## *Die Bedrohung des Größenselbst*

> Es gehört zu den anthropologischen Grundtatsachen, dass Menschen ihren Selbstwert zu bewahren trachten und – neben anderen Aspekten – dass ein hohes Selbstwertgefühl Sicherheit verleiht. (Filipp/Aymanns 2010, S. 46)

Diese Erkenntnis hat in der psychoanalytischen Theorieentwicklung insbesondere in den Arbeiten von Kohut (1976), aber in Bezug auf Führungskräfte auch von Kernberg (2000) ihren Ausdruck gefunden.

Eine Arbeit zu haben, gehört zu den wichtigen Faktoren für die Stabilisierung und Entwicklung des Größenselbst sowie zu einem Stolz auf die eigene Leistungsfähigkeit.

Man kann aufgrund von Untersuchungen (z. B. Kernberg 2000; Kets de Vries 1985) davon ausgehen, dass gerade Führungskräfte in höheren Positionen mit einem bedeutsamen Maß an narzisstischen Bedürfnissen ausgestattet sind, bietet doch die Führungsrolle zusammen mit der Zugehörigkeit zu einem Großunternehmen eine Menge an narzisstischen Befriedigungsmöglichkeiten. Man kann davon ausgehen, dass der Verlust einer sozialen Position wie etwa der als Führungskraft in einem (möglicherweise noch sehr großen) Unternehmen bzw. einer sozialen Organisation daher zu besonderen Erschütterungen im Selbstbild und im Erleben eines gesunden Größenselbst führen muss. Die Möglichkeit, Enttäuschungen, wie sie in den unterschiedlichen Interviews deutlich wurden, zu kompensieren, verringert sich mit einem höheren Alter zusehends. Das Zeitfenster für die Neuaufnahme eines Jobs, der mit den entsprechenden narzisstischen Gratifikationen verbunden ist, wird immer kleiner bzw. entfällt ganz.

Welche Rolle narzisstische Kränkungen und Bedrohungen als Motiv zum Aufbau eines Angstabwehrsystems in Form der Selbstständigkeit darstellen, soll am Beispiel von Herrn G. ausführlicher illustriert werden:

**Illustration: Herr G.**

*Zur Person*

Herr G. ist ca. 60 Jahre alt, verheiratet und hat sich vor Kurzem selbstständig gemacht. Er hat mit Unterstützung einer Beratung eine Freiberuflichkeit aufgebaut, in der er schwerpunktmäßig Coachings und Consultings anbietet. Herr G. arbeitet als Solo-Selbstständiger in seinem Home-Office.

*Zur Berufsbiografie und zum Prozess der Existenzgründung*

Zu Beginn seiner beruflichen Laufbahn tut sich Herr G. äußerst schwer damit, einen Gleichgewichtszustand zu erreichen und diesen auch zu halten. Er hat ein Problem damit, sich im jungen Alter auf einen Lebensweg festzulegen und an diesem festzuhalten. Die Angst vor der Langeweile ist hier ein entscheidender Faktor. Er macht allerdings schon in jungen Jahren einen sehr zielstrebigen Eindruck und schreckt nicht vor ungewissen Situationen zurück. So nutzt er sein Hobby und betätigt sich schon während seines Studiums als Selbstständiger mit einer eigenen kleinen Firma.

Als er schließlich sein Studium abgeschlossen hat, entscheidet er sich gegen eine mögliche Karriere als Wissenschaftler, da ihm die Interaktion mit Menschen an dieser Stelle gefehlt hätte. Zudem ist er schon früh sehr reflektiert und gesteht seine eigenen Schwächen ein. So sei er »nicht intelligent genug« für einen Job in der Forschung. Hauptkriterium für die Wahl seines Berufs ist die Tatsache, dass er bei diesem Spaß habe. Er fängt mit einem Job im Vertriebs-Bereich an, wo er keine großen Kenntnisse vorzuweisen hat und alles von Grund auf lernen muss. Durch seine Zielstrebigkeit, Disziplin und Spaß an der Sache arbeitet er sich jedoch schnell hoch und freundet sich auch mit dieser Situation an. Vor allem den Freiheitsgrad, der ihm bei seinem Job im Außendienst gewährt wird, genießt Herr G. enorm. Er ist stolz auf seine Selbstständigkeit und guten Ergebnisse im Verkauf. Mithilfe seiner Kreativität und seines Erfolgsstrebens schafft er es sogar, die Firma international zu vertreten und in einem anderen europäischen Land einen neuen Standort zu eröffnen, wo er sich zwar erst an die fremde Kultur gewöhnen muss, aber schnell sehr erfolgreich ist. Herr G. muss allerdings einen Rückschlag erleiden, als sein alter Betrieb mit einem anderen fusioniert und es zu einer Reorganisation kommt. Er betont, dass für ihn die Beziehung zu seinen Mitarbeitern immer sehr wichtig war. Sie hatte stets einen professionellen Charakter (»niemals per du«), aber er fühlte sich verantwortlich für sie und war sehr stolz auf sein Team und dass er es geschafft hat, eine

Atmosphäre zu entwickeln, in der sich die einzelnen Mitarbeiter weiterentwickeln konnten.

Herr G. schafft es, sich aufgrund seiner Erfolge immer weiter hochzuarbeiten und die größte Geschäftseinheit im Unternehmen zu übernehmen. Er könnte an dieser Stelle ein entspanntes Leben führen, wird jedoch weiterhin durch das Unbekannte und Neue gereizt, was, wie er selbst beschreibt, auch für seine persönliche Entwicklung von großer Bedeutung ist (»gebe mich nicht mit einfachen Aufgaben zufrieden«). Nach Konflikten mit der Chefetage entscheidet sich Herr G. abermals für eine neue Herausforderung und hilft bei der Gründung und dem Aufbau einer Firma in Fernost. Nach wiederholten Auseinandersetzungen mit dem CEO jener Firma wird ihm angeboten, einen »langen Urlaub zu machen« und dann früh in Rente zu gehen. Finanzielle Probleme hat Herr G. dabei keine. An ein Leben ohne Beschäftigung könne er sich nach eigenen Angaben allerdings nicht gewöhnen (»fehlt etwas«), weshalb er sich im Alter von 59 Jahren für eine Fortbildung zum Berater entscheidet. Hier ist die Nähe zu Menschen für ihn wieder ein entscheidender Faktor. Herr G. verknüpft seine gesammelten Erfahrungen und Kompetenzen und bietet eine spezifische Form der personenorientierten Beratung an. Während ihm einzelne Faktoren der Selbstständigkeit deutliche Probleme bereiten, genießt er andererseits die wiedergewonnene Freiheit und Unabhängigkeit von Vorgesetzten. Im Nachhinein reflektiert er seine Tätigkeit innerhalb der Industrie, weshalb er so viele Konflikte hatte und warum Unternehmen Probleme mit der Motivation ihrer Mitarbeiter haben. Er betont ebenfalls sein Privileg, dass er sich durch andere Vorgesetzte und andere Personen innerhalb seines Teams entwickeln konnte. Als Coach nehme er nur noch Aufträge an, die ihn persönlich reizen und interessieren, und genießt das Privileg, finanziell nicht auf jede Beratung angewiesen zu sein. Viel entscheidender sei eine gewisse Chemie zwischen ihm und seinem Mandanten, nur wenn er sich mit diesem für ein Ziel begeistern kann, nehme er das Mandat an (»wenn wir beide es wollen«). Coaching sei für ihn persönlich eine Übergangsphase, er möchte langfristig ganz in den Consultingbereich wechseln und gegebenenfalls erlerntes Wissen aus der Coaching-Ausbildung wiederverwenden. Gegen Ende des Interviews erwähnt er diverse Schwierigkeiten, auf die andere Kollegen aus der Industrie bei ihrem Selbstständigkeitsversuch treffen. Sie würden oft den Fokus falsch setzen, den Blick für das Wesentliche verlieren und ihre Kosten nicht im Blick behalten. Seine Kollegen seien meist zu unselbstständig und zu abhängig von in der Vergangenheit zur Verfügung gestellten Apparaten. Herr G. lehnt außerdem eine ihm angebotene Kooperation mit einem größeren Coachingunternehmen für Spitzenkräfte in Unternehmen ab.

Er befürchtet bei diesem Angebot Freiheitseinschränkungen, Zwang und zu viele Verbindlichkeiten, die er lieber vermeiden möchte. Deshalb verstehe er ebenfalls nicht, weshalb andere Coaches sich in »irgendwelchen Sozietäten« zusammenschließen. Er sieht in diesen größtenteils Nachteile und bevorzuge es, gelegentlich Arbeitsaufträge an andere Personen zu vergeben, falls er etwas nicht selbst erledigen kann. Zum Schluss des Interviews betont er noch einmal die große Freiheit, seine Arbeitszeit frei wählen und von zu Hause aus arbeiten zu können.

### Das Größenselbst

Was an Herrn G. neben seinem ungeheuren Drang nach Freiheit beeindruckt, ist seine zielstrebige Art, immer weiter voran zu gehen, wobei »voran« im Regelfall auch »nach oben« bedeutet. Dieser Drang scheint in ihm biografisch angelegt, da er bereits während des Studiums erste Erfahrungen mit der Selbstständigkeit macht. Die Führungsrolle bietet ihm unzählige Möglichkeiten, seine narzisstischen Bedürfnisse zu befriedigen.

### Der Narzissmus in der Führungsrolle

Dies ist eine Erfahrung, die einige der befragten ehemaligen Führungskräfte teilen. Sie haben in großen Konzernen oder Organisationen Führungsrollen innegehabt, die ihnen einen weitreichenden Aktionsradius, enorme Umsätze und ein internationales Betätigungsfeld geboten haben. So beschreibt Herr A.:

> *»Ich meine, wenn man in so einer Liga spielt, da, wo ich da mitgespielt habe im geschäftlichen, ja, in den Konstellationen, wer da die Wettbewerber sind, ja, [...?] I., T., C. H., dann ist es die Champions League und dann heißt, hat, ja ... Also man möchte immer wieder gewinnen, ja? (...) Dafür werden Sie ja bezahlt.« (A., 943)*

Auch Herr G. kann mit einer entsprechenden Geschichte aufwarten. Er wird früh protegiert, kommt dann zum wichtigsten Konzern in seiner Branche und dort schnell in internationale Verantwortung in verschiedenen Ländern im europäischen und fernöstlichen Bereich und schließlich auch in weltweite Verantwortungsrollen. In einer »solchen Liga« hat auch Herr I. gespielt, fast alle Beschreibungen in seinem Interview strotzen vor Größe und Bedeutung, er ist in die gesellschaftliche und politische Entwicklung auf nationaler Ebene involviert, hat in der Gemeinde D. mit »allen Größen«, d. h. auch Vorständen von international tätigen Unternehmen, zu tun gehabt, und ist nun europaweit tätig.

Dementsprechend stellt er seine Karriere so dar, als sei es unvermeidlich immer nach oben gegangen »wie auf einer Rolltreppe«. Das sind zweifellos beeindruckende Erfolge, die auch Neid hervorrufen, gleichzeitig ist die Selbstständigkeit, sei sie nun freiwillig oder eher unfreiwillig gewählt, durch Risse im Selbstwertgefühl geprägt. Offensichtlich gehen Enttäuschungen voraus, die Filipp und Aymanns generell für kritische Lebensereignisse, wie sie die Existenzgründung darstellt, so beschreiben:

> In diesem Sinne implizieren kritische Ereignisse den Verlust wichtiger Quellen der Selbstwertschätzung […], die – wenn überhaupt – nicht so leicht kompensiert werden können. Und oft führen kritische Lebensereignisse den Betroffenen auch vor Augen, dass sie in zentralen Identitätsaspekten und in ihrem Verständnis davon, wer sie sind, weitreichende Transformationen leisten müssen. (2010, S. 46)

Diese Verluste und Beeinträchtigungen haben sich ja bereits in der Zeit, als die Existenzgründer noch angestellt waren, angekündigt. So beschreibt Herr B. den Umgang mit seiner Leistung:

> *»aber diese Zeit davor, dass sich überhaupt niemand interessiert hat, was mit den Unterlagen, die man erzeugt hat, die konnte man alle wegschmeißen. Ja? Das ging aber nicht nur mir so, das ging vielen so. Was sie dann auch gemacht haben, da hat keiner danach gefragt, pfft. Da ist Milliarden von Know-how vernichtet worden innerhalb von nur wenigen Tagen.« (B., 671)*

und den Bedeutungsverlust, den er hinnehmen musste:

> *»Also ich anfangen habe, das war-, also in dieser Organisationseinheit, das war Ende der neunziger Jahre, und das ging so bis 2003/04, dann war plötzlich-. Und ich habe ja gesehen, wir haben angefangen mit fünfzehn Leuten, und im Jahre 2005 gab noch einen (lacht). Und wir haben immer dieses selbe Geschäftsfeld bearbeitet, was am Anfang zwei Milliarden Volumen hatte, und am Schluss hatte ich nur noch dreihundert Millionen, was aber jetzt kein Wunder war […]« (B., 679)*

Eine andere Form des Angriffs auf sein Größenselbst erlebt der bereits erwähnte Herr H., der aus dem sozialen Bereich in das Unternehmen gewechselt war, und nun – unter anderer Führung und unter ökonomischem Druck – vermittelt bekommt, dass seine Form des Umgangs zu langsam sei, zu viel Nachdenken und Zaudern. Hier wird ein möglicherweise latent vorhandenes Gefühl der Minderwertigkeit, nämlich »kein richtiger« Mensch aus der Wirtschaft zu sein, heftig getroffen.

*Die kollektive Alterskränkung*

In den Interviews betonen die meisten Befragten, dass sie im Unternehmen bzw. auf der Suche nach neuen Herausforderungen mit einer grundlegenden Attacke auf ihr Selbstwertgefühl konfrontiert werden. Entgegen allen Beteuerungen, wie sie in Presse und Medien gemacht werden, müssen sie feststellen, dass sie jenseits des Alters von 50 Jahren kaum oder keine Chancen mehr haben.

*»Das ist ein natürlicher der Lauf der Dinge, dass man, wenn man älter wird, die anderen immer jünger werden (lacht) [...]. Also in den Banken ist es tatsächlich so, dass man versucht, sich von den Älteren generell zu trennen, weil die halt eben zu teuer und zu [...] sind aus Sicht des Managements.« (B., 486)*

Herr B. ist also innerlich darauf vorbereitet, dass es eine jüngere Generation gibt, mit der er sich auseinandersetzen muss und die ihn möglicherweise in seiner Rolle angreifen oder ersetzen wird. Die große Enttäuschung ist aber, dass Herr B. spürt, dass er nicht mehr gewünscht ist, das Unternehmen also am besten verlassen soll. Als Erklärungsmuster dient das hohe Gehalt, ähnlich beschreibt das Herr A. (152 f.), der sich kaum Illusionen macht und daher überlegt, Abfindungsangebote zum richtigen Zeitpunkt anzunehmen.

*»Das war eigentlich gleitend (...) Es war halt nur der Aha-Effekt, dass irgendwann mal kann man sich zehnmal bewerben und man kriegt es ja nicht gesagt, hören Sie mal, Sie sind jetzt 52 oder 53, ja? Vielen Dank, wir sind, wir bauen hier gerade ab, ja? Da sind wir froh, dass wir die Alten loswerden, da in der Form und das heißt, dass hat halt schon sozusagen mich bewogen zu sagen, das hat ja gar keinen Sinn, das ist verlorene Zeit, jetzt schaust du mal, was (du?) selbst bewegen kannst in der Form.« (A., 380)*

Was Herr A. hier anspricht, ist die Tatsache, dass es nicht um eine individuelle Ablehnung geht, sondern um eine kollektive Form der Zurückweisung Älterer, die das persönliche Selbstwertgefühl gleichwohl heftig trifft. Diese Form der Exklusion entgegen allen propagierten Altersbildern und wissenschaftlichen Erkenntnissen über die Leistungsfähigkeit Älterer schafft gerade für Führungskräfte ein besonderes Problem. Peters hat dazu festgestellt:

Einer gesellschaftlichen Gruppe anzugehören, die aufgrund gesellschaftlicher Trends als disponierbare Masse betrachtet wird, stellt aber eine kollektive narzisstische Kränkung dar, zumal vor dem Hintergrund des Kontrastes zu den beruflichen Leistungen und Erfahrungen als Stütze der eigenen Identität. (2004, S. 134)

Die inzwischen im medialen Bereich auffindbare Idealisierung des Erwachsenenalters um die 50 mit den »Jungen Alten« und die vielfältigen Förderprogramme im Zuge des demografischen Wandels für ältere Mitarbeiter im Unternehmen erweisen sich hier als pure Ideologie. Gleichzeitig trifft diese Erfahrung die Menschen zu einem Zeitpunkt, der alterstypisch durch eine hohe Verwundbarkeit hinsichtlich der narzisstischen Thematik gekennzeichnet ist (vgl. Peters 2004, S. 88). In dieser Altersphase stellt sich die Frage nach der möglichen Diskrepanz, was jemand in seinem Leben und in seiner beruflichen Karriere erreichen wollte und was er tatsächlich erreicht hat, in ganz massiver Weise. Die Rollenzuweisung durch die Unternehmen, nämlich disponible Masse für Reorganisations- und Verjüngungsprozesse zu sein, trifft hier diametral auf den eigenen Wunsch, die Rolle als Älterer in einer möglicherweise neuen Form zu interpretieren, wie es der soziale Wandel erforderlich macht und auch als Chance gesehen wird. Die Attacken auf das narzisstische Gleichgewicht speisen sich aus mehreren Quellen:

1. Die Bedeutung, die der Einzelne aufgrund seiner Rolle und Zugehörigkeit zu einem großen Unternehmen gewinnt, wird durch ökonomische Verluste oder Verkleinerungen aufgrund strategischer Entscheidungen unterminiert.
2. Ihm wird direkt oder indirekt bedeutet, dass er zu unbedeutend sei, zu wenig zukunftsträchtig etc.
3. Hier verkehrt sich die Größe des Unternehmens ins Gegenteil: Der Einzelne ist eben doch nur ein Rädchen im Getriebe.
4. Hinzu kommt die kollektive, aber individuell erfahrene Kränkung, »zu alt zu sein« und zur disponiblen Masse der Älteren zu gehören.

Entscheidend ist, dass durch diesen Prozess das Zusammenspiel der inneren Welt der Führungskräfte und der äußeren Welt der Organisation zerbricht:

> If the corporation is unable to create a ›good enough‹ environment and if the employee must work daily within competitive, fearful environment where narcissistic injuries prevail, the employee will be unable to form narcissistic identifications with the organization. Consequently, the employee's ego will not be able to sustain a constant object relationship with the organization. (Czander/Lee 2001, S. 65)

Was dann passiert, ist im Regelfall die Entwicklung einer eher negativen Übertragung gegenüber der Organisation, die Lockerung der inneren Bindung und Identifikation sowie schließlich die Auflösung des Kontrakts zwischen Unternehmen und Führungskraft.

In dieser Situation bietet die Existenzgründung nun im Sinne der institutionellen und nicht nur innerpsychischen Angstabwehr einen möglichen Ausweg. Die Interviewten nutzen die sich bietende Chance, eine gesellschaftliche Rolle einzunehmen, die im Sinne der Angstabwehr als Bewältigungsmechanismus beides bietet: den Erhalt und Schutz des lädierten und bedrohten Selbst als Ideal und die Möglichkeit, das Alter auch beruflich neu, d. h. auf den ersten Blick frei und unabhängig, zu definieren. Diese Chance erwächst aus dem hohen Ansehen, dass die Rolle des Selbstständigen gesellschaftlich weiterhin genießt. Der späte Existenzgründer reiht sich in die von Bröckling (2007) genannte Forderung ein, ein unternehmerisches Selbst nicht nur innerlich zu entwickeln, sondern ihm auch äußerlich einen Ausdruck zu verschaffen und so einer spezifischen Form sozialer Exklusion zu entfliehen. Gleichzeitig bietet diese Rolle Schutz, möglichen weiteren Attacken und Bedrohungen des Größenselbst zunächst einen Riegel vorzuschieben, indem sich der Existenzgründer durch seine Selbstständigkeit der Abhängigkeit von anderen scheinbar entzieht.

Dies wird im Fall von Herrn G. deutlich, der die Existenzgründung als seine neue Bestimmung beschreibt:

G: »*Das hat gedauert fünf Monate. Also Ausstieg aus der Industrie, hatte ich fünf Monate Zeit nachzudenken. Und habe dann die Ausbildung angefangen. Und in der Ausbildung war ziemlich schnell klar, wo es hingeht, was ich-, was ich ei-, was ich will, nicht was jetzt irgendjemand will. Und ich habe meine eigene Vision kreiert. Und die hing dann eine Weile an der Wand, bis ich sie erreicht hatte.*« (G., 596)

Hier ist zu sehen, wie die Existenzgründung protektiv vor den wesentlichen Ängsten in diesem Alter schützt, nämlich vor dem Älterwerden an sich, vor der Auseinandersetzung mit dem Tod und vor einer dauerhaften Beschädigung des Selbstwertgefühls: Wer Visionen hat, verfügt über eine Zukunft, und wenn diese Zukunft sich im Wesentlichen auf das eigene Ich bezieht, wird auch die narzisstische Verwundbarkeit durch die Abhängigkeit von unberechenbaren Entscheidungen anderer verringert. Kontos hat die zugrunde liegende Motivation zur Existenzgründung zugespitzt mit dem Begriff »struggle for survival« (2008, S. 62) belegt.

In der Entscheidung zur Existenzgründung erfolgt gewissermaßen eine doppelte Form der Verarbeitung eines aufkeimenden Gefühls von Vergänglichkeit und drohender Schädigung des Selbstwertgefühls: Auf

Biografische Motivkonstellationen und psychosoziale Funktionen 197

der einen Seite wird die Angst abgewehrt (und damit natürlich auch eine Auseinandersetzung mit schmerzhaften Erfahrungen und Themen vermieden) und gleichzeitig erhält sich durch die Neugründung das Gefühl von Jugendlichkeit:

> Die eigene Vergänglichkeit kann im Zuge dessen abgewehrt werden bis hin zu der damit potenziell unterschwellig verbundenen Allmachtsfiktion, sich selbst gleichsam als ewig Aufbrechender auch eigener Nachfolger sein zu können. (King 2011, S. 219)

### 6.1.3 Die innovative Dimension: Zwischen Stagnation und Generativität – das Ringen um die biografische Innovation

Die Fähigkeit zur Innovation ist der Dreh- und Angelpunkt des Entrepreneurs im ökonomischen Sinne. Innovation als Schumpeter'sche »schöpferische Zerstörung« (Schumpeter 1939) zeigt an, dass jemand getrieben und in der Lage ist, vertraute Wege, Strukturen und Prozesse zu durchbrechen und den neuen Schritt zu schaffen, an dem viele andere in ihrem Verharren in der Routine scheitern. Wie Bröckling (2007) beschrieben hat, ist Kreativität die subjektive Voraussetzung von Innovationsprozessen, mit denen sich die neuen Ideen in gewandelten Strukturen innovativ niederschlagen. Dabei ist das innere Bild von Innovation oft geprägt durch die Vorstellung von jungen kreativen Menschen in der Technologiebranche. Sie schaffen neue, bisher unbekannte Produkte. In dieser Vorstellung schwingt mit, dass Innovation an *sichtbare* Produkte gekoppelt ist. Das ist im Fall der selbstständigen Freiberufler, die für diese Arbeit interviewt wurden, schwierig. Es sind keine Gewerbetreibenden mit entsprechenden Produktionsmitteln, wie Maschinen, Rohstoffen, großen Gebäuden und Produkten, sondern sie verkaufen als Freiberufler Beratung als eine Dienstleistung. Der Innovationsbegriff ist mit der Vorstellung verknüpft, dass durch neue Produkte auch neue, äußerlich sichtbare Entwicklungen vollzogen werden. Beratung zielt aber meist auf innere Entwicklungsprozesse, wobei sichtbare soziale oder gar gesellschaftliche Veränderungen als Folge naturgemäß eher selten oder nicht nachweisbar sind.

Kupferberg (2000) hat mit dem Begriff der »biografischen Innovation« ein Konzept entwickelt, das am besten beschreibt, wie im Fall der »Freiberufler-Existenzgründung« beides zusammenkommen kann, nämlich unternehmerische Innovation und gleichzeitig Orientierung auf die Person des Existenzgründers und deren Entwicklung. Die biografische Innovation ist die dritte bedeutende Motivkonstellation, die sich in der Befragung finden ließ.

Der innovative Aspekt bezieht sich dabei weniger auf äußere Faktoren, wie etwa die Entwicklung einer neuen Geschäftsidee, sondern auf die aktive Gestaltung der eigenen Lebensgeschichte, weswegen es angemessen ist, von der psychosozialen Funktion einer biografischen Innovation (Kupferberg 2000) zu sprechen. Die Existenzgründung ist in diesem Fall vorrangig intrinsisch motiviert. Sie ist Ausdruck einer inneren Entwicklung, die sich meist über eine längere Zeit vorbereitet und abgezeichnet hat, und ist nicht vorwiegend eine Reaktion auf äußere Einflüsse, auch wenn äußere Faktoren letztendlich den Entschluss zur Existenzgründung befördern können. Es geht in dieser Funktion darum, Prozesse der beruflichen und biografischen Stagnation zu überwinden und auf einer persönlichen Ebene Raum zu schaffen für die »Entstehung des Neuen« (King 2002). Gleichwohl ist diese innovative Funktion nicht ausreichend als eine Art »Privatentwicklung« zu beschreiben, sondern in ihr verschränken sich persönliche Motive mit institutionellen und gesellschaftlichen Dynamiken.

Ausgangspunkt ist meistens eine Situation, in der innere Prozesse durch die äußere Situation und die Möglichkeiten der Rolle als Führungskraft nicht mehr angemessen abgebildet werden können, sondern zu stagnieren drohen. Es entsteht ein Missverhältnis von Entwicklungswunsch, Neugier und generativem Drang auf der einen und der »opportunity structure« (Sörensen/Sharkey 2014), wie sie durch die beruflichen Rollen und institutionellen Strukturen gegeben ist, auf der anderen Seite. Die Möglichkeiten, Wünsche nach Kreativität, Flexibilität, größerer Unabhängigkeit, intellektueller Stimulation, Altruismus und Generativität innerhalb der Rolle zu erfüllen (vgl. dazu Bonnet et. al 2012), reichen nicht aus, um einen Verbleib in der Rolle zu bewirken. Die Unzufriedenheit in der Berufsrolle führt aber nicht zu einem frühzeitigen Ausscheiden aus dem Job bzw. einer frühen Berentung (vgl. Kautonen et al. 2012), sondern sie bewirkt einen Entwicklungs- und Veränderungsschub.

In der psychosozialen Dimension der biografischen Innovation bleiben die Personen meist die steuernde Instanz; es geht um eine eigene Entscheidung, die nicht durch äußere Ereignisse oder gar Kränkungen und Konfrontationen forciert sein muss. Der Wunsch nach Neuem überwiegt gegenüber dem Wunsch nach Vertrautheit oder dem Bedürfnis nach Schutz, wie sie die Führungsrolle mit all ihren Annehmlichkeiten (Gehalt, Sicherheit, Gesundheitsschutz, Rentenabsicherung, soziale Zugehörigkeit etc.) bietet. Bei den Betroffenen wird das unternehmerische Handeln im Sinne einer Risikobereitschaft aktiviert, das Risiko wird abgeschätzt und Unwägbarkeiten, die sich nicht ausräumen lassen, werden in Kauf genommen. Dabei spielt auch der Aspekt der Nachträglichkeit (vgl. Becker-Schmidt 1994) eine wichtige Rolle: Frühere, z.T. nicht vollendete Prozesse der Individuation, Existenzgründungsversuche u. Ä. werden wieder aufgenommen und neu gelöst. Meist impliziert dies auch endgültige psychische Ablösungen von der Ursprungsfamilie und die Aufgabe hinderlicher elterlicher Bindungen.

Dabei bleibt die biografische Innovation nicht auf die Person beschränkt, sondern sie impliziert eine aktive Auseinandersetzung mit gesellschaftlich relevanten Veränderungen. So sind Existenzgründungen in dieser Dimension unter anderem mit einem Ringen um eine andere Form des Arbeitens, die als sinnvoller, unabhängiger, flexibler und herausfordernder erlebt wird, verknüpft.

Darüber hinaus dient die Existenzgründung dazu, einen institutionellen Rahmen zu schaffen, um neue Lösungen des Übergangs in das Alter auszuprobieren. Die starre Grenze, die für viele die Pensionierung darstellt, wird zugunsten einer stärker selbstbestimmten, also von gesellschaftlichen Vorgaben unabhängigen Form durchbrochen. Fast alle wünschen sich eine je nach Lebenslage, Gesundheit und innerer Motivation individuelle Flexibilität hinsichtlich des Umfangs beruflicher Tätigkeit im Prozess des Altwerdens.

Schließlich impliziert die biografische Innovation auch eine spezifische Möglichkeit, im generativen Sinne (Erikson 1973) die Gestaltung des Generationenverhältnisses deutlicher zu fokussieren. Dies geschieht zum einen durch eine inhaltliche Zuwendung zu dieser Thematik im Rahmen der Rolle als Coach oder Partner im Unternehmensbereich, zum anderen verläuft die generative Veränderung durch Parallelprozesse in der eigenen Familie. Auffällig deutlich beginnt der Prozess der biografischen Innovation mit der Ablösung eigener leiblicher Kinder aus dem Elternhaus.

Im Folgenden soll anhand eines ausführlicheren Gründerporträts, verschiedener inhaltlicher Kriterien und deren theoretischer Verankerung die innovative Dimension verdeutlicht werden.

### 6.1.3.1 Gründerporträt Herr C.

*Zur Person*

Herr C. ist zum Zeitpunkt des Interviews 52 Jahre alt und arbeitet seit drei Jahren als Freiberufler.

*Gründungsobjekt*

Herr C. ist freiberuflicher Coach, Berater und Trainer. Er hat diesen Weg eingeschlagen, nachdem er über verschiedene Führungsfortbildungen und ein Coachingstudium die Grundlagen dafür geschaffen und schon während seiner Angestelltentätigkeit parallel Fortbildungen, Trainings und Coachings durchgeführt hat. Herr C. arbeitet in seinem Privathaus; er hat dort ein kleines Büro und einen weiteren Raum für Beratungen.

*Karriere und Berufsbiografie*

In die Firma, in der er bis zu seiner Selbstständigkeit tätig war, kam Herr C. über einen Studentenjob während seines Studiums, das er abbrach, um voll in der Firma einzusteigen. Dort wurde ihm angeboten, weiter im Unternehmen zu arbeiten und nebenher eine kaufmännische Ausbildung zu absolvieren. Er ging für das Unternehmen ins Ausland und später bildete er sich an einer Universität weiter, nahm das technisch orientierte Studium allerdings nie wieder auf und blieb auf der »kaufmännischen Schiene«. So hatte er also die anfängliche Werbung des Unternehmens angenommen und seine Chance ergriffen: Studentenjob, Bindung an das Unternehmen, Führungsverantwortung, internationale Vertriebs- und Personalverantwortung. Er bezeichnet diesen Werdegang im Unternehmen als »klassische Kaminkarriere«, die ihren Höhepunkt damit erreichte, dass er eine Leitungsposition direkt unterhalb des Vorstandes innehatte.

*Gründungsmotive und Gründungsverlauf*

Das Interesse für das Coaching kam bei Herrn C. das erste Mal auf, als er Chef eines kleinen Teams wurde; damit zusammenhängend nahm er auch an einem Führungskräftenachwuchsseminar teil. Zu diesem Zeitpunkt wuchs seine Verantwortung und er rückte in höhere Führungspositionen auf:

> »*Und die-, die Führungsspanne wurde breiter, aus dem ersten kleinen Team wurde irgendwann mal ein internationales Team, bis hin zur weltweiten Personalverantwortung für einen gewissen Bereich. Das führte dazu, dass ich Verantwortung für Menschen hatte, die ich natürlich noch nie im Leben gesehen habe, geschweige denn ihren Namen teilweise aussprechen konnte.« (31)*

Als er von einem Studiengang zum Thema Coaching erfuhr, begann er ein Fernstudium parallel zu seiner Tätigkeit im Unternehmen. Nachdem er dieses abgeschlossen hatte, begann für ihn der »Spagat« zwischen seiner »normalen« beruflichen Tätigkeit und der nebenberuflichen Arbeit als Coach:

> »*Und daraus entstand eine-, sehr vorsichtig und zart eine-, eine Parallelität. Auf der einen Seite Management und Führungsverantwortung,*

*auf der anderen Seite dieses-, dieses große Interesse und Begeisterung für die Themen Coaching und Training, und schon erste vorsichtige Anfragen, wären Sie in der Lage, willens und dürfen Sie überhaupt dann auch vielleicht in einem fremden Unternehmen etwas zum Thema Führung, zum Thema Führungskräfteentwicklung, zum Thema Coaching zu erzählen, aus Sicht eines aktiven Managers.« (56)*

Zunächst bietet sich aber die Chance, die erworbenen Kompetenzen innerhalb des Unternehmens in einer neuen Rolle anzuwenden. Mit einem Wandel in der Unternehmensstruktur übernimmt Herr C. die Verantwortung für die Organisationsentwicklung. Hier entstand der erste Kontakt zum HR-Bereich. Seine spezielle Kompetenz im Beratungsbereich wird im Unternehmen wertgeschätzt:

*»[...] so mein damaliger Chef sagte, Sie bringen auch alle die Soft Skills mit, Sie haben ja schließlich eine Coaching-Ausbildung und alles, was da so zu gehört, und das können sie doch wunderbar machen. So, und mit diesem Wandel aus dem-, aus dem Unternehmen, dann gab es intern eine viel größere Nachfrage nach internem Coaching und nach internen Moderationen.« (90)*

Der Wandel im Unternehmen führt aber Schritt für Schritt in eine andere Richtung, d. h., es werden immer mehr externe Berater den internen Beratern vorgezogen. Aus diesen Unternehmenszwängen will Herr C. aber herauskommen, er will nicht »ausharren«, sondern noch mal etwas Neues machen. Dieser Wandel im Unternehmen war der »Schubser« in die Selbstständigkeit, die seinen Spagat beenden sollte.

Bevor er den Schritt jedoch wagte, fand ein langer Entscheidungsprozess statt: Er sprach mit Freunden und Coach-Kollegen, klärte die Entscheidung mit seinen Kindern ab und wartete auf den Moment, in dem sein Gefühl ihm sagte, dass die Selbstständigkeit nun der richtige Schritt sei. Mit seinem Arbeitgeber gelang ihm eine klare, saubere Trennung. Ihm war wichtig, dass es einen »klaren Cut« gab. Er betrat das Firmengebäude nach seinem Ausscheiden ein Jahr lang nicht mehr.

Als wichtigsten Punkt führt er die »Begeisterung« für das, was er macht, an. Zudem sagt er, dass es »sehr, sehr anstrengende Jahre« im Unternehmen waren. Sein zweiter »Spagat«, der zwischen Familie und Beruf, wurde durch das Abitur und die wachsende Selbstständigkeit seiner Kinder erleichtert. So war sein 50. Geburtstag auch ein Wendepunkt für ihn, an dem er beschloss, noch mal ein neues Kapitel aufzuschlagen. Bis dahin gab es niemanden in seiner Familie, der sich selbstständig gemacht hatte, was für ihn auch einer der Gründe ist, warum es in seinem privaten Umfeld »heftige Diskussionen« über seine eigenen Pläne gab.

Den Abschiedsprozess aus seiner alten Firma bezeichnet er als »klaren Cut«, an dem ihm auch die emotionale Trennung sehr schnell gelungen wäre. Dazu steht etwas im Kontrast, dass er später davon spricht, dass man nicht sofort »aus einer emotionalen Trennung heraus« etwas Neues starten soll. Des Weiteren erwähnt er, dass es »kein böses Wort« gab und er bei seiner Abschiedsfeier die Reden seiner Kollegen und Kolleginnen stoppte, um lieber mit ihnen anzustoßen. Eine prägende Szene folgte ein paar Tage später, als er – an einem schönen Ort sitzend – in die Ferne schaute und sich auf die Zukunft freute. Sich »prophylaktisch« arbeitssuchend zu melden, gehörte für ihn zum Prozess des Selbstständigmachens dazu, die Art und Weise des Umgangs miteinander bzw. »das ganze Szenario« auf dem Arbeitsamt empfand er allerdings als sehr bedrohlich. Klar war für ihn, dass es eine Solo-Selbstständigkeit werden würde; als Unterstützung hatte er eine Peergroup, die sich im Zuge der Coachingausbildung gebildet hatte und zum Zeitpunkt des Interviews immer noch für bestimmte Themen zusammenkommt. Im Vordergrund stehen für ihn gerade die Flexibilität und die Erkenntnis, dass die Dinge, die er jetzt macht, »sehr wichtig, sehr wertvoll« sind. Zum Thema Zukunft sagt er, dass er gerne ein bisschen mehr Zeit für die Dinge haben würde, die in den letzten Jahren zu kurz gekommen sind. Ansonsten plant er nicht so weit in die Zukunft, da ihn das »beunruhigt«.

### *Rückblickende Bewertung und Zukunftsorientierung*

Die Wurzeln seiner Entscheidung, aus der Tätigkeit als angestellte Führungskraft auszusteigen, liegen bei Herrn C. schon weiter zurück, lange bevor er real über einen Ausstieg nachdachte. Das Gefühl, dass es neben seiner Führungstätigkeit, die auch auf seinen technischen und kaufmännischen Kompetenzen fußte, noch etwas Anderes, Spannenderes geben könnte als seine angestammte Tätigkeit, kommt ihm im Rahmen einer Fortbildung für seine Führungsrolle:

> *»Damals gab es im Rahmen oder angeboten von der L.-Akademie ein Führungskräftenachwuchsseminar. Dort kamen alle solche Leute hinein, die zum ersten Mal Führungsverantwortung übernommen haben oder übernehmen sollten. Und es wurde sehr viel über das Thema Führung, Verantwortung, Führungsrolle, Kommunikation erzählt. Bei allem Respekt, ich habe da viel über-, über Mitarbeiterführung und Umgang mit Menschen erfahren, was ich so im Unternehmen vielleicht nicht so live erlebt habe, und das hat mich schon sehr faszi-*

*niert. Fasziniert im Bewusstwerden meiner-, meiner Verantwortung, fasziniert im Bereich Kommunikation, was alles so schiefgehen kann und wie gerne man so aneinander vorbeiredet. [...] Und das Thema hat mich gepackt, fasziniert, infiziert, sodass ich mich in diesem Bereich intensiv weitergebildet habe.« (15).*

Für Herrn C. führt diese Begeisterung aber aus äußeren und inneren Beweggründen nicht direkt in die Selbstständigkeit. Zum einen ist er als Alleinerziehender in der Verantwortung für die Sorge und Absicherung seiner Kinder, sodass er erst bei deren Ablösung und Aufnahme des Studiums weitere Schritte in Richtung seiner Wunschtätigkeit gehen kann. Außerdem eröffnet sich ihm durch eine Umstrukturierung des Unternehmens, in dem er tätig war, die Chance, die parallel zu seiner bisherigen Tätigkeit erworbenen Kompetenzen innerhalb des Unternehmens teilweise auszuprobieren.

Aber wirklich befriedigend ist das nicht, sodass es Herrn C. immer deutlicher drängt, die Grenzen des Unternehmens zu überschreiten. Er erhält zunehmend externe Anfragen nach Vorträgen, Coachings und Moderationen und entschließt sich dann, als deutlich wurde, dass mit der Übernahme des Unternehmens durch neue Eigentümer auch ein Kulturwandel eingeleitet wurde, der ihm nicht zusagt, den Schritt in die Selbstständigkeit zu wagen. Er nennt dies einen »letzten Schubser«, wodurch deutlich wird, wie sehr es ihm um eine »Herzensangelegenheit« geht, deren Verwirklichung aufgrund äußerer und möglicherweise auch innerer Umstände aufgeschoben war. Diese Entscheidung zur Solo-Selbstständigkeit ist mit Bedacht und aller Vorsicht und gleichzeitig mit absoluter Entschiedenheit gefallen:

*»Was ich-, was wichtig ist an der Stelle, denke ich, ist, das war auch in der Diskussion und Austausch mit anderen, das war für mich nie ein-, so ein Sprung ins kalte Wasser oder so aus einer Notsituation heraus: Huch, das wandelt sich jetzt im Unternehmen. Und so diese klassische »Weg-von-Situation«, nur raus und dann schnell in die Selbstständigkeit. Nee, das war bei mir anders. Das war wirklich auch über diesen Prozess von zweieinhalb bis drei Jahren hin zu, das möchte ich mal machen, das möchte ich gerne tun. Und unausgesprochen aber dann weg in die Solo-Selbstständigkeit, das war für mich immer klar.« (462)*

Für Herrn C. hat die Entscheidung neben der Ausrichtung auf eine für ihn sinnvolle Arbeit, mit der er sich vollständig identifizieren kann, auch eine Zukunftsorientierung:

»*A: Die wichtigsten Motive die Begeisterung für das, was ich heute mache, Punkt eins. Punkt zwei, Wandel im Unternehmen, Kultur und Ausrichtung und Philosophie. Und das dritte, die Möglichkeit zu haben, auch mit fünfzig noch mal richtig was zu tun, mit vor fünfzig, mit neunundvierzig, neues Kapitel, Kinder sind auf den eigenen Füßen, und nicht auszusitzen und auszuharren und durchzustehen, sondern tatsächlich noch mal was zu tun.*« *(539)*

Die Entscheidung zur Selbstständigkeit wird – bei allem auch im Interview durchaus spürbaren Druck – als absolut richtig bewertet, als ein neuer Schritt, der die Zukunft interessant und herausfordernd erscheinen lässt.

»*A: Ich habe ein-, ich habe ein Bild von-, von damals danach wird es schwammiger,. Ehrlich gesagt, weiß ich es noch nicht, und es beunruhigt mich nicht so stark. Hin und wieder schon, dann kommt so ein altes Sicherheits- und Planungsdenken wahrscheinlich heraus, aber dann erinnere ich mich an die Flexibilität und sage vielleicht ein bisschen naiv auch, Mensch, irgendwas wird schon gehen.*« *(693)*

### 6.1.3.2 Biografische Innovation – Merkmale und Ausdrucksformen

Die biografische Innovation als Motivkonstellation unterscheidet sich von der reparativen und der protektiven Dimension vor allem dadurch, dass sie auf Veränderungs- und Entwicklungsprozessen basiert, die vornehmlich beim Individuum stattfinden und weniger eine Reaktion auf äußere Prozesse sind. Kern dieser Veränderung ist das Motiv,

> eine neue Herausforderung zu suchen, wo menschliche Ressourcen des Einzelnen besser genutzt werden können als früher. Eben hier liegt das kreative Potential für neues Denken, Innovationen, kreatives Handeln. (Kupferberg 2000, S. 22)

Ein daraus folgender Neuanfang kann hauptsächlich biografisch sein, d. h. mit einer Veränderung und Neukonzeption des eigenen Lebens- und Karriereplans verknüpft sein, wie Kupferberg betont. Dabei kann daraus nicht geschlossen werden, dass es sich um ein reines »Privatvergnügen« handelt, sondern sozialer und gesellschaftlicher Wandel sind eingeschlossen, wie Kontos betont:

> Biografie ist demnach der Ort der Verschränkung von sozial-strukturellen und subjektiven Aspekten, der Ort, an dem das aktive Subjekt das Soziale reproduziert aber auch verändert. (2005, S. 221)

Im Mikrobereich der eigenen Lebensplanung spiegeln und vollziehen sich also soziale Wandlungsprozesse, die es im Folgenden genauer zu beschreiben gilt. Ausgangspunkt sind in allen Fällen anstehende Neuorientierungen entweder aufgrund innerer oder wiederaufgenommener, zu einem früheren Zeitpunkt unterbrochener Entwicklungen.

### Stagnation – Ende der Karriere

Auch wenn – wie im Fall von Herrn C. – mehr oder weniger unbewusst schon Prozesse der Neuorientierung stattgefunden haben, wie z. B. die Entwicklung eines Interesses an einer anderen Tätigkeit, stehen am Anfang der Existenzgründung im innovativen Sinne fast immer Gefühle der Leere, der Langeweile, der fehlenden Herausforderung. So beschreibt Herr G. seine Situation nach einem längeren Auslandsaufenthalt:

*»Ja, und dann habe ich das sechs Jahre gemacht und dann war irgendwie die Luft raus. Nach oben ging es nicht mehr, kam ein neuer CEO, mit dem kam ich überhaupt nicht klar, also einfach überhaupt nicht, menschlich gar nicht.« (G., 301)*

Die Einsicht, dass die Karriere an ein Ende gelangt, setzt Überlegungen in Gang. Für einen Menschen in seiner Position ist es ökonomisch nicht mehr notwendig, sich intensiv um einen neuen Job zu bemühen, er könnte einfach ausharren:

*»Da war ich neunundfünfzig, noch nicht ganz, aber eigentlich kurz vor neunundfünfzig. Ja, saß ich da. Hätte eigentlich jetzt auch das Ganze durchziehen können und sagen, jetzt machen wir Urlaub bis fünfundsechzig und das war es dann. Ja, aber das-, das ging nicht. Ich saß da und dann nach dem ersten Urlaub kam der zweite. Dann kamen meine Hobbys und dann kam das noch und jenes. Nee, fehlt was.« (G., 311)*

Die äußere Stagnation wird häufig begleitet von einem inneren Gefühl, dass die Identifikation mit der Tätigkeit bzw. dem Unternehmen deutlich geringer geworden ist.

Es ist aber nicht allein eine Frage des inneren Gefühls oder der äußeren Grenzen, die gezogen werden, sondern gelegentlich auch eine subjektive Einschätzung der Entwicklungsmöglichkeiten der Branche:

*»Ich habe zwanzig Jahre lang oder dreißig Jahre Bank gemacht, und, äh, ich hatte einfach keinen Bock mehr. (lacht) Das klingt jetzt viel-*

*leicht ein bisschen arrogant, das soll es nicht sein, ja?, also nicht dass Sie mich missverstehen, aber ich sehe auch in Banken letztlich-, also zumindestens in der Bankstruktur, muss ich vielleicht sagen, die heute hier in Deutschland existiert, sehe ich keine Zukunft. Ja?« (B., 225)*

Herr B. ist der Meinung, dass seine spezifische Kompetenz im IT-Bereich in Zukunft nicht mehr gefragt sein wird, weil die Arbeit ins Ausland verlagert wird oder aber auch in der Art, wie er sie gelernt hat, überflüssig sein wird. Das Gefühl, unterfordert zu sein, hatte Herr B. schon früher, bevor er sich zu einer Fortbildung entschloss. Möglicherweise hat hier im Verhältnis Führungskraft-Arbeitgeber schon von Anfang an etwas nicht gestimmt, was am Ende auf die Zuspitzung zulief, bei der Herr B. sich zur Existenzgründung entschloss. Herr H. entwickelt ähnlich Schritt für Schritt eine innere Distanz, die in seinem Fall durch Schwerpunktänderungen in seiner Tätigkeit forciert wird:

*»Was mir immer weniger Spaß gemacht hat, das war leider, dass es immer mehr geworden ist, nämlich so die ganzen administrativen Anteile. Ich habe, glaube ich, ein strategisches Geschick, ich kann gut Sachen nach vorne entwickeln, aber wenn dann so Themen auf der Agenda sind wie Gehaltssysteme oder so, da kann ich die Philosophie bestimmen und die grobe Richtung, aber-. Also mit anderen Worten, es wurde mir schon immer fremder[...].« (H., 31)*

Wie bei Herrn H. sind das nicht unbedingt einmalige Prozesse, die erst kurz vor der Trennung und Existenzgründung geschehen, sondern sie kommen immer wieder vor. Offensichtlich brauchen diese Entwicklungen einfach etwas länger. Sie können aber auch ein Zeichen dafür sein, dass es sich bei den Existenzgründern um Menschen handelt, die durch eine starke innere Neugier, einen Entwicklungs- und Veränderungsdrang gekennzeichnet sind und einfach nur auf den richtigen Moment warten. Dafür spricht die Aussage von Herrn G. bei seiner letzten Versetzung Jahre vor dem Ausstieg aus dem Unternehmen:

*»Gut, und dann habe-, kam das Angebot, jetzt okay, Sie dürfen jetzt wählen. Sie können entweder nach C., Geschäftsführer werden, oder nach K. gehen, das (...) Geschäft übernehmen. C., etablierter Markt. Da haben sie vier Sekretärinnen, sitzen im fünften Stock, gucken auf das Meer und haben nichts mehr zu sagen. Nee. K. kenne ich nur peripher als Geschäftsentwickler, kenne ich die Firmen, kenne den Markt aber nicht wirklich, kenne die Sprache überhaupt nicht, kenne die Kultur nicht.« (G., 255)*

Biografische Motivkonstellationen und psychosoziale Funktionen 207

Ihn reizt das Neue, der Aufbau, die Entwicklung von Bereichen, in denen er wie ein Eroberer und Abenteurer agieren kann. Was tun, wenn die Erkenntnis wächst, dass die eigenen Wünsche und Bestrebungen nicht mehr ins Unternehmen passen?

»*Viele, viele, die ich-, die ich gefragt habe, sagten mir, bist du denn verrückt? Das kannst du doch, warum machst du das? Du gehst aus einem Konzernverbund heraus mit knapp fünfzig, also gerade kurz vor dem-, kurz vor dem fünfzigsten Jahr, die zehn, fünfzehn Jahre, die hältst du doch noch aus im Konzern. Aber das war genau das Stichwort, die hältst du doch noch aus. Ich wollte nicht aushalten, sondern-, ich wollte auch nicht absitzen, sondern ich wollte was-, was tun.*« (C., 111)

Gerade angesichts des Alters wäre es eine naheliegende Möglichkeit, einfach weiterzumachen und die Annehmlichkeiten einer sicheren Position, der Erfahrung und des vermutlich hohen Gehalts zu nutzen.

Herr E. befindet sich gemeinsam mit seinen Mitarbeitern und Kollegen in einer ähnlichen Situation und bringt diese so auf den Punkt:

»*Also das eine ist, dass so insgesamt in dieser Teamstruktur, die damals war, waren wir sozusagen alle ein Kreis von älter werdenden Mitarbeitenden. Und es war so ein Zeitpunkt, also wie gesagt, ich war dann 53, entweder wird man dann da jetzt gemeinsam alt bis zur Rente (lacht) oder es gibt einfach auch noch mal eine Veränderung, also sozusagen jetzt nicht nur bei mir, sondern auch bei anderen Kollegen da aus dem Team.*« (E., 56)

Innerer Wunsch, Karriere- und Lebensplanung passen nicht mehr zusammen, es kommt zu dem, was Erikson die »Auseinandersetzung mit dem Gefühl der Stagnation« nennt.

### »Was Neues«

An dieser Stelle treffen alle Existenzgründer, die von einem Motiv der biografischen Innovation getrieben sind, eine Entscheidung für einen neuen Schritt.

»*Ich bin jetzt 52. Beim fünfzigsten Geburtstag habe ich gesagt, jetzt geht für mich noch mal ein neues Kapitel los oder ein neues Fensterchen auf oder eine neue Tür auf und. Die Kinder sind im Studium und wir sind alle fit und gesund, und jetzt geht es noch mal richtig los mit 50, und jetzt kommen die nächsten 50.*« (C., 510)

Nicht immer erfolgt dieser Schritt so euphorisch und zuversichtlich, aber doch ist es so, dass die innere Kraft zum Neuanfang den Respekt vor dem Risiko überwiegt. Dahinter steckt mehr oder weniger ausgesprochen die Fähigkeit oder Tendenz zum unternehmerischen Denken. Herr B. verdeutlicht dies durch seine Abgrenzung gegenüber Kollegen und Mitarbeitern, denen diese Seite des beruflichen Handelns aus seiner Sicht fehlt:

*»[...] die hat gesagt-, also Mitarbeiterin, die aber gewerkschaftlich orientiert war, die sagte dann, also wir sind Mitarbeiter, wir kommen um sieben und gehen drei, und dann ist die Sache erledigt. Wir sind keine Unternehmer und wir denken-, und wir wollen auch gar nicht unternehmerisch denken. Da habe ich fast einen Herzkasper gekriegt, als ich das gehört habe (lacht).« (B., 732)*

Es ist Neugier, ein Wunsch zur Veränderung und zur persönlichen Weiterentwicklung, die die Führungskräfte dazu treibt, ihr Glück in der Existenzgründung zu suchen. Dabei spielen, anders als im Bereich der reparativ bestimmten Motivation, auch Wünsche eine Rolle, inhaltlich etwas Neues auszuprobieren. So entwickelt sich etwa Herr C. vom Techniker zum Coach und Trainer für Kommunikationsprozesse. Überhaupt ist der Wechsel vom technischen oder finanzorientierten Bereich hin zur Arbeit mit Menschen auffällig und vermutlich Ausdruck einer generativen Tendenz.

### Nachträglichkeit

Die Entscheidung zur Existenzgründung bietet Möglichkeiten, liegen gebliebene oder aber unvollendete Entwicklungsprozesse wieder aufzunehmen bzw. abzuschließen.

So hatte Herr G. bereits während seiner Studienzeit eine eigene Firma gegründet, die dann seiner Beanspruchung im neuen Job zum Opfer gefallen war. Herr A. wollte zu Beginn seiner Tätigkeit eigentlich ins Ausland.

Bei Herrn A. ist spürbar, dass dieser Wunsch zu einem frühen Zeitpunkt seiner Tätigkeit nie ganz aufgegeben war, sondern im Moment der Existenzgründung wieder auftaucht. Er besucht ein internationales Institut, um dort eine Fortbildung zu machen. Vermutlich ist der ursprüngliche Wunsch, in die USA zu gehen, Ausdruck seines Freiheitswunsches. Dieser Freiheitswunsch steht in Spannung zu seinem Sicherheits- und Geborgenheitsbedürfnis, symbolisiert in der Entscheidung für das Militär und anschließend der Tätigkeit in einem großen Konzern, der auch familiäre Sicherheit verspricht. Die Existenzgründung bedeutet also die entgegengesetzte Entscheidung zu mehr Freiheit und Risiko, die damals noch im Heimatland gestrandet war.

Auch Herr B. greift auf seine biografisch erworbene Kompetenz zurück, um sie in der Existenzgründung wirksam werden zu lassen, nachdem sie jahrelang in seiner Tätigkeit als Führungskraft bei der Bank offensichtlich in den Hintergrund getreten war:

»*Aber ich würde sagen oder ich sage, dass, äh, das eigentlich eingesetzt hat in dem Augenblick, wo ich trotz dem Lernunwillen, den ich schon immer hatte, ja?, den ich auch bis heute habe, aber ich habe genügend Neugier, die so stark ist, dass sie den Lernunwillen über-, überdeckt.*« (B., 339)

Das Bedürfnis nach Freiheit klingt auch bei Herrn C. an:

»*Nein, das stand-, stand nie zur Überlegung, nein, nein. Da war die Faszination für das Trainieren und Coachen, Coachen vordergründig und möglicherweise auch-, auch der, der Reiz, aus diesen-, aus diesen Unternehmenszwängen oder Unternehmensregularien mal herauszukommen und da ein Stückchen befreiter zu sein. Nee, also ein anderes Unternehmen stand nie an.*« (C., 549)

Bei ihm als Alleinerziehenden hat es jedoch noch einen anderen Hintergrund. Um den Kindern die notwendige Sicherheit vermitteln zu können, hatte er ganz offensichtlich den eigenen Freiheitswunsch zurückgestellt oder aber kanalisiert (Herr C. war viel im Ausland unterwegs). Das Abitur der Kinder bzw. ihre Volljährigkeit schafft Raum für die brachliegenden inneren Wünsche und Strebungen:

»*Das war es, das war es. Es waren sehr, sehr anstrengende Jahre. Und es war, ja, die Verantwortung für die Kinder und das Interesse aber auch, das ist die Verantwortung, also auch das große Interesse. Und zum zweiten aber auch die-, die Verantwortung im Job, denn auch finanziell musste es weitergehen. Und es hatte viel mit Organisation zu tun und, ja, dann blieben auch nicht mehr so viele Freiräume also in diesem Spagat, Erziehung der Kinder und berufliche Aktivitäten. Und auch vielleicht noch mal besonders dieser Moment auch dann, zum fünfzigsten zu sagen, so, jetzt geht ein neues Kapitel auf, jetzt bin ich mal dran und jetzt mache ich noch Sachen, die-, die ich auch toll finde und spannend finde.*« (C., 569)

Bei Herrn C. gibt es eine interessante symbolische Gleichzeitigkeit zwischen Vater und Kindern: Beide wachsen aus ihren Sicherheit gebenden Strukturen heraus, um ihren eigenen Weg zu machen bzw. neu zu gestalten:

die Entscheidung zur Existenzgründung und das Abitur als Wendepunkt zum eigenen Leben jenseits der familiären Eingebundenheit, die natürlich als Sicherheit weiterhin bestehen bleibt. Dabei spielen auch Emanzipationsprozesse von familiären Vorbildern oder Einflüssen eine Rolle:

»*A: Also mit dieser Frage habe ich mich beschäftigt und habe auch selber überlegt, gibt es irgendwelche (lacht) Beispiele oder Muster, denen ich da folge? Aber es gibt in-, in meiner Familie niemand, der sich selbstständig gemacht hat, sondern das war eher so-, so klassisch traditionell: Fängst einmal da an, dann bleibst du bis zum-, bis zum Ende deiner beruflichen Aktivitäten.*« (C., 235)

Inwieweit es sich um erstmals vollzogene deutliche Abgrenzungen handelt, also nachgeholte Schritte in die Selbstständigkeit, die üblicherweise in der Zeit der Adoleszenz vollzogen werden, oder neu aufflammende Autonomie/Abhängigkeits-Konflikte, muss dabei offen bleiben.

## Anders arbeiten

Jenseits der Nachträglichkeit finden wir bei allen Existenzgründern in der Dimension der biografischen Innovation deutlich geäußerte Wünsche, anders zu arbeiten, als sie es bisher getan haben oder tun konnten. Dabei steht zunächst der Wunsch nach Freiheit eindeutig im Vordergrund:

»*Mir macht das-, mir macht einfach-, mir macht eigentlich Arbeiten immer Spaß zu Lasten auch manchmal meines Privatlebens und sonst wie. Ich bin also schon-, das ist schon bei mir in meiner Wertehierarchie sehr weit oben. Und ich kann mich jetzt aber auch richtig ausleben. Ich halte ja auch Vorträge, ich gebe Seminare, das habe ich ja alles noch nicht erzählt. Ich habe Lehraufträge in drei, vier Hochschulen. Ich kann-, ich kann das einerseits frei gestalten, andererseits habe ich natürlich, wie Sie jetzt leider auch spüren müssen, einen sehr engen Terminkalender.*« (I., 101)

Herr I., der vorher in einer Behörde an zentraler Stelle gearbeitet hatte und dort durchaus gerne und erfolgreich tätig war, empfindet die Selbstständigkeit als befreiend und befriedigend. Diese wird regelrecht als neue Freiheit erlebt, da die Tätigkeit als Führungskraft – anders als landläufig angenommen – z. T. wenig Freiraum bietet, sondern aufgrund der Verantwortung zeitlich und inhaltlich einengt.

Eine andere Facette der Freiheit ist die von den Befragten so bezeichnete Flexibilität, die Möglichkeit, nicht nur Entscheidungen nach eigenen Prioritäten setzen zu können, sondern auch Raum für neue eigene Ideen zu haben, die sich im Prozess entwickeln:

»*Faszinierend finde ich die Möglichkeit der Flexibilität. Ich habe diese Flexibilität im Unternehmen nicht so gespürt, vielleicht gab es die auch nicht, vielleicht habe ich sie auch nicht gesehen. Aber wenn ich heute sage, Mensch, das ist mir wichtig und da möchte ich hin mit voller Überzeugung und mit vollem Bewusstsein der Konsequenzen, das ist doch toll. Und wenn ich morgen sage oder übermorgen, ich komme auf eine ganz andere Idee, das auch zu tun, nicht blauäugig, aber wirklich verantwortungsbewusst. Da finde ich das eine wunderbare Voraussetzung, die wir haben.*« (C., 519)

Dabei bedeutet Freiheit ganz offensichtlich nicht Beliebigkeit. Es ist kein naives Freiheitsstreben, sondern die errungene Freiheit ist gepaart mit dem Bewusstsein, welche Konsequenzen die eigenen Entscheidungen haben können, also durchaus mit dem Gefühl der Verantwortung für die Konsequenzen der eigenen Entscheidungen:

»*Also das genieße das wirklich sehr so diese Selbstverantwortung, diese Eigenverantwortung und Unabhängigkeit und zwar in beide Richtungen, also sowohl dass ich wirklich frei entscheiden kann, und gleichzeitig gibt es auch keinen mehr, dem ich irgendwas zuschieben sozusagen (lacht), sondern es liegt dann nun auch an mir. Ich kann nicht sagen, die doofe Abteilungsleiter oder der doofe Vorstand oder was weiß ich oder so (lacht).*« (E., 434)

Verantwortlichkeit ist eine soziale Kategorie, sie verweist darauf, dass manche Entscheidungen nicht nur den Einzelnen betreffen, sondern auf das Team, die Kunden, die eigene Familie im Hintergrund Auswirkungen haben. Das Motiv, nicht nur freier und flexibler zu arbeiten, sondern auch anders mit seinem sozialen Umfeld zu arbeiten, wird in mehreren Interviews betont.

»*Ich genieße das, also ich nehme nur Mandate an, wo ich das Gefühl habe, die will ich, und wo ich das Gefühl habe, die Chemie passt. Coaching nehme ich nur an, wenn absolutes Vertrauen besteht, wenn ich spüre, die Chemie stimmt und wenn wir beide es wollen. Das ist schon eine riesige Voraussetzung. Und wenn es nicht klappt und ich spüre, es klappt nicht, dann sage ich, ich glaube, ich bin nicht der Richtige, das Thema ist das und das, und ich empfehle Ihnen jemand, also ich nehme es nicht an.*« (G., 826)

Die Freiheit, anders mit Kunden zusammenzuarbeiten, ist natürlich auch der Tatsache zu verdanken, dass die befragten Existenzgründer teilweise über finanzielle Reserven verfügen, die es ihnen leichter machen, auf Aufträge, bei denen diese beschriebene Lust auf Zusammenarbeit sich nicht einstellt, zu verzichten. Gleichwohl scheint der Wunsch, dass die Arbeit anders gestaltet sein könnte, als es in vielen Unternehmen selbst in Führungsrollen der Fall ist, wichtig zu sein. Es ist eine Variante der »späten Freiheit«, ein Bild, das dem Alter üblicherweise erst nach der Berentung zugewiesen wird, bereits in der Phase der Berufstätigkeit als Selbstständiger zu realisieren.

*»Das heißt, ich möchte mir ein bisschen aussuchen können, was ich mache. Ich möchte das, was ich mache, nicht in Hektik machen, sondern ich möchte es gründlich machen. Das ist was, was mir gefehlt, also wirklich genauer hingucken, nicht immer in aller Eile irgendwelche schnellen Entscheidungen treffen, wo man eigentlich kein gutes Gefühl bei hat, sondern wirklich-.« (H., 243)*

In dieser Äußerung eines ehemaligen Vorstandsmitglieds eines Unternehmens wird indirekt deutlich, wie stark sich die Arbeitswelt und die Führungstätigkeit verändert haben in Richtung einer stark beschleunigten Lebens- und Arbeitsweise, für die Geschwindigkeit als Richtschnur im Mittelpunkt steht. Dies stützen Ergebnisse anderer Befragungen und Untersuchungen zur Wahrnehmung der Belastungen in der aktuellen Arbeitswelt (vgl. Beumer 2013; King 2011). So heißt »anders arbeiten« bei den Befragten denn auch in vielen Fällen »gesünder arbeiten«, was angesichts des Alters verständlich ist:

*»Also Gesundheit hat schon in der Form, ja, einen Einfluss gespielt. Im Hinblick der Thematik Burnout, ja. Also ich habe schon festgestellt, dass man ja von Jahr zu Jahr immer mehr verheizt worden ist, immer mehr die Hebel angezogen worden sind, die Vorgaben sich erhöht haben, im Endeffekt der Druck auch ausgeübt worden ist. Dass man dann in Bereiche kommt, wo man sagt, eigentlich warum machst du das eigentlich, ja, gell? Ja?« (A., 912)*

*»Nein. Da ist einfach der Wunsch entstanden, du möchtest den Stress nicht mehr haben. Also weiß ich was, wenn da von V. jemand angerufen hat bei mir, hast du erst mal gezittert, also du hast du Schweißausbrüche gekriegt (lacht): Was will der schon wieder? Und das ist-, das strengt einfach mit der Zeit an.« (D., 174)*

In diesen Fällen hat sich schon in der Arbeit ein Gefühl für die Grenzen der Belastbarkeit ergeben. Dabei spielt zum einen das Ausmaß an körperlicher und psychischer Belastung eine Rolle, aber auch ein Gefühl für die höhere Verletzbarkeit der eigenen Gesundheit angesichts des Alters oder aber der absehbaren Folgen ungesunden Arbeitens:

Wie sich das Verhältnis von Arbeit und Entspannung, Weiterbildung und kulturellem Interesse genau verändern wird, bedarf offensichtlich noch einer gewissen Übung bzw. Klärung. Aber die Existenzgründer haben ein sehr genaues Gefühl für die ungesunden Arbeitsbedingungen in ihrer vorherigen Tätigkeit und von der Gesundheit als einem im Alter besonders wichtigen Gut.

## Generativität und Altersperspektiven

Eines der Anliegen dieser Arbeit besteht in der Frage, inwieweit sich in den Interviews die Konflikte der späten Erwachsenenphase im Sinne des Erikson'schen Konzepts der Generativität wiederfinden und welche Bedeutung der Existenzgründung im Kontext des demografischen Wandels und veränderter Altersvorstellungen zukommt. Dabei erscheint auf den ersten Blick sehr interessant, dass sich eine Reihe der Existenzgründungen zeitlich parallel zu Ablösungsprozessen der eigenen Kinder entwickelt. Bei Herrn C. fiel die Entscheidung ja zum Zeitpunkt des Abiturs der beiden Kinder. Hier ist es also eine Art paralleler Entwicklung, wo die Entlastung von der Verantwortung für die Sorge um die Kinder neue Freiheiten schafft, aber gleichzeitig identifikatorisch auf deren Entwicklung bezogen scheint. Herr D. erwähnt ebenfalls ausdrücklich seinen Sohn, der noch im Studium ist und für den er einerseits sorgen will, den er aber andererseits auch verpflichtet, bei möglicherweise geringerem Familieneinkommen mehr eigene Verantwortung zu übernehmen. Auch Herr A. beschreibt es als Bedingung, dass die Selbstständigkeit weiterhin eine Versorgung des Sohnes sicherstellt:

*»Dass wir Zeit haben für Ausbildung, war mir ganz wichtig, gell? Der Aspekt, dass ich, sagen wir mal, meinem Sohn ermögliche in der Form dessen, dass er eine gute Ausbildung hat.« (A., 859)*

Selbstständigkeit ist hier implizit an die generative Sorge für die eigenen Kinder gekoppelt. Die generative Sorge richtet sich aber nicht nur auf die eigenen Kinder, sondern sie wird z. T. auch als Thema der neuen Tätigkeit im Rahmen der Selbstständigkeit erwähnt:

»Also ich will nicht zu Hause auf dem Sofa sitzen, sondern will irgendwas bewegen und auch was zurückgeben. Das ist auch mein Anspruch zu sagen, ich war immer auf der Sonnenseite des Lebens und irgendwann hat man mir was gegeben damals, wo ich jung war hat man mir eine Chance gegeben, der Einstieg zu N., ich war der jüngste leitenden Angestellte im Konzern und das möchte ich anderen machen. Wo Talente sind, die irgendwas bewegen wollen, denen helfe ich. Ja.« (A., 341)

Dankbarkeit für eigene Förderung durch Ältere ist hier das Hauptmotiv, gekoppelt mit dem eigenen, neu erwachten Interesse an der Entwicklung menschlicher Beziehungen:

»Tatsächlich da in der Form dessen, was sich jetzt entwickelt im Sinne der Persönlichkeit, ja, weil ich ja gehe aus dem technischen Bereich raus immer mehr in einen Bereich, ja, der, ja, Führung rein, ja, der Mensch [...?] rein auch, gell? Ja? [...] Wie kann man die ganzen Potenziale nutzen, die da sind und zwar von allen jetzt mal, nicht nur von den älteren, also auch von den jüngeren, ja? Dieses Reverse Mentoring auch, gell, in der Form, ja?« (A., 979)

Herr A. integriert diese beiden Dimensionen in einem neuen Selbstverständnis seiner Rolle, nämlich der Verknüpfung von Technologie und Beziehung einerseits und Jung und Alt andererseits im interessanten Bild des »Schattenmanns« und »Brückenbauers«:

»Und ich habe gesagt, ich gehe einen anderen Weg, sondern mein Thema heißt ›Training on the Stage‹, ja, und zwar gehe ich mit den Leuten raus als Schattenmann teilweise und schau mir an, was die machen. Und gebe dann direkt das Feedback. Teilweise greife ich mit ein, weil ich sage ja der Junge [...?] der will den Auftrag haben also muss ich dafür sorgen doch, ja, dass er das Gefühl hat, er hat einen Auftrag geholt und helfe ihm da dabei. Sozusagen, wo ist, ja, das Thema aus meiner Sicht, spricht er die Sprache des Kunden und dann kam es dann irgendwann mal zu [...?] und er hat dann, Herr [...?], was machen Sie eigentlich, da sage ich ja, ich kann sagen, ich bin Brückenbauer, nämlich zwischen den Generationen, ich bin Dolmetscher, ich übersetze die Kundensprache den Technologen.« (A., 313)

So kommt es schließlich zum »Triple-Win«, einem interessanten Begriff, den Herr A. verwendet. Dieser impliziert, dass der Gewinn über die eigene Person und die Interessen der beteiligten Geschäftspartner hinausgeht:

*»Ich sage immer, es gehört der Triple-Win dazu. Wir hatten mal von Win-Win gesprochen, aber drei Entscheidungen. Der Kunde, der Partner und ich selbst habe was davon, wenn das stimmt, ja, dann ist es der positive Effekt. Der Glücksflow.«* (A., 701)

Im Zusammenhang mit der Frage nach der Generativität erscheint noch bedeutsam, dass Herr A. im Kontext seiner früheren Tätigkeit mehrfach von einem Projekt bzw. seinem Team als seinem »Baby« spricht. Zwar ist das im Arbeitskontext ein durchaus üblicher, salopp gemeinter Begriff, aber im Zusammenhang mit einer tiefenhermeneutischen Interpretation innerhalb einer Reflexionswerkstatt entstand die Vorstellung, dass in der Selbstständigkeit möglicherweise die neue Firma das »Baby« sei, also etwas Neugeborenes, um das man sich kümmern kann, das aber auch im Sinne der biologischen Generativität die Hervorbringung von etwas Neuem beinhaltet. Dabei war die Assoziation ambivalent: Zum einen entsteht ja im Sinne der biografischen Innovation etwas Neues, zum anderen stellt sich aber auch die Frage, ob das »neue Baby« nicht auch im reparativen Sinn hilft, den Schmerz der Trennung vom alten Arbeitgeber zu verarbeiten. Die eigene Firma wäre dann weniger etwas getrennt Neues, sondern eine Art Selbstobjekt zur Stabilisierung.

## *Arbeiten im Alter*

Eindeutiger erscheinen da die Vorstellungen, die mit der Existenzgründung in Bezug auf die berufliche Gestaltung des eigenen Alters verknüpft werden.

Zunächst einmal wird das erreichte Alter als ein wertvolles Kapital für die weitere Entwicklung angesehen:

*»Alter, zwei Aspekte. Ich glaube, ein positiver Aspekt, die Weisheit des Alters (lacht), dass ich einfach das Gefühl hatte auch, ja, also das kannst du, das kannst du, da macht dir keiner was vor, da hast du wirklich reichhaltig Erfahrung. Ich muss auch nicht Angst haben, dass da jetzt einer an-, um die Ecke ankommt und also den Stein der Weisen jetzt erfunden hat.«* (F., 507)

Herr B., der die Existenzgründung erfolgreich vollzogen hat, vergleicht seine Situation mit der eines Kollegen, der eine andere Entscheidung getroffen hat:

*»Also ich habe einen Kollegen, einen guten Freund, einen Kollegen, und der ist jetzt pekuniär total unabhängig. Und der hat einfach-,*

*vor zehn, fünfzehn Jahren nach dem Abbau bei R., hat der einfach aufgehört, was zu tun. Also nicht aufgehört, zu arbeiten, sondern aufgehört, was zu tun. Ja? Der ist jetzt vor (4)-. Wie alt ist der jetzt? Ist jetzt 63. Also vor anderthalb Jahren oder so ist der in den vorzeitigen Ruhestand dann final gegangen, war aber schon zehn Jahre lang nicht mehr wirklich tätig. Hat auch keinen Bock mehr gehabt. Und der hat sich total abgeschaltet, der kocht und fährt seinen Porsche und macht im A. Kochkurse. (...). Ich bewundere das teilweise. Ja? Aber was ich auch so wahrnehme oder zu wahrnehmen glaube, ist halt, dass er geistig langsam (lacht)-. Also ich kann das jetzt nicht irgendwie an harten Facts festmachen, das ist mehr so ein Gefühl. Er redet, ja?, er hat sich schon immer gerne wiederholt, aber diese Wiederholungen werden jetzt intensiver (lacht).« (B., 1147)*

Es wird spürbar, dass aus der Sicht von Herrn B. der Kollege eine Option gewählt hat, die geradewegs ins Alter, und zwar ins negativ konnotierte Altersverhalten führt. Zwar bleibt Raum für Hobbys, aber die geistige Beweglichkeit nimmt offensichtlich schnell ab und es bleibt keine Perspektive für eine Zukunft, die nicht nur von Abbau und Verlust geprägt ist. Selbstständigkeit wird also als eine Chance begriffen, den eigenen Lebenslauf flexibler und interessanter zu gestalten, ein eindeutiges Privileg, selbst wenn die anderen ökonomisch besser abgesichert zu sein scheinen. Ähnlich äußern sich ein andere Befragte:

»*Also im Moment denke ich so, das möchtest du auf jeden Fall irgendwie bis siebzig machen oder die nächsten zehn Jahre. Aber das ist mal so ein vager Gedanke, das kann auch länger gehen. Ich sehe es ja bei meinem Kollegen. Ich hoffe ja grade, dass ich durch das, was ich mache, fit bleibe (lacht). Also das hat eigentlich kein Ende, aber ich möchte nicht mehr in ein Hamsterrad reinkommen. Das heißt, ich möchte mir ein bisschen aussuchen können, was ich mache.*« (H., 240)

»*Also das hat sich sehr geändert. Damals, 58, [...], du arbeitest bis 63, kriegst du Rente und dann hast du diesen Zeitraum überbrückt, sage ich mir mal. So. Heute sage ich einfach, ich arbeite bis 70, 80. Also es gibt Kollegen von uns bei Screen, die arbeiten, sind 75 Jahre alt und steigen jetzt aus erst mit 75 Jahren.*« (D., 1202)

Es gibt also keine genaue Planung, sondern die Selbstständigkeit ist mehr eine Strategie, sich Räume für unterschiedlichste Optionen offenzuhalten:

Biografische Motivkonstellationen und psychosoziale Funktionen 217

> »Ich denke natürlich jetzt schon darüber nach, was ich mit fünfundsechzig, siebzig dann so mache. Und Personalberatung kann man auch noch mit siebzig machen. Aber da ist jetzt nicht so, dass ich das schon im Einzelnen plane. Ich denke so im Drei- bis Fünfjahreszeitraum im Moment.« (I., 211)

Die Möglichkeit, sich nicht dem Diktat einer von außen festgelegten Pensionierung unterwerfen zu müssen, ist also ein Motiv, aber auch die Möglichkeit, flexibel zu reagieren. Dabei spielt gerade für Herrn I. noch etwas anderes eine wichtige Rolle:

> »Nein, das würde ich jetzt nicht sagen. Mir macht das-, mir macht einfach-, mir macht eigentlich Arbeiten immer Spaß zu Lasten auch manchmal meines Privatlebens und sonst wie. Ich bin also schon-, das ist schon bei mir in meiner Wertehierarchie sehr weit oben. Und ich kann mich jetzt aber auch richtig ausleben« (I., 101)

Arbeit wird als ein wichtiger Faktor zur Entwicklung des Selbstwertgefühls begriffen, als etwas, was das eigene Leben reicher macht. Darauf möchte und kann man nicht verzichten. Es geht sogar noch weiter:

> »I: (unterbricht) Also das heißt, Sie finden es auch eine gewinnbringende Idee, sich vorzustellen, dass Sie bis zum Lebensende weiterarbeiten (A: Ja), in welchem Umfang auch immer?
> A: Ja, ja, ja. Was ich sogar sehr toll finden würde oder prickelnd finden.« (D., 1216)

Auch andere Interviewpartner äußern dazu sehr klar:

> »Also ich würde mal so sagen, ich habe eine rosige Zukunft, weil ich kann das steuern, wie viel ich arbeite. Aber wichtig ist für mich, ja, dass ich überhaupt die Möglichkeit habe immer wieder was zu tun, immer wieder was zu lernen, immer wieder was Neues zu machen, in der Form, immer was aufzusaugen, andere Leute kennenzulernen, ja? Das kann mal mehr oder kann mal weniger sein, ja?«
> (A., 972)

Im Alter selbstständig zu arbeiten eröffnet also offensichtlich Freiheiten, selbstbestimmt und lustvoll zu arbeiten. Die Frage, wie weit sich diese Entscheidung mit ökonomischen Zwängen verknüpft, taucht kaum auf, offensichtlich ist die Sicherheit in dieser Hinsicht aufgrund zu erwartender Renten ausreichend hoch.

Jenseits aller rationalen Überlegungen, findet sich bei einigen der Befragten auch so etwas wie die Lust, Arbeit als Möglichkeit zur Sinnfindung, zur Befriedigung und zur Quelle von Stolz und Selbstwertgefühl nutzen zu können:

> »*Und das will ich nicht mehr, ich möchte jetzt nicht mehr mich unbedingt verkaufen müssen. Das habe ich ein Leben lang gemacht, das mache ich jetzt nicht mehr. Jetzt möchte ich, dass ich Freude habe, dass es passiert, dass es einfach passiert. Und wenn es passiert, dann-, dann nehme ich das als Gewinn.*« (G., 839)

### 6.1.3.3 Zusammenfassende Bemerkungen und theoretische Einordnung

Man kann die Frage nach der Innovation zum Entscheidungskriterium dafür machen, ob es sich bei Existenzgründung im höheren Alter tatsächlich um einen Ausdruck von Entrepreneurship handelt, also um Menschen, die aus üblichen Konventionen ausbrechen, eigene Wege auch gegen den Widerstand anderer gehen und bereit sind, die damit verbundene Einsamkeit auszuhalten. Mit der Idee des Entrepreneurs ist auch die Vorstellung verknüpft, dass etwas sichtbar Neues geschaffen wird, ein Produkt, eine Idee o.Ä. Für eine solche traditionelle Vorstellung findet man aber bei den befragten Existenzgründern kaum Hinweise.

Im Regelfall entsteht zwischen ihnen und der Organisation, in der sie arbeiten, ein Missverhältnis, sei es, dass sich Entwicklungswünsche nicht umsetzen lassen, dass Firmen sich verändern, dass die Lust und Befriedigung, die mit der bisherigen Arbeit und Rolle verbunden sind, verloren gehen. Zwei Dinge passen nicht mehr zusammen: ein Entwicklungs- oder Mobilitätswunsch und die strukturellen Möglichkeiten der Rolle als Führungskraft. Sörensen und Sharkey (2014) haben das als ein Missverhältnis zwischen dem »Mobilitätswunsch« und der »opportunity structure« definiert. In dieser Situation verharren die Befragten nicht und lassen sich auch nicht durch die Annehmlichkeiten der erworbenen Führungsrolle verführen. Sie spüren offensichtlich einen Drang, etwas Neues zu tun. Dies ist der Moment der »biografischen Innovation«, wie sie Kupferberg (2000) beschrieben hat. Dabei bleibt festzuhalten: »Das ›Innovative‹ liegt weniger im Geschäftskonzept als in dem Schritt, einen neuen Lebensentwurf zu formulieren, der es möglich macht, einen neuen Erwerbs- und Sozialstatus zu erreichen.« (ebd., S. 15)

Des Weiteren betont Kupferberg, dass bei der biografischen Innovation das soziale Wirkungsfeld auf den engeren Umkreis und das soziale

Umfeld des Existenzgründers beschränkt bleibt. Gleichwohl schafft der Existenzgründer im Kern etwas Neues.

Das bezieht sich zum einen auf seine eigene Lebensgestaltung, die nun in andere Bahnen gelenkt wird, als es der übliche Karriereweg vorsieht. Durch die Entscheidung zur Selbstständigkeit wird die zu erwartende Grenze der Pensionierung durchbrochen, die Befragten wollen ausnahmslos länger arbeiten, als es bei der normalen Berentung der Fall wäre. Dies ermöglicht ihnen ganz neue Optionen und Gestaltungsmöglichkeiten für ihr Alter, ohne dass dies im Einzelnen bereits klar wäre. Interessant ist dabei, dass sie sich im Zuge der biografischen Innovation in einen ähnlichen Zustand begeben, wie wir ihn aus der Adoleszenz als »Moratorium« kennen. Sie sind in gewisser Weise getrennt und haben sich von ihren früheren beruflichen Organisationen abgelöst, aber gleichzeitig wissen sie nicht unbedingt, wohin die Reise gehen wird.

Ihre Entscheidung bleibt aber zum anderen nicht allein auf sie als Einzelperson bezogen. Sie hat im Kern wichtige soziale und gesellschaftliche Implikationen, die nur vordergründig auf das Individuum beschränkt bleiben: Es geht um eine andere Form des Arbeitens, freier, flexibler, sinnvoller, kooperativer, identifizierter, gesünder und generativer. Für sie gilt, was Kontos so formuliert hat:

> Ich verstehe den Begriff ›Biografie‹ damit als Ergebnis von Vergesellschaftungsprozessen, in deren Verlauf die Entwicklung von Identität und Motivation einerseits von der sozialisierenden Gesellschaft und ihren Protagonisten beeinflusst wird, andererseits aber auch die aktive Auseinandersetzung des Akteurs mit eben diesen gesellschaftlichen Einflüssen eine Rolle spielt. (2005, S. 221)

Die befragten Existenzgründer werden zu Akteuren, die ihr Schicksal und ihren vorgezeichneten Lebenslauf nicht nur gestalten, sondern aktiv verändern und »normale« Wege durchbrechen. Somit können sie zu Protagonisten neuer Altersentwürfe werden, insbesondere was die Berufstätigkeit im Alter angeht.

Als Sozialtypus vergleicht Kupferberg sie eher mit Künstlern und anderen freischaffenden Berufen als mit klassischen Unternehmern. Darin wird eine gewisse Bescheidenheit und Begrenztheit der Bemühungen älterer Existenzgründer sichtbar, die zu einer sinnvollen Entheroisierung des Selbstständigen- und des Unternehmerbegriffs beitragen kann:

»[…] these are people who want to keep their independence and their individuality even if that means a relatively low income.« (Faltin 2001, S. 137). Diese Bereitschaft zum Verzicht auf Geld und Sicherheit macht deutlich, dass die Motivation anderswo herkommt. Keiner der Befragten erzählt von Reichtum, fast alle müssen Einbußen auf der ökonomischen Ebene hinnehmen.

Individuell lässt sich eindeutig feststellen, dass die Existenzgründer in der biografischen Innovation einen wichtigen Schritt in Richtung der nach Erikson altersgemäßen Lösung des Konflikts aus der Stagnation heraus in Richtung Generativität machen. Dabei werden auch abgebrochene oder aufgeschobene Entwicklungen nachträglich wieder aufgenommen bzw. zu Ende geführt, biografische Innovation steht nicht automatisch in einer nachvollziehbaren Entwicklungslinie, sondern kann durchaus überraschend entstehen.

> Sprünge von der Gegenwart zurück in eine nicht abgegoltene Vergangenheit oder von einer im Hier und Jetzt noch nicht realisierbaren Zukunft in die Vorratswirtschaft der Gegenwart werden als reale Praxen der bewußten und unbewußten Lebensplanung, als Konstitutionsprinzipien von Individuationsprozessen kaum in Betracht gezogen. (Becker-Schmidt 1994, S. 157)

In der späten Existenzgründung finden wir beide von Becker-Schmidt im Hinblick auf die Biografieforschung getroffenen Feststellungen wieder: Versuche, die Vergangenheit lebendig werden zu lassen und neu zu gestalten, aber auch offene Versuche, der eigenen Zukunft eine andere Richtung zu geben. Vielleicht trifft Bröckling (2007, S. 58) die Situation am besten, wenn er feststellt, dass sich in der Entscheidung zur Existenzgründung ein Begehren nach Autonomie, Selbstverwirklichung, individueller Lebensplanung und der Erfüllung des Wunsches nach nicht entfremdeter Arbeit einerseits und die Aufforderung zur Ausformung des unternehmerischen Selbst andererseits treffen. Hierin liegt jenseits aller ökonomischen Ziele die Innovationsleistung der Befragten.

## 6.2 Existenzgründung als Prozess – Schritte auf dem Weg in die Selbstständigkeit

Existenzgründungen älterer Führungskräfte sind keine Ad-hoc-Entscheidungen, sondern z. T. lang vorbereitete Prozesse. Sie sind auch nicht mit dem formalen Akt der Existenzgründung abgeschlossen, sondern es dauert mitunter noch mehr als zehn Jahre nach der Entscheidung bis zur endgültigen Konsolidierung. Im Folgenden sollen zunächst anhand des Beispiels von Herrn J. typische Phasen dieses langen Prozesses nachgezeichnet werden. Im Anschluss werden einzelne Phasen mit Material aus den anderen Interviews differenzierter dargestellt. Schließlich wird zusammenfassend ein modellhafter Ablauf beschrieben und mit gängigen theoretischen Konzepten verglichen.

### 6.2.1 »*Lieber zu Hause ein König als draußen ein Knecht*« – Gründerporträt Herr J.

*Zur Person*

Herr J. ist zum Zeitpunkt des Interviews 60 Jahre alt. Er lebt getrennt und hat vier Kinder, Er stammt aus einer bürgerlichen Familie aus einem kleineren Ort in Süddeutschland und hat vier Geschwister, die alle ein Studium und Promotion absolviert haben. Herr J. lebt an verschiedenen Wohnorten, da sein Unternehmen mehrere Standorte hat, an denen er jeweils auch gemeldet ist.

*Gründungsobjekt*

Herr J. hat 2003 als Freiberufler ein Unternehmen gegründet, mit dem er Seminare und Coachings anbietet. Inzwischen ist er mit seinem Unternehmen überregional aktiv und hat sich weitgehend auf Akquisitionsaktivitäten und Coachings sowie einzelne Seminare und Vorträge spezialisiert. Er arbeitet in seinem Unternehmen mit mehreren freien Mitarbeitern zusammen, die in seinem Auftrag solche Angebote vor Ort durchführen.

*Karriereweg und Berufsbiografie*

Herr J. hat zunächst eine Ausbildung absolviert, ein in seiner Familie, in der alle promovierte Akademiker sind, ungewöhnlicher Weg, der im Wesentlichen auch als eine Art Protest gegen den familiär vorgezeichneten Lebensweg verstanden werden muss:

> »*Und dann gab es zu Hause-, und dann saßen wir alle am Essenstisch, und da sagte mein alter Herr, so lange, wie du die-, also nicht zu mir, sondern zu den beiden, ihr die Füße unter meinen Tisch steckt, bestimme ich, wo es langgeht. Ich war 16 Jahre damals da. Da habe ich gesagt in mir, Vater, das wirst du mir niemals sagen können, niemals sagen können.*« (467)

Es geht ihm um die Unabhängigkeit, die er gegenüber seinem Vater wahren möchte. Gleichwohl studiert er nach der Lehre auch noch, beginnt dieses Studium allerdings ohne Wissen und ohne finanzielle Unterstützung seiner Eltern. Er wird dann von einem Unternehmen aus seinem Promotionsprozess herausgeholt und startet seine Karriere bei diesem Unternehmen, für das er in verschiedenen Positionen tätig wird. Dazwischen versucht er auszubrechen und geht für drei Monate ins Ausland, weil er überlegt, sich dort eine Existenz aufzubauen. In Deutschland arbeitet er beim Unternehmen dann einige Zeit als Vorstandsassistent und gewinnt Zugang zu den wichtigen Personen. Dabei erhält er auch Einblicke in die Karrierewege bzw. die Probleme, die dabei regelmäßig auftauchen können:

*»Und da ich erfahren habe, weil ich selbst ja in E. auch fünf, sechs Jahre gearbeitet habe, unter anderem auch als Vorstandsassistent, habe ich gesehen, dass die Leute, die aus dem Ausland kommen, ein Jahr lang fast da geparkt werden. Also das ist ›a Waste of Time‹, das ist incredible. Die kriegen ein Zimmer, einen Telefonanschluss, einen Computer und alle Zeitungen. So, und dann warten sie auf Godot, also das ist schrecklich.«* (50)

Das ist eine Erfahrung, die später bei seinem Entschluss zum Ausstieg aus dem Unternehmen und bei seiner Existenzgründung eine wichtige Rolle spielen wird.

Herr J. erhält dann das Angebot, als Leiter einer Abteilung ins Ausland zu gehen. Er ist dort ausgesprochen erfolgreich und baut eine große neue Abteilung auf.

Eine Verunsicherung entsteht, als das Unternehmen von einer anderen großen Aktiengesellschaft übernommen wird und durch eine »Überflechtverkreuzung« (so das Originalzitat von Herr J.) in sein Geschäft eingreift. Herr J. steht vor drohenden Vorgaben, neben seiner angestammten Aufgabe die Produkte dieses Konzerns zu verkaufen. Dies war offensichtlich das Ziel der Übernahme gewesen, das ursprüngliche Unternehmen wird nach einiger Zeit wieder selbstständig, aber inzwischen hat sich Herr J. neu orientiert. Sein Chef wird vorzeitig pensioniert und Herr J. bekommt es mit seinem Nachfolger zu tun, mit dem die Zusammenarbeit schwierig wird. Zwar steht ihm grundsätzlich eine Rückkehr nach Deutschland offen, aber es bieten sich keine attraktiven Optionen, sodass er sich schlussendlich zum Ausstieg mit Abfindung und zur Existenzgründung entschließt.

## *Biografische Besonderheiten*

Herr J. berichtet ausführlich über seine Biografie. Sein Vater hat ein eigenes Unternehmen aufgebaut und geleitet. Den vorgezeichneten Lebens- und Berufsweg verlässt Herr J.

Herr J. geht seinen eigenen Weg, übernimmt nicht das Unternehmen des Vaters und das bereitgestellte Grundstück zum Bau eines Hauses, und er rebelliert auf unterschiedliche Weise. Nicht nur, dass er das

Angebot ausschlägt und den Wohnort seiner Eltern verlässt, er wählt mit dem nicht akademischen Ausbildungsweg auch einen familiär nicht vorgezeichneten Weg. Diese Rebellion hat Herr J. schon während seiner Schulzeit durch Aussehen und Kleidung an den Tag gelegt.

## Gründungsmotive und Gründungsverlauf

Für die Beschreibung der Gründungsmotive und den Gründungsverlauf, insbesondere die Phasen, die Herr J. durchläuft, muss man weit in seiner Lebensgeschichte zurückgehen. Erste Samenkörner für den späteren Drang nach Unabhängigkeit und Selbstständigkeit werden offensichtlich in seiner Kindheit gelegt:

*»Und letztendlich dann der Grund, in die Selbstständigkeit zu gehen, war ein Motivbündel, muss ich sagen. Also erst mal bin ich einer, der sowieso immer gerne auch mehr gemacht hat, ja, also nicht so der ganz typische Angestellte. Sicherlich auch mit beeinflusst, weil meine beiden Elternteile jeweils unabhängige, selbstständige Menschen waren (...) Und mir diese Freiheit, die letztendlich mein Vater hatte, die Selbstbestimmtheit, und ich muss auch ganz ehrlich sagen, die Bestimmungsmöglichkeit über andere Menschen und auch die Einkommensverhältnisse mir als ganz interessante Variante erschienen.« (18)*

Bei allem Widerstand gegen den väterlichen Lebensentwurf gibt es eine Identifikation mit den angenehmen Begleiterscheinungen der Selbstständigkeit, vor allem Freiheit, Selbstbestimmtheit, Macht und Geld. Sein Interesse am Geld und am selbstständigen, risikobereiten Umgang damit äußert sich bereits in der Pubertät:

*»Ich hatte mit dreizehn Jahren schon heimlich meine ersten Aktien gekauft ohne Wissen meiner Eltern. Ich habe mit-, nach meinem Studium habe ich das erste Haus gekauft hier (...), ohne jemals gearbeitet zu haben, weil ich einfach immer-. Ich hatte so ein finanzielles Händchen, immer was an der Börse zu machen, hatte ich immer Freude dran. Und ich hatte dadurch halt eine Unabhängigkeit letztendlich auch.« (460)*

Dieser früh gelegte Samen ruht dann lange in ihm und erst, als seine weitere Karriere im Unternehmen begrenzt wird, entsteht eine innere Unruhe. Zunächst verläuft hier alles wie bei den anderen bereits beschriebenen Existenzgründern: Strategie- und Eigentümerwechsel, die zu einer Veränderung der Aufgabe führen, die Herrn J. nicht behagt. Wechsel des Vorgesetzten, in diesem Fall zu einem jüngeren Vorgesetzten, mit dem das frühere persönliche Einverständnis nicht mehr besteht, schließlich eine Blockade der weiteren Karriere bzw. eine ausgesprochen unattraktive Aussicht für den weiteren Weg. Diese Faktoren führen zu neuen Überlegungen und schließlich einer Entscheidung zum Ausstieg.

Bei Herrn J. fällt auf, dass diese äußere Entwicklung offenbar schon früh gespürt wird:

*»Und ich war immer jemand, das muss ich sagen, bevor ich mich dann endgültig getrennt habe (...), war ich schon die letzten zwei, drei Jahre unruhig, weil ich was anderes machen wollte. Ich fühlte mich sichtlich unwohl, letztendlich immer wieder wegen-ich meine, der Chef war grundsätzlich in Ordnung, aber trotzdem die denken alle erst ans Hemd und dann an die Hose, die meisten jedenfalls, kann ich nur sagen, in so einer Großbank.«* (109)

Hier zeigt sich so etwas wie eine »Inkubationsphase«: Noch scheint alles einigermaßen in Ordnung, aber die anstehenden Veränderungen wecken die brachliegenden Tendenzen zum Verlassen des vorgezeichneten Weges, so wie es Herr J. bereits in seiner Jugend erstmals gemacht hatte. Er besucht schon zu dieser Zeit, als äußerlich noch alles in Ordnung zu sein scheint, andere Veranstaltungen in seinem Wunschbereich – ein Schritt, der offensichtlich zur Stärkung der Motivation, aber auch zur Formung seiner angestrebten neuen Identität als Selbstständiger dienen soll:

Herr J. lässt sich für diese Inkubationsphase ausreichend Zeit, insgesamt drei Jahre, in denen er parallel weiter seinen alten Job macht, aber schon am neuen arbeitet. Der Ausstieg geschieht dann gründlich: Nach einem Auflösungsvertrag, also einem Ausscheiden mit einer Abfindung und einer kurzen Phase der Arbeitslosigkeit, hat Herr J. offensichtlich frühzeitig geplant, auch branchenmäßig und inhaltlich ganz neu anzufangen.

*»Viele aus meiner Position heraus oder, ja, eigentlich viele Kollegen, die machen sich dann in dem Bereich selbstständig, (...) aber da hatte ich irgendwie keine Lust mehr zu, muss ich ganz ehrlich sagen. Und auch die Verantwortung, weil den ganzen technischen Kram, diese ganze Computerisierung, das kam ja alles erst (...)«* (123)

Aber bevor dies in seiner Freiberuflichkeit als Trainer und Berater realisiert wird, geht Herr J. noch einen Umweg. Zunächst versteift er sich auf eine schon länger in der Schublade liegende Idee. Er möchte in zentraler Lage in einer größeren Stadt ein Objekt mieten und dort etwas Neues aufbauen. Näheres dazu erzählt er nicht. Die Suche nach dem geeigneten Objekt nagt aber an seinen Rücklagen, zumal er ein Haus abbezahlen, vier Kinder unterhalten und auch noch mit der Trennung von seiner Frau umgehen muss. In dieser Situation erhält er den Auftrag, aber auch die Chance, den Nachlass seines unerwartet verstorbenen Bruders zu ordnen. Dieser hatte das Unternehmen von seinem Vater geerbt und es gab nun einiges zu regeln:

> *»So, und dann ist mein Bruder verstorben, der Nachfolger meines Vaters war, (...) Und da, das habe ich vorhin schon angedeutet, unser Name da in der Kleinstadt auch eine gewisse Rolle spielt, wollte ich, dass das alles sauber über die Bühne geht. Und dann habe ich etwa anderthalb Jahre gebraucht oder ein gutes Jahr, um das alles abzuwickeln, dass die Leute alle wieder Anstellung kriegten.« (236)*

Erst nach dieser »Ordnung der Familienangelegenheiten« gelingt es Herrn J., sich Schritt für Schritt eine selbstständige Existenz in dem Bereich aufzubauen, in dem er noch heute tätig ist. Er hält Vorträge und findet Gefallen an dieser Tätigkeit. Er glaubt, es auch besser machen zu können, und wird schließlich zum Anbieter solcher Seminare und über die regionalen Grenzen hinaus aktiv.

> *»Dann, wie gesagt, E., damit fing ich ursprünglich an, weil ich liebe die Ecke. Und dann habe ich J. mit dazu genommen, dann den R.-Raum. Also ich habe quasi von A. bis J., und dann, ich weiß gar nicht mehr, in welchem Jahr das dazu kam, (...), habe ich dann den R.-Bereich noch mit dazu genommen, weil der ist dann ja auch nicht mehr so weit zu fahren. [...] Und dann habe ich mich letztes Jahr als Veranstalter selbst listen lassen mit gut zehn Dozenten, die alle auch wiederum Freiberufler sind, aber über mich abrechnen. Also ich bin die Institution, das heißt, ich mache zwar heute auch noch Seminare, weil es mir in gewisser Weise Freude bereitet, aber weil ich da, sage ich auch, auch wiederum Kunden für das Coaching bekomme, aber meine Tätigkeit hat sich mehr jetzt auf eine akquisitorische verlagert.« (295)*

So wird seine Existenzgründung zu einer unternehmerischen Erfolgsgeschichte – in einem Bereich, der komplett anders verortet ist als seine ursprüngliche Tätigkeit im Unternehmen.

### *Rückblickende Bewertung*

Herr J. ist im Interview mit seiner Entscheidung sichtlich zufrieden und offensichtlich auch erfolgreich. Die Tätigkeit bereitet im Freude, da er seine Persönlichkeit in die neue Existenz einbringen kann. Das war auch sein zentrales Motiv, das er im Gespräch mit seiner früheren Frau äußert:

> »Sage ich, nee, also ich will das nicht mehr, mir macht es keinen Spaß mehr, ich gehe da abends Frust rein, raus. Ja, dann ärgerst du dich später. Was willst du denn machen? Ja, ich will mich selbstständig machen. Ja, dann ärgerst du dich nachher über die Kunden. Habe ich gesagt, ja, aber dann kann ich frei gestalten. Die gleiche Frau hat, ich weiß nicht, nach vier, fünf, sechs Wochen gesagt, du bist so entspannt. Also sofort eine Veränderung. Also eigentlich der Hauptgrund ist, glaube, in mir, in meinem Wesen, dass ich gerne bereit bin, mehr zu machen, mich ungern absichere mit meinen Entscheidungen nach fünf Richtungen, damit ich nur nicht irgendjemanden auf die Füße treten, und auch der Wunsch, selbstbestimmt zu handeln und nicht immer wieder eine Form von Abhängigkeit zu haben. Also das war bei mir ganz, ganz wichtig.« (164)

Besonders bedeutsam erscheint, dass hier biografische Vorläufer wirksam werden, eine Tendenz zum eigenen Weg, auch wenn er risikoreich ist. Herr J. wirkt wie der klassische Entrepreneur, dem eine gewisse Eigenheit in die Wiege gelegt worden ist und der seinen Weg auch gegen Widerstände, Konventionen und ökonomische Verführungsangebote umsetzt.

Was bei Herrn J. weiterhin auffällt, sind die beiden »Brückentätigkeiten«, bevor er zu seiner endgültigen Form der Freiberuflichkeit gelangt:

Im ersten Fall handelt es sich um eine Idee »aus der Schublade«, wie Herr J. sagt. Diese scheint das ausgedachte, aber nicht durchdachte Ideal zu spiegeln. Er will ein Objekt in einer absoluten Top-Lage und scheitert daran. In der Vorstellung von der Top-Lage spiegelt sich sicher auch der Größenwunsch, der angesichts seiner vorherigen Rolle als Leiter seines Bereichs im Unternehmen mit 36 Mitarbeitern und vermutlich ausgesprochen hohen Umsätzen verständlich ist.

Die zweite Tätigkeit ist eine Nachlassverwaltung innerhalb der Familie. Er ordnet das Feld, das in gewisser Weise berufs- und karrieremäßig auch für ihn vorgesehen war. Es ist, als müsste er noch eine Art Wiedergutmachung und Loslösung von der Familiengeschichte vollziehen. Gleichzeitig findet keine wirkliche Aussöhnung mit dieser Geschichte statt: Seine jetzige Form der Selbstständigkeit ist mit einer Art Nomadentum verbunden. Er hat Wohnungen an vier verschiedenen Orten, eine interessante Zahl, da er vier Geschwister und auch vier Kinder hat. Diese Zahl schafft symbolisch eine Verbindung zum Thema Familie. Im nomadischen Leben, das durchaus an seinen körperlichen Kräften zehrt, wird ein Gegenentwurf zum stationären und erdverbundenen Leben seiner Eltern und Großeltern in einer Kleinstadt gelebt. Seine jetzige Lebens- und Arbeitsform scheint seiner inneren Verfassung zu entsprechen:

»*Also das ist eine neue Herausforderung, ich möchte-. Also ich habe-, ich habe immer, auch schon in der Angestelltentätigkeit nicht Befürchtungen, ich wollte nicht, dass mir langweilig wird. Ich möchte, das, was ich mache, soll mir Spaß machen. Und eine Routine, eine übermäßige Routine ist für mich irgendwie ein No Go, wie man heute sagt, da möchte ich wieder was anderes haben.*« (749)

### 6.2.2 Die Phasen der Existenzgründung

»*Es war für mich irgendwann so klar, weil trotz-, oder bei diesen besonderen Herausforderungen, dass das der richtige Weg war. Und ich habe nie Zweifel gehabt und habe die auch heute nicht, dass das die richtige Entscheidung war. Das war ein Stückchen Weg, das ging nicht von heute auf morgen, und es waren Analysen und Beratung, Ratschläge einholen, Gespräche, So-tun-als-ob-Situationen, ökonomische Überlegungen. Aber irgendwann dann auch das gute Gefühl zu haben, das habe ich getan. […] Und du musst dir sicher sein, du musst ein gutes Gefühl auch im Bauch haben. Und irgendwann bin ich dann morgens aufgestanden und wusste, jawohl, das ist es. Und so ähnlich war das dann auch, irgendwann hatte ich dieses Gefühl, ja, das ist es, mache es. Und-, ja.*« (C., 841)

Herr C. drückt hier sehr eindrücklich aus, dass die Entscheidung zur Existenzgründung kein kurzfristiger Akt ist. Eine solch existenzielle Veränderung findet nicht über Nacht statt. Normal ist, dass es rein äußerlich schon Jahre braucht, um sich vorzubereiten, notwendige Netzwerke aufzubauen und zu pflegen, das notwendige Branchenwissen zu vertiefen etc. Der Schritt zur Selbstständigkeit ist ein Schritt in ein unbekanntes Terrain. Der Prozess läuft in verschiedenen Phasen ab, wobei es zu kurz gegriffen wäre, erst mit dem konkreten Nachdenken über die Möglichkeit zur Existenzgründung als Startpunkt zu arbeiten. In verschiedenen Fällen scheint es so, als sei die Saat, die später als Entschluss zur Existenzgründung aufgeht, schon viel früher gelegt worden. Bei Herrn C. ist es die Führungsfortbildung, die ihm zu Beginn seiner Führungstätigkeit angeboten wird und die zu einer Begeisterung fürs Coachen und überhaupt die Arbeit mit Menschen führt.

In einem anderen Fall gibt es biografische Vorläufer durch die selbstständige Tätigkeit schon während des Studiums, die zwar vom Gegenstand der Tätigkeit her nicht in direkter Verbindung zur jetzigen Selbstständigkeit stehen, aber doch als innere Muster präsent sind, als es um die Existenzgründung geht.

Diese Erfahrung ist ein Zeichen dafür, dass bei Herrn G. eine innere Bereitschaft dazu besteht, als Selbstständiger zu arbeiten, es ist sozusagen eine erste unternehmerische Erfahrung vor der Berufstätigkeit, die ihm bei der Entscheidung zur Existenzgründung am Ende seines Angestelltendaseins mit 60 Jahren wieder einfällt und zugute kommt. Das führt bei ihm zu einer immer weiter mitlaufenden Überlegung:

»*Ja gut. Das Thema, das hat mich immer schon bewegt. Also ist nichts Neues, kam nicht jetzt mit sechzig, sondern es kam schon immer als Parallelentwicklung. Es war immer so eine Option, die parallel lief. Und das fing im Prinzip an, als ich nach der Ausbildung-. Ich bin von Haus aus Lehrer (...). Habe also die volle Ausbildung gemacht, studiert, Referendariat gemacht und bin dann aber wieder in die Forschung. Das war schon so ein Punkt, wo ich gedacht habe, hm, ein Leben lang das Ganze jetzt, so schön das alles ist als Lehrer, Beamtentum, Sicherheit, so richtig ist es das nicht, ich probiere noch mal was anderes aus, und bin wieder zurück in die Forschung.*« (G., 10).

In einem anderen Fall versucht Herr E. innerhalb seiner Angestelltentätigkeit als Leiter unternehmerische Ideen umzusetzen, was aber am Widerstand der Institution scheitert:

»*Ja, aber das-, ja, aber, ich glaube, das ist dann schon eine sehr persönliche Seite so, also dass ich so (2), also auch in diesen ersten acht Jahren zum Beispiel ja auch in dem Team, was es da ja auch gegeben hat, da waren wir zu zweit oder zu dritt, eher derjenige gewesen bin, der gesagt, also hier, wir müssen Projekte entwickeln zum Beispiel, also so. Ich gehörte zu denjenigen, die gesagt haben, wir können hier nicht auf diese Sockelfinanzierung alleine setzen, (...) weg, es gibt ständig Diskussionen darüber, wie lange der Arbeitgeber sich das hier noch leisten kann und will.*« (E., 972)

Zu diesen inneren, teilweise brachliegenden Erfahrungen gehören auch innere Objektbeziehungen, also Interaktionen mit frühen Vorbildern wie Vätern, Großvätern, Mentoren etc., auf die im Kapitel über die inneren und äußeren Ressourcen noch näher einzugehen sein wird.

Bollas (2000) hat für solche inneren Strukturbildungen den Begriff der »psychischen Genera« geprägt. Genera sind

> eine bestimmte Art der psychischen Organisation gelebter Erfahrung (...), die zu neuen, kreativen Lebensformen führt, sei es in der Psychoanalyse, sei es in anderen Lebenszusammenhängen. (Bollas 2000, S. 68)

Genera als innere Kernelemente neuer innerer und äußerer Wirklichkeiten nähren sich durch »evokative Objekte« (Bollas 2000, S. 37 ff.), also Begegnungen mit äußeren belebten, aber auch unbelebten Objekten. Dieser Prozess ist in seiner Dauer unbestimmt, aber hochwirksam.

> Ein Mensch, dessen Umgang mit der Wirklichkeit einem generativen Prinzip folgt, wird sich bemühen, unbewußt an bestimmten Problemen zu arbeiten, so daß er seine Wirklichkeit neu zu sehen und seinerseits neue Lebens- und Denkformen zu fördern imstande ist. (Bollas 2000, S. 70)

Alle diese Saatkörner, die sich um die psychischen Genera herum verdichten, werden dann zu einem Zeitpunkt bewusst aktiviert, der von inneren und äußeren Entwicklungen abhängig ist. Diese »Inkubationsphase« entsteht z. B. durch äußere Veränderungen, wie sie im Kapitel zur reparativen Funktion ausführlich beschrieben worden sind.

> *»Jetzt kommt die Sache mit der Selbstständigkeit, das ist mir-, eigentlich schon mehr in dieser Vorstandstätigkeit und vorher ist mir das durch den Kopf gegangen, dieses du machst gar nicht mehr das, was du wirklich gerne machst. Also Personalauswahl gehört noch zu den Themen, die ich auch gerne gemacht habe. Das habe ich jetzt auch wieder im Portfolio (lacht) mit drin. Und damals habe ich noch gedacht, wenn du mal in Rente gehst, dann machst du dich selbstständig. Und dann musste ich im Grunde genommen, ich durfte, ich wollte, ich konnte diesen Plan vorziehen.« (H., 47)*

Der Plan lag also vorbereitet in der Schublade, aber erst für eine spätere Lebensphase. Im Zusammenhang mit einer sich verschlechternden Situation im Unternehmen und eigenen körperlichen und psychischen Widerständen gegen diese Situation wird er aktiviert und beginnt zu wirken. Von diesem Zeitpunkt an entwickeln sich Parallelprozesse, d. h. äußerlich und z. T. auch noch innerlich wird in der bisherigen Rolle weitergearbeitet, gleichzeitig wächst ein neuer Plan heran und wird emotional, mitunter aber auch bereits ganz praktisch weiterverfolgt. Irgendwann verschärft sich die Dynamik und es kommt zu einer Zuspitzung, die eine Entscheidung erforderlich macht oder mindestens vorantreibt. Herr G. spürt, dass etwas mit ihm nicht mehr stimmt, die täglichen Frustrationen und der Leidensdruck in seiner bisherigen Rolle nehmen zu:

> *»Weil wenn Sie immer gegen Widerstände laufen, kommt irgendwann der Augenblick, also bei mir kam zumindest der Augenblick, das kann ja auch an mir liegen, das muss ja nicht-, also nicht immer das System ist schuld oder der Maier ist schuld, oder der drüber ist schuld, sondern die*

*Frage ist ja auch, mache ich was falsch, was-, was mache ich denn falsch? Und ich kam immer mehr ins Grübeln, was ist denn mein Teil, dass das jetzt nicht so funktioniert? Was ist mein Teil, dass ich plötzlich ein Getriebener bin vom Kalender, von irgendwelchen Meetings, von irgendwelchen von oben. Was-, was passiert da mit mir? Warum lasse ich zu, dass es passiert? Und ich bin das letzte Jahr ein-, ein unheimlicher Grübler geworden. Ich glaube, da habe ich mich auch frustriert zurückgezogen in mich. Und das ist nicht gut. Und das habe ich gespürt, irgendwas läuft da jetzt komplett falsch. Ich bin nicht mehr der, der ich bin.« (G., 606)*

*»Wenn man doch sehr viel Herzblut hatte in dem, was man gemacht hat und, aber sich dann bewusst geworden ist, es ist nicht mehr dieses Baby, was man mal selbst mit aufgebaut hat, das hat ein ganz anderes Gesicht, ganz andere Farbe und jetzt macht es auch keinen Spaß mehr, Leidensdruck war sehr hoch, ja? Also das waren alles so mit Entscheidungsgründe zu sagen, ich nehme jetzt eine Portion Geld mit, ja, das sichert mich irgendwo mal ab in der Form, und da ich eh ein sehr bodenständiger Mensch bin, hab zwar echt gut verdient, ja?« (A., 156)*

An dieser Stelle kommt es zu einer Veröffentlichung der persönlichen Entscheidung und es werden die für den Abschiedsprozess notwendigen Schritte eingeleitet, wie etwa Verhandlungen über Abfindungen, Zeitpunkt des Ausscheidens etc.

Die darauf folgenden Phasen des Abschieds, der Statuslosigkeit, des Aufbaus des neuen professionellen Selbstverständnisses und schließlich der Arbeit als Selbstständiger sollen im Folgenden noch einmal genauer beschrieben und analysiert werden.

### 6.2.3 Abschiedsrituale

Beim Ausscheiden aus einem Unternehmen mit dem Ziel, sich selbstständig zu machen, handelt es sich im Regelfall um einen »großen« Abschied. Er trägt latent auch den vorgezogenen Abschied aus dem Berufsleben in sich, was zwar in keinem Fall ausgesprochen, aber doch geahnt wird, da den meisten klar ist, dass sie aufgrund ihres Alters kaum in eine angestellte Tätigkeit zurückkehren können, die ihrer aktuellen Führungsposition entsprechen würde. Es ist beeindruckend und erschreckend, wie kalt und emotionslos diese Trennung verläuft:

*»Und was ich noch mal heute feststelle ist, dieser Abgang da dafür, dass man ein Vierteljahrhundert fast gearbeitet hat, der war eine Schande für einen Konzern, ja, wie er mit den Leuten umgegangen ist.«*

*I: Können Sie das so beschreiben, wie das genau lief dieser, also dieser »Abgang«?*

*A: Da wurden junge Leute beauftragt in der Personalabteilung, so, ihr habt jetzt den Job, seht zu, dass ihr möglichst viele einsammelt und mit denen, sagen wir mal, dort zu entsprechenden Verträgen kommt. Die haben Vorgaben bekommen und das war Fließbandarbeit, [...?] 3.000. Nichts anderes. Und dass dann irgendwo noch mal ein Fest stattfindet oder Zeugnisse geschrieben werden, das waren Standardzeugnisse, gell? Das war also nicht das, was ich sagen würde, was einer Firma gebührt, wie sie mit altgedienten Leuten umgeht, die gerade vor allen Dingen, das kann ich auf meine Person sagen, die ja viel für die Firma verdient haben, ja?"* (A., 469)

Herr A., der für die Entwicklung eines Teilbereichs seines Unternehmens, eines großen Konzerns, nach seiner Auskunft Großes geleistet hat, spricht von einem »Abgang«. Dieser Begriff erinnert assoziativ an eine frühzeitig beendete Schwangerschaft einerseits und an das Verlassen des Künstlers von der Bühne andererseits. Aber es fehlen Empathie und Anerkennung, es ist eher ein »stiller Abgang«, äußerlich emotionslos. Herr A. wird zu einem kleinen Teil einer Maschinerie, für die junge Leute aus einer Fremdfirma angestellt werden, um möglichst viele Mitarbeiter loszuwerden. Es handelt sich hier wohl wirklich eher um eine Art Abtreibung, der Begriff »Abgang« erinnert an eine gezielte, symbolische Tötung. Hier wird deutlich, wie aggressiv dieser Akt seitens des Unternehmens gestaltet wird. Diese Kälte und Aggressivität hinterlässt Spuren, sodass sich Herr A. – und auch einige andere Befragte – zunächst einmal für eine gewisse Zeit erholen müssen. Eine der Möglichkeiten, in diesem Prozess selbst seine Würde zu wahren, ist das Aushandeln der Abfindung:

*»Das andere ist die-, die-, sagen wir mal, die wirtschaftliche Komponente, da ging es schon darum, auch zu verhandeln, weil das Unternehmen auch in einem Wandelprozess war, wenn ich jetzt herausgehe als langjährige Führungskraft in gehobener Position, da spart ihr ja auch eine ganze Menge Geld, wenn ich dann nicht mehr (lacht) da bin. Und wir können wir da zu einem Agreement kommen? Und es gab auch da eine Verständigung im Rahmen einer Abfindung, ja, dass ich mich freiwillig gemeldet habe. gemeldet habe.«* (C., 364).

Man kann davon ausgehen, dass dieses Feilschen – oft mithilfe von Rechtsanwälten – auch eine ritualisierte Form ist, eine gewisse Schuldanerkenntnis seitens des Unternehmens in einem aggressiven Akt sicherzustellen. Noch deutlicher zeigt sich das Verhältnis dann am letzten Arbeitstag:

>»Ja, das war ja nicht schön, das ist nicht abgelaufen. Das war, ja, ja, sogar mit einem Rechtsanwalt an der Seite des Inhabers, weil man nicht meine Sachen, die wir abgeschlossen haben, so erfüllen wollte. Also es war nicht hässlich, aber es war nicht schön, würde ich sagen. Aber nicht so, dass man sagen könnte, also jetzt mache ich ein Break und jetzt fange ich was Neues an. Nee, so war es nicht.« (D., 862)*

*»Der letzte Tag bei L. war relativ seltsam. Also es war der Auflösungsvertrag unterschrieben, es wurde noch ein bisschen gefeilscht um dem und jenem. Und der Chef hat gesagt, oh, ich habe aber Urlaub. Ja, sage ich, dann machen wir das doch nach deinem Urlaub. Nee, das machen wir jetzt. Du willst doch auch in Urlaub gehen, dann hast du unterschrieben und dann ist es fertig. Sage ich, okay, dann machen wir das jetzt. Und dann haben wir unterschrieben. Und dann hat-, hat er noch zwei Executive Members geholt. Und dann haben wir eine Flasche Champagner aufgemacht. Und das war's, dann sind wir gegangen.« (G., 662)*

Die Szenerie wirkt lieblos und gleichgültig. Zwar wird im Fall von Herrn G. noch ein Champagner getrunken, aber der Chef möchte es schnell über die Bühne bringen und den Prozess für die Mitarbeiter unsichtbar machen, indem es an seinen Urlaub gekoppelt wird. Zum letzten Tag gehört die Verabschiedung durch Rückgabe von Arbeitsmitteln, die symbolisch die Verbindung zwischen den Führungskräften und dem Unternehmen deutlich machen:

*»Das Einzige, was war, dass man halt brav sein Handy und seinen Rechner abgegeben hat. Was (lacht) viele-, das hat mich immer so fasziniert noch Jahre später, ja?, da haben die-, alle brav sind die mit ihrem Notebook rumgelaufen, ja?, privat. Wo ich dann gesagt habe, hör mal, also »Cut is Cut«. Und so gut waren die Teile nicht, ja? (lacht).« (B., 699)*

Einige seiner Kollegen haben also offensichtlich auch nach der Verabschiedung die symbolische Beziehung aufrechterhalten, sei es aus Angst vor der endgültigen Trennung oder möglicherweise auch als ein Ausdruck von Rache am undankbaren Arbeitgeber, für den man viel Energie investiert hat.

Dass offensichtlich kaum ein Arbeitgeber die Mühe aufbringt, den scheidenden (immerhin!) Führungskräften einen ritualisierten offiziellen Abschied zu gewähren, führt dazu, dass entweder die ehemaligen Kollegen oder die Führungskräfte selbst für Ersatz sorgen:

»*Also zunächst mal, einmal der Abschluss, der emotionale Abschluss, der war sehr deutlich und sehr klar. Ich habe ein-, eine kurze-, zu einer Verabschiedung eingeladen und es sind ganz, ganz viele Leute gekommen und das war toll. Und es gab-
I: (unterbricht) Sie haben eingeladen?
A: Ich habe eingeladen. Und es gab ein nettes Beisammen und die ganzen Führungsetagen, die sind auch alle gekommen. Das hat mich auch sehr gefreut. Und ich bin danach für eine lange, lange Zeit, sicherlich mehr als ein Jahr, nicht mehr in das Unternehmen gegangen.*« (C., 350)

Auch Herrn E. gelingt ein Abschied, der wenig negative Spuren hinterlässt:

»*Also es gab eben auch so eine offizielle Verabschiedung mit Reden und mit-, auch von externen Partnern. Also da hatten die Kollegen sich drum gekümmert, das sozusagen hinter meinem Rücken vorbereitet und so was alles. So, und das-, also das war schon bewegend. Aber weniger unter diesem Aspekt, sozusagen du wechselst jetzt in die Selbstständigkeit, also das-
I: (unterbricht) Sondern mehr als Abschied [...]?
A: (unterbricht) Sondern das ist wirklich so dieser Abschiedscharakter, also der-, der hat das stark [...]*« (E., 831)

Es scheint so, als ob ein gelungener Abschied den Neuanfang als Selbstständiger deutlich erleichtert und es möglich macht, das Alte zu beenden und sich den Herausforderungen des Existenzgründungsprozesses zu stellen.

»*Ich weiß, dass ich einen Tag frei hatte, und dann am Tag danach bin ich dann sofort auf Akquisitionstour gegangen. Und einen Tag habe ich mich hier (lacht) an einen schönen Platz begeben und-, und habe wirklich so ein bisschen aus in die Ferne geschaut und in die Zukunft: Mensch, toll, jetzt gibt es eine ganze Menge Neues und ich freue mich da drauf.*« (C., 414)

Und so stellt Herr C. zusammenfassend fest:

»*Nein, nein überhaupt nicht, also es war nicht ärgerlich und-. Nein ganz im Gegenteil, wir sind auch-, also es gab keinerlei böses Wort.*

> *Und es war für mich noch mal unterstützend und es war hilfreich, zu sagen, das Kapitel ist jetzt beendet, und mache es dir nicht selber schwer, sondern konzentriere dich jetzt auf die-, auf die zukünftigen Dinge. [...] Und wenn ich heute noch mal vor der Situation stehen würde, auch das würde ich genauso wieder machen, da einen klaren Cut, einen klaren Schnitt zu ziehen. Für mich ist das so ein bisschen so dieses Rubikon-Modell, der ist einfach mal überschritten worden.«* (C., 375)

Herr C. macht deutlich, wie wichtig solche Abschiedsrituale sind. Wenn sie nicht gelingen, dauert vermutlich die Phase deutlich länger, die auf diesen Schritt folgt und die im Folgenden detailliert beschrieben werden soll.

### 6.2.4 Die Leere – Phase der persönlichen und professionellen Reorganisation

Es gibt verschiedene Typen des Umgangs mit der Zeit, nachdem die Verabschiedung aus dem Unternehmen stattgefunden hat. Der größere Teil derjenigen, die sich selbstständig machen, gerät in eine auf den ersten Blick »leere« Zeit, eine Phase der scheinbaren Orientierungslosigkeit, die sich aber bei näherem Hinsehen als durchaus bedeutungsvoll herausstellt. Diese Phase tritt besonders bei denjenigen auf, die zwar vage als freiberufliche Berater tätig werden wollen, aber noch keinen definitiven Plan haben.

> *»Ja. Also erst mal diese Phase, man-, man ist ausgeschieden, man hat gesagt, okay, ich mache irgendwas, aber was, weiß ich noch nicht, so. Dann fängt man an, hier ein bisschen rumzupopeln, diese Zeiten verstreichen zu lassen. Irgendwann muss man sich ja selbst in den Hintern treten, und dann hat man eben gesagt, okay, ich mache irgendetwas, ich suche eben Gespräche, also um sich selbst einfach zu finden, machst du dich wirklich selbstständig oder gehst du wieder in diese Abhängigkeit.«* (D., 409)

> *»War ausgeschieden, ja. Also hatte aber ein Jahr noch Gehaltsbezüge, sodass man also sagen konnte, okay, war in so einer Orientierungsphase, die war ganz gut. War auch lange vorher abgesprochen mit dem Inhaber. Hat gesagt, okay, ich lege so ein bisschen meines Gehaltes zurück und das-. Darauf zahlt er das Ganze und dann kann das so ganz-, so legal auch über die Bühne gegangen ist, ja. Und, ja, dann sagt man, okay, was machst du denn? Und dann räumt man seinen Keller auf, man räumt seinen Dachboden auf (lacht) und man macht alles*

*Mögliche, aber man kümmert sich nicht so richtig um den Job. Und irgendwann guckte ich aber auf meinen-, ja, auf meinen Gehaltszettel und stellte fest, läuft aus.« (D., 34)*

Herr D. gerät in eine Situation der Leere, die er mit Garten- bzw. Hausarbeit und Hobbys füllt. Ganz offensichtlich ist dies nicht nur ein Zeichen einer ungeklärten Frage, wie es weitergehen soll, sondern diese Phase hat – angesichts ihrer Dauer – noch eine andere, wichtige psychische Funktion. Urlaub, Gartenarbeit, Renovierungen dienen vermutlich dazu, Raum zu schaffen, um die Erfahrungen zu verarbeiten und etwas praktisch und emotional in Ordnung zu bringen.

*»Und dann hast du auch mal entsprechende Last weg. Dann kannst du plötzlich die Freiräume ganz anders nutzen, aber du musst sie nutzen, ja? Also, gell? Und da, wo ich vorhin ein bisschen erzählt habe (am?) Anfang, dieses, diese Gefahr in ein Loch zu fallen, gell, sozusagen. Das war schon ein Thema. Und das war [...?] wie löst du das Thema, dass du nicht in das Loch fällst, jetzt, gell?« (A., 920)*

Dabei besteht offensichtlich die Gefahr, dass der Zeitpunkt verpasst wird, an dem es nötig ist, in eine aktive Haltung überzugehen.

*»Aber nicht so, dass man sagen könnte, also jetzt mache ich ein Break und jetzt fange ich was Neues an. Nee, so war es nicht.
I: Es gab so einen Übergang?
A: Ein Jahr, ja.
I: Wie haben Sie den gestaltet?
A: Ja, mit Gartenarbeit (lacht).
I: Mit Gartenarbeit.
A: Mit Garten verplempert, Zeit verplempert. Also war so ein verlorenes Jahr für mich gewesen aus heutiger Sicht, wo ich sage, okay, das hat mich Geld gekostet, hat mich Zeit gekostet, das war unsinnig.« (D., 865)*

Wenn man davon ausgeht, dass das Aufräumen und die Arbeit im Garten auch den Charakter einer Ersatzhandlung haben, handelt es sich vermutlich um die Gestaltung einer Phase, die der emotionalen Verarbeitung dient, ohne dass dies bewusst geschieht. Es erinnert an die vielfältigen Aktivitäten im Kontext von Beerdigungen, wo eine Reihe organisatorischer Dinge zu regeln ist. Diese Tätigkeiten helfen gleichwohl, Raum für die innere Auseinandersetzung und Verarbeitung des Abschieds und der Zeit der Ungewissheit und Unsicherheit zu schaffen.

»*Aber es sind trotzdem so andere Sachen, die da unterschwellig doch auch noch sind. Es war nicht so einfach. Bin erst mal in Urlaub gefahren mit der Familie zum Skifahren, um mal einen anderen Kopf zu bekommen.*« (A., 466)

»*Klar ist da auch eine Phase, wo ich trauere, das ist schon was. Ich verlasse ja etwas, was-, wo ich mich wohlgefühlt habe, wo ich-, wo ich erfolgreich war.*« (G., 647)

In dieser Aussage wird die Ambivalenz deutlich. Herr G. möchte sich als jemanden sehen, der Abschiede schnell bewältigen kann, aber er merkt gleichzeitig, dass es Zeit braucht, in der Raum ist für die Trauer um die vergangenen Jahre, um den Verlust an Anerkennung, die ihm der Job verschafft hat. Ganz offensichtlich ist es wichtig, diesem Prozess Raum zu geben, ihn aber doch in gewisser Weise unter Kontrolle zu behalten. Hier lag bei Herrn F., der gleichzeitig seine Familie ernähren musste, vermutlich auch ein Grund für das Scheitern der Selbstständigkeit, weil er weder Raum für die Verarbeitung der Trennung vom Unternehmen noch Zeit für den Neuaufbau hatte (siehe Kapitel 6.1.2.1).

Herr C. räumt diesem Prozess wenigstens einen begrenzten Raum ein, wenn er rückblickend feststellt und empfiehlt:

»*Als ich aus dem Unternehmen ausgeschieden bin, habe ich einen Tag (lacht) [...] ein schönes Plätzchen gesucht und habe so ein bisschen in die Ferne geschaut. Und vielleicht würde ich heute mir etwas noch mehr Zeit nehmen und etwas Ruhe gönnen, so eine Auszeit von drei, sechs, neun Monaten oder was auch immer. So eine Art Sabbatical Phase, um sich selber auch noch ein bisschen innerlich aufzustellen, klarzustellen, auch aufzutanken, durchzupusten, auszuruhen, so voll aufgetankt in die nächste Aufgabe zu gehen. Das habe ich nicht gemacht, klar, begründet dadurch, dass ich ja im Gespräch schon mit potenziellen Kunden war und ich wollte es nicht abreißen lassen, so eine Lücke entstehen lassen über mehrere Wochen und Monate. Vielleicht fehlte mir damals dazu der-, der Mut. Heute würde ich das, glaube ich, machen und zulassen.*« (C., 644)

Bei einigen Interviewten fehlt diese Phase der Regeneration und Verarbeitung fast völlig. Das liegt zum einen daran, dass sie sehr schnell neue Aufträge in ihrer selbstständigen Rolle haben, möglicherweise dient es aber auch der Abwehr der darunter liegenden emotionalen Prozesse, die auch als Gefahr erlebt werden können.

»*Das ist typmäßig unterschiedlich, ja. Es gibt Menschen, die brauchen tatsächlich erst mal, auch so die Trennung zu verarbeiten oder so etwas. Ich sehe halt immer die Gefahr da drin, man verliert sich relativ schnell und man verliert wertvolle Zeit dann auch, weil jetzt ist man selbstständig. Wenn man krank ist (lacht), ist man krank, dann gibt es keinen Umsatz, da gibt es keine Lohnfortzahlung oder so. Diese ganzen-, diese ganzen Netze und der ganze doppelte Boden und so was alles, der da dabei ist, ich kann mir das erlauben. Was weiß ich-, wenn ich jetzt, was weiß ich, war ja im Prinzip bei mir, erst mal ein ganzes Jahr freigestellt bin, dass ich dann sage, okay, jetzt nehme ich zwei, drei Monate. Ich habe das ja im Prinzip auch gemacht, zwei, drei Monate zum Durchschnaufen.*« (F., 768)

»*Wunden lecken ist okay, sich aufrappeln ist okay, sich schütteln ist okay, aber wenn man das dann gemacht hat, dann aber auch wirklich aber Volldampf voraus und nicht so einen kleinen Ramp zu fahren.*« (F., 793)

Die letzte Empfehlung stammt eben gerade von dem Interviewpartner, bei dem der Prozess nicht in die dauerhafte Etablierung einer Selbstständigkeit gemündet ist.

Eine sehr ambivalent getönte Rolle spielen an dieser Stelle auch die Institutionen, die am Beginn einer Selbstständigkeit stehen. Dazu gehören in den untersuchten Fällen die Agentur für Arbeit, Outplacementberatungen und Netzwerke, die dem Aufbau bzw. der Sicherung von Kontakten dienen sollen. Außerdem spielen Qualifizierungsmaßnahmen eine wichtige Rolle. Die Erfahrungen sind aber zwiespältig und eher negativ:

»*Es ist organisatorisch einiges zu tun. Dann kommt die Agentur für Arbeit, das Arbeitsamt kommt auf jeden Fall ins Spiel, sich dort prophylaktisch arbeitssuchend zu melden. Parallel dann Aufbau eines eigenen Unternehmens, Gründungszuschuss, was es da alles dort gibt. Vorstellen bei der Agentur für Arbeit, das fand ich auch eine besondere Erfahrung.
I: Inwiefern?
A: Also wenn-, (lacht) ich sage es mal etwas drastisch, wenn ich dort nicht die-, die persönliche Einstellung und Haltung gehabt hätte, ich bin hier, weil ich Formalitäten erfüllen muss, wenn ich aber aus der Not heraus arbeitssuchend dort gewesen wäre, ich glaube, (lacht) dann wäre ich sehr frustriert gewesen. Also die Art und Weise des Umgangs miteinander und das ganze Szenario, das fand ich schon sehr, sehr bedrohlich. Aber es war für mich eine Formalität.*« (C., 424)

Eine Institution, die eigentlich zur Unterstützung des Aufbaus der neuen Existenz dienen soll, wird zum Trigger der latent vorhandenen Ängste vor Arbeitslosigkeit und Erfolglosigkeit und somit zu einem Ort, der das sowieso labile Selbstwertgefühl eher bedroht als heilt oder stärkt. Als hilfreich wird die finanzielle Unterstützung erlebt, die von den professionellen Existenzgründungsberatern gewährt wird.

Deutlich negativer wird die Erfahrung mit Outplacementberatungen beschrieben:

»*Den Job verloren auf der einen Seite und auf der anderen Seite von einem-, ich nenne jetzt den Namen auch bewusst nicht, aber von einem Outplacementunternehmen, auch ein größeres, wo ich gesagt habe, also das kann ich auch? Die haben vierundzwanzigtausend Euro dafür bekommen, und daraus-, da ist sechs- bis siebenmal Kaffee trinken draus geworden, Unterlagen rüberschieben und, na ja, ein Muster von einem Businessplan, den ich ja dann am Ende des Tages doch selber geschrieben habe. Das ist verdammt viel Geld für das, was da rübergekommen ist, verdammt viel Geld.*« (F., 292)

Auch wenn auf der formalen und ökonomischen Ebene durch die Institutionen eine Basissicherheit entsteht, bleibt ein Gefühl von Leere und Haltlosigkeit in dieser Phase:

»*Und habe dann auch eine Gründerhilfe vom Arbeitsamt bekommen, sodass ich dann also bis zum 31.12.2013 eine Unterstützung dann bekam und eben in dem Sinne auch finanziell abgesichert war. Leider insofern, ich hatte auch-, auch mit Herrn J. und auch mit einem befreundeten Professor, mit dem Professor Z. war ich dann auch in R. und hatte dann auch so darüber gesprochen, so denn pack an, meine Leistung, meine Dienstleistung anzubieten. Ich hatte keine Unterstützung. Das war irgendwo vollkommen im-, im schwebenden, freischwebenden Raum.*« (F., 142)

Es gibt nur zwei Institutionen bzw. Systeme, die als echte Unterstützung erlebt werden:

Zum einen sind dies Netzwerke, auf die im nächsten Kapitel noch näher eingegangen wird, zum anderen Fortbildungen und Kurse, die helfen, eine neue professionelle Orientierung zu gewinnen.

Besonders für Herrn G. führt die Teilnahme an einer Coachingausbildung, die ihm eine befreundete Kollegin empfohlen hatte, zu einem echten Neuanfang und zu einer neuen Identität, die der Selbstständigkeit den nötigen Schwung verleiht:

> »Das hat gedauert fünf Monate. Also Ausstieg aus der Industrie, hatte ich fünf Monate Zeit nachzudenken. Und habe dann die Ausbildung angefangen. Und in der Ausbildung war ziemlich schnell klar, wo es hingeht, was ich-, was ich ei-, was ich will, nicht was jetzt irgendjemand will. Und ich habe meine eigene Vision kreiert. Und die hing dann eine Weile an der Wand, bis ich sie erreicht hatte.
> I: (unterbricht) Darf ich fragen, wie die hieß?
> A: (3) Es war eine Collage, die Vision war eine Collage und im Mittelpunkt stand ich. Und es ging drum, ich weiß, wer ich bin. Weil es ging immer drum, ich fing an, zu zweifeln, also in der Endphase Industrie, fing ich an, zu zweifeln, was ich nicht gekannt hatte.« (G., 596)

Erst wenn die Phase der emotionalen Verarbeitung weit genug fortgeschritten ist, wird – gelegentlich unterstützt durch den aufkommenden ökonomischen Druck – der Schritt in die Entwicklung und Ausformulierung der neuen Identität und Rolle gemacht. Dazu gehört eine Reihe wichtiger, teilweise formaler Fragen, die zentrale Themen des Aufbaus des eigenen Unternehmens berühren. Dieser Schritt geschieht häufig mit Freunden bzw. Kollegen aus Netzwerken, aber auch allein mit der Unterstützung der schon genannten Institutionen im Hintergrund.

Andere Befragte überlegen in dieser Zeit sehr genau, wie denn ihre Form der Selbstständigkeit aussehen soll, ob sie als Solo-Selbstständige arbeiten möchten oder in Partnerschaften, Netzwerken etc.

Aber auch über Fragen der Namensfindung für das Unternehmen werden grundlegende Überlegungen angestellt, wie etwa bei der Gestaltung der Visitenkarte oder der Begrifflichkeit für das Unternehmen.

Herr B., bei dem wesentliche Fragen der Selbstdarstellung nicht in der Orientierungsphase gelöst werden, sondern erst später auftauchen:

> »Ich habe jetzt eine Kooperation gemacht mit, äh-, oder mache die immer noch mit einer Firma, und da sagte er, was soll ich denn auf deine Visitenkarte (lacht) schreiben? Habe ich gesagt, den Namen. Ja, da muss doch irgend noch ein-. Da habe ich gesagt, schreib Consultant drauf. Ruft er mich zwei Tage später an (lacht) und sagt, hättest du Stress damit, wenn ich da Senior Consultant draufschreibe? Weil das wirkt einfach. Und ich sagte, pfft, von mir aus schreibe Geschäftsführer drauf. Nee, sagte er, das geht nicht (lacht). Ja, da ist, äh-, das war für mich nie so-. Aber das ist ein Fehler, ja?« (B., 526)

Herr E. ist auch mit den Statussymbolen seiner neuen Rolle beschäftigt:

»*Und das ist jetzt eben nichts Großartiges gewesen so in dem Sinne, klar, mir hat das auch Spaß gemacht, was brauchst du jetzt? Ich muss mir einen PC kaufen und so (lacht). Aber das, glaube ich, ist nicht so die entscheidende-.*
*I: (unterbricht) Sie mussten sich einen PC dann kaufen?*
*A: Ja, ja. Ich habe (…) sozusagen dieses Ausgangsequipment oder so was. Es gibt ja auch so ein paar Statussymbole, also ich habe nach wie vor keinen Neuland-Koffer zum Beispiel, weil ich denke, den brauche ich nicht, ich habe einen Werkzeugkasten (lacht). Der steht jetzt hier nicht, der ist zu Hause, aber-.*
*I: (unterbricht) War das eine bewusste Entscheidung oder-, im Sinne von, das will ich auch nicht, oder (…)-?*
*A: (unterbricht) Jedenfalls-, doch, ich bin schon jemand, der da nicht so einen großen Wert drauf legt. Gut, ich meine, so was spielt-, aber das sind auch alles-. Also ich habe dann zuerst mal in meinem Leben ein Auto geleast, ein neues, und alles und so was so, aber- (…). Also ich hatte da nie so Vorstellungen, jetzt muss man da auch irgendwie ein bestimmtes Auftreten oder-, oder äußeres Erscheinungsbild-.«*
(E., 710)

Herr E. kommt aus dem gemeinnützigen Bereich und tut sich anfangs offensichtlich auch schwer damit, sich mit seiner neuen Rolle als Selbstständiger zu identifizieren, in der er als freiberuflicher Berater tätig sein will. Er sucht seinen eigenen Weg, sich diese Rolle anzueignen, indem er auf gewisse Erfordernisse, wie den Moderationskoffer als Handwerkszeug, eingeht, gleichzeitig aber deutlich macht, dass er es ablehnt, die üblichen Statussymbole von Beratern ungefragt zu übernehmen.

Schlussendlich kommt es in dieser Phase, nachdem die Ausstattung geklärt und entschieden ist, wie das Angebot aussehen soll und wo man seine neue Rolle verortet, zur Kontaktaufnahme mit Kollegen und potenziellen Kunden bzw. Klienten. Dabei sind die Erfahrungen z.T. ernüchternd. So muss etwa Herr D. feststellen, dass er in seiner Herkunftsbranche als Berater nicht erwünscht ist:

»*Und dann waren das eben so Gespräche, wo man Leute angerufen hat, die man in der Vergangenheit dann noch hatte. Wo man sagt, okay, lasse mal Beratertätigkeiten machen oder über Interimsjobs sprechen, oder hast du vielleicht eine Urlaubsvertretung, oder du hast ein Nachfolgeregelungsproblem. Also alles diese Bandbreite, wo ich sage, ich-, da kann ich mich aufhalten, dort kannst du sofort einsteigen und kannst mit den Leuten arbeiten. Und da stellte ich eben fest, dass es eben nur Gespräche waren. Also die Leute, die mich kannten, waren eben Kaffeetrinkgespräche, aber es war nie ein-, kein einziger, doch ein einziger Auftrag.« (D., 414)*

Nicht in allen Fällen gibt es die beschriebene Phase der professionellen Reorganisation mit ausgeprägten Momenten von Verunsicherung, Desorientierung, Lähmung und zögerndem Neuanfang in der Rolle als Selbstständiger. Einige erleben einen bruchlosen Übergang, der erste Auftrag wartet schon, als sie den letzten Arbeitstag absolviert haben. Ob das Zufall ist, oder aber auf eine manische Abwehr der Ängste vor einer Phase der Leere und Ungewissheit hinweist, lässt sich allerdings nur vermuten. In einzelnen Fällen haben die Prozesse, die die anderen erst nach ihrem letzten Arbeitstag erlebt haben, schon parallel zur Angestelltentätigkeit stattgefunden oder werden durch eine gute Vorbereitung überflüssig bzw. kaum wahrnehmbar gemacht.

### 6.2.5 Brückentätigkeiten als Übergangsräume

Im Zuge der Analyse und des Vergleichs der einzelnen Lebens- und Karrieregeschichten tauchte im Zusammenhang mit der Existenzgründung ein Phänomen auf, das als »Brückentätigkeit« benannt werden könnte. Damit ist gemeint, dass es mehrfach zu Beginn der Selbstständigkeit verschiedene Aufträge und Tätigkeiten gab, die nicht nur als erster Auftrag zu beschreiben sind, sondern eine Art von Verbindung zwischen angestellter Tätigkeit und der neuen Arbeit als Selbstständiger herstellen. Am Beispiel von Herrn E. soll dies etwas ausführlicher beschrieben werden.

Herr E. ist zum Zeitpunkt des Interviews 60 Jahre alt und hat sich vor ca. sieben Jahren als Berater selbstständig gemacht. Er ist inzwischen in einer Gesellschaft von mehreren Freiberuflern tätig, hat aber als Solo-Selbstständiger begonnen. Von seinem erlernten Beruf her ist er Pädagoge und hat für viele Jahre eine Institution im gemeinnützigen Bereich geleitet. Sein Entschluss zur Existenzgründung ist gefallen, als deutlich wurde, dass innerhalb des Trägers ein größeres Maß an verantwortlicher Selbstständigkeit und Selbstverantwortung nicht möglich war. Herr E. hat dann überlegt, dass er gerne bis zum Rentenalter noch etwas Neues ausprobieren möchte und sich in Absprache mit dem Träger für einen Ausstieg entschieden, der – gut vorbereitet – mit Unterstützung seiner Frau, die ein festes Einkommen hat, und intensiver Beratung durch die Steuerberaterin vollzogen wurde. Über seinen Start als Selbstständiger berichtet Herr E.:

*»Ich will jetzt auf Ihre anderen Fragen-, da ist es insofern ganz-, ganz witzig, ist jetzt auch nicht richtig, aber ich habe Ihnen ja erzählt,*

*dieser erste Auftrag bei dieser Stadt, bei dieser Kommune, das war ja dann sozusagen der erste Auftrag, und der war insofern witzig, deshalb fällt mir »witzig« ein, weil ich ja wirklich auf der einen Seite in eine noch viel stärkere Institution gekommen bin, als ich das vorher gewesen bin, nämlich in eine Behörde. Und hatte da einen Arbeitsplatz, ein Büro, also wo auch so durchgehende Zimmer waren, und saß neben der Sachbearbeiterin, die da Sozialhilfe Trauerfälle bearbeitet hat. Mit der habe ich dann-, wenn ich dann da war, habe ich mit der am Tisch gesessen. Und dann fingen auch solche Sachen an, weil das war ja so ein-, also war auch für die Kommune nicht einfach, sozusagen das zu verstehen, was das jetzt eigentlich für ein Auftrag ist, und für die Kollegen, die da saßen. Weil dann gibt es ja da auch so bestimmte Rituale, so Dienstbesprechung, zu der man dann die Mitteilung kriegt, man soll das Arbeitswerkzeug mitbringen. Und das ist aber ein Frühstücksbrettchen und ein Messer, weil man dann gemeinsam frühstückt. Und es gab dann schon so Versuche, mich so einzubinden auch in solche Strukturen. Ich erzähle das deshalb, weil das-, auf der einen Seite nach außen hin hätte das ausgesehen wie also ich habe jetzt meinen Arbeitsplatz gewechselt sozusagen. Aber für mich entscheidend war, ich bin da hingegangen mit einem völlig anderen Selbstbewusstsein, also einer ganz anderen Einstellung: Ich habe hier eine bestimmte Aufgabe, für die ich hier eingekauft worden bin, und die erledige ich. [...] Aber immer mit diesem wunderbaren Gefühl, und ich pack jetzt meine Sachen zusammen und (lacht) geh jetzt wieder nach Hause arbeiten (lacht).« (E., 725)*

Herr E. hat einen Projektauftrag erhalten, der ihm für zweieinhalb Jahre eine Basis für sein neues Einkommen verschafft. Solche Aufträge sind in der Beraterszene – gerade zu Beginn – eher unüblich und ein Glücksfall. Gleichzeitig entsteht ein Problem: Aufgrund der Dauer und Bedeutung des Projekts wird Herr E. verpflichtet, einen Teil seiner Arbeit innerhalb der beauftragenden Institution zu erbringen. Äußerlich erscheint seine Tätigkeit wie eine befristete Angestelltentätigkeit, und das – wie er selbst bemerkt – in einer noch strukturierteren und stärker Regeln setzenden Institution als der, die er verlassen hat, um die Freiheit des Selbstständigen zu gewinnen. Die Institution versucht, ihn nicht nur arbeitsmäßig und räumlich stark zu integrieren, sondern er wird auch in das soziale Miteinander involviert, normalerweise ein Zeichen für Zugehörigkeit. Aber bei näherem Hinsehen wird deutlich, wozu dieses Setting hilfreich ist.

Im Rahmen einer tiefenhermeneutischen Interpretation entstanden zu der oben beschriebenen Sequenz eine Reihe von Fantasien zu den

Begriffen »Trauerfälle«, »Frühstücksbrettchen« und »Messer«. Die Szene lässt sich so interpretieren, dass der latente Zweck dieses Brückenprojekts verständlich wird. Ganz offensichtlich geht es latent auch um die Bewältigung der Trauer, die die Trennung vom früheren Arbeitgeber mit sich bringt. Für Herrn E. war die alte Institution nicht nur Arbeitgeber, sondern auch geistige und emotionale Heimat.

> *»Und natürlich gibt es grade bei diesen (...) Trägern schon fast per se so eine gewisse Überschneidung im Sinne auch von bestimmten Erwartungshaltungen, aber auch so von eigenen Antrieben her, also dass das eben jetzt nicht nur eine reine Erwerbsarbeit ist, sondern immer eben auch doch schon mit anderen Vorstellungen, Ideen und Ansprüchen so verbunden ist. Und das war in der Tat auch noch mal-, aber das hat dann auch, glaube ich, keine Rolle mehr gespielt, also es ist trotz allem ein Schnitt gewesen, also sozusagen in der Tat also auch aus diesem Kontext, den ja wirklich zu verlassen und zu sagen, also jetzt in der Selbstständigkeit gibt es eben auch diesen-, diesen Rückhalt oder dieses Eingebunden-Sein in so ein gewisses ideologisches Feld oder wie man das jetzt nennen will oder so. Auch das hat es ja dann damit erst mal nicht mehr gegeben.« (E. 532)*

Es muss etwas »geschnitten« werden – was in der Tat Anlass zu Trauerprozessen ist – und gleichzeitig stellt sich die Frage, wie mit den Bedürfnissen nach Kontakt und Zugehörigkeit umgegangen werden kann. Die Brückentätigkeit ist für diesen Übergangsprozess ausgesprochen hilfreich und schafft Raum für den Ablösungsprozess, der bei Herrn E. ansonsten wenig Zeit hatte, da der erste Auftrag sehr schnell nach der Verselbstständigung kam.

Ähnliche Brückentätigkeiten gibt es auch bei anderen Interviewten. Sie werden interessanterweise häufig in Netzwerken ausgeübt, denen sich die Selbstständigen nach ihrer Existenzgründung anschließen. So beschreibt z. B. Herr D.:

> *»Und dann bin ich in ein Netzwerk gegangen, also zum Beispiel hieß so ein Unternehmernetzwerk, wo sich so Freelancer zusammengeschlossen hatten, so hundert Stück. Also die sagten, okay, wir suchen gemeinsam und versuchen, den Markt selbst zu bearbeiten. Das war für mich, sage ich mir einfach mal so ja, das-, das Ideale. Also ich war nicht allein, ich war nicht so auf mich allein gestellt, sondern man konnte sich austauschen, man suchte eben Kollegen und dachte eben, man kriegt darüber auch Aufträge. Das dachte man aber nur, denn man musste seine Aufträge ja trotzdem selbst besorgen, das ist ja das Problem.« (D., 44)*

Herr D. versucht also, erste Ansätze seiner neuen Rolle mithilfe von Kollegen zu entwickeln. Es entsteht der Eindruck, als wenn diese Tätigkeit eine lockere Verbindung herstellt, die weitgehende Offenheit ermöglicht und auch sicherstellt, dass bei Bedarf wieder Distanz hergestellt werden kann, anders als etwa in Partnerschaften oder rechtlich verbindlichen Gesellschaften. Die Brückenprojekte oder Brückentätigkeiten erhalten so einen Übungscharakter, sie schaffen einen experimentellen Raum, in dem Erfahrungen gesammelt werden können, ohne zu frühe Festlegungen zu machen. Sie unterscheiden sich aber von Einzelprojekten, wie sie etablierte Selbstständige ständig durchführen, dadurch, dass sie in einer in gewisser Weise schützenden Gruppe abgewickelt werden.

Solche Übergangsprojekte oder Netzwerke sind dabei nicht dauerhaft stabil, sie erfüllen nur eine temporäre Aufgabe, nämlich Erfahrungen zu sammeln. Als Dauermodell stehen sie dem Wunsch, eine selbstständige Existenz zu führen und damit auch unabhängig zu sein, entgegen:

»*Ich hatte mich schon zweimal mit jemand zusammengeschlossen, die unterschiedlichsten Sachen machen, sage ich mal, aber wir sind immer wieder an Geldern gescheitert. Oder wo man dem anderen unterstellt hat, er arbeitet zu wenig, du arbeitest mehr so. Also immer dieser Vorwurf, das, was wir gerade zu verteilen haben, das gehört mehr mir als dir (lacht). So. (I: Oh je) Das war immer der Grund, warum wir auseinandergegangen sind.*
*I: Also das heißt, da haben Sie keine Form gefunden, das sozusagen auch so zu-, die Firma so zu strukturieren, dass das- (A: Es gab immer-)? Aber das war schwierig?*
*A: Ja, das sind alles fertige Menschen so. Das sind alles Leute in meinem Alter gewesen, sage ich mir mal, so diese-, haben den gleichen beruflichen Hintergrund gehabt. Die hatten gleiche Vorstellungen, sage ich mir mal. Und die Leute von ihren Vorstellungen abzubringen, das ist dann sehr schwer.*« (D., 712)

### 6.2.6 Lernprozesse

Im Rahmen der Existenzgründung werden Lernprozesse in Gang gesetzt, die gelegentlich die Motivation zur Selbstständigkeit akzentuieren oder gar verändern. Der Prozess der Existenzgründung wird daher als Terrain von Lernen, und zwar in Form der Entfaltung der eigenen Kompetenzen, wie z. B. kommunikativer oder organisatorischer Fähigkeiten, erlebt. Dadurch entsteht im Nachhinein gelegentlich auch eine positivere

Haltung zur eigenen Selbstständigkeit, wenn der Anlass zu dieser Entscheidung eher negativ besetzt war.

Die Selbstständigkeit als Vision während des Zeitraums als angestellte Führungskraft, in dem sich Unzufriedenheit und Frustration breitmachen, erscheint den meisten selbstverständlich und allenfalls ökonomisch gut zu planen. Die Realität ist aber ein oft schmerzhaftes Erwachen innerhalb der bereits beschriebenen Übergangsphase, die auf die Leere und die Zeit der Neuorientierung folgt.

*»Man kann nicht alles. Wir sagen es zwar immer, ich war Manager, ich war Geschäftsführer, ich war das und das und ich kann alles. Man kann es nicht. Man kann, hat den Überblick, ja, aber diese Kleinarbeit, die dann erforderlich ist vor Ort, die kann man eben nicht.« (D., 808)*

Führungskraft in einem großen Unternehmen zu sein, fördert offensichtlich Größenvorstellungen, die sich dann in der Realität der Freiberuflichkeit als illusionär erweisen und die Existenzgründer gelegentlich zu grundlegenden Lernprozessen zwingen, auf die sie nicht vorbereitet waren.

*»Und je nachdem, was für eine Führungskraft sie sind, rein psychologisch, sind ja erst mal toll. Mitarbeiter finden sie toll, Lieferanten finden sie toll, finden sie ja alle toll, weil die wollen ja was von ihnen (lacht). Vom Grundsatz her sind sie ja schon mal toll. Und (lacht) dann fällt-, in der anderen Rolle sind sie, verzeihen Sie auch da die saloppe Aussage, da sind sie erst mal der Arsch (lacht). Was will der von mir? Buah, sind Sie lästig.« (F., 697)*

So resümiert Herr C. im Rückblick:

*»Über viele Jahre habe ich in einem Konzernverbund gelebt und gearbeitet, und so in der Selbstständigkeit wurde mir erst dann bewusst, welche Arbeiten so nebenbei ablaufen, die andere für mich gemacht haben, für die ich aber selber verantwortlich bin. Ich habe anfangs sicherlich den administrativen Aufwand unterschätzt, der anfällt. Und dieser-, dieser Spruch, den ich müde belächelt habe und der auch sehr abgegriffen ist, aber wo doch eine Wahrheit drin steckt, selbst und ständig, das trifft schon zu als-, als Einzelkämpfer.« (C., 150)*

Die Lernprozesse, die die ehemaligen Führungskräfte durchmachen müssen, um nach der Übergangsphase vollständig in der neuen Rolle anzukommen, liegen neben dieser beschriebenen Überraschung, nicht mehr wie selbstverständlich auf einen großen Apparat zurückgreifen zu können, vorrangig in vier Bereichen:

## a) Strukturaufbau und Administration

»*Nein, es sind-, es sind einfach Dinge, die ich vorher so nicht bedacht habe, also beispielsweise die-, die kontinuierliche Buchhaltung, das Organisieren von Reisen, von Flügen, von Hotels, das Konzipieren von Seminaren, Trainings, die Nachbearbeitung, die Terminabsprachen.*« (C., 172)

Solo-Selbstständigkeit bedeutet auf der einen Seite einen ungeheuren Zuwachs an Freiheit und Selbstbestimmung in Bezug auf Ort, Zeit, Tätigkeiten und Auswahl von Kunden und Kooperationen, aber die Solo-Selbstständigkeit hat auch eine unerwartete Schattenseite. Die Existenzgründer müssen erkennen, dass der Preis ihres Firmenmodells die Notwendigkeit ist, viele Dinge selbst zu machen und eben auch neu zu lernen. Das nimmt teilweise skurrile Züge an und man ist erstaunt über die unglaubliche Naivität der Betroffenen. Herr G. beschreibt die Situation so:

»*Jetzt grade hat einer angerufen, ist ein alter L.er [...], das ist Zufall (lacht): Ich will jetzt auch als Berater mich niederlassen. Sage ich, das finde ich Klasse. In welchem Bereich? In dem und dem Bereich. Sage ich, klar, da sind Sie Experte, kriegen Sie garantiert Mandate. Und wenn Sie das erste Mandat haben und dann Ihre Stunden aufschreiben immer ordentlich und am besten einen Vertrag immer machen. Vertrag? Ja, Vertrag. Ach so. Ich sage, habe mit jedem, selbst mit dem Coachee habe ich einen Vertrag. Ach so, hhm, einen Vertrag braucht man da. Hhm. Ja, und dann müssen Sie eine Rechnung schreiben. Ah ja. Ja, aber Rechnungen haben eine bestimmte Form, entwickeln Sie mal eine auf Ihrem Computer. Können Sie das? (lacht) Ah ja, Rechnungen schreiben, wie macht man das? So das Alltägliche ist-. Und ich sehe das jetzt bei zweien, die sich niedergelassen haben, die kämpfen ums Überleben, weil sie die Bürokratie tot drückt, sie kriegen die nicht gebacken. Die kriegen sie nicht gebacken, weil der Apparat fehlt. Beschäftigen sich dann stundenlang mit, steht jetzt auf meiner Internetseite wir gehen nach links, oder schreiben wir, wir gehen halb nach links oder links herum. Ich sage, Mensch, also das ist unwichtig, du brauchst ein Mandat, am Ende des Monats kommt sonst nichts rein. Und du wirst feststellen, du hast Kosten. Die meisten haben kein Bewusstsein für Aus-*

> *gaben. Wie lange investiere ich in was? Wie viel Geld habe ich und investiere in mich für diesen Job? Ja, da fange ich halt an. Sage ich, nee, das kostet dich Kohle. Internetauftritt kostet dich Kohle, ein Dienstwagen kostet dich Kohle. Spesen, am Anfang nichts. Essen gehen mit irgendjemand, (.) mal einladen. Ach so, hhm. Wenn du irgendwo hinfährst zum Akquisegespräch, die zahlen nicht. Ach so, hhm. (lacht) Sage ich, dann hast du plötzlich, ob du willst oder nicht, zwanzigtausend investiert. Wenn du es willst, okay, du musst aber auch sagen, wie lange halte ich das durch und was will ich erreicht haben?« (G., 942)*

Auch wenn Herr G. nicht direkt von sich selbst spricht, kann man davon ausgehen, dass es sich auch um eine projektive Verarbeitung einzelner Erfahrungen handelt, die er selbst hat machen müssen. Man hat den Eindruck, dass diese Vorgehensweise am ehesten bei denjenigen praktiziert wird, die eher in die Selbstständigkeit »geraten« sind, als dass sie diesen Prozess lange geplant hätten.

Andererseits gibt es Interviewpartner, die sehr strukturiert und doch fast ein wenig zwanghaft vorgehen. So wendet Herr A. ein Instrument aus seiner Führungspraxis an und überträgt es auf seine neue Rolle:

> *»Dann habe ich mir ein System aufgebaut, meine eigene Work-Life-Balance, und zwar kam ich dann Balanced Scorecard und Kaplan und das habe ich dann adaptiert so, auf vier Handlungsfeldern, wo ich mich dann ganz speziell mir Ziele gesetzt habe, ja, um das zu vertiefen. (...) Alles das habe ich mir am Anfang fast wöchentlich noch mal strukturiert, ein Jahresziel gesetzt, um mich da in den Themen zu vertiefen und habe auch dann in der [...?] (geführt?), so gut ich das konnte mit meinen ehemaligen Kollegen und habe gesagt, gebt mir doch mal bitte ein Feedback.« (A., 179)*

In seiner Beschreibung schwingt auch eine latente Angst mit, in eine Situation der völligen Unstrukturiertheit zu geraten. Neue Alltagsstrukturen zu schaffen wird zu einer weiteren Herausforderung, da mit der Solo-Selbstständigkeit in der Regel auch das Home-Office als Arbeitsform gewählt wird. Dies macht Aushandlungsprozesse mit sich selbst und mit den Partnern nötig:

> *»Auch in der Form, dass ich jetzt keine extra Büroräume angemietet habe und zu sagen, na ja, jetzt bist du den ganzen Tag mit der Frau zusammen, ja? (Wo?) warst du vorher halt tagsüber unterwegs, wie baut sich denn da die Beziehung auf, ja.« (A., 770)*

## b) Vertrieb

Eine große Überraschung in den Interviews war, dass durchweg alle Befragten Schwierigkeiten mit dem Vertrieb für ihre Beratungsleistungen hatten. Dies erstaunt vor allem deswegen, weil es sich bei den meisten Existenzgründern um Führungskräfte aus der Wirtschaft handelt, von denen man erwartet hätte, dass sie sich gerade hierin auskennen. Es gibt verschiedene Begründungen für dieses Problem. Herr D. nennt die ursprüngliche Sozialisation als Führungskraft als Hinderungsgrund:

*»Also absolut Lernphase. Erst mal diese ganzen Sachen, also diese Tools zu bedienen, da musste man schon Seminare haben, schon Seminare absolviert. Dann auch diese Akquisitionstätigkeit, die meisten meiner Kollegen waren kaufmännische Leiter in irgendwelchen Firmen, das war sehr stark lastig in Sachen Kaufmann. Das waren keine Verkäufer, also keine Akquisiteure.« (D., 594)*

Vorhergehende Führungstätigkeit in der Wirtschaft bedeutet also mitnichten automatisch eine Verkaufskompetenz, sondern viele Interviewte müssen sich diese erst schmerzhaft aneignen. »Schmerzhaft« vermutlich auch deswegen, weil die Akquisitionstätigkeit die Befragten daran erinnert, dass sie sich nun trotz aller Freiheit in einer abhängigen Position befinden und Kunden gewinnen müssen, wenn sie ökonomisch überleben wollen. In der Abhängigkeit werden möglicherweise auch die erlittenen Enttäuschungen und Kränkungen wieder lebendig. Eine Absage zu bekommen, ist eine Wiederholung der »Absage«, die die Befragten in unterschiedlicher Form zum Ende ihrer Karriere im Unternehmen erleiden mussten. Bei Herrn H. nimmt dies z. T. phobische Züge an, wobei er die Schwierigkeit zunächst auf seine Persönlichkeit zurückführt und erst später den Bezug zu seinen Erfahrungen im Unternehmen herstellt:

*»Das hat was mit mir zu tun. Ich bin (lacht) von Kind auf-, ich bin ja noch ohne Telefon groß geworden, und habe das Telefon in so einer Phase erlebt, wo ich-. Also ich bin-, für mich ist Telefon als tief drin irgendwas leicht Beängstigendes. Ich habe kein Problem, wenn ich den Termin habe, hinzugehen und das Gespräch zu führen, das macht mir Spaß. Aber von mir aus den ersten Schritt zu machen oder dieses, ich biete mich jetzt an, das sind Themen, das fällt mir schwer.« (H., 658)*

Teilweise resultieren die Schwierigkeiten mit der vertrieblichen Situation auch aus einem Bewusstsein der Situation, die aus der früheren Tätigkeit bekannt ist:

»*Also ich habe es in der letzten Zeit im Unternehmen als Organisations- und Personalentwickler ja noch erlebt, was kommt auf der anderen Seite des Schreibtisches bei den Verantwortlichen so an. Das sind täglich stapelweise Papiere, Flyer, Informationen, Newsletter, Bewerbungsschreiben. Es kommen kontinuierliche Telefonate, irgendwelche Kaltakquisitionen, wo sich jemand als der beste Trainer und Coach und so weiter vorstellt, weil der Markt ja auch ein Stückchen gekippt ist. Das liegt wohl wahrscheinlich an der Übersättigung des Ganzen. Und viele sind genervt darüber.*« (C., 770)

### c) Coaching, Beratung, Projektmanagement und kommunikative Fähigkeiten

Es wird häufig als selbstverständlich angenommen, dass gute Führungskräfte auch gute Berater sind. Dem ist aber – zumindest nach den Eindrücken aus den Interviews – mitnichten so, sodass zu den wichtigen Lernprozessen in der Übergangsphase auch der Erwerb von Beratungskompetenz gehört.

»*Und dann einfach so auch, ja, selbst ja viele Bücher gelesen mit Coaching, so was Coaching eigentlich-, weiß ich heute noch nicht so richtig, was Coaching is. (lacht). Und dann einfach zu sagen, okay, jetzt gehen wir. So, dann gibt es natürlich auch andere Firmen wie U. zum Beispiel, die sagen, okay gut, wir akzeptieren das, wir brauchen die und die Ausbildung.*« (D., 598)

In anderen Fällen, wie z. B. bei Herrn A., wird eine Projektmanagementausbildung gestartet. Herr D. wird von seinem Auftraggeber, einem großen Unternehmen, gezwungen, eine »Train-the-Trainer«-Ausbildung zu machen, um bestimmte Beratungsprodukte anbieten zu können. Manche versuchen dann, die neu erworbene Beratungskompetenz mit ihrer alten Kompetenz zu verbinden und ein eigenes, persönliches Konzept zu entwickeln, wie Herr G., der Coaching und Consulting zu einem Konzept der »Reflexionspartnerschaft« verknüpft (G., 333).

### d) Persönlichkeitsentwicklung

Es ist nicht zu unterschätzen, dass die neue Rolle auch Lernprozesse in Gang setzt, die zu einer inneren Umorientierung oder Erweiterung und Integration bisher unterentwickelter oder konfliktbehafteter Bereiche der eigenen Persönlichkeit führen. Eine der wesentlichen Veränderungen ist z.B. für Herrn A., der berufsbiografisch aus einem technischen Beruf kommt, ist, dass er vorrangig sein Interesse an Menschen und deren Begleitung weiterentwickelt. Dieses Motiv, dass sich bei Herrn A. zusätzlich als generatives Interesse äußert, indem er gerne Jüngeren hilft, ihre Rolle zu finden, wird ergänzt um ein generell gewachsenes Interesse an gesellschaftlichen und sozialen Fragen:

*»[...] und habe aufgrund der Kenntnisse und der Gespräche, und das muss ich sagen, das werde ich heute nie bereuen, dass ich so unwahrscheinlich viel erfahren habe in der Zeit und mein Spektrum ist viel, viel größer geworden als früher schmalbandig, zwar innerhalb einer Familie des Konzerns und jetzt draußen, was passiert denn da eigentlich, ja, in der Welt draußen, ja?« (A., 263)*

*»Das heißt also wenn ich das recht verstehe, [...?] es war nicht eine Veränderung jetzt in der Arbeitsform, also Sie waren abhängig und sind jetzt selbstständig, sondern auch eine inhaltliche Veränderung, also weg von der Technik in Richtung Menschenführung ...*
*A: Ja, ja.*
*I: ... oder in unterschiedlichsten Formen (auch?).*
*A: Intensiver noch. Noch intensiver als, als vorher. Mit einem entsprechenden, sagen wir mal, Tiefgang, den ich zum Beispiel jetzt noch nicht habe, gell? Die Sie zum Beispiel haben, ja, im Rahmen Ihrer entsprechenden Ausbildung, was Pädagogik angeht, ja, gell, dort. Das ist ja ein Thema, was ich bisher nicht gelernt habe. Zwar ist 80 Prozent immer Psychologie, aber in Form von tatsächlich vertiefendes Lernen, ja, ist es (da?) nicht gegeben. Ich arbeite mich da rein zurzeit.« (A., 1001)*

Die Bewegung in Richtung sozialer Themen und eines gesteigerten Interesses an Menschen und ihren Entwicklungen passiert auch umgekehrt. So beschreibt Herr E., der aus dem Non-Profit-Bereich kommt und politisch engagiert war, den Prozess, der bereits in seiner Leitungsrolle begonnen hatte:

*»Und, wie gesagt, habe das auch als eine Bereicherung empfunden, also nicht nur als also sozusagen jetzt wird die hehre Pädagogik plötzlich irgendwie mit dem Bösen der Ökonomie irgendwie (lacht) belastet oder so, sondern für mich war schon klar, also das gehört-, also das muss in einem guten-, in einer guten Balance stehen, und es sind Aspekte, die gehören zusammen.« (E., 226)*

## 6.2.7 Zusammenfassende Bemerkungen und theoretische Reflexion

Eine solchermaßen einschneidende Entscheidung wie die, sich selbstständig zu machen, findet nicht über Nacht statt. Es ist normal, dass es Jahre dauert, in denen die eigene Angebotsstruktur gefunden wird, Netzwerke aufgebaut werden, das notwendige Branchenwissen entwickelt wird etc. Der Schritt zur Selbstständigkeit ist ein Schritt zu etwas Unbekanntem. Aus diesem Grunde richten sich die meisten Untersuchungen zur Entwicklung der Selbstständigkeit auf die Phase direkt vor der Entscheidung, die Übergangsphase und die Zeit der etablierten Selbstständigkeit.

Wie bereits im theoretischen Teil angemerkt, muss inzwischen davon ausgegangen werden, dass die Phasen der Aufnahme einer selbstständigen Tätigkeit differenzierter sind, als klassische Phasenmodelle sie beschreiben. Die meisten dieser Phasenmodelle beschäftigen sich – ganz ähnlich wie die zuvor genannten Untersuchungen – mit der Zeit um den Akt der Gründung herum sowie der Entwicklung hin zur gesicherten Selbstständigkeit. Sie fixieren sich sehr stark auf das Bestehen und die Entwicklung des Gründungsobjekts, also der konkreten Firma und vernachlässigen – vom Modell von Kets de Vries (1998) einmal abgesehen – die psychosoziale Ebene der Entstehung und die biografische Einbettung der Existenzgründung in die persönliche und berufliche Geschichte des Existenzgründers.

Die vorliegende Untersuchung legt dagegen ein differenzierteres Modell nahe. Entscheidend ist dabei, dass die innere und äußere Vorbereitung ein Prozess ist, der lange vor der Entwicklung der ersten realen Idee beginnt. Teilweise tragen die Befragten die Existenzgründung schon jahrelang als Keim in sich, ohne dass daraus je eine konkrete Überlegung geworden wäre. Es ist die Phase der Bildung und Entwicklung »psychischer Genera« durch innere Arbeit, die durch die Begegnung und Auseinandersetzungen mit äußeren Objekten genährt wird. Erst durch äußere Anstöße und Veränderungen oder länger dauernde Frustrationen entsteht dann ein äußerlich wahrnehmbarer Prozess. Dieser Ablauf entspricht am ehesten dem, was Kets de Vries (1998, S. 613) mit dem Zustand der »negativen Emotionen« beschrieben hat. Insgesamt lassen sich die Schritte und die Übergangspassage in die Selbstständigkeit, die die Befragten (wenn auch in unterschiedlicher Weise und Intensität) vollziehen, schematisch folgendermaßen darstellen:

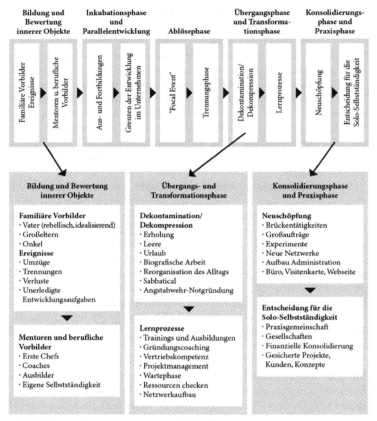

Abbildung 3: Phasen der Existenzgründung Älterer

Dazu einige Anmerkungen und Erläuterungen:

1. *Bildung und Bewertung innerer Objekte:* Dieses Modell geht davon aus, dass die Existenzgründung meist beeinflusst wird von früheren Erfahrungen, die bis in die frühe Kindheit zurückreichen. Dies bezieht sich zum einen auf Erfahrungen mit frühen Bezugspersonen und Vorbildern, zum anderen auf bestimmte Ereignisse wie etwa Umzüge, Trennungen etc., die Spuren hinterlassen haben – etwa in dem Sinn, dass sie als Erfahrungen verinnerlicht sind, die vermieden werden sollen oder aber als Ressource genutzt werden können. Die psychoanalytische

Objektbeziehungstheorie (z. B. Fairbairn 2000) beschreibt die erwachsene Persönlichkeit als eine Struktur, die durch den Niederschlag früherer Erfahrungen mit zentralen Bezugspersonen geformt wird. Solche Erfahrungen bilden eine Schicht von Beziehungsmöglichkeiten, die möglicherweise lange ruhen, aber im Existenzgründungsprozess wieder aktiv werden. Dazu gehören im vorliegenden Fall der männlichen Existenzgründer familiäre Erfahrungen mit selbstständiger Existenz als kleine oder große Betriebe oder als freiberufliche Beratungstätigkeiten. Wie zu erwarten, spielt dabei die Beziehung zum Vater eine bedeutsame Rolle. Diese scheint offensichtlich in zwei Formen für eine Existenzgründung förderlich: Zum einen als eine Art Rebellion, wie sie schon Kets de Vries (1977) und Shapero (1975) beschrieben haben. Die Existenzgründung erscheint hier als letzter Akt in der ödipalen Auseinandersetzung mit der Vaterfigur. Interessant ist, dass auch der negative Ödipuskomplex im Sinne der gleichgeschlechtlichen Bindung zwischen Sohn und Vater eine Rolle zu spielen scheint. In einigen Fällen wird zum anderen eine starke Idealisierung des Vaters spürbar, der als Vorbild bei der Existenzgründung, etwa hinsichtlich einer spezifischen Form der Selbstbehauptung, Freiheitsorientierung u. a., dient. Die Existenzgründung fußt dann auf einem als Ich-Ideal verbliebenen inneren Rest in der Nachfolge des idealisierten Vaters (vgl. dazu Blos 1990). Neben dem väterlichen Gegenüber spielen aber andere männliche Vorbilder wie etwa die ersten Chefs, Coaches und Ausbilder in Fortbildungsmaßnahmen eine wichtige Rolle. Als inneres Objekt, das bei Bedarf reaktiviert wird, fungiert in einem Fall auch eine frühere Selbstständigkeit während der Studienzeit. Über die Strukturierung durch frühe Beziehungserfahrungen hinaus scheint es so etwas wie einen kontinuierlichen Wachstumsprozess von »psychischen Genera« als Kernbestandteilen der »Selbstständigenexistenz« zu geben, die durch frühere Erfahrungen beeinflusst werden, aber nicht allein durch sie erklärbar sind. Sie sind die Vorläufer der Entstehung des Neuen (King 2002), das sich schlussendlich in der Entscheidung zur Existenzgründung niederschlägt.

**2.** Die vorhandenen inneren Objekte werden aktiviert, wenn es zu einem Prozess kommt, der hier die »*Inkubationsphase und Parallelentwicklung*« genannt wird. Dies geschieht einerseits durch eigene Entwicklungsprozesse und innere Antriebe, die durch Fortbildungen, Coachings, Besuche von Gründermessen etc. geformt werden. Andere Auslöser wirken reaktiv: betriebliche Veränderungen, der Verlust wichtiger Förderer oder Bezugspersonen im Unternehmen. Karriereblockaden führen zum »Erleben negativer Emotionen« wie Kets de Vries und Balasz (1998) es genannt haben. Dieses innere Aufbrechen der normalen Abwehr produziert Parallelentwicklungen, bei denen es zur Ausbildung und Formung der Idee von und dem Wunsch nach Selbstständigkeit kommt.

3. Die in Punkt 1 und 2 genannten Prozesse durchlaufen vermutlich viele Menschen und Führungskräfte immer einmal, wenn es zu beruflicher Unzufriedenheit, Konflikten mit dem Arbeitgeber oder Phasen der Resignation bzw. Langeweile kommt. Bis zu diesem Zeitpunkt kann eine solche Entwicklung auch zu Veränderungen in der bestehenden Arbeit oder Organisation, zu Stellen- und Firmenwechseln führen. Um sich in einen »Entrepreneurial Space« – eine Wortschöpfung des Autors – zu begeben, bedarf es des Zusammenspiels vieler Faktoren. Die besondere Situation von Führungskräften auf einer hohen hierarchischen Ebene, eigene Entwicklungswünsche, positive bzw. stimulierende innere Objekte und Anregungen durch Fortbildungen, aber auch eine innere und äußere Not und die gesellschaftliche Strömung in Richtung eines »unternehmerischen Selbst« (Bröckling 2007) schaffen eine Situation, in der eine Existenzgründung als reale Möglichkeit infrage kommt. Es bedarf zum Eintritt in die *Ablösungsphase* eines letzten Schritts, der – wie bei Kets de Vries und Balasz beschrieben – durch *ein »Focal Event« und eine Veröffentlichung der eigenen Absicht* zum Ausscheiden aus der Organisation und zur Existenzgründung getan wird. Dem geht teilweise eine längere Phase der inneren Kündigung voraus oder einfach ein Erschlaffen der Lust, in seinem Job zu verbleiben.

4. Die als zweiter Teil der *Ablösungsphase* beschriebene *Trennungsphase* geht einher mit heftigen Emotionen von Freude und Energie, aber auch Trauer, Angst und Rachewünschen, falls die Zusammenarbeit mit dem Unternehmen zum Schluss destruktiv war. Parallel zur Vorbereitung der Selbstständigkeit müssen die innere und die äußere Ablösung bewältigt werden, wozu sogenannte »Deals« oder »Packages«, die eine Abfindung, Outplacementberatung o. Ä. regeln, gehören. Die meisten Phasenbeschreibungen der Existenzgründung setzen erst hier oder etwas früher an, wenn sie von der »Frühphase« oder »nascent entrepreneurs« sprechen (vgl. Kapitel 2.1).

5. Die als *»Übergangs- und Transformationsphase«* beschriebene nächste Phase beinhaltet im Wesentlichen die innere Verarbeitung der Ablösung, notwendige Lernprozesse und die Neuschöpfung durch Brückentätigkeiten, erste Projekte, den Einstieg in Netzwerke sowie den Aufbau der notwendigen äußeren Strukturen (Büro, Website, Angebotskonzept, Visitenkarten etc.). Überraschend ist, dass es bis auf wenige Ausnahmen bei allen Befragten eine ungewöhnlich intensive und z. T. lang andau-

ernde Phase gab, die hier als Transformationsphase auftaucht. Im ersten Schritt nach dem Ausstieg aus der Führungsrolle in der Angestelltentätigkeit gab es zum einen eine Leere, die manchmal sogar als bedrohlich erlebt wurde. Die andere Verarbeitungsform ist eine fast manisch anmutende Aktivität, die den Eindruck erweckt, als sollten möglicherweise auftretende Ängste abgewehrt werden.

Es scheint, als müsse so etwas wie eine »Dekontamination« stattfinden. Diese Idee basiert auf einer Beschreibung von Gabriel (2007), der von einer Vergiftung organisationaler Beziehungen durch Reorganisationsprozesse und Kulturwechsel spricht. Voss nennt diese Zeit die Zeit der »Decompression«, also eines Wiederauftauchens, die unausweichlich erscheint, da Führungskräfte in höheren Positionen in einer eigenen, sehr engen Verbindung mit dem jeweiligen Unternehmen leben:

> [...] der Taucher, dessen Blut sich aufgrund hohen Drucks mit Stickstoff angereichert hat, muss langsam auftauchen, um den tödlichen Kollaps zu vermeiden. (Voss o. J., S. 4)

Damit wird angedeutet, dass die z. T. unerwünscht lange Zeit der Leere körperlich und psychisch wichtige Funktionen haben mag, um überfordernde und tendenziell desorganisierende Wirkungen zu vermeiden, ein Phänomen, das teilweise bei Pensionierungen als Schock zu beobachten ist.

Es scheint im Übrigen so, als ob die reinen »Angstabwehrgründungen« genau aus dieser Phase heraus erfolgen und, da es sich im tiefenpsychologischen Sinne eher um »Notgründungen« handelt, möglicherweise eher instabil sind. Diese Einschätzung wird unterstützt durch gescheiterte Experimente und Kooperationsformen in dieser Phase, wie sie insbesondere bei Herrn D. sichtbar wurden, auch wenn dies nicht zu einer Aufgabe der Selbstständigkeit geführt hat.

Kontos (2008) hat betont, dass der Übergang in die Selbstständigkeit intensiver »biografischer Arbeit« bedürfe. Dies scheint bei älteren Existenzgründern besonders intensiv und mitunter schmerzhaft auszufallen. Biografische Arbeit impliziert in dieser Phase eine Auseinandersetzung mit den erlittenen Kränkungen und Enttäuschungen, Umgang mit der Statuslosigkeit des Übergangszeitraums, Planung und Klärung der zukünftigen Perspektiven, Reorganisation privater Beziehungen zu Ehepartnerinnen und Kindern, Fragen des Alterns etc. Der Ausstieg aus der Angestelltentätigkeit hat dabei vermutlich eine tiefere Wirkung: Während jüngere Existenzgründer die Selbstständigkeit als Station *innerhalb* ihrer Karriereentwicklung sehen und ihre Zugehörigkeit zum System der Berufstätigkeit und der damit verbundenen Rollen nicht infrage gestellt ist, machen ältere Existenzgründer an diesem Punkt ihrer Biografie die Erfahrung des vorgezogenen Ausstiegs aus dem Berufsleben, die Selbstständigkeit liegt quasi *außerhalb* der bisherigen Karriereentwicklung. Die Solo-Selbstständigkeit macht sie zunächst einsam und sie müssen den Verlust an Zugehörigkeit verschmerzen. Der Umstieg in die Selbstständigenexistenz ist verknüpft mit der Gewissheit, dass es auch aufgrund des Alters ein Ausstieg aus dem klassischen Berufsleben ist. Dadurch wird es zu einem tief gehenden kritischen Lebensereignis:

> Bei aller Unterschiedlichkeit ist es die grundlegende Eigenschaft kritischer Lebensereignisse, dass sie das Person-Umwelt-Passungsgefüge attackieren und es in einen Zustand des Ungleichgewichts überführen, dass sie subjektive Theorien als die bislang unhinterfragten Gewissheiten erschüttern und dass sie heftige Emotionen auszulösen in der Lage sind [...] (Filipp/Aymanns 2010, S. 13).

Mit dem Verlust der bisherigen Führungsrolle, die ja mit Macht, Status und Anerkennung verknüpft war, geht ein schwerer Verlust wichtiger Quellen des Selbstwertgefühls und der Zugehörigkeit einher, der Zeit zur Bewältigung erforderlich macht.

Aber auch der Aufbau der neuen Identität ist nicht selbstverständlich und bedarf offensichtlich längerer Zeit bzw. eines Übergangsraums. Hier sind Brückentätigkeiten, Brückenprojekte, Netzwerkzugehörigkeiten oder Aus- und Weiterbildungen wertvolle Elemente zur Bewältigung des Übergangs. Anders als das sogenannte »bridge employment« (vgl. Deller/Maxin 2008, 2010a) geht es aber nicht um ein langsames Ausschwingen aus dem beruflichen Bereich oder um eine Nebentätigkeit ergänzend zum Rentenstatus, sondern um eine Übergangsphase, die in einer neuen Rolle enden soll, die eine stabile professionelle Identität begründet und existenzsichernd sein muss.

Insgesamt lassen sich die beiden Phasen nach dem Ausscheiden aus der Führungstätigkeit vermutlich am besten als eine Form des »transitional space« beschreiben. Mit diesem Begriff hat Winnicott (1984) eine Phase in der kindlichen Entwicklung beschrieben, in der es um die Trennung von der Mutter und den Aufbau der psychischen Selbstständigkeit geht. Es entsteht mithilfe verschiedener Operationen ein »Zwischenraum«. Dieser Bereich,

> der sowohl Aspekte der inneren als auch der äußeren Welt in sich vereint (und Übergangsobjekte und -phänomene beinhaltet), stellt sozusagen ein psychisches Refugium dar, das in Zeiten der emotionalen und psychischen Entbehrungen aufgesucht werden kann. Es vermittelt dem erwachsenen Individuum ähnlich wie für das verängstigte und verunsicherte Kleinkind eine Zone des Komforts, der Sicherheit und der (illusionären) Kontrolle über bedrohliche Situationen. (Kinzel 2002, S. 260)

Dass ein solcher Raum geschaffen und vor allem individuell erschaffen werden muss, ist auch ein Ausdruck des teilweise erschreckenden Mangels an ritualisierten Übergangsformen im Aufbau der Existenzgründung. Solche Rituale

> verleihen unvertrauten Situationen eine Struktur und tragen dazu bei, den Umgang mit einem belastenden Ereignis in bestimmte äußere Bahnen zu lenken und zu regulieren. Rituale sind in der Regel geknüpft an (altersnormierte) Transitionen im Lebenslauf und an Interpunktionen des Lebens, und fast immer geht es um solche, die etwas mit Abschiednehmen zu tun haben. (Filipp/Aymanns 2010, S. 124)

**6. *Konsolidierungs- und Praxisphase:*** Erst danach, häufig nach einer Zeit von mehreren Jahren, erreichen die Existenzgründer die Phase der »etablierten Selbstständigen« (Franke 2012, S. 22), die sich für eine Rechtsform der Selbstständigkeit entschieden haben (z. B. Freiberufler, Solo-Selbstständigkeit, Partnerschaften, Gesellschaftsformen), die sich finanziell konsolidiert haben und über gesicherte Konzepte, Kunden und Projekte verfügen.

Offensichtlich wird diese Phase von den Existenzgründern, deren Hauptdynamik die biografische Innovation ist, schneller erreicht und sie können sich auch eher in komplexere Kooperationsformen einbringen.

Festzuhalten ist, dass Existenzgründung ein lang dauernder Prozess ist, der erst zu einem bestimmten Zeitpunkt von innen nach außen tritt, ähnlich wie Filipp und Aymanns es beschreiben:

> Kritische Lebensereignisse können aber auch eine ihnen ganz eigene Entwicklungsdynamik aufweisen, indem sich ein Geschehen –schleichend, manchmal auch gänzlich unbemerkt – innerhalb und/oder außerhalb der Person vollzieht. (2010, S. 31)

Abschiedsrituale in den Unternehmen in Richtung der Selbstständigkeit fehlen ganz oder sie wirken eher lieblos, wie etwa im beschriebenen Fall von Herrn G., bei dem ein Abschiedsfest mit vier Beteiligten organisiert wird, was als Massenabfertigung erlebt wird. Zum Teil wird der Abschied an externe Firmen delegiert, die dann ihre jüngeren Berater schicken, oder an Rechtsanwälte. Wie lässt sich das erklären? Offensichtlich ist die Trennung aus der Sicht beider Parteien keine »gute Trennung«. Der Abschied ist angefüllt mit Emotionen wie Enttäuschung, Ärger, Trauer – und das ganz offensichtlich auch auf der Seite der Unternehmen. Darüber hinaus mag eine Rolle spielen, dass der Weggang von Führungskräften vor der Pensionierung in seiner ganzen Bedeutung für den Betroffenen gar nicht erkannt wird. Es scheint so, als wenn sich in der Übergangsphase von der Angestelltenrolle in die Selbstständigkeit latent ein emotional hochbrisanter vorgezogener Prozess des Ausstiegs aus dem Berufsleben vollzieht, wie er sonst im Alter von 65 Jahren geschieht. Dabei unterscheiden sich die Beteiligten erheblich. Peters (2004, S. 139) verweist auf Untersuchungen, nach denen sich der Übergang nur in wenigen Fällen reibungslos vollzieht und sich ansonsten – je nachdem wie heftig die Umstellung emotional erlebt wird – ein »Krisentypus«, ein »Einschwingungstypus« und ein »Wellentypus« unterscheiden lassen.

In der Untersuchung ersetzen die Existenzgründer in einem Akt der Selbstfürsorge die fehlenden Rituale durch eigene, kleine Formen der Ritualisierung: Herr C. organisiert seinen letzten Tag so, dass er nach dem Verlassen des Firmengebäudes mit einer guten Freundin einen Wein trinkt und am kommenden Tag die neue Freiheit, auf einer Bank sitzend und in die Sonne schauend, genießt und anschließend auf eigene Initiative seine besten Kollegen zu einer Abschiedsfeier einlädt. Herr A. erstellt als Erstes eine persönliche Balanced Scorecard, andere »genießen« den Abschied in Gegenwart eines Rechtsanwalts, um letzte Einzelheiten bei der vertraglichen Regelung zu klären.

Geißler (2013) hat beschrieben, wie stark der Verlust solcher Rituale die Gesellschaft prägt, und spricht vom Verlust von »Dehnungsfugen«, als Folge des ökonomischen Beschleunigungsdrucks. In den Interviews erweckt es den Eindruck, als seien Abschiedsrituale bedrohlich für die Unternehmen, die sich im Zuge von Reorganisationsprozessen ihrer Mitarbeiter entledigen wollen. Dabei kann die Entwicklung von Ritualen für den Übergang besonders für die Existenzgründer sehr hilfreich sein. Meitzler hat in Anlehnung an van Gennep (1986) die Bedeutung solcher Prozesse für den Übergang zwischen Altersphasen betont:

> Übergangsrituale beinhalten [...] sowohl eine Rückschau in die abgeschlossene Vergangenheit als auch eine Vorschau in die offene Zukunft. Der Betroffene befindet sich in einer Art ‚Schwellenzustand, innerhalb dessen er einerseits auf den zurückliegenden Lebensabschnitt blickt, sich an bestimmte Ereignisse oder bestimmte Menschen, die ihn in diesem Abschnitt begleiteten, zurückerinnert. (2011, S. 87)

Es wäre interessant, genauer zu untersuchen, inwieweit sich Erleben und damit verbundene Ritualfragmente aus früheren Phasen wiederholen. Die Existenzgründung hat Anklänge an das Geburtserlebnis, bei dem die Namensgebung einer der zentralen Rituale ist. Verschiedene Befragte in der Untersuchung berichten von ihrer Suche nach einem Namen für ihr Unternehmen und der Gestaltung ihrer Visitenkarte. Die mit der Geburt üblicherweise vollzogene Aufnahme in eine Gemeinschaft ist hier möglicherweise an die Zugehörigkeit zu Netzwerken oder Berufsverbänden geknüpft, aber das bleibt in den Interviews ein wenig unklar. Es herrscht eher ein Gefühl von Alleinsein und Einsamkeit vor. Die einzige Institution, die immer wieder auftaucht, ist die Arbeitsagentur. Der Gang zur Arbeitsagentur ist ein Ritual, das fast alle vollziehen müssen, um Gelder für die Existenzgründung zu erhalten. Da dies aber mit der Phantasie von drohender Arbeitslosigkeit verknüpft ist, taugt die Arbeitsagentur kaum als hilfreicher Teil eines stützenden Rituals, allenfalls als schmerzhaftes und bedrohliches Element eines Initiationsritus. Das Erwachsenwerden ist vermutlich der zweite, latent aktivierte Übergang, der bei der Existenzgründung reaktiviert wird.

## 6.3 Gelingensbedingungen – interne und externe Ressourcen

Was sind die Gelingensbedingungen für Existenzgründungprozesse älterer Selbstständiger, über welche Formen ökonomischen, kulturellen und sozialen Kapitals (Bourdieu 1983) verfügen sie, auf welche inneren und äußeren Ressourcen können sie zurückgreifen?

### 6.3.1 »Gepuffert« – ökonomisches Kapital älterer Existenzgründer

Ökonomisches Kapital »ist unmittelbar und direkt in Geld konvertierbar und eignet sich besonders zur Institutionalisierung in Form des Eigentumsrechts« schreibt Bourdieu (1983, S. 186). In der Existenzgründungsdiskussion spielt die Frage nach dem verfügbaren ökonomischen Kapital eine wichtige Rolle. Im gewerblichen Bereich, wo es darauf ankommt, über ausreichende Produktionsmittel, Maschinen, Gebäude etc. zu verfügen, entscheidet sich der Erfolg mancher Existenzgründungen am Vorhandensein entsprechender Geldmittel oder in Geld umwandelbarer Sachwerte.

Bei den hier befragten Existenzgründern, die alle als Freiberufler bzw. selbstständige Berater tätig sind, taucht die Frage nach dem ökonomischen Kapital anders auf. Kaum einer der Befragten berichtet ausführlicher über seine verfügbaren Mittel, man kann in einzelnen Fällen nur ahnen, dass es Erbschaften und Besitz gibt. So hat Herr F. von seinen Eltern eine Immobilie geerbt:

*»Und insofern habe ich es dahingehend auch paradiesisch, es ist ein Mehrfamilienhaus mitten in der Stadt, was ich auch noch vom-, also die Immobilien da auch noch verwalten muss so nebenbei und das mache ich dann auch noch. Das ist aber Eigentum, ich zahle auch keine Miete und so und, und-.« (F., 388)*

Auch Herr J. hat von seinen Eltern einen Bauplatz geerbt, den er ursprünglich zur Verfügung gestellt bekommen hatte, um in die Nähe seiner Eltern zu ziehen. Darüber hinaus kommen mehrere Befragte aus Familien, in denen ein Erbe schon ausgezahlt sein müsste oder aber zu erwarten ist. In der Existenzgründung scheint das Erbe aber ein wenig ambivalent besetzt zu sein: Entweder es wird nicht darüber gesprochen oder es bildet eine Art von Hintergrundsicherheit, die aber nur für Notfälle aktiviert wird. Als Investitionsmittel nutzen es die Befragten offensichtlich nicht. Möglicherweise ist das Vorhandensein solcher Erbschaften auch ein wenig schambesetzt, entspricht es doch nicht dem Bild des risikofreudigen Entrepreneurs, der bereit ist, seine gesamte Existenz in sein gegründetes Unternehmen einzubringen und möglicherweise auch zu verlieren.

Eine größere Rolle spielen Abfindungen. Die meisten Existenzgründer in dieser Studie haben mit ihren Arbeitgebern zum Ende ihrer Tätigkeit eine bestimmte Geldsumme als Abfindung ausgehandelt, die ihnen gerade für den Übergang als Sicherheit und Mittel zum Neuaufbau zur Verfügung steht. Letzteres hat eher eine geringe Bedeutung, da sich die unumgänglichen Investitionen der meisten freiberuflich tätigen Berater auf die Miete eines Büros, Computer, Möbel und übliche Requisiten sowie evtl. ein neues Fahrzeug beschränken.

In einigen Fällen kommen noch die Kosten für eine Aushilfskraft für Büro- und Buchhaltungstätigkeiten sowie die üblichen Kosten für externe Dienstleistungen (Steuerberater, Werbung etc.) hinzu. Die Abfindungen werden aber häufig nicht in solche Dinge investiert, sondern dienen als eine Art fortlaufendes »Gehalt« während der Phase der professionellen und persönlichen Reorganisation:

*»Und auch in diesem Jahr habe ich eigentlich-, dadurch, dass ich die Abfindung auf dieses Jahr verschoben habe, wird mir in diesem Jahr alles, was ich an Gewinn mache, wird mir das Finanzamt wieder wegnehmen. Von daher ist auch in diesem Jahr so der ganz große Druck nicht da. Wobei ich das fast eigentlich schade finde. Also ich merke, dass jetzt so was entsteht wie, jetzt habe ich so viel gemacht und so viel vorbereitet und so viel Energie reingesteckt und-« (H., 130)*

Es ist interessant, dass die Abfindung einerseits Sicherheit verleiht, andererseits aber auch als Bremse erlebt wird und es faktisch wohl auch ist, da aus steuerlichen Gründen eine gewisse Zeit lang keine Gewinne gemacht werden dürfen. Die Abfindung wirkt wie ein verlängerter Arm des alten Arbeitgebers: »Frei- und doch noch nicht richtig frei« und gleichzeitig wie ein Schuldeingeständnis für den Druck, den die Arbeitgeber ausgeübt haben, um sich älterer Führungskräfte zu entledigen. Da ist es für einzelne Befragte gut zu wissen, dass sie offensichtlich in ihrer Führungstätigkeit Geld angespart haben:

> »[...] ich nehme jetzt eine Portion Geld mit, ja, das sichert mich irgendwo mal ab in der Form, und da ich eh ein sehr bodenständiger Mensch bin, hab zwar echt gut verdient, ja? Fast immer im sechsstelligen Bereich, aber auch sparsam gewesen. Also heißt, dass ich gesagt habe, im Worst-Case-Fall, wenn ich nichts mehr machen würde, ja, dann kommt meine Familie trotzdem noch über die Runden mit all dem, was da war.« (A., 160)

Neben den Abfindungen tauchen an der ein oder anderen Stelle ergänzend Existenzgründungszuschüsse der Arbeitsagentur auf, die den Befragten eine größere Sicherheit geben.

Ökonomisch gesehen spielen bei der Absicherung in der Aufbauphase aber vor allem Ehepartner eine Rolle, die über ein festes Gehalt verfügen und die Existenzgründung unterstützen.

> »Also das ja auch alles Dinge, glaube ich, die dazugehören, also ich bin verheiratet, meine Frau ist Lehrerin, angestellte Lehrerin, aber immerhin sozusagen, also da gibt es jetzt so familiär gesehen jedenfalls eine gewisse Restsicherheit.« (E., 247)

Diese ökonomische Sicherheit ist bei einigen der Befragten sehr wichtig, da die finanzielle Situation in den ersten Jahren der Selbstständigkeit durchaus prekär ist, wenn man allein auf die Person des Existenzgründers schaut:

> »I: Ist das dieser Teil, [...], Sie haben gesagt, ich versuche es mit dem Selbstständigmachen. 2007, das sind sechs Jahre, und das ist natürlich eine Phase, die man braucht. Aber was haben Sie damit gemeint, ›ich versuche es‹?
> A: 2009. Ja, ich kann noch nicht richtig davon leben. Also wenn ich davon leben müsste so mit Miete zahlen, hätte ich einen Stress.
> I: Ja, okay. Aber da hatten Sie eine Sicherheit über die (A: Ja, ja, ich hatte die-) sozusagen das, was Sie über die Firma bekommen haben (A: Exakt, genau)? Und Ihre Frau, habe ich verstanden, arbeitet auch, sodass das sozusagen ein bisschen-?
> A: (unterbricht) Gepuffert ist.« (B., 291)

Man könnte sagen, dass die Existenzgründung für die Führungskräfte ökonomisch gesehen ein »gepuffertes« Risiko beinhaltet, wie Herr B. es an dieser Stelle bildlich beschreibt. Anders als man vielleicht angesichts der vorherigen Führungstätigkeiten annehmen könnte, bleibt also das unternehmerische Risiko des Scheiterns durchaus präsent.

### 6.3.2 »Die sichere Scholle« – Familie, Ehepartner, Netzwerke und Institutionen im Gründungsprozess

*»Da sind zu viele Bälle in der Luft gewesen, um sich da-, man-, der Schritt in eine Selbstständigkeit ist schon ein-, ein sehr großer und sehr weiter und gewaltiger, nur da sollten sie doch die eine oder andere feste Scholle haben, wo sie-, von wo sie abspringen können, wenn ich mal bei dieser Metapher bleibe. Also man muss weit springen, aber diese Scholle muss fest sein, von der sie springen. Wenn Sie aber auf einer wackelnden Eisscholle sind, die also sich da auch ruckzuck wieder drehen kann, und dann-, dann springen sie zwanzig, dreißig Zentimeter. Und das ist halt nicht die ausreichende Weite, um zu sagen, jetzt mache ich ein Geschäft daraus.« (F., 424)*

Die soziale Einbindung in familiäre, freundschaftliche Zusammenhänge gilt als eine der wichtigsten Voraussetzungen, um ein kritisches Lebensereignis, wie es die Existenzgründung darstellt, erfolgreich bewältigen zu können. So schreiben Filipp und Aymanns:

> Freundschaften pflegen, mit vertrauten Menschen wichtige Gespräche führen oder bei ihnen Rückhalt in schwierigen Zeiten finden zu können – das sind einige Facetten dessen, was Menschen in ihrem sozialen Umfeld suchen und was sie im Fall einer guten sozialen Einbindung auch finden. Und wie sehr Menschen letztlich von einer guten sozialen Einbindung zu profitieren scheinen, ist Gegenstand einer langen Forschungstradition […]. (2010, S. 342)

*»I: Und Ihre Frau?*
*C: Tja. Ich bin ja unterwegs.*
*I: Nein, hat die eine Rolle gespielt in der Entscheidung ...?*
*C: Ja, ja klar. Logisch. Mit ihr habe ich gesprochen, mit ihr spreche ich über alles in der Form, ja?*
*I: Ja.*
*C: Und sie hat mich damals unterstützt und hat gesagt, ja, verstehe ich alles. Mach das, ja?« (A., 800)*

*»Genau, ganz genau, ganz genau. Und das war-, das war mir wichtig und das war auch ein tolles Gespräch dann in-, in der Familie.« (C., 494)*

Die Partnerin und teilweise auch die gesamte Familie sind natürlich allein deswegen schon von zentraler Bedeutung, weil sie alle von der Entscheidung zur Existenzgründung stark betroffen sind. Zum einen müssen sie ggf. die Folgen des Risikos mittragen, wenn die Selbstständigkeit scheitert, zum anderen sind sie selbst betroffen, etwa wenn die Kinder noch studieren, wie im Fall von Herrn A. und Herrn D. Bei Herrn C. haben die Kinder noch eine weiter gehende Funktion, da die Frau verstorben ist: Sie müssen teilweise die Ehefrau als Gesprächs- und »Sparringspartner«, wie Herr C. es nennt, ersetzen. Die Gespräche bekommen über das rein Kommunikative hinaus fast die Bedeutung eines »Vertragsgesprächs«, durch das die Ehepartner ihre Bereitschaft erklären, das Risiko voll mitzutragen:

> »Und der Frau beizubringen, hallo, von dem Gehalt, jetzt müssen wir uns auf die Rente (lacht) noch ein bisschen konzentrieren. Ich versuche, seit bestimmt einem Jahr mit meiner Frau mich hinzusetzen und zu sagen, okay, lass uns mal gucken, was wir für Kosten haben, und lass uns mal versuchen, die zu reduzieren. Das klappt immer eine Stunde, dann weicht sie wieder aus (lacht). Also all solche Sachen. Aber jetzt ist das kein Thema.« (D., 1238)

Durch die Existenzgründung verändern sich auch die Rollen einer Aushandlung, damit die Selbstständigkeit nicht gefährdet ist. So stellt Herr F., der aufgrund der Trennung von seiner Frau auch Aufgaben als »Hausmann« übernehmen musste, fest:

> »Nach eineinhalb Jahren habe ich sie das erste Mal gestern wieder gesehen vor Gericht. Also das ist super. Also es ist-, ja, das kann ein Hinderungsgrund sein, wenn sie-, der Ortswechsel, wenn sie Familie, wenn sie Verantwortung irgendwo tragen müssen, wenn sie nicht alleine sind.« (F., 500)

Wenn die Entscheidung zur Selbstständigkeit gefallen ist, beginnt die Zeit, in der die Bedeutung der Netzwerke größer wird:

> »Dann war das so, also deshalb war das auch wichtig so, dass ich das so rum gemacht habe, also mit dem Schritt, im Unternehmen anzukündigen, ich werde gehen, habe ich das natürlich gleichzeitig auch in anderen Netzen kommuniziert und habe gesagt, also ich habe mich da entschieden, also ich will mich neu orientieren, sodass das einfach ein relativ breiter Personenkreis auch wusste, also der ist wieder auf dem Markt sozusagen (lacht). Und danach hat es sich eben so ergeben,

*dass ich eben eine gezielte Anfrage bekommen habe für einen ersten Auftrag, der eben auch verbunden war mit-, also das ist ein längerfristiger Projektauftrag gewesen, der dann im Nachhinein fast zweieinhalb Jahre sozusagen auch gedauert hat.« (E. 168)*

Diese Strategie erinnert an die Phase des Transformationsprozesses, die Kets de Vries (1998) »public declaration of change« genannt hat. Die Mitteilung über den geplanten Existenzgründungsprozess schafft eine Einbindung der anderen in den eigenen Veränderungsprozess und zielt gleichzeitig auf die Unterstützung dieser Entwicklung durch erste Aufträge. Gerade die letzte Erwartung kann aber sehr trügerisch sein, wie Herr D. erfahren muss:

*»Und da stellte ich eben fest, dass es eben nur Gespräche waren.« (D., 414)*

Gerade die Netzwerke, die der Einzelne aus seiner Zeit als Führungskraft mitbringt, sind also risikobehaftet, sie sind offensichtlich an eine bestimmte Rolle geknüpft und können zerbrechen, wenn diese Rolle aufgegeben wird. Ihnen fehlt das soziale und emotionale Bindemittel. Sie sind eher geschäftliche Kosten-Nutzen-Beziehungen. Herr D. macht darüber hinaus die Erfahrung, dass der Kontakt zu ihm als Freiberufler deswegen gemieden wird, weil er die Strukturen und Prozesse der Firmen, die er jetzt beraten möchte, zu genau kennt – und damit auch deren »Leichen im Keller«, wie er sich ausdrückt.

Mit großen Hoffnungen verknüpft sind auch die professionalisierten Netzwerke, denen sich manche der Existenzgründer zuwenden. Das sind neben sozialen Netzwerken wie etwa XING oder LinkedIn Zusammenschlüsse von Freiberuflern, die sich gegenseitig in der Anfangsphase oder auch darüber hinaus unterstützen. Das erste wichtige Ziel für jeden neuen Selbstständigen ist die Akquisition von Aufträgen, die man sich durch die Zugehörigkeit zu einem funktionierenden Netzwerk erhofft, das über die reine Beziehungsebene organisiert ist.

*»Also die sagten, okay, wir suchen gemeinsam und versuchen, den Markt selbst zu bearbeiten. Das war für mich, sage ich mir einfach mal so ja, das-, das Ideale. Also ich war nicht allein, ich war nicht so auf mich allein gestellt, sondern man konnte sich austauschen, man suchte eben Kollegen und dachte eben, man kriegt darüber auch Aufträge. Das dachte man aber nur, denn man musste seine Aufträge ja trotzdem selbst besorgen, das ist ja das Problem.« (D., 46)*

Gelingensbedingungen 265

Die Suche nach Aufträgen über ein Beraternetzwerk verspricht auch deswegen Erfolg, weil die regionale Ausdehnung die Möglichkeit bietet, erste Erfahrungen in einem Bereich zu sammeln, indem man noch nicht bekannt ist, und man dadurch auch vermeiden kann, in alte Beziehungen und Abhängigkeiten zu geraten.

Der entscheidende Vorteil des Netzwerkes liegt aber gerade in der Anfangsphase in einer Sicherung und Erweiterung des eigenen Angebots.

*»[...] so ein Netzwerk hat ja riesige Vorteile. Ich bin Vertriebler, der Kaufmann an meiner Seite würde mir sehr gut tun. Natürlich kann ich Wünsche herstellen, natürlich gibt es Tools da, sage ich mir mal. Aber begreife ich das alles, was die da reingeben, in so ein Tool? Bezweifele ich schon mal. So. Nehme ich an, so ein Excel-Tabelle stürzt mal ab, dann bin ich hoffnungslos aufgeschmissen (lacht), sage ich mir mal. Also wäre schon schön, jemand an meiner Seite zu haben.« (D., 792)*

Netzwerke brauchen aber dann projektbezogen temporäre Strukturen inklusive hierarchischer Beziehungen und Klärungen hinsichtlich der Abrechnung und Ertragsverteilung in Projekten. Genau hier liegt die Stelle, an der Brüche entstehen und Netzwerkkooperationen scheitern.

*»Und einer hat den Hut auf, wenn ein Auftrag kommt, der macht den Generalunternehmer. Ich nenne das jetzt mal so platt. Und die anderen liefern-, werden unsichtbar eingebaut oder liefern eben zu und werden aber auch eingebaut. Das funktioniert auch, also es gibt-, man muss ja jemanden haben, der relativ unkompliziert damit umgeht. Wenn man auf jemand trifft, der erst einmal einen Juristen einschaltet, wird es schwierig. Also nicht dass das verkehrt ist, ja?, man sollte immer einen guten Juristen haben, ja?, und einen guten Steuerberater, das sind zwei Dinge, die man haben sollte (lacht), aber es kommt natürlich auf den Stellenwert an.« (B., 1013)*

Bei Herrn D. eskaliert die ökonomische Problematik im Netzwerk, in dem er sogar als Chef agiert:

*»Wurde dann Aufsichtsratmitglied, (...) in dem Netzwerk. Und dann, nicht weil ich Aufsichtsratsmitglied war, aber dann sind wir in die Insolvenz gegangen, weil Leute in die Kasse gegriffen haben und sich selbst bedient haben sehr stark. Und das war dann eben, ja, nicht so besonders schön. Bei der Aktiengesellschaft, was ich zum Untergang dieser Aktiengesellschaft, der war für alle, ja, mit sehr viel Verlust, finanzieller Verlust verbunden war.« (D., 95)*

Trotz aller Skepsis entscheiden sich einige der Befragten, Netzwerke in Form institutionalisierter Kooperationen zu schaffen, die sich auch wirtschaftlich aneinander binden. So gründet Herr H. mit einem älteren Kollegen eine gemeinsame Praxis und nennt für diesen Schritt neben anderen Motiven vor allem den Wunsch, nicht alleine arbeiten zu müssen:

»*Wobei ich finde es grade jetzt auch im Nachhinein gut, dass wir das zu zweit gemacht haben, also es hat ja auch schon was Einsames, aber ich hätte das auch alleine gemacht. [...] Und ich hatte das für mich auch schon so vorbereitet, dass ich es alleine mache. Und dann ist das (..). Das hätte ich auch alleine gemacht, bin aber heute froh, dass ich nicht jeden Tag hier alleine im Büro sitze.*« (H., 174)

Für andere ist die Einbindung in ein Unternehmen selbstverständlich: So gründet Herr I. ein Unternehmen, das er zwar unbedingt alleine führen will, er kooperiert allerdings mit einem Partner und vor allem gelingt es ihm durch entsprechende Aufträge, eine Firma aufzubauen, in der ihn Mitarbeiter unterstützen. Herr E. startet nach einiger Zeit der Freiberuflichkeit eine Zusammenarbeit innerhalb einer GbR, die den Einzelnen größtmögliche Freiheit, aber auch die Möglichkeit zur Zusammenarbeit garantiert. Gleichwohl bleibt die Haltung zu Netzwerken ambivalent: Herr G., der sich für eine Solo-Selbstständigkeit entschieden hat, drückt es als Warnung und Empfehlung drastisch aus:

»*Und viele machen den Fehler und legen sich dann mit anderen in ein gemeinsames Bett. Der Herr Berater A mit dem Berater B mit dem Berater C gründen dann eine Beratungsgesellschaft, GmbH dann auch noch, und müssen Einlage und alles. Und stellen dann fest, dass sie ja eigentlich vom Ansatz her nicht zusammenpassen, und zweitens und drittens. Und dann der eine bringt überhaupt kein Mandat rein. Das sehe ich auch, was da für ein Frust herrscht unter vielen, die in irgendwelchen Sozietäten jetzt sich zusammentun. Da empfehle ich schon lieber...*« (G., 998)

Die einzige Form, den Prozess der Existenzgründung durch eine soziale relevante und emotional bedeutende Gruppenzugehörigkeit zu unterstützen, die nicht ökonomisch motiviert ist, sind Aus- und Fortbildungen sowie Coachings bzw. Supervisionen. Herr G. profitiert davon gleich doppelt:

»*Und so kam ich-, traf ich wieder per Zufall eine ehemalige Kollegin, die als Coach arbeitete. Ach, sage ich, die können der-, mit der könnte ich mal wieder was essen gehen. Bin essen gegangen, haben uns unterhalten. Da sagt sie zu mir, du bist genau an so einem Punkt, wo es vielleicht gar nicht schlecht wäre, du hättest mal einen Coach, der dir-, genau, der dir hilft, rauszufinden, wo geht es eigentlich hin, und eine Vision für dich erstellt und dann geht die Post ab.(...). Also wirklich nicht nur so wir setzen uns hin und Business Coach, so die harte Tour, wirklich zielorientiertes Coaching, was ich auch nicht gedacht habe, dass es so was gibt, dass man Ziele festlegt vorher, dass man die erreicht. Und, ja, das fand ich gut. Also nicht nur, wir halten das Händchen, machen eine Kerze an und dann duftet es gut (beide lachen), sondern wir gucken mal, dass wir herausfinden, was läuft hier falsch.«* (G., 315)

Neben der unübersehbaren Geschäftstüchtigkeit der »Coach-Freundin« nutzt Herr G. die Beziehung, um sich in der Ausbildungsgruppe eine neue Identität anzueignen, die seine Professionalität befördert. Dabei gelingt es ihm gleichzeitig, seine neue Identität als Coach mit seiner im Unternehmensbereich entwickelten Zielorientiertheit zu verknüpfen. Und er behält diese Gruppe als Container seiner Identität bei:

»*Also ich bekomme keine Aufträge aus diesem Netz, ich verteile auch keine Aufträge. Für mich ist wichtig, ich habe zwei Ansprechpartner, mit denen ich Supervision mache. Und ich glaube, das ist ganz wichtig, weil das ist jetzt wieder einer meiner Werte. Auch ein Coach kommt irgendwann an den Punkt, wo er nicht weiter weiß. Und dann brauchen Sie einen, der Ihnen hilft.*« (G., 628)

In ähnlicher Form hat Herr C. die Ausbildung in der Führungsentwicklung und später auch die daraus entstandenen Kontakte genutzt:

»*Das war-, das war eine Gruppe, genau, ja. Es gab im Rahmen der Coaching-Ausbildung, die gibt es auch heute noch, so eine Peergroup, eine Arbeitsgruppe, die sich heute noch auch trifft und Themen aufarbeitet und dann bespricht. Auch das ist zum Beispiel ein-, ein Kreis gewesen, wo ich auch die Meinung von denen mir habe einholen lassen, wir seht ihr mich und wie würdet ihr das Ganze betrachten. Sonstige Unternehmensgründungsseminare, die habe ich nicht besucht, weil das war mir-, das war mir vertraut und bekannt, was es bedeutet, ein Unternehmen oder ein Kleinstunternehmen zu führen, worauf kommt es an.*« (C., 627)

### 6.3.3 Väter, Mütter, Vorbilder und Mentoren als innere Ressource

Welche Rolle spielen Elternfiguren bei der Entscheidung zur Selbstständigkeit? Aus der Auseinandersetzung um die Nachfolge in Familienunternehmen weiß man um die große Rolle der Väter, die die von ihnen gegründete Firma an ihre Söhne oder – eher in Ausnahmefällen – an ihre Töchter (Haubl/Daser 2006) übergeben. Die befragten Existenzgründer waren aber keine Nachfolger im realen Sinne, da sie alle aus angestellten Tätigkeiten kamen, wenn auch aus z. T. sehr hohen Führungsebenen. In den Interviews tauchen erstaunlich wenige Erinnerungen an die Mütter auf, für die Männer ist der Vater eindeutig die bestimmende Figur für ihre berufliche Karriere. Mütter sind allenfalls diejenigen, die sich in bestimmten Situationen der Berufswahl oder bei der Existenzgründung Sorgen machen wegen der aus ihrer Perspektive unübersehbar erscheinenden Risiken.

*Selbstständigkeit in der Familiengeschichte*

Nicht Erbe eines Unternehmens zu sein, schließt aber andere, eher symbolische Formen der »Erbschaft« nicht aus. So tauchen auf der väterlichen bzw. familiären Ebene der Existenzgründer in einer Reihe von Fällen Vaterfiguren auf, die selbst einmal in unterschiedlicher Form Selbstständige waren. Der Vater von Herrn D. war Kaufmann, bei Herrn F., dessen Existenzgründung später wieder zugunsten einer Festanstellung aufgegeben wird, gab es zwar auch eine Selbstständigkeit der Eltern, die aber eher abschreckend gewirkt hat:

»*Wenn Sie so wollen, bin ich aus einer Selbstständigenfamilie gekommen, meine Eltern hatten einen Einzelhandel. Und also so wie die gebuckelt haben für so wenig Geld, habe ich gesagt, das machst du nicht.*« (F., 563)

Und schließlich kommt auch Herr J. aus einer Art Selbstständigenfamilie, da sein Vater sich unternehmerisch betätigte, indem er eine kleine Organisation aufbaute. Da, wo nicht die Väter direkt selbstständige Existenzen aufgebaut haben, kann man in einzelnen Fällen in der Großelterngeneration fündig werden.

Wie man aus diesen kurzen Zitaten sehen kann, handelt es sich in den meisten Fällen eher um Kleinunternehmen, in denen zwar Erfahrungen mit Selbstständigkeit gesammelt werden können, die aber eher abschreckend wirken, da die Kinder unter den Einschränkungen, die solche kleineren Betriebe für Familienangehörige mit sich bringen, leiden. Ein wirkliches »Kapital« sind solche Erfahrungen also nicht.

## Der idealisierte Vater als Vorbild und Impulsgeber

Anders sieht es aus, wenn man die emotionalen Beziehungen zwischen den jetzigen Existenzgründern und ihren Vätern genauer analysiert. Stellvertretend mag dies die Vaterbeziehung von Herrn G. illustrieren, dessen Existenzgründung man als eine schmerzhafte Ablösungsgeschichte von einem idealisierten Vater interpretieren könnte.

*»Klar ist es familiär. Mein Vater ist-, ist-, war auch ein sehr unruhiger Geist, der auch immer etwas erforschen wollte neben seiner Tätigkeit. Immer unterwegs war. Ich war unheimlich viel mit meinem Vater unterwegs in den Bergen. (...)*
*I: Was hat der gemacht beruflich?*
*A: Der war Ingenieur.*
*I: Der war Ingenieur.*
*A: Also ein ganz anderer-, ganz anderer Mensch. Der war so ganz penibel. Konnte also auch ein Kleinstuhrwerk zusammenbauen, auseinanderbauen. Das war für mich furchtbar. Ja, aber er-, er hat-, er hat mich gelehrt, auch Dinge zu tun, zum Beispiel aus einer Borkenrinde ein kleines Schiff zu basteln mit einem kleinen Messer. Das sind so Elemente, die immer wieder kamen im Leben, nicht stehen bleiben mit dem, was du gerade machst, sondern da gibt es noch mehr, guck mal dahinter. Und das war immer dieses, probiere mal aus. So, ich hatte einen Freiheitsgrad, ausprobieren zu dürfen. Also nicht jetzt Versuche zu machen, wo das Haus hoch geht, sondern etwas-, und es war immer mit Menschen. Das war so.«* (G., 421)

Es ist eine fast rührende Beschreibung aus der Erinnerung eines kleinen Jungen, der unter dem Schutz seines Vaters angeregt wird, die Welt zu erobern, Erfahrungen zu machen, seine Freiheit auszutesten und sich seine Neugier zu bewahren. Der Vater von Herrn G. entspricht dem Ideal eines Vaters, der für sich eher verzichtend ist, seinem Sohn aber Raum gibt und ihm nicht übergriffig vorschreibt, was zu tun ist. Er ist eine Art Vater, der seinem Sohn ermöglicht, eigene, ungelebte Seiten zu entwickeln und in seinem Leben umzusetzen. Er gibt in diesem Sinne durchaus unbewusste Aufträge an den Sohn, die aber nicht mit Druck oder Zwang durchgesetzt werden:

*»Also mein Vater war keiner, der kam und sagte, willst du nicht und kannst du nicht und tu doch mal, sondern, nee, er hat seinen Job gemacht, die Aktivitäten, die wir gemeinsam gemacht haben. Und wenn ich was wollte, dann bin ich halt hin und dann war er da, er war einfach da. Und das-, das ist schon sehr prägend, dieses da sein. Und*

*ich wollte als Chef auch immer da sein. Ich bin nicht der, der sich versteckt, sondern ich bin der, der da ist, wenn es brennt. Wenn es nicht brennt, brauchen die keinen Chef. Das ist so.« (G., 797)*

Herr G. hat seinen Vater als eine Art Ideal-Ich internalisiert, er übernimmt seine Werte und Vorstellungen als innere Richtschnur für sein Führungshandeln und die Erziehung seiner eigenen Kinder:

*»Wenn Sie Menschen führen, dann-, dann müssen Sie auch schon mal sagen, wo es lang geht, weil Sie müssen auch festlegen, wie da langgegangen wird, und sie müssen auch festlegen, dass das kontrolliert wird. Und das ist es, was ich bei meinem Vater gelernt habe, er hat eine massive Konsequenz im Leben gehabt, also sehr konsequent. Sehr konsequent in allem, was er tat. Und vielleicht war das in den Genen, die habe ich vielleicht auch drin (lacht).« (G., 814)*

Und weiter:

*»Das hat auch nicht gut funktioniert, weil ich habe-, ich vertrete Werte und ich lebe diese Werte, ist für mich ganz wichtig. Jetzt kommt wieder mein Vater. Mein Vater hat diese Werte, hat immer verlangt, dass Werte gelebt werden. Ich habe es-*
*I: Welche dann zum Beispiel?*
*A: Ich bin ehrlich. Ich bin authentisch. Ich bin pünktlich. Ich bin verlässlich. Also das sind Dinge, das wissen die Leute. Wenn man sagt, treffen wir uns um so und so viel, dann treffen wir uns um so und so viel Uhr. Kannst du das für mich machen? Ich sage, ich mache es, und dann mache ich es auch. Da ist schon ein hoher Anspruch an Business-Ethos.« (G., 457)*

Die Karriere von Herrn G. im Unternehmen startet mit einer Szene mit seinem Vorgesetzten, den er als originell empfindet und der seine Vateridealisierung aktivieren kann.

Herrn G. begegnen in seiner Karriere noch andere Personen, die in gewisser Weise das Erbe seines Vaters antreten, und so gelingt es ihm, kontinuierlich aufzusteigen. Der Bruch entsteht in einer für ihn auch Jahre danach noch emotional sehr aufwühlenden Szene, in der die Einheit zwischen der Firma und Herrn G., die die enge Beziehung zwischen ihm und seinem Vater widerspiegelt, zerbricht, als er einen alten Mann aufgrund der Fusion entlassen muss.

Diese bereits weiter oben beschriebene Szene stellt sich so dar, dass Herr G. eigentlich in einer institutionell väterlichen Rolle ist. Er muss den Mitarbeitern aufgrund einer Fusion kündigen und legt Wert darauf, es selbst zu tun. Auf die Begegnung mit dem älteren Mann, der sein Vater sein könnte und der vermutlich seine innere Vaterrepräsentanz aktiviert, war Herr G. nicht vorbereitet. Es macht den Eindruck, als fühle er sich durch die Firma gezwungen, einem Menschen, der seinem Vater ähnelt, wehzutun – gegen seinen inneren Impuls. Die Szene impliziert eine Art Heimatverlust, eine Situation, die ihn tief trifft, ohne dass in der Begegnung die Emotionen ausgedrückt werden können. Diese Szene ist der Beginn einer zunehmenden Entfremdung und Auseinandersetzung mit dem Unternehmen und seinen Repräsentanten, die schließlich in Trennung und Existenzgründung münden. Aber auch hier bleibt seine verinnerlichte Vaterbeziehung präsent, indem er sich als Coach und Berater in väterlich fürsorglicher und fordernder Form anbietet. Er will seinen Klienten eine Vision vermitteln. In ähnlicher Form beschreiben andere Befragte, wie sehr sie auch positiv durch ihren Vater geprägt waren, so etwa Herr B., der feststellt:

*»Ja, wahrscheinlich habe ich halt eben das von meinem Vater auch irgendwie übernommen, dieses universelle Denken. Mein Vater ist auch so ein Mensch, der generalistisch denkt und auch immer denkt. (lacht) Ich weiß, das klingt ein bisschen komisch, aber-. Ich kenne wenige Menschen, die, äh, dieses permanente Problembewusstsein haben. Ja? Dieses permanente drüber Nachdenken und-, ohne dass man jetzt sich irgendwie-, ja, weiß auch nicht-. Und das habe ich wahrscheinlich von ihm irgendwie übernommen.«* (B., 385)

## Rebellion und Gegenabhängigkeit

Nicht immer können die Existenzgründer auf eindeutig positiv besetzte Vaterfiguren zurückgreifen, die als inneres Vorbild oder hilfreiche innere Objekte in Bezug auf Berufswahl, Werte oder Verhaltensweisen im Existenzgründungsprozess genutzt werden können. Besonders deutlich wird das an Herrn B., dessen Verhältnis zum Vater von Beginn an sehr ambivalent war und zwischen unbewusster Identifikation (sein Vater war ebenfalls selbstständiger Berater) und Rebellion schwankt. Herr B. ist in einem Elternhaus aufgewachsen, das durch ständige Umzüge stark belastet war. Grund für die Umzüge ist die selbstständige Tätigkeit des Vaters. Vermutlich ist diese Zumutung die Ursache für einen Widerstand gegen viele Autoritäten, die sich durch die Lebensgeschichte und Karriere von Herrn B. ziehen. Manifest wird dies zunächst vor allem in der Schule. Dort zeigt Herr B. einen deutlichen »Lernunwillen«, wie er es nennt. Hier kommt die gesamte Ambivalenz von Herrn B. mit Vater-

und Autoritätsfiguren zum Ausdruck. So bleiben auch seine Berufsentscheidungen zwar auf den Vater bzw. in diesem Fall die Eltern bezogen, aber sie werden im Widerspruch zu diesen getroffen:

»*Also beworben hatte ich mich seinerzeit bei drei, vier verschiedenen Unternehmen. Bei der damalig noch existierenden G. AG. (4) Da müsste ich jetzt mal nachgucken. Es waren mehrere Unternehmen, es waren auch ein, zwei Behörden, wo man also eine Ausbildung machen konnte. Äh, das war damals meine Idee, also die mein Vater ganz schlecht fand, und meine Mutter fand sie auch nicht schlecht bis auf den Teil, der irgendwas mit Beamten zu tun hatte, meine Mutter hätte mich gerne als Beamten gesehen. Und konnte überhaupt nicht verstehen, als ich (lacht) seinerzeit gesagt habe, ich, äh, steige aus, aus dem Berufsleben und [...] Wie kannst du das machen, bei der C.-Bank aufhören, zu arbeiten*« *(B., 497)*

Herr B. bezieht einen Teil seiner Rebellion offensichtlich aus einem ödipalen Konflikt angesichts der Identifikation mit seiner Mutter. Insgesamt erscheint es aber so, als ob der Widerstand gegen Autoritäten, der aus einer Protesthaltung gegen den Vater gespeist wird, nicht zu einer Lähmung führt, sondern Energie mobilisiert. Es kommt zu einer Art »Existenzgründung als Rebellion« und zu einer Behauptung der eigenen Autonomiebestrebungen. Die rebellische Haltung äußert sich auch in einem Widerstand gegen Regeln der Firma, bei der er die Ausbildung macht. Sie spiegelt sich sogar im Interview, bei dem Herr B. auf die Eingangsfrage und Aufforderung, über die Geschichte der eigenen Existenzgründung zu erzählen, zunächst unterbricht und den Interviewer nach seiner Studie fragt. Es scheint, als wolle er das Heft des Handelns bei sich behalten und selbst entscheiden, wann er etwas erzählt.

In ähnlicher Weise durchzieht auch die Biografie von Herrn J. in Bezug auf berufliche Entscheidungen ein Widerstand gegen seinen Vater. Im Nachhinein stellt Herr J. zwar eine Identifikation mit seinem Vater fest, aber diese Einsicht bedurfte eines längeren Kampfes:

»*Und letztendlich dann der Grund, in die Selbstständigkeit zu gehen, war ein Motivbündel, muss ich sagen. Also erst mal bin ich einer, der sowieso immer gerne auch mehr gemacht hat, ja, also nicht so der ganz typische Angestellte. Sicherlich auch mit beeinflusst, weil meine beiden Elternteile jeweils unabhängige, selbstständige Ärzte waren mit eigenen Praxen und eigenem Krankenhaus. Und mir diese Freiheit, die letztendlich mein Vater hatte, die Selbstbestimmtheit, und ich muss auch ganz ehrlich sagen, die Bestimmungsmöglichkeit über andere Menschen und auch die Einkommensverhältnisse mir als ganz interessante Variante erschienen.« (J., 18)*

Herr J. startet dann eine Lehre und verlässt damit das elterliche Karrieremuster, nach dem in der väterlichen Familie alle ein Studium mit anschließender Promotion absolvieren. Er erzählt dem Vater auch erst relativ spät, dass er sich trotzdem im Anschluss zu einem Studium entschieden hat. Spätestens im beruflichen Bereich zeigt sich die aus dem familiären Kontext mitgebrachte Ambivalenz gegenüber väterlichen Autoritäten. So spricht Herr H. von seinem grundsätzlichen Widerstand:

*»Und wenn ich so gucke, warum ich das mache, also natürlich gibt es objektive Gründe. Jetzt bin ich sechzig, als ehemaliger Vorstand eine Anstellung zu finden, ist ziemlich schwierig (lacht), ziemlich schwierig. Ich hätte es aber auch nicht gewollt, weil ich habe schon ein bisschen eine Chefallergie, das habe ich in meinem ganzen Berufsleben gemerkt. Also ich komme-, mit einer bestimmten Art von Chef habe ich überhaupt kein Problem, da bin ich vielleicht sogar ein richtig guter zweiter Mann, aber ich muss schon einen großen Einfluss haben. Und am liebsten bestimme ich das, was ich mache. Und das ist so das Motiv.« (H., 64)*

Auch hier also eine deutliche Ambivalenz: Zum einen die Bereitschaft, sich dem Vorgesetzten als »zweiter Mann« ödipal unterzuordnen, und gleichzeitig ein grundsätzlicher Wunsch nach Autonomie, Unabhängigkeit und Freiheit. Bei Herrn H. entspricht dies einem Muster, das sich wiederholt:

*»Ich habe es andersrum gemacht, weil ich nicht das gemacht habe, was ich immer machen wollte vorher, ich habe mich von meinen Eltern bequatschen lassen mit 18, werde doch Lehrer, hast du auch mit jungen Menschen zu tun und so. Also habe das nachgeholt.« (H., 7)*

Herr H. wiederholt dieses Muster, indem er sich dem Wunsch des Freundes anpasst, zu ihm in die expandierende Firma zu kommen, und diese später nach einem psychischen Zusammenbruch verlässt, um sich selbstständig zu machen. Die Selbstständigkeit erscheint hier ebenfalls als eine späte Vollendung der in der Adoleszenz unterbrochenen bzw. nie vollständig zu Ende gebrachten Autonomieentwicklung.

*Fehlende Väter und Ersatzväter: Die Rolle von Mentoren*

In den Beschreibungen einzelner Befragter tauchen die realen Väter gar nicht bzw. kaum auf. So nennt Herr C. seinen Vater während des gesamten Interviews überhaupt nicht. Dafür bekommen aber andere Personen, die als Vorbild oder Mentoren stimulierend sind, eine besondere Bedeutung. Bei Herrn C. sind es Ausbilder im Rahmen einer Führungskräfteentwicklung und im Coaching-Studium, die den Wunsch, sich selbstständig zu machen, früh befördern. Ihm fehlen familiäre Vorbilder, die Eltern sind offensichtlich eher Hemmnis:

> »*Also mit dieser Frage habe ich mich beschäftigt und habe auch selber überlegt, gibt es irgendwelche (lacht) Beispiele oder Muster, denen ich da folge? Aber es gibt in-, in meiner Familie niemand, der sich selbstständig gemacht hat, sondern das war eher so-, so klassisch traditionell: Fängst einmal da an, dann bleibst du bis zum-, bis zum Ende deiner beruflichen Aktivitäten. Nein, überhaupt nicht. Und im-*
> *I: (unterbricht) Also familiär eher das Gegenteil.*
> *A: Familiär absolut das Gegenteil, absolut. Und es waren auch heftige Diskussionen auch mit der Familie, die da sehr viel stärker besonders diesen Sicherheitsaspekt heraus(.), und das macht man doch nicht, wenn man schon mal da ist bei einem so großen Unternehmen. Nein, also familiär eher das Gegenteil und auch so im Freundes- und Bekanntenkreis, da gibt es ein, zwei Selbstständige, ganz andere Branche, aber das war für mich, nee, kein Vorbild oder kein Muster, welchem ich vielleicht folgen wollte.*« (C., 235)

Die Karriere von Herrn G. wird begleitet durch zahlreiche Mentoren, beginnend mit der Einstellung, späteren Chefs, die ihn fördern, und einem Verkaufstrainer, der ihm wichtige Erkenntnisse über sich selbst vermittelt.

Besonders deutlich wird die Rolle der Mentoren bei Herrn A., dessen Vater zur Zeit seiner Existenzgründung nach einem Herzinfarkt gepflegt werden muss:

> »*A: Ja, ich habe ja einen Chef damals(..., der (...) mich damals eingestellt hat bei einem amerikanischen Konzern, der dann zu M. gegangen ist, der da mich beobachten könnte eineinhalb Jahre und gesagt hat, dem gebe ich eine Chance für diesen Neuaufbau. Wir machen es vollkommen neu, keinen von der eigenen Reihe. War am Anfang, war er sehr hoher Kritik ausgesetzt, hätte auch in die Hose gehen können, aber hat an mich geglaubt, ja?*

*I: Also er hatte Vertrauen zu Ihnen?*
*A: Vertrauen. Er gesagt, okay, dem vertraue ich das, der kann das, ja? Und hat mir auch immer wieder genau in der Form geholfen. (...) Und wir haben uns unterhalten mittags und sind Viertel-, Dreiviertelstunde und manchmal eineinhalb Stunden spazieren gegangen in dem Wald hinter dem A.- Hotel (...) und haben da unsere Meetings gemacht, haben darüber gesprochen, wie gehen wir vor. Es war ein unwahrscheinlich guter Dialog, ja, gell? Und haben uns da ausgetauscht. Also er hat sich dann die Zeit genommen und wir haben alles frisch (?) diskutiert mit, und habe gesagt, ich habe hier die Idee und die und sagt er, ja, und machen, ja? Und das war halt so ...« (A., 1074)*

Herr A. gerät also hier an einen Menschen, der als Mentor für seine weitere berufliche Entwicklung auftritt und die Rolle des idealen Vaters, der an seinen Sohn glaubt, übernimmt. Diese Erfahrung gibt er weiter, indem er später als Selbstständiger eine generative Haltung gegenüber Jüngeren entwickelt.

Im Falle von Herrn G., der im Rahmen der Existenzgründung eine Ablösung von idealisierten inneren Vaterbildern vollzieht, ist es eine weibliche Person, die ihm als Coach hilft, seinen eigenen, neuen Weg zu finden. Hier scheint es anders als in den Fällen der männlichen Mentoren, die ergänzend oder als Ersatz für positive Väter fungieren, eher um eine triangulierende Funktion zu gehen, indem sie Herrn G. hilft, einen ganz anderen Weg einzuschlagen: weg vom männlich geprägten Abenteurer, der sich an seinem idealisierten Vater orientiert, hin zu einem Berater, der unterstützend agiert und offener wird für eher emotionale Aspekte der eigenen Person.

### 6.3.4 »Mein Raum, mein Auto« – Räume, Übergangsobjekte und Statussymbole im Existenzgründungsprozess

*Räume*

Ein Unternehmen zu gründen erfordert neben einer Idee und einer Person, die die Umsetzung dieser Idee vorantreibt, immer auch materielle Ressourcen. Dazu gehört neben der angemessenen finanziellen Ausstattung ein Angebot an Räumen, in denen sich die Arbeit des Existenzgründers realisieren lässt, und eine entsprechende materielle Ausstattung. Es gehört zu den Mythen großer Unternehmen, die als kleine Start-ups begonnen haben, dass sie aus einer Garage oder aus einem Keller heraus unter schwierigen Bedingungen ihr Unternehmen Schritt für Schritt entwickelt haben. Moderne Varianten sind die Geschichten von Existenzgründern, die ihr Unternehmen mithilfe eines Laptops im Café oder in ihrer Wohnung aufgebaut haben. Diese Mythen sollen auf die Kraft der innovativen Idee und den unbändigen Willen der Gründer verweisen, die gegen alle äußeren Widerstände in die Realität umsetzen, was sie entdeckt haben oder aus ihrer Perspektive für Erfolg versprechend halten. Im Kontrast dazu stehen Bilder großer, mächtiger Organisationen mit ihren imposanten Gebäudekomplexen, die neben ihrer praktischen Funktion auch einer Reihe psychosozialer Zwecke dienen. Es gibt einen komplexen Zusammenhang zwischen Räumen und der psychischen Verfasstheit der darin Arbeitenden. Mit dem Hinweis, dass Menschen »– ob wir wollen oder nicht – an einem anderen Ort ein anderer Mensch sind« (De Botton 2008, S. 13), ist der unauflösbare Zusammenhang von Ort und Identität angesprochen. Räume sind also nicht nur materielle Ressource, sondern sie beeinflussen das Selbstverständnis, die Motivation oder – umfassender ausgedrückt – die Identität des Existenzgründers.

Gewerbliche Gründungen scheitern nicht selten an der Belastung durch Investitionen in Gebäude, Maschinen etc. Wie sieht diese Situation bei den befragten Existenzgründern aus? Über welche räumlichen und materiellen Ressourcen verfügen sie und gibt es möglicherweise Zusammenhänge zwischen räumlicher Ausstattung und Motivation bzw. Erfolg ihrer Gründung?

In den Interviews tauchen drei Modelle räumlicher Konstellation der Existenzgründung auf:
1. Das Home-Office
2. Die Nutzung von Räumen in anderen Organisationen
3. Eigene gewerbliche Räume in Form von angemieteten Büros, Praxen etc.

## Home-Office

Das »Home-Office« ist die am häufigsten angetroffene Form der räumlichen Organisation der eigenen Arbeit. Insgesamt haben sieben der zehn Befragten diese Form gewählt, wenn auch in z. T. sehr unterschiedlicher Form und aus unterschiedlichen Motiven.

*»Nee, eigentlich Sorge, kann ich nicht sagen jetzt hier, ja, dass es eine größte Sorge war jetzt ja. Ich würde hier sagen, vielleicht familiär, ja, also ich habe ja mein Büro zu Hause im Keller und versuche dort die Kosten so gering wie möglich zu halten, ja? Auch in der Form, dass ich jetzt keine extra Büroräume angemietet habe und zu sagen, na ja, jetzt bist du den ganzen Tag mit der Frau zusammen, ja? Warst*

*du vorher halt tagsüber unterwegs, wie baut sich denn da die Beziehung auf, ja.« (A., 770)*

Im Vordergrund stehen zunächst praktische und »vernünftige« Überlegungen. Einer der Gründe ist der finanzielle Aspekt. Durch ein Home-Office werden die Investitionskosten und die laufenden Verpflichtungen möglichst gering gehalten, was angesichts der unklaren neuen Situation und der fehlenden Erfahrung hinsichtlich der zu erwartenden Umsätze durchaus sinnvoll erscheint. Ein Home-Office verursacht außer den notwendigen Arbeitsmitteln (meist Computer, Beratungsecke, Flipchart, Moderationskoffer, Telefon) so gut wie keine Kosten, im Gegenteil lassen sich die anteiligen Mietkosten meist steuerlich absetzen und vergrößern so den Gewinn.

Damit haben sich die oberflächlichen rationalen Überlegungen aber auch schon erschöpft. Hinzu kommen nun eine Reihe psychosozialer Funktionen, die das Home-Office erfüllen kann und soll.

*»I: Home-Office?*
*A: Ja. Da habe ich dann auch zur Not wirklich meine Ruhe, da kann man die Tür zu machen. (2) Aber ich brauche das eigentlich nur, um Dinge vorzubereiten und Gespräche oder so was, weil das eigentliche Gespräch und so weiter findet ja beim Kunden statt. Habe ich auch keinen Stress mit, das ist okay. Habe ich auch früher so gelernt, ja, das ist eines der Dinge, die ich bei R gelernt habe, dass man zum Kunden geht und das mit dem dort bespricht und nicht-.« (B., 932–941)*

In den meisten Fällen erfordert die neue Tätigkeit als Berater, dass die Existenzgründer reisen und ihre Tätigkeit in anderen Institutionen und deren Räumlichkeiten durchführen. Dies erzeugt offensichtlich ein Bedürfnis, sich zurückziehen zu können und »heimzukommen«. Eine solche Funktion können natürlich auch angemietete Büroräume erfüllen, wenn man aber in Betracht zieht, dass die meisten Existenzgründer die Trennung vom bisherigen Unternehmen auch als eine Art Heimatverlust erleben, lässt sich erahnen, dass das Home-Office auch der Versicherung dient, seinem Bindungsbedürfnis Folge zu leisten und nach getaner Arbeit einen »sicheren Hafen« anzusteuern. Ein Home-Office schafft aber neue Probleme, die vor allem mit der Frage von Nähe und Distanz zum familiären Umfeld zusammenhängen. Am deutlichsten wird dies bei Herrn F., dessen Selbstständigkeit nie wirklich greift und der sich bei passender Gelegenheit in die abhängige Beschäftigung als Führungskraft bei einem großen Unternehmen zurückbegibt. Er verfügt nicht einmal über einen abgetrennten Raum, da er aufgrund der familiären Verpflichtungen und Belastungen durch eine Scheidung in extrem engen Verhältnissen leben muss:

> »*Das war-, das hatte Campingcharakter. Und da hatte ich das eigene Büro auch noch nicht, ich habe also das eine Zi-, und habe dann da, wenn die in der Schule waren, da irgendwo in der Ecke da irgendwas an dem Schreibtisch gearbeitet. Das war schon rein organisatorisch alles gar nicht möglich.*« (F., 43)

Eine Trennung zwischen Privat- und Arbeitsräumen ist überhaupt nicht gegeben, die neue Identität als Selbstständiger muss immer wieder temporär hergestellt werden. Das trägt vermutlich dazu bei, dass Herr F. sich nie vollständig mit dieser Rolle identifizieren bzw. darin erfolgreich werden konnte. Diese Erkenntnis ist ihm bewusst, und es scheint, als ob er der verpassten Chance auch ein wenig nachtrauert. So vermietet er – nachdem er wieder in einer Firma fest angestellt arbeitet – ein Haus, das er geerbt hat, an jüngere Existenzgründer, deren Nöte und Bedürfnisse er offensichtlich genau kennt:

> »*Wenn man von zu Hause arbeitet und hat auch dieses nicht, dann kriegt man die Trennung auch nicht hin. Also für-, ich bin ein Mensch, dem wichtig ist, ich muss zur Arbeit gehen, und sei es-, bei mir war das zur Arbeit gehen drei Etagen tiefer. Aber ich konnte die Tür zu machen, dort wohne ich nicht, sondern ich gehe zur Arbeit. So. Und da dachte ich, solche Menschen gibt es auch.*« (F., 13)

Auch bei anderen Existenzgründern, die im Home-Office arbeiten, erfordert die neue räumliche Struktur Anpassungsprozesse.

Für Herrn A. stehen wie schon beschrieben zunächst ökonomische Überlegungen im Vordergrund. Die Entscheidung für ein Home-Office erfordert aber auch, die Beziehung zur eigenen Ehefrau neu auszubalancieren. Aus der gewohnten Trennung tagsüber wird eine große Nähe und Zweisamkeit, die nicht nur positive Empfindungen auslöst:

> »*I: Home-Office?*
> *(...)*
> *A: Ja, ja. Ist aber natürlich auch durchaus mit Problemen behaftet. Ja?*
> *I: Ja. Welche, was meinen Sie denn jetzt? Oder was würden Sie als Problem sagen?*
> *A: (3) Meine Frau arbeitet ja ganz normal im Büro hier in der Firma. Und die sieht natürlich schon, dass ich es gut habe (lacht) und zu Hause*

*bin. Ich kümmere mich natürlich auch um den Haushalt und Wäsche und Einkaufen und so weiter, das kann ich alles nebenher machen, das ist ja kein Thema. Aber das führt auch schon zu Spannungen manchmal, das ist nicht ganz unproblematisch.«* (B., 935)

Ein Teil der Spannungen, die sich hier erahnen lassen, liegt in der Umkehr der traditionellen Rollen. Der Mann ist zu Hause und arbeitet dort, die Frau geht morgens ins Büro. Das ist möglicherweise nicht nur eine grundsätzliche Herausforderung, sondern kann besonders da, wo die Entscheidung zur Freiberuflichkeit auf dem Hintergrund betrieblicher Enttäuschungen getroffen worden ist, das angegriffene Selbstwertgefühl zusätzlich beschädigen.

*»Also ein interessantes Gespräch mit einem-, eben, jetzt komme ich drauf, mit einem IT-Experten, der sich selbstständig gemacht hat, Klasse Typ, und der sagt, seit ich jetzt daheim bin und selbstständig bin, kommt meine Frau immer und sagt, hol mal die Kinder ab (lacht). Als wenn ich nichts zu tun hätte. Ich sage, dann gibst du wahrscheinlich deiner Frau den Eindruck, du hast nichts zu tun. Nee, allein meine Anwesenheit zu Hause. Sage ich, siehst du, auch zu Hause muss man gewisse Regeln einhalten und aufstellen, erst mal aufstellen. Und ich habe das mit meiner Frau auch besprochen, mache ich das, mache ich das nicht, mache ich nichts mehr oder mache ich noch was. Und für uns war immer klar, also dass ich nur daheim sitze, das kann es nicht sein, weil bei meinem Organisationstalent kann es schon passieren, dass ich irgendwann mal, ohne dass ich es will, irgendwie sage, das könnte man vielleicht so machen oder anders.*
*I: Das heißt, Sie haben Ihr Büro zu Hause?*
*A: Ja, Home-Office. Also wenn ich-, ab und zu bekomme ich einen Kaffee serviert von meiner Frau, wenn sie das entscheidet. Das ist okay, hat was. Ich setze mich dann auch auf die Terrasse, wenn die Sonne scheint (lacht).«* (G., 44)

Herr G. spricht zunächst projektiv über die Umgewöhnungsschwierigkeiten eines befreundeten Kollegen in der neuen Rollenverteilung und der Beziehungsgestaltung zur Frau. Dann beschreibt er eine illustrative kleine Szene aus seinem eigenen Alltag im Home-Office. Es findet eine Art Neuorientierung statt, in der nicht ganz klar ist, ob die liebevolle Geste des Kaffeekochens allein Ausdruck einer guten Ehebeziehung ist oder ob sie dazu dient, Reminiszenzen an die frühere Unterstützung durch eine Sekretärin zu bewirken. Es wäre in diesem Fall ein anderes Beispiel dafür, wie sich in der Arena der häuslichen Umgebung sanfte

Transformationsprozesse von der Führungskraft zum Solo-Selbstständigen vollziehen.

In einigen Fällen ist das Home-Office aber auch den Anforderungen der familiären Doppelrolle geschuldet. So beschreibt Herr C., der die Verantwortung für die Versorgung und Erziehung der Kinder trägt:

»*Genau, also so ist es. Ich habe hier ein Büro und draußen gibt es noch so ein kleines Räumchen, in dem man auch sich wunderbar mal zurückziehen kann und kreativ sein kann oder auch Coachings durchführen kann.*« (C., 734–736)

Herr C. hat sich selbstständig gemacht mit dem Erwachsenwerden seiner Kinder. Seine Beschreibung enthält zwei interessante Aspekte: Zum einen geht sein Home-Office über das klassische Ein-Raum-Büro hinaus. Er hat zwei Räume und damit eine Art externen Büros im Entstehen, eine Art Zwischenlösung. Zum anderen erinnert der Begriff »kleines Räumchen, in dem man sich wunderbar mal zurückziehen kann« an Separations- und Individuationstendenzen der Adoleszenz; Herr C. hat gewissermaßen »sein eigenes Zimmer«. Eine solche Verknüpfung mit einer bedeutsamen Entwicklungsphase von eigenen Kindern findet man auch bei Herrn J., der sich nach der Trennung von seiner Frau und der Aufnahme des Studiums seiner Tochter eine Wohnung für sie mietet, die er für sich auch als Büro mit einem entsprechenden eigenen Raum nutzt.

## Nutzung von Räumen in anderen Organisationen

Herr E., der später als einziger eine Firma mit zwei anderen Kollegen gründet und in entsprechende gemeinsame Büroräume zieht, wählt vor dieser Entscheidung ein interessantes Zwischenmodell. Er bezieht in der Phase nach seinem Ausscheiden aus der Führungsrolle in der Organisation, in der er lange gearbeitet hat, ein Büro in der Stadtverwaltung, die sein erster großer Auftraggeber ist. Das Arrangement ist verwirrend: Herr E. sitzt in einem Büro, das wie ein normales Büro in einer Behörde wirkt, aber er ist dort als externer selbstständiger Berater bzw. Projektverantwortlicher tätig. Man könnte von einer Brückenkonstruktion reden, die den Abschied aus institutionellen Kontexten Schritt für Schritt möglich macht und dabei hilft, sowohl die Verluste (»Büro neben der Sachbearbeiterin für Trauerfälle«) als auch die neue Rolle zu verarbeiten: Das innere Selbstbild als Selbstständiger wird mit den Regeln der Organisation, einer sehr bürokratischen und Abhängigkeit fordernden Organisation, kontrastiert und die Selbstbehauptung als Selbstständiger wird so immer wieder herausgefordert.

## Eigene gewerbliche Räume

Die dritte Variante der räumlichen Verortung der neuen Selbstständigkeit ist die Anmietung von bzw. die Einmietung in klar definierte externe Büroräume im Rahmen von Kooperationen oder der eigenen Firma. Das gilt sowohl für Herrn I., der sein Büro mit mehreren Räumen für seine Mitarbeiterinnen gegenüber einer seiner alten Wirkungsstätten angesiedelt hat, wie auch für den hier bereits erwähnten Herrn E., der mit zwei anderen selbstständigen Kollegen bzw. Kolleginnen eine Bürogemeinschaft im Rahmen einer GbR aufgebaut hat, sowie schließlich auch für Herrn H., der mit einem anderen, älteren Kollegen eine Beratungspraxis mit mehreren Büros und Arbeitsräumen gegründet hat.

Es gibt zwei sichtbare Motive für die Entscheidung zu solchen Büros, die vom privaten Umfeld getrennt sind. Zum einen hat es etwas mit dem Eindruck der Professionalität zu tun, der sichergestellt und auch nach außen vermittelt werden soll. Daneben spielen aber auch psychosoziale Bedürfnisse eine wichtige Rolle. Das Alleinsein scheint Ängste und Einsamkeitsgefühle auszulösen. So ist z. B. Herrn H. neben der Kooperation im gemeinsamen Büro die Zusammenarbeit mit anderen auch ganz allgemein sehr wichtig: Er hebt die Bedeutung eines weiteren Netzwerkes, das ihn in seiner Arbeit unterstützt, sehr hervor. Möglicherweise spiegelt diese Angst aber auch einen Teil seiner professionellen Geschichte, er war ja als jemand aus dem sozialen Bereich in ein gewerbliches Unternehmen gekommen, in dem es hauptsächlich technische oder wirtschaftswissenschaftlich ausgebildete und denkende Menschen gab, unter denen er sich möglicherweise auch gelegentlich einsam vorkam – vor allem gegen Ende seiner Tätigkeit dort, als er Ablehnung und Desinteresse gespürt hat.

## Übergangsobjekte und Statussymbole

Räume und Büros scheinen die wichtigsten äußeren Objekte zu sein, um die neue Identität als Selbstständiger zu repräsentieren oder den Existenzgründern beim Übergang in die neue Rolle zu helfen. Daneben tauchen nur vereinzelt Hinweise auf andere typische Gegenstände auf, die neben ihrer funktionalen Bedeutung psychosoziale Funktionen erfüllen.

>*»Ja, ja. Ich habe [...] sozusagen dieses Ausgangsequipment oder so was. Es gibt ja auch so ein paar Statussymbole, also ich habe nach wie vor keinen Neuland-Koffer zum Beispiel, weil ich denken, den brauche ich nicht, ich habe einen (Werkzeugkasten) (lacht). Der steht jetzt hier nicht, der ist zu Hause, aber-.«* (E., 714–717)

Diese kurze Sequenz verdeutlicht die Ambivalenz, die Herr E., der aus dem Non-Profit-Bereich stammt, gegenüber der neuen Rolle als »Selbstständiger« oder gar »Unternehmer« hat. Er identifiziert sich einerseits mit der instrumentellen Funktion des Materials als Werkzeug für die Arbeit und für seine Rolle. Er wählt auf der Ebene der symbolischen Funktion aber auch eine Form, in der seine Herkunft sichtbar wird und vielleicht auch seine fortbestehende Ambivalenz gegenüber den Statussymbolen des Freiberuflers.

Neben diesem Beispiel spielt bei Herrn E. auch das Auto eine Rolle, aber ebenfalls eher aus praktischen Überlegungen und um ein gewisses Bild vom Berater nach außen zu vermeiden. Bei Herrn G. dient das Auto offensichtlich als Übergangsobjekt zur schrittweisen Ablösung von der alten Rolle als Führungskraft:

> »Ja. Das Einzige, was ich mitgenommen habe, war das Auto. Das bin ich noch gefahren ein Dreivierteljahr.« (G., 87–88)

Der einzige Interviewte, der ein ansonsten typisches Symbol der Selbstständigkeit, nämlich die eigene Visitenkarte, erwähnt, ist der bereits ausführlich beschriebene Herr B.

Diese kurze Sequenz, in der er ein Gespräch mit einem Kollegen über seine Visitenkarte beschreibt, ist in mehrfacher Hinsicht interessant: Herrn B. ist durchaus bewusst, dass die Visitenkarte im geschäftlichen Kontext eine wichtige Bedeutung hat. Dieser Erwartung versucht er sich aber konsequent zu entziehen. Er wertet gegenüber einem Kollegen den üblichen Inhalt ab. Auf seiner neuen Visitenkarte reduziert er die Angaben auf Name, Ausbildung und Kontaktdaten. Man könnte denken, dass er sich damit in besonderer Weise interessant machen will. Aber in der Art der Aussage schwingen andere Dinge mit: sein grundsätzlich eher rebellischer Geist, aber auch seine noch nicht vollzogene vollständige Identifikation mit der neuen Rolle. Herr B. ist trotz längerer Selbstständigkeit noch immer nicht in einer finanziellen Situation der Unabhängigkeit und auf die Sicherung des Familieneinkommens durch seine Frau angewiesen.

### 6.3.5 Zusammenfassung und theoretische Reflexion

Unter welchen Bedingungen gelingt eine Existenzgründung im reifen Erwachsenenalter, was sind die Ressourcen, auf die die Existenzgründer zurückgreifen können?

In der Literatur gibt es dazu unterschiedliche Einschätzungen. Franke (2012) unterscheidet die Bereiche »Kenntnisse und Fähigkeiten, Persön-

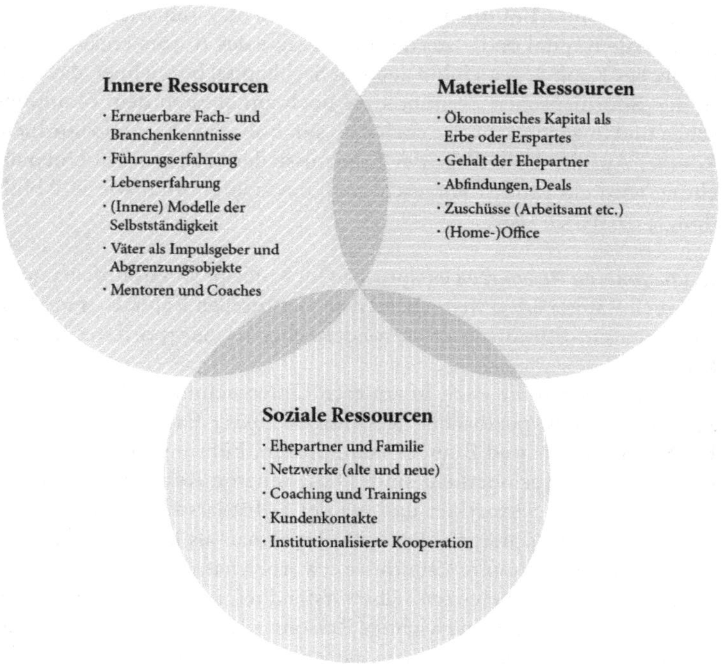

**Innere Ressourcen**

- Erneuerbare Fach- und Branchenkenntnisse
- Führungserfahrung
- Lebenserfahrung
- (Innere) Modelle der Selbstständigkeit
- Väter als Impulsgeber und Abgrenzungsobjekte
- Mentoren und Coaches

**Materielle Ressourcen**

- Ökonomisches Kapital als Erbe oder Erspartes
- Gehalt der Ehepartner
- Abfindungen, Deals
- Zuschüsse (Arbeitsamt etc.)
- (Home-)Office

**Soziale Ressourcen**

- Ehepartner und Familie
- Netzwerke (alte und neue)
- Coaching und Trainings
- Kundenkontakte
- Institutionalisierte Kooperation

Abbildung 4: Modell der Gelingensbedingungen der Existenzgründung Älterer

lichkeitsmotive und Rahmenbedingungen«, während Bude und Lantermann (2006) im Hinblick auf die drohende Gefahr der Exklusion in solchen Krisensituationen eher zwischen externen und internen Ressourcen unterscheiden. Grundsätzlich ist in der Existenzgründungsforschung (vgl. Kapitel 2.4) eine zwiespältige Einschätzung vorherrschend. Das höhere Alter generell wird häufig als Problem für erfolgreiche Existenzgründungen gesehen, u. a. aufgrund des geringen Zeithorizonts, der Unternehmensgründungen Älterer anhaftet. Andererseits werden die Vorteile genannt, wie etwa die größere Lebenserfahrung, berufliche Kompetenz und Gelassenheit.

»Die sichere Scholle«, wie es Herr F. im Rückblick auf seine gescheiterte bzw. nicht weiter betriebene Selbstständigkeit nennt, diese sichere Scholle, die man auch als ausreichende ökonomische, soziale und räumliche Verortung interpretieren kann, ist nach Auskunft fast aller Befragten ein wichtiges Element bei der Vorbereitung, bei der Entscheidung und beim Durchhalten in kritischen Situationen. Zur sicheren Scholle gehören im Sinne Bourdieus (1983) neben dem ökonomischen vor allem das soziale Kapital und – aus der Perspektive des Autors ergänzt – ein dingliches Kapital, gemeinhin auch als Sachkapital bezeichnet, das man in der Bourdieuschen Terminologie noch am ehesten dem ökonomischen und in gewisser Weise auch dem symbolischen Kapital zuordnen könnte. Auf der Grundlage der Ergebnisse der vorliegenden Untersuchung wird ein Modell vorgeschlagen, das sich grafisch wie in Abbildung 4 darstellen lässt.

1. Die *inneren Ressourcen* entsprechen im Konzept von Bourdieu (1983; vgl. auch Kapitel 6.3.5) weitgehend dem »kulturellen Kapital«, und zwar weniger als institutionalisiertes, sondern eher als inkorporiertes Kulturkapital.

Dazu gehören die auch in anderen Untersuchungen (vgl. Franke 2012) genannten spezifischen Ressourcen älterer Existenzgründer in Form von Markt- und Branchenkenntnissen, Führungserfahrung und Kontakten, die verinnerlicht sind. Diese inneren Ressourcen werden dann auch meist vermarktet und bei der Selbstdarstellung als Berater bewusst in den Vordergrund gestellt. Dass man als höhere Führungskraft nicht nur bestimmte Kenntnisse erworben hat, sondern auch in der Lage ist, diese Kompetenzen selbstverständlich in Beratungsangebote umzumünzen, scheint eine wichtige Ressource für die Entscheidung zur Existenzgründung zu sein. Einzig die fehlende Vertriebskompetenz als Fähigkeit, seine Kompetenz auch gewinnbringend zu verkaufen, erweist sich erst im Prozess als vorher nicht bedachtes Problem.

Kets de Vries hatte 1977 in seiner Untersuchung festgestellt: »Many entrepreneurs come from families where the father has been self-employed in one form or another.« (ebd., S. 44). Diese Feststellung trifft auch auf eine Reihe der Befragten zu, in deren Familiengeschichte Väter oder Großväter selbstständige Existenzen zumindest temporär geführt haben, sei es als Tankstellen- oder Kioskbesitzer oder auch schon als Berater. Ganz offensichtlich erfordert die Selbstständigkeit als Arbeitsform ein verinnerlichtes männliches Rollenmodell. Väter und Mentoren gehören zu den zentralen inneren Ressourcen bei der Existenzgründung.

Anders als Kets de Vries (1977) und Shapero (1975) nahelegen, handelt es sich bei der Existenzgründung aber nicht allein um einen Ausdruck der Rebellion gegen den Vater, sondern mehrere Befragte erzählen von einem sehr positiven Vaterbild bis hin zu fortdauernder Idealisierung desselben. Väter waren oder sind Modelle in der Form, dass sie selbst freiberuflich bzw. selbstständig tätig waren. Zwar erwächst daraus zunächst nicht unbedingt ein dringender Wunsch, in die Fußstapfen des Vaters zu treten, aber es ist zu sehen, dass die Vor- und Nachteile der selbstständigen Existenz durchaus bewusst sind und damit den Schritt leichter machen und zu einem realistischen Bild der selbstständigen Existenz führen können. Shapero beschreibt den Wert solcher Vorbilder folgendermaßen: »Still, wanting to be independent is not enough. In order to undertake an enterprise that is new, different and unexpected, you must be able to imagine yourself in the role.« (1975, S. 85)

Man könnte in Anlehnung an das Konzept der »Organisation in the Mind« (Hutton et al. 1997; Armstrong 1991) von einer »Entrepreneurship in the Mind« oder einem »Self-employment in the Mind« sprechen. Diese inneren Instanzen sind hilfreich, den Schritt zur Existenzgründung zu wagen.

Ein anderer Teil der Befragten, wie etwa Herr B. oder Herr J., entwickeln ihre Motivation und Kraft aus der bewussten oder unbewussten Motivation, gegen den Vater oder stellvertretend gegen andere Autoritäten zu rebellieren. Widerstand gegen väterliche Vorgaben, Lust zur Auseinandersetzung mit der Autorität bewirken eine innere, ödipal getönte Situation, die zur Selbstständigkeit treibt und einem drängenden Wunsch nach Autonomie Raum gibt.

Die Ambivalenz zwischen zumeist unbewusster Identifikation und Idealisierung auf der einen und Rebellion auf der anderen Seite schafft günstige Voraussetzungen in der Auseinandersetzung um die Existenzgründung. Dies entspricht einer von Shapero zitierten Untersuchung, bei der Folgendes deutlich wurde:

> […] he asked them, if their fathers had served as ideal models or had encouraged them to start their company. The usual answer was that their fathers had told them never to start a company and, indeed, most of the fathers had been unsuccessful. (1975, S. 85)

Der Rückgriff auf väterliche innere Rollenmodelle ist also nicht automatisch daran gebunden, dass diese beruflich erfolgreich waren, aber sie hatten den Schritt in die Selbstständigkeit gewagt. Selbstständigkeit gehört zum familiären Bestand verinnerlichter Rollenmöglichkeiten. In den Interviews haben übrigens an einigen Stellen die Mütter, die ansonsten in den Berichten überhaupt nicht als relevant auftauchten, die Rolle der Bedenkenträger und Warner gespielt.

Eindeutig positiv besetzt waren dagegen männliche Mentoren, von denen gehäuft in den Berichten erzählt wird. Das können frühe Vorgesetzte sein, aber auch Personen, die als Fortbildungsleiter oder Coaches eine Rolle in der professionellen Entwicklung gespielt haben. Wie in den Fällen von Herrn A. und Herrn C. treten diese möglicherweise besonders in Erscheinung, wenn die Väter fehlen, schwach oder krank sind. Die Rolle der »Ersatzväter« besteht aber meist weniger darin, selbstständige

Existenz vorzuleben, sondern sie sind Personen, die das Selbstwertgefühl und das Selbstvertrauen stärken, das bei einer Existenzgründung als unabdingbar erforderlich erscheint.

Wichtiger erscheinen auf der Seite der inneren Ressourcen bzw. des kulturellen Kapitals die Elemente, die zuvor bereits beschrieben wurden als »innere Objekte«, die in der Situation der Existenzgründung (re)aktiviert werden. Zu diesen inneren Objekten gehören zunächst familiäre Vorbilder der Selbstständigkeit. Es finden sich eine Reihe von biografischen Erfahrungen mit Angehörigen, die selbstständige Unternehmer, Freiberufler oder Gewerbetreibende waren. Selbstständigkeit ist also eine innerlich lebensgeschichtlich verankerte Option, die als Ressource zur Existenzgründung genutzt werden kann.

Von größerer psychischer Relevanz sind die inneren Vaterfiguren. Dort treten aber nicht nur die von Kets de Vries (1977) beschriebenen abgelehnten bzw. bekämpften Väter auf die Bühne, sondern auch idealisierte Vaterfiguren, die als inneres Modell bzw. Unterstützer dienen. Eine solche Rolle können auch spätere Vorbilder wahrnehmen, seien es Mentoren in der beruflichen Laufbahn oder Coaches und Trainer, die als Personen wahrgenommen werden, die eine als erstrebenswert angesehene berufliche Perspektive vorleben.

2. Auf der Seite der externen Ressourcen stehen zunächst die *materiellen Ressourcen* im Vordergrund. Im Sinne Bourdieus (1983) lassen sich diese Ressourcen unter dem Begriff des ökonomischen Kapitals zusammenfassen, da damit nicht nur Geldmittel, sondern auch Zeit und materielle Dinge, wie etwa Räume, gemeint sind. Anders als in Gründungen von Gewerbebetrieben spielt bei den hier untersuchten Existenzgründungen Älterer dieser Bereich aber eine untergeordnete Rolle. Geldmittel sind offensichtlich aufgrund von Ersparnissen und/oder Erbschaften vorhanden und vermutlich sind auch Rentenansprüche gesichert. Forschungsergebnisse (vgl. Franke 2012), dass 59 % der Älteren ihre Selbstständigkeit mithilfe von Ersparnissen beginnen, werden durch die vorliegende Untersuchung bestätigt und verstärkt. Keiner der Beteiligten muss offensichtlich riskante Kredite aufnehmen oder hohe finanzielle Investitionen tätigen. Auch sind die Unterstützungsleistungen durch staatliche Zuschüsse der Arbeitsagentur nicht existenznotwendig. In diesem Sinne verfügen ältere Gründer über bessere Ressourcen als jüngere. Erwähnenswert sind die weiteren Absicherungen für den Prozess durch meist vorhandene Mittel aus Erwerbstätigkeiten der Ehepartner und die Finanzmittel aus Abfindungen bzw. sogenannten »Deals« oder »Packages«. Auch hier verfügen ältere Gründer aufgrund dieser Situation über deutlich bessere Ressourcen als jüngere Gründer. Diese Mittel fungieren meist als Basisabsicherung für die Übergangszeit.

Erstaunlicherweise spielt das ökonomische Kapital für die meisten Existenzgründer also eine untergeordnete Rolle. Die Anhäufung von weiteren Geldmitteln als Perspektive wird eigentlich nirgendwo als Ziel genannt und auch die finanziellen Mittel, die die Befragten in ihre Existenzgründung einbringen, werden eher beiläufig erwähnt. Das deutet zunächst darauf hin, dass bei der Existenzgründung auf der bewussten Ebene eher psychosoziale Motive eine Rolle spielen, wie etwa die reparative Funktion der Selbstheilung oder der generative Aspekt, etwas Neues zu starten und aktiv die Herausforderungen der beruflichen Zukunft anzugehen.

Darüber hinaus scheint das Thema des ökonomischen Kapitals aber auch ein wenig schambesetzt zu sein, sprechen doch die Befragten samt und sonders nicht über ihr bisher angehäuftes Kapital, das vermutlich relativ hoch sein dürfte. Offensichtlich haben sich die Befragten aber in ihrem bisherigen Leben als Führungskräfte einen kostspieligeren Lebensstil geleistet und verfügen nicht durchweg über solch hohe Finanzmittel, dass sie sich um dessen Fortsetzung keine Sorgen zu machen bräuchten. Im Gegenteil: Mehrere der Befragten deuten an, dass ihre neue Selbstständigkeit nicht zur Existenzsicherung reicht und sie daher das vorher angesparte Geld brauchen, um ausreichend Zeit für den Aufbau der Selbstständigkeit zu haben. Dabei sind ganz offensichtlich auch Einschränkungen (Studium der Kinder etc.) nötig.

Ein weiterer Grund für die Nicht-Benennung des vorhandenen ökonomischen Kapitals und eine spürbare Scham ist vermutlich auch die Tatsache, dass offensichtlich alle befragten Existenzgründer zum Zeitpunkt der Befragung weniger verdienen als während ihrer angestellten Tätigkeit. Dies wird durch die Befriedigung und das Gefühl der Befreiung kompensiert, aber es lässt sich allenfalls erahnen, dass untergründig der Verlust gespürt wird und möglicherweise eher schambesetzt verschwiegen wird.

Ökonomisches Kapital in Reinform, also als verfügbares Geld, ist bei den Befragten als ehemaligen Führungskräften offensichtlich vorhanden, ohne dass es genauer beziffert wird. Keiner der Befragten berichtet, dass er Kredite aufnehmen musste, um seine Selbstständigkeit zu starten – ein Vorteil, den die älteren Führungskräfte gegenüber Jüngeren haben. Dies mag vermutlich auch damit zusammenhängen, dass Freiberuflichkeit im Beratungsbereich sehr wenig finanzielle Investitionen erfordert, aber die Voraussetzungen sind bei den älteren Existenzgründern doch spürbar besser. Gleichwohl scheint es eine Ressource zu sein, mit der sehr vorsichtig und eher defensiv umgegangen wird, was sicher damit zusammenhängt, dass es sich mit zunehmendem Alter bei der Existenzgründung um eine meist unumkehrbare Entscheidung handelt.

Auf einer Grenze zwischen äußerer und innerer Ressource, d.h. im Sinne Bourdieus zwischen ökonomischem und inkorporierten kulturellen

Kapital befindet sich die räumliche Ausstattung der neuen Selbstständigen. Im Sinne Bourdieus handelt es sich um eine Form kulturellen Kapitals, und zwar sowohl in verinnerlichter als auch institutionalisierter Form. Mitscherlich (1967) hat früh erkannt, dass materiale Rahmenbedingungen in Form von Räumen und dinglichen Objekten tief in die menschliche Psyche eingreifen und in diesem Sinn sowohl Ressource als auch Hindernis sein können. Heute gehen wir daher davon aus, dass jede Form der »Behausung« und der Inneneinrichtung von Gebäuden umgekehrt auch Ausdruck der emotionalen Verfassung seiner Bewohner ist, also innere Befindlichkeiten, Sehnsüchte, Konflikte und Ängste spiegelt. Räumliche Konstellationen sind in diesem Sinne immer auch Ausdruck »be-dingter Emotionen« (Haubl 2000). Darüber hinaus bilden Artefakte, also dingliche Objekte vom Haus, bzw. Büro bis einzelnen symbolischen Gegenständen ein wichtiges Verbindungsglied zwischen dem Subjekt und der umgebenden sozialen Umwelt bzw. zwischen Subjekt und der Kultur (Samida et al. 2014, S. 70 ff.).

Das zentrale räumliche Konzept bei den älteren Existenzgründen ist wie bereits weiter oben dargestellt das Home-Office. Die Diskussion um die Nutzung des Home-Office ist in Deutschland stark verknüpft mit zwei Diskursen, nämlich einerseits mit den Veränderungen in der Arbeitswelt, insbesondere den technologischen, die ein ortsunabhängiges Arbeiten in einer Reihe von Berufen möglich machen. Zum zweiten ist das Home-Office mit Themen der Vereinbarkeit von Familie und Beruf verbunden und soll insbesondere Frauen ermöglichen, beide Rollen und innere Verpflichtungen flexibler zu integrieren.

Das Home-Office ist ein interessantes Untersuchungsobjekt, wenn man die Grundannahme Mitscherlichs über die wechselseitige Bedingtheit von Person und räumlicher Umwelt sowie weiter gehend auch die Konzeption Lorenzers (1984) über »präsentative Symbole« einbezieht. Präsentative Symbole sind ausdrucksfähige Gebilde, die ihre Bedeutung nicht in sprachlicher, sondern in sinnlich-symbolischer Form »präsentieren«. Lorenzer betont, dass im Unterschied zu den diskursiven (eher sprachlichen) Symbolen diese präsentativen, (eher sinnlich-bildhaften) Symbole insbesondere Zugänge zum Unbewussten eröffnen können. Zur Konzeption der präsentativen Symbole, zu denen vorliegend auch Räume, Arbeitsmittel etc. gerechnet werden, gehört die Regel:

> Wir müssen in den Gebrauchswert der Gegenstände eine Unterscheidung eintragen, nämlich die zwischen dem instrumentellen Gebrauch eines Gegenstandes und seiner Erlebnisbedeutung. (ebd., S. 19)

Das Home-Office ist in den Interviews sehr positiv besetzt. Es erscheint als sicherer Hafen, als Rückzugsort und dient damit unterschiedlichen

Funktionen: Zum einen ist es ein Gegenpol zur in den meisten Fällen unvermeidlich geforderten Mobilität, wie sie mit der Freiberuflichkeit einhergeht. Darüber hinaus hat es aber auch eine wichtige psychosoziale Funktion. Das Home-Office erhält besonders dort seinen Wert, wo es als transformativer Raum, als »transitional space« im Sinne Winnicotts (1984) eine haltende Bedeutung für die notwendigen inneren und äußeren Umstrukturierungsprozesse bekommt. Dabei ist das Home-Office von einer eigenartigen Ambivalenz durchdrungen: Wie beschrieben, kann es ein transformativer Raum oder – um ein anderes Wort von Winnicott zu verwenden – ein »potential space« sein, der der Umstrukturierung dient und die neue Rolle vorbereiten hilft. Es ist aber nicht zu leugnen, dass das Home-Office auch Spuren eines Rückzugs in die Privatheit enthält und somit unbewusst eine Art der langsamen Annäherung an den Ruhestand beinhaltet. In den meisten Fällen bleibt es das Mittel der Wahl, es ist kein vorbereitender Brückenraum zum Übergang in eine neue professionelle Existenz jenseits des familiären Raums, sondern eine Dauerlösung. Die Anmutung des Rückzugs in die Privatheit erscheint auch in der besonderen Rolle der Ehefrauen, die zwischen Sekretärinnenersatz und liebender Partnerin changiert.

Bei anderen Befragten (ca. ein Drittel) wird eine andere Form gewählt, die Einmietung in Bürogemeinschaften, gemeinsame Firmen oder der Aufbau von Praxisräumen. Auch hier stehen weniger rationale Überlegungen im Vordergrund, sondern emotionale und symbolische Aspekte, wie etwa die Vermeidung der mit der Solo-Selbstständigkeit in einem Home-Office einhergehenden Einsamkeit oder die Angstabwehr (protektive Funktion) angesichts der Herausforderungen in der neuen Rolle.

Erstaunlich gering ist die Bedeutung anderer, in der Firmenwelt oft hoch aufgeladener präsentativer Symbole, wie etwa Kraftfahrzeug, Büroausstattung, Visitenkarten, Arbeitsmittel. Zwar bieten auch diese Dinge Raum für die Auseinandersetzung mit der vorgestellten professionellen Identität als Freiberufler, aber sie werden kaum demonstrativ als Statussymbole hervorgehoben. Es lässt sich eine Art der Bescheidenheit feststellen, deren Hintergrund sein kann, dass die ehemaligen Führungskräfte die Phase, in der solche Symbole zur Selbstdarstellung wichtig waren, hinter sich gelassen haben und andere Werte und Motivationen im Vordergrund stehen.

Insgesamt kann man den dinglichen Ressourcen bzw. dem dinglichen Kapital auch eine hilfreiche Funktion als Element der Angstabwehr (Menzies-Lyth 1974) und als »Holding Environment« (Winnicott 1984) in den anstrengenden und herausfordernden Prozessen der persönlichen und professionellen Identitätsarbeit zuschreiben, die eine Existenzgründung im späteren Erwachsenenalter auslöst.

»Arbeit, die man auf dem Sofa, im Bett oder in Puschen erledigt, wird man immer anmerken, dass sie auf dem Sofa, im Bett oder in Puschen entstanden ist«, behauptet Mayer (2015) provokativ in einem Zeitungsbeitrag zur Diskussion um Fragen von Home-Office und persönlicher Gestaltung des Arbeitsplatzes. Es wäre interessant, genauer zu untersuchen, ob die Wahl der räumlichen Konstellation eine Auswirkung auf den Erfolg der Existenzgründung hat oder wie sie genau mit den inneren Ressourcen zusammenhängt. Aufgrund der vorliegenden Untersuchung lässt sich mit aller Vorsicht feststellen, dass die drei bzw. vier Befragten, die entweder in eigenen externen Büros, Bürogemeinschaften oder deutlich abgegrenzten Büroräumen im familiären Umfeld arbeiten, am ehesten von einer Motivation der biografischen Innovation geprägt sind. Das würde darauf hindeuten, dass das Home-Office in der Tat eher dann gewählt wird, wenn es unklar bleibt, ob die gewählte Freiberuflichkeit eher der Selbstheilung oder der Angstabwehr dient. Zu dieser Hypothese gibt es aber wie gesagt nur oberflächliche Anhaltspunkte, und sie wäre gegebenenfalls genauer zu untersuchen.

Generell überrascht, dass bei den älteren Existenzgründern die spezifische räumliche Ausstattung für die Gestaltung und den Erfolg der Existenzgründung mehr als das verfügbare ökonomische Kapital von Bedeutung ist. Dies mag damit zu tun haben, dass die Transformation, die den Prozess der Existenzgründung ausmacht, derart tiefgreifend in der Psyche der Gründer verankert ist, dass basale Erfahrungen reaktiviert werden. Die vertrauten Dinge fungieren als haltgebende Objekte und unterstützen den Aufbau des notwendigen Selbstvertrauens, ohne das die Existenzgründung nicht gelingen kann.

3. Von größter Bedeutung für das Gelingen der Existenzgründungen Älterer sind die Elemente des Sozialkapitals. Bourdieu beschreibt das Sozialkapital als

> Gesamtheit der aktuellen und potentiellen Ressourcen, die mit dem Besitz eines dauerhaften Netzes von mehr oder weniger institutionalisierten Beziehungen gegenseitigen Kennens oder Anerkennens verbunden sind; oder anders ausgedrückt, es handelt sich dabei um Ressourcen, die auf der Zugehörigkeit zu einer Gruppe beruhen. (1983, S. 191)

Es geht also um die sozialen Ressourcen, die auf einer Zugehörigkeit zu einer Gruppe, entsprechenden Bindungen oder Zugängen zu sozialen Netzwerken beruhen. Bei älteren Existenzgründern sind dies vor allem die Ehepartner bzw. Familien sowie professionelle Netzwerke, die eine Rolle spielen. Ehepartner und Familien sind dabei emotional der wichtigste Faktor: Alle Befragten betonen, dass sie ohne die Zustimmung und Unterstützung der Familie die Entscheidung vermutlich nicht getroffen hätten. Darüber hinaus sind die Einkommen der Ehefrauen teilweise auch ökonomisch absolut erforderlich, um die Aufbauphase gut zu überstehen. Man könnte diese Ressource als eine Art »Existenzgründungsehevertrag« beschreiben. Ehepartner sind dabei vor allem in der Phase der emotionalen Entscheidung absolut wichtig.

In der Aufbauphase gewinnen dann die Netzwerke zunehmend an Bedeutung. Hier gilt aber eine deutlichere emotionale Distanz als hilfreich. Herr G. empfiehlt indirekt, »sich nicht gemeinsam ins Bett zu legen«. Offensichtlich besteht auch gegenüber den Netzwerken eine hohe Ambivalenz und Zurückhaltung. Sie werden einerseits gebraucht, um sich in der neuen Rolle zurechtzufinden, aber sie sind nicht geliebt.

Netzwerke spielen dennoch neben der Familie als Element sozialer Eingebundenheit bei der Unterstützung im Existenzgründungsprozess eine wichtige Rolle. Sie tauchen in vier verschiedenen Formen auf:
1. als berufliche Kontakte, die z. T. aus der Zeit als angestellte Führungskraft stammen
2. als lockere oder verbindliche Formen professionalisierter Netzwerke für Selbstständige
3. als institutionalisierte Rechtsformen der Partnerschaft oder Gesellschaft
4. als temporäre Gruppenbeziehungen im Rahmen von Fortbildungen und Coachings

Netzwerke dienen vor allem der Akquisition von Aufträgen, der Erweiterung des eigenen Portfolios und der Stabilisierung der neuen, noch brüchigen Identität als Selbstständiger und Freiberufler. An dieser Stelle ist die Kooperation durchaus vernünftig: Sie trägt der Tatsache Rechnung, dass Existenzgründer ansonsten eher überfordert sind. Faltin bemerkt dazu:

> There are too many business techniques to be learned. To handle each of them adequately would simply be overwhelming. It eats up too much of the time and energy that could otherwise be devoted to leadership and vision. (2001, S. 127)

In diesem Sinne haben Netzwerke eine wichtige rationale Funktion. Gleichzeitig wirken sie offensichtlich der drohenden Vereinsamung entgegen, die die Freiberuflichkeit nun einmal mit sich bringt. Problematisch wird es immer, wenn die Verbindlichkeit erhöht oder Entscheidungen zu strukturellen Verpflichtungen, etwa im Sinne einer gemeinsamen Firma, getroffen werden sollen. Es wäre zu überprüfen, ob sich hier nicht die Toxizität der vorhergehenden Beziehungen in den Unternehmen, aus denen die Befragten kommen, auswirkt. Das Vertrauen ist vor allem bei denen, deren vorrangiges Motiv die Selbstheilung (reparative Funktion) ist, gestört und erschwert eine vertrauensvolle Zusammenarbeit mit anderen Selbstständigen zunächst. Möglicherweise gibt es aber auch eine innere Reserviertheit, da die Einbindung in Strukturen und Regeln der Autonomietendenz entgegenläuft.

Eine besondere und uneingeschränkt positiv bewertete Rolle spielen temporäre Netzwerke, wie sie durch die Zugehörigkeit zu Aus- und Fortbildungen oder begleitende Coachings und Supervisionen entstehen. Hier fehlt die Toxizität, solche Bindungen werden mitunter sogar beinahe schon idealisiert. Diese positive Sicht mag damit zusammenhängen, dass es sich um nicht kompetitive Systeme handelt (zumindest nicht hinsichtlich der Frage von Aufträgen) und diese Netzwerke außerdem offensichtlich auch die emotionale Ebene der Betroffenen erreichen und sie in der Ausbildung und Verinnerlichung ihrer neuen Identität unterstützen.

Ehe bzw. Partnerschaft und die Unterstützung im familiären Kontext erleichtern die Entscheidung zur Existenzgründung enorm. Sie bilden die Basis der sozialen Eingebundenheit, von der auch Filipp und Aymanns sagen: »Die Liste der Studien, die aufzeigen, wie sehr Menschen von sozialer Einbindung profitieren, ließe sich beinahe beliebig erweitern.« (2010, S. 344). Allerdings gehört zu den Erfahrungen von Existenzgründern auch der komplette Verlust bestimmter Netzwerke, die rein mit der vorherigen Führungsrolle verbunden waren. Sie sind mit dem Ausscheiden aus dem Unternehmen quasi »ausgeschaltet«, wie einer der Befragten feststellen musste. Allerdings gelingt den meisten der Aufbau von neuen Netzwerken und Kundenkontakten durch institutionalisierte Formen der Zusammenarbeit, durch Brückentätigkeiten und auch durch Aus- und Weiterbildungen relativ leicht.

Auffallend ist das Fehlen von Brückentätigkeiten, die sowohl vom abgebenden Unternehmen als auch von den Existenzgründern getragen werden. Der Trennungsprozess erfolgt gewissermaßen gewalttätig von beiden Seiten. Es fehlen betriebliche Unterstützungsmodelle, die über die Abfindung hinausgehen.

Von großer Wichtigkeit ist, in der Zusammenschau die genannten drei Bereiche der inneren, materiellen und sozialen Ressourcen vor allem in ihrer Interdependenz zu betonen. Diese wird in Abbildung 4 in Form der eingezeichneten Überlappungen ausgedrückt.

Die Abfindungen, die den älteren Existenzgründern durch die Firmen gezahlt werden, haben z. B. einerseits eine wichtige ökonomische Funktion, da sie als Geld zur Finanzierung des Übergangs benötigt werden. Die Beschreibungen machen aber andererseits die symbolische Qualität dieser »Deals« als innere Ressource zum Gelingen des Verselbstständigungsprozesses deutlich. Die Abfindung wird auch getragen von psychosozialen Funktionen der Aushandlung von Schuld, Vergeltung, Dankbarkeit und Wiedergutmachung (vgl. Haubl 2016).

In gleicher Weise sind die Prozesse der Netzwerkbildung und die Frage der Institutionalisierung der Selbstständigkeit als Freiberufler oder Teil eines kleinen Unternehmens stark von psychischen Prozessen beeinflusst. Die an sich für das Gelingen sinnvolle Entscheidung zu festen Kooperationen wird durch eine Skepsis gegenüber solcher Zusammenarbeit aufgrund von Enttäuschungserfahrungen unterminiert.

Das Gleiche gilt für das Home-Office, das gemeinsam mit der familiären Bindung offensichtlich den Verlust der Firmenfamilie kompensiert und so nicht nur eine materielle, sondern auch eine wichtige soziale Ressource bildet.

Franke (2012, S. 273) nennt gründungsförderliche Kenntnisse und Fähigkeiten als zentrale Gelingensbedingungen, gefolgt von förderlichen Rahmenbedingungen und schließlich gründungsförderlichen Persönlichkeitseigenschaften. Die darin enthaltene starke Betonung der persönlichen Ressourcen in Form von Kompetenzen oder Eigenschaften kann durch die vorliegende Untersuchung nicht bestätigt werden. Es wird deutlich, dass es einer Ergänzung hinsichtlich innerer psychischer Modelle und Bereitschaften, die unabhängig von Kompetenzen und Eigenschaften sind, sowie der deutlichen Akzentuierung sozialer Beziehungen in unterschiedlichster Form bedarf. Beide sind – ebenso wie die materiellen Ressourcen – miteinander verwoben: Materielle, innere und soziale Prozesse sind vielfältig miteinander verbunden und bilden im Einzelfall eine ganz spezifische, im biografischen Sinne sogar einzigartige Konstellation, die es zu berücksichtigen gilt. Manche Dinge, die zunächst als Ressource erscheinen, können sich unter bestimmten biografischen Bedingungen sogar als Hemmnisfaktoren erweisen.

# 7 Zusammenfassung, Diskussion und Modellbildung

Wie lassen sich die Ergebnisse dieser Untersuchung zusammenfassen und einordnen?

Eine Antwort auf diese Frage erfolgt in vier Schritten:

Zunächst sollen die Ergebnisse mit anderen Studien im Bereich der Forschung zu Existenzgründern im höheren Erwachsenenalter abgeglichen werden. Anschließend wird versucht, aus den Ergebnissen ein Modell der Existenzgründung in diesem Alter zu entwickeln um dann daraus Empfehlungen für weitere Forschungen und die Praxis der Beratung von Existenzgründungen abzuleiten.

## 7.1 Wichtige Ergebnisse im Kontext der empirischen Forschung zu älteren Existenzgründern

Vorab sollen aber im Folgenden einige zentrale Ergebnisse dieser Untersuchung im Spiegel anderer empirischer Studien zu älteren Existenzgründern exemplarisch vorgestellt und diskutiert werden.

1. Bei allen Befragten in dieser Studie kann man sagen, dass es sich um sogenannte »*privilegierte Gründer*« (Kontos 2004) handelt, die über ein ausreichendes Human- und Sozialkapital, Berufserfahrung, familiäre Bindungen und Netzwerkzugänge sowie ausreichende finanzielle Ressourcen zur Gründung verfügen. Dabei spielt die Führungserfahrung eine wichtige Rolle in Bezug auf die Selbsteinschätzung hinsichtlich der Möglichkeiten, als Selbstständiger erfolgreich zu sein.

2. Es handelt sich bei allen Befragten um *Vollzeitgründer*, die neben ihrer Selbstständigkeit keine weiteren abhängigen Beschäftigungsverhältnisse haben. Auch das entspricht den vorliegenden Untersuchungen (Franke 2012). Dazu gehört in einzelnen Fällen auch eine bereits bestehende Gründungserfahrung durch frühere selbstständige Tätigkeiten. Franke (ebd.) hatte bei älteren Gründern festgestellt, dass es sich häufiger um »Re-Starter« handelt. In der vorliegenden Studie handelt es sich dabei

aber nicht um gescheiterte Gründungen, sondern eher um frühere Experimente, die nicht mit einer ernsthaften Lebens- und Berufsperspektive verknüpft waren.

Die Selbstständigkeit hat dabei in fast allen Fällen bewusst keine Brückenfunktion wie etwa beim »Silver Work«, um Zeiten von Arbeitslosigkeit oder Frühpensionierung bis zum Erreichen der Altersgrenze zu überbrücken oder nach der Pensionierung noch ein wenig weiterarbeiten zu können. Die Befragten sind »Vollblutselbstständige« mit deutlichem Risiko und innerer Beteiligung an der Ernsthaftigkeit ihres Unternehmens.

**3.** Entsprechend den Unterteilungen von Franke (2012) handelt es sich bei den Gründungen in dieser Untersuchung um *Neugründungen*. Damit lassen sich die vorliegenden Erkenntnisse in eine typische Tendenz bei den Existenzgründungen Älterer einordnen. Offensichtlich geht es beim Gründungsakt nicht allein darum, Unternehmer oder Freiberufler zu werden, sondern etwas spezifisch Eigenes aufzubauen. Diese Tendenz lässt sich eindeutig biografisch verstehen.

**4.** Wie bereits in anderen empirischen Untersuchungen festgestellt, verfügen die Gründungen bzw. die Gründungsobjekte Älterer über eine höhere »Überlebensquote« bzw. *längere Lebensdauer* als diejenigen Jüngerer. Mit einer Ausnahme sind alle Befragten in dieser Studie noch selbstständig. Dies bestätigt tendenziell Ergebnisse über die geringen Abbrecherquoten älterer Existenzgründer (vgl. KfW-Bankengruppe 2008). Dies mag der Anlage dieser Studie geschuldet sein, da die Auswahl der Interviewpartner auf Personen, die zum Zeitpunkt der Befragung noch selbstständig waren, gerichtet war und beinhaltet die Gefahr eines Zirkelschlusses. Gleichwohl lassen die Interviews einige Schlussfolgerungen zu. Zum einen ist nach dem Ausscheiden aus dem Unternehmen die Rückkehrmöglichkeit begrenzt, u. a. auch wegen der hohen Funktionen, die die befragten Führungskräfte vor ihrer Existenzgründung ausgeübt haben, und die Wiedereinstiegsmöglichkeiten (hohes Gehalt, begrenzte Stellen) sind sehr einschränkt. Die lange Dauer der Selbstständigkeit ist aber offensichtlich auch der bestehenden finanziellen und sozialen Absicherung im Hintergrund sowie der Besonnenheit der älteren Existenzgründer geschuldet.

**5.** Die Untersuchung bestätigt die Tendenz zur *Solo-Selbstständigkeit* älterer Existenzgründer, die u. a. bereits Fachinger und Bögenhold (2011, 2012a, 2012b; Fritsch 2012) nachgewiesen hatten. Es wird aber darüber hinaus sichtbar, dass es neben Ursachen, die im Bereich des ökonomischen Risikos und der zu erwartenden Lebensdauer des Gründungsobjekts liegen, auch psychische Motive gibt. Die Solo-Selbstständigkeit bietet vor allem denjenigen, deren Ausstieg aus dem Herkunftsunternehmen mit spürbaren narzisstischen Kränkungen und beruflichen Enttäuschungen verbunden war, die Möglichkeit, einen strukturellen Schutz aufzubauen und soziale Abhängigkeiten, die mit Verwundbarkeit und Enttäuschungen einhergehen könnten, so weit wie möglich zu reduzieren. Solo-Selbstständigkeit ist auch in diesem Sinne ein System psychosozialer Angstabwehr (Menzies-Lyth 1974). Gleichzeitig gehen mit der Solo-Selbstständigkeit aber auch Einschränkungen einher, die den Erfolg, die Qualität und die Reichweite der Unternehmung einschränken. Dies führt häufig zu der Einsicht, diesen Mangel durch lockere Formen netzwerkorientierter Arbeit auszugleichen.

6. Für fast alle Befragten ist die Existenzgründung offensichtlich mit *Einkommensverlusten* verbunden, sei es auch nur temporär. Deutlich wird, dass es einer Zeit von mehreren Jahren bedarf, um in einen Bereich zu kommen, in dem der erzielte Gewinn ausreichend ist zur Finanzierung des eigenen bzw. partnerschaftlichen Lebensunterhalts. Nur einzelne Existenzgründer sind offensichtlich schneller auch ökonomisch erfolgreich. Aus dieser Perspektive wird deutlich, dass die Entscheidung, sich selbstständig zu machen, wohl überlegt sein will. Somit ist die Existenzgründung im Alter aus ökonomischer Perspektive selten ein sozialer Aufstieg, sondern eher ein Verlustgeschäft. Am ehesten passt der von Bögenhold und Fachinger von Briefs (1931, zitiert nach Bögenhold; Fachinger 2012, S. 277) übernommene Begriff des »kleinen Grenzverkehrs«. Es ist also durchaus ein Wechsel in eine andere soziale Rolle und Zugehörigkeit, aber kein großer Sprung. Das dürfte aber auch weniger ein Motiv der Befragten sein, die aufgrund ihrer hohen Führungsposition bereits vor der Entscheidung zur Existenzgründung einer hohen sozialen Schicht angehörten. So hatten auch die meisten wenig Probleme, innerlich die neue »Unternehmerrolle« anzunehmen. Dies hängt vermutlich ebenfalls mit der vorherigen Berufssozialisation zusammen. Das einzige Problem in einigen Fällen war der Umgang mit dem Verlust an Status im Sinne eines Verlusts von Mitarbeitern, Netzwerken und Ressourcen wie Sekretariat, Dienstwagen etc. Trotzdem hat keiner der Befragten den Schritt in die Selbstständigkeit bereut. Das spricht dafür, dass es eine hohe intrinsische Motivation gibt, diesen Schritt zu tun, und die Existenzgründung andere wichtige psychosoziale Funktionen erfüllt. Inwiefern hier auch das Bedürfnis hineinspielt, sich im Nachhinein als großartig und erfolgreich zu beschreiben, um die Scham über den ökonomischen Verlust zu überspielen, kann nur angenommen werden. Es spielt aber vermutlich durchaus eine Rolle.

7. Existenzgründungsentscheidungen gehen häufig einher mit *Umbrüchen in der Organisation,* aus der die Gründer stammen. Dazu gehören Reorganisationsmaßnahmen, Eigentümer- oder Strategiewechsel, die die bisherige Passung infrage stellen. Die Existenzgründung ist also reaktiv zu verstehen, als eine Möglichkeit, die sich auftut, wenn die Bedingungen in der Arbeit nicht mehr den Bedürfnissen der Führungskräfte entsprechen. Die Befragten geben keine Hinweise darauf, dass sie sich frühzeitiger hätten selbstständig machen wollen, auch wenn es solche Optionen innerlich teilweise schon längere Zeit gegeben hat. Diese aber blieben eher latent. Im Vordergrund stehen auch Karrierebrüche bzw. -begrenzungen. Darüber hinaus spielen Unzufriedenheiten mit der bisherigen Tätigkeit eine wichtige Rolle. Das unternehmerische Selbst, das sich in der Existenzgründung realisiert, ist also auch eine Antwort auf Ohnmachtserfahrungen im Unternehmen, wie Bröckling (2007) behauptet hat. Diese Einschätzung macht auch deutlich, dass vereinfachende Modelle, die Entrepreneurship allein zu einer Frage der Persönlichkeitsstruktur des Gründers machen, zu kurz greifen. Dementsprechend muss man den Prozess der Existenzgründung im Sinne der Entrepreneurship als ein komplexes Phänomen betrachten, in dem persönliche, institutionelle und gesellschaftliche Prozesse auch im Einzelfall sichtbar ineinandergreifen, wie Rauch und Frese (1998) festgestellt haben. Auch wenn Barrieren und Brüche im Verhältnis von Führungskräften und Unternehmen bei den Betreffenden ein Gefühl von Ohnmacht erzeugen, hat die Existenzgründung durchaus eine über die rein persönliche Entscheidung hinausreichende Signalwirkung, da sie auch anderen deutlich macht, dass man seinen eigenen Weg, wenn auch unter Risiken und Verlusten, gehen kann.

8. Ältere Existenzgründer machen sich (im steuerlichen Sinne) zweifellos selbstständig und vollziehen so einen Statuswechsel, aber sind sie deswegen auch »Entrepreneure«? Von den von Bröckling (2007) genannten unternehmerischen Funktionen, die in Richtung der Entrepreneurship weisen, werden im Regelfall die Innovation, das Tragen von Risiken und die neue Koordinationsrolle sowie die Kreativität realisiert, nicht aber das Nutzen von Gewinnchancen, zumindest nicht ökonomisch. Ältere Existenzgründer sind deswegen eher keine klassischen Entrepreneure, da sie hinsichtlich der Produktivität, der Schaffung von Arbeitsplätzen und auch hinsichtlich neuer Geschäftsideen, geschweige denn innovativer Produkte, nur in sehr begrenztem Masse produktiv sind.

Es gibt aber auch eine andere Sicht, die einer solchen, verneinenden Einschätzung entgegensteht: Die Entscheidung zur Existenzgründung bedeutet, dass Menschen sich aus einer sicheren Form der Inklusion im Unternehmen, und damit auch der Gesellschaft, freiwillig in eine Zone der Verwundbarkeit und Gefährdung begeben, die prinzipiell auch in einem Zustand sozialer Exklusion enden kann (vgl. Keupp 2010). Diese Bereitschaft zur Übernahme eines existenziellen Risikos ist durchaus ein zentrales Merkmal des Entrepreneurs. Sie treten heraus aus dem sozial üblichen Karriereplan, aus den gewählten Abhängigkeiten und Sicherheiten einer angestellten Beschäftigung. Man kann die älteren Existenzgründer daher am ehesten als »*Freiberufler*« beschreiben, die sich aus der Sicherheit der Anstellung in eine Zone begeben, in der sie eine größere Freiheit gewinnen, aber eben auch grundsätzlich bedroht sind. Im Unterschied zu »Unternehmern« verfolgen sie dabei weniger eine ökonomisch geprägte Gewinnabsicht, ihre Ziele und Motive sind also auf einer anderen Ebene anzusiedeln, die Selbstständigkeit hat andere, eher psychosozial bestimmte Funktionen.

9. Die befragten älteren Existenzgründer sind *keine »Arbeitskraftunternehmer«* (Voß/Pongratz 1998). Die dazu gehörende Charakterisierung, dass Unternehmen Tätigkeiten outsourcen, um den dann selbstständig Tätigen die Risiken aufzubürden, passt nicht auf die in dieser Studie Interviewten. In allen Fällen gab es keine nachfolgende Beschäftigung durch Aufträge seitens des Unternehmens. Die Geschäftsbeziehungen waren fast immer komplett abgebrochen. Die Initiative in Richtung Selbstständigkeit geht nicht vom Unternehmen aus, es wird keine Kostenersparnis bewirkt, indem die Tätigkeit und die Rolle innerhalb des Unternehmens erhalten bleiben.

## 7.2 Typologische Verdichtung

Wie bereits in Kapitel 5 beschrieben, zielt qualitative Forschung auf die Entwicklung unterscheidbarer Typen, d. h. auf die Entwicklung aussagefähiger Konstrukte, die aus dem empirischen Material nachvollziehbar und an die Forschungsfrage angebunden sind. Typenbildung beinhaltet den Versuch einer weiteren, allgemeineren Ordnung des Materials. Laut Kluge (2000) realisiert sich die Typenbildung in vier Schritten:
(1) Erarbeitung der relevanten Vergleichsdimensionen
(2) Gruppierung der Fälle und Analyse empirischer Regelmäßigkeiten
(3) Analyse inhaltlicher Zusammenhänge und Typenbildung
(4) Charakterisierung der gebildeten Typen

Die datenbasierte Theoriebildung als Typenbildung zielt auf die empirisch begründete Generierung von Modellen, Begriffen, Konzepten und Kategorien.

Ein erster Ansatzpunkt für eine Typologie der Existenzgründung lässt sich aus den drei Hauptfunktionen bzw. »Dimensionen« der Existenzgründung herleiten, nämlich der Existenzgründung als Selbstheilung, Angstabwehrsystem und biografische Innovation. Die im Folgenden vorgenommene Typisierung stellt eine weitere Abstraktionsstufe dar, insofern als sie die drei benannten Funktionen mit den weiteren Fragestellungen dieser Arbeit, nämlich der Suche nach den Prozessvariablen und den Gelingensbedingungen, in einen Zusammenhang zu bringen versucht. Dazu ist vorab folgender Hinweis unabdingbar:

Es ist bereits deutlich gemacht worden, dass sich die drei Motivkonstellationen als Typen nicht komplett auf einzelne Personen übertragen lassen. Den drei Typen lassen sich einzelne Personen nur bedingt zuordnen, da in den meisten Fällen mehrere Motive und Funktionen sichtbar werden und miteinander verschränkt sind. Daher ist von Dimensionen gesprochen worden. Es lassen sich im Einzelfall nur dominante Aspekte nachweisen. Diese dominanten Aspekte können aber mit den anderen Prozessaspekten und Gelingensbedingungen verknüpft werden und ergeben so ein sinnvolles Bild.

Tabelle 1: Typen der Existenzgründung Älterer

| Typ/ Merkmal | Reparativer Existenzgründungstyp | Protektiver Existenzgründungstyp | Innovativer Existenzgründungstyp |
|---|---|---|---|
| | Probanden: A, B, D, H, J | Probanden: F, I | Probanden: C, E, G |
| Psychosoziale Funktion | Selbstheilung | Angstabwehr | Biographische Innovation |
| Merkmale | – Verarbeitung psychischer Verletzungen<br>– Vorsicht, Schutz, Unsicherheit<br>– Nachholen unerledigter Entwicklungsaufgaben | – Angst, narzisstische Krise<br>– Kampf um materielle Existenz oder psychische Integrität | – Suche nach neuen Entwicklungsmöglichkeiten<br>– Entfaltung innerer Potenziale<br>– Innovative Gestaltung des eigenen Lebens und Arbeitens |

| | | | |
|---|---|---|---|
| **Erscheinung** | – Eher introvertiert<br>– Unsicher, verletztes Selbstwertgefühl<br>– Aktivität: eher gebremst | – Extravertiert<br>– Forcierte Selbstsicherheit<br>– Latent unsicher, fragiles Größenselbst<br>– Aktivität: hyperaktiv oder passiv | – Eher extravertiert<br>– Stabiles Selbstwertgefühl<br>– Optimistisch, ambitioniert, risikofreudig<br>– Beziehungsorientiert<br>– Aktivität: aktiv, zielgerichtet |
| **Prozess** | – Langsam, zögerlich<br>– Längere »Dekontaminationsphase«<br>– Lernprozesse: Neuorientierung, Soziales, Vertrieb | – Hektisch<br>– Schnelle Verselbstständigung<br>– Z.T. hohe Verdrängung<br>– Lernprozesse: wenig bis keine | – Eher Zügig<br>– Aufbau von Strukturen<br>– Lernprozesse: Vertrieb, Ökonomie |
| **Ressourcen** | – Familie<br>– Innere Objekte<br>– Geld, | – Fragile innere Objekte<br>– Fehlendes Geld alternativ ökonomisch gute Ausstattung<br>– Beziehungen unklar oder unsicher | – Netzwerke<br>– Partnerschaft<br>– Positive innere Objekte oder Rebellion<br>– Mentoren |
| **Organisationsform** | – Typischer Solo-Selbstständiger<br>– Kooperationen ja, aber eher vorsichtig | – Eher beliebig<br>– Wenn Unternehmen, dann als Chef | – Kooperation mit Partnern<br>– Firma<br>– Strukturierte Netzwerke |
| **Raumkonstellation** | Home-Office | Büro oder Küchentisch | Home-Office, Büros, Praxis |

Für die Entwicklung der in Tabelle 1 dargestellten Typologie wurde die zentrale psychosoziale Funktion, die die Existenzgründung als Akt in der Biografie der untersuchten Personen einnimmt, als Grundlage genommen und mit anderen Faktoren der Auswertung in Beziehung gesetzt.

*Der erste Typ wird hier als »Reparativer Existenzgründungstyp« bezeichnet.* Seine zentrale psychosoziale Funktion ist die Selbstheilung als ein Versuch, erlittene psychische Verletzungen und Enttäuschungen im beruflichen Beziehungskontext zu heilen. Dieser Typ zeichnet sich im Existenzgründungsverhalten durch eine spürbare Vorsicht aus, deren Ursachen eine innere Unsicherheit und Vulnerabilität sind, die durch die Erfahrungen im betrieblichen Kontext ausgelöst sind. Zum Teil kommt es zu einem Aufbrechen früherer psychischer Verwundungen und auch zum Nachholen unerledigter Entwicklungsaufgaben. Existenzgründer, bei denen die Dynamik dieses Typs im Vordergrund steht, wirken eher introvertiert, teilweise unsicher, vermutlich aufgrund des verletzten Selbstwertgefühls oder der Enttäuschung von Idealen hinsichtlich des eigenen beruflichen Lebenswegs. Diese Typen sind nicht im klassischen Sinne gescheitert, aber sie werden heimgesucht von Brüchen im psychologischen Vertrag mit ihrem Unternehmen. Gelegentlich erfolgt die Trennung auch aufgrund körperlicher oder psychischer Erkrankungen. Die Aktivität hinsichtlich der Entwicklung ihres Unternehmens ist eher etwas gebremst, der Prozess in die Selbstständigkeit hinein verläuft langsam und vor allem benötigen sie häufiger eine längere Phase der Erholung oder Dekontamination nach dem Austritt aus dem Unternehmen. Dies geschieht durch Phasen der Passivität, aber auch in intensiven Lernprozessen, in denen fehlende Kenntnisse erworben werden oder aber durch Coaching, Fortbildungen etc. eine Neuorientierung erfolgt. Als Ressourcen dienen ihnen dabei insbesondere die Familie bzw. Partnerschaft, ausreichendes Kapital, das auch eine längere Phase der Reorganisation erlaubt, und innere Objekte. Zu Letzteren gehören positive Vaterbeziehungen, aber auch »stabile Gegenabhängigkeiten« sowie Mentoren und Coaches, die Halt geben. Die Form, in der dieser Existenzgründungstyp sich später organisiert, ist die klassische Solo-Selbstständigkeit, d. h. eine Tätigkeit als Einzelunternehmer oder Freiberufler. Er unterhält zwar regelmäßige Kooperationen und ist locker in Netzwerke eingebunden, scheut aber verbindliche Abhängigkeiten, wie sie z. B. durch Gesellschaften als Rechtsform oder andere Formen der Institutionalisierung der Zusammenarbeit mit mehreren Kollegen geschaffen würden. Folgerichtig bevorzugt der Reparative Existenzgründungstyp eine Arbeit aus dem Home-Office heraus. Zum Teil handelt es sich um einzelne Zimmer in der Wohnung, zu denen externe Räume für Gespräche, Beratungen etc. hinzu gemietet werden. Andere haben Teile ihrer Wohnung bzw. ihres Hauses abgetrennt und als Praxis bzw. Beratungsraum ausgebaut.

**Beim zweiten Typ, dem »Protektiven Existenzgründungstyp«**, steht eindeutig die psychosoziale Funktion der Angstabwehr im Vordergrund. Die Ablösung bzw. das Verstoßen- und Marginalisiert-Werden in der früheren Firma hat existenzielle psychische oder materielle Ängste angerührt oder manifest werden lassen. Das sind zum einen narzisstische Ängste hinsichtlich potenzieller schwerer Kränkungen des Größenselbst. Zum anderen berühren die Trennungsprozesse und Brüche aber die grundlegenden Ängste vor einem Verlust der materiellen Sicherheit und Existenzgrundlage. Schließlich lauern hinter jeder Trennung im reifen Erwachsenenalter aber auch die Ängste vor dem sozialen Tod und dem Alter bzw. dem endgültigen biologischen Tod. Die Existenzgründung schafft eine institutionalisierte Form der Angstabwehr. Sie ermöglicht es, die Phantasie von Größe, Selbstständigkeit, Unternehmerrolle aufrechtzuerhalten bzw wiederherzustellen, und sie verschafft – besonders wenn sie erfolgreich verläuft – soziale Kontakte, Sinn und Integration. Die Existenzgründung stellt einen Neuanfang dar, der die aufgebrochenen bzw. aufzubrechen drohenden Ängste in die Latenz zu verschieben verhilft. Der Protektive Existenzgründungstyp agiert deutlich extravertiert, um sein Größenselbst und die Anerkennung durch Erfolg und viele Kontakte zu sichern. Es handelt sich um eine Form der forcierten Selbstsicherheit. Falls diese nicht gelingt, wirken diese Gründer auch schnell unsicher oder gar verzweifelt, um die Abwehr der massiven Ängste bewerkstelligen zu können. Der Prozess der Verselbstständigung erfolgt eher hektisch, Phasen der Reflexion oder Selbstvergewisserung wie beim Reparativen Existenzgründungstyp gibt es nicht, entweder, weil eine Menge an Außenaktivitäten entwickelt wird, oder aber, weil die äußeren Notwendigkeiten der Existenzsicherung keine Zeit dazu lassen. Dementsprechend finden auch keine systematischen Lernprozesse durch Fortbildungen, Training etc. und auch keine Coachings und Beratungen statt. Im Vordergrund steht eine hyperaktive Form der Prozessgestaltung, sei es aus Verdrängung oder aus Verzweiflung. Als Ressourcen dienen ökonomische Mittel aus vorheriger Tätigkeit, Erbe oder Ersparnissen. Im Falle existenzieller Bedrohung sind diese Mittel nicht vorhanden. Es gibt brüchige oder unklare äußere Beziehungen und auch fragile innere Objekte. Der Protektive Existenzgründungstyp organisiert sich eher beliebig: Auf der einen Seite stehen »Küchentisch-Büros«, auf der anderen Seite Firmen mit mehreren Angestellten, wobei im letzteren Fall der Existenzgründer – vermutlich zur Sicherung des

Größenselbst – immer Chef von Mitarbeitern ist und weniger Kollege oder Partner in kooperativen Gesellschafts- oder Organisationsformen. Dazu gehört auch, dass im Fall einer Firmengründung repräsentative Büros gemietet werden, während im anderen Fall fast unsichtbar vom »Küchentisch« oder Home-Office aus gearbeitet wird.

Die innere Widersprüchlichkeit legt es nahe, zwischen einer defensiven und einer offensiven Variante dieses Typs zu unterscheiden, die allerdings noch genauer zu untersuchen wäre.

***Der dritte Typ ist der »Innovative Existenzgründungstyp«.*** Dieser Typ, der noch am ehesten der Idealfigur des Entrepreneurs entspricht, zielt auf die Umsetzung einer biografischen Innovation. Im Leben der betreffenden Personen soll durch die Existenzgründung eine neue Richtung eingeschlagen bzw. ein lang gehegter Wunsch in die Realität umgesetzt werden. Der Innovative Existenzgründungstyp ist auf der Suche nach neuen Entwicklungsmöglichkeiten, nach der Entfaltung innerer, ungenutzter Potenziale und nach neuen Rollengestaltungen. Auch wenn der Anlass für die Entscheidung zur Selbstständigkeit meist ein äußerer ist, steht jedoch nicht die Verarbeitung der damit einhergehenden Enttäuschungen im Vordergrund, sondern das Nutzen einer plötzlich auftauchenden Gelegenheit zur Veränderung. Innovative Existenzgründer sind eher leicht extravertiert, sie sind auf die Bewältigung der Aufgaben, die die Außenwelt stellt, gerichtet. Sie verfügen über ein stabiles Selbstwertgefühl, sind eher optimistisch, ambitioniert und risikofreudig. Ihre Aktivitäten im Kontext der Existenzgründung sind zielgerichtet und besonnen. Dementsprechend verläuft der Prozess der Existenzgründung und der Aufnahme der Selbstständigkeit meist zügig. Notwendige Lernprozesse, etwa im Bereich vertrieblicher und ökonomischer Kompetenzen, werden aufgenommen und vollzogen. Als Ressourcen dienen stabile Partnerschaften und Familien sowie positiv besetzte innere Objekte, und diese Gründer können Kooperationen und/oder Netzwerke für ihren Prozess nutzen. Das bedeutet nicht, dass der Prozess bruchlos abläuft, es wird mit Brückentätigkeiten und Kooperationsformen experimentiert. Dies endet meist in Solo-Selbstständigkeiten, aber häufig auch in strukturierten Netzwerken mit höherer Verbindlichkeit oder in Praxisgemeinschaften oder Firmen, die gemeinsam mit Kollegen gegründet werden. Dementsprechend vielfältig ist die Wahl des räumlichen Arrangements: Es finden sich unterschiedlichste Formen vom Home-Office bis zu Gemeinschaftspraxen und klassischen Beratungsfirmen, in denen sich mehrere Kollegen Büros mieten und dort eine entsprechende Infrastruktur aufbauen, technisch, aber auch personell mit – wenn auch wenigen – Angestellten oder Aushilfskräften.

Bei der Darstellung dieser drei Typen handelt es sich um eine idealtypische Beschreibung unterschiedlicher Existenzgründungstypen. Dies beinhaltet zweierlei: Auf der einen Seite lassen sich in der Untersuchung einzelne Befragte kaum eindeutig einem der beschriebenen Typen zuordnen. Damit ist impliziert, dass es keine Typen in Reinform gibt, sondern eher Mischtypen bzw. Personen mit einer dominanten Ausprägung, die im Vordergrund steht. Zum zweiten fällt auf, dass es sich bei der Ausbildung eines der Typen meist um einen Prozess handelt, in dem einzelne Befragte die genannten Typen als Stadien durchlaufen. Dieses Bild und die Unterscheidung der drei Typen entsprechen dem, was Menschen üblicherweise in grundlegenden Transformationsprozessen durchlaufen und bewältigen müssen. Die einzelnen Typen sind miteinander verklammert, was in Abbildung 5 veranschaulicht wird.

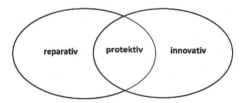

Abbildung 5: Typologie der Existenzgründung – Verklammerung

Es erscheint hilfreich, sich die Ausbildung der Typen analog zum Prinzip der psychosexuellen Entwicklung von Menschen vorzustellen: Alle durchlaufen die entsprechenden Phasen als Teil der Entwicklung, aber es bilden sich unterschiedliche Persönlichkeitsstrukturen, die durch die Dynamik einer bestimmten, prägenden Phase dominant bestimmt sind.

## 7.3 Forschungsperspektiven und Empfehlungen

Welche Konsequenzen lassen sich aus den Erkenntnissen der Studie ziehen? Welche Empfehlungen für die praktische Arbeit mit den Existenzgründern 50plus können gegeben werden?

### 7.3.1 Forschungsperspektiven

Für die weitere Forschung zu den Gründungsaktivitäten und biografischen Hintergründen älterer Existenzgründer ergeben sich im Anschluss an die vorliegende Untersuchung interessante Arbeitsfelder:

- Zunächst bleibt in Erinnerung zu rufen, dass es sich bei dieser Untersuchung um eine relativ kleine Stichprobe handelt. Grundsätzlich wäre zu überprüfen, ob die Ergebnisse auch bei einem größeren Umfang der Stichprobe tragfähig bleiben oder erweitert bzw. abgeändert werden müssen.
- Hinsichtlich des Anspruchs, die Entscheidung zur Existenzgründung in ihrer biografischen Einbettung zu analysieren, ist grundsätzlich deutlich geworden, dass diese Entscheidung zweifellos nicht nur aus der kurzen Zeitspanne vor und nach der Existenzgründung zu verstehen ist. Die Auswertung der Befragung legt die Bedeutung innerer Objekte nahe, auf die die Selbstständigen in der kritischen Phase der Ablösung und des Übergangs zurückgreifen können. In den Interviews wurden dazu zwar einige Anmerkungen gemacht, aus denen sich Schlussfolgerungen ziehen lassen. Es wäre aber sicher gewinnbringend, die frühe Biografie mit ihren wichtigen Bezugspersonen, also Eltern, Lehrer, Ausbilder etc. gezielter in den Blick zu nehmen und genauer danach zu fragen.
- Ein zweiter interessanter Punkt ist die lange Übergangsphase bei den Existenzgründungen unter dem Aspekt der Selbstheilung. Diese Phase erscheint so interessant, dass es lohnenswert wäre, hier genauer zu prüfen, welche Prozesse stattfinden, und dies möglicherweise auch mit Personen zu tun, die sich noch mitten in dieser Phase befinden.
- Auch das Home-Office ist ein bedeutsames Element für späte Existenzgründer. Es bleibt unklar, ob es einen Zusammenhang zwischen dieser räumlichen Organisationsform und dem Erfolg der Existenzgründung gibt, wobei genauer zu definieren wäre, was unter Erfolg zu verstehen ist.
- Schließlich ist der beschriebene Zusammenhang bzw. die Ähnlichkeit der Dynamik zwischen der Ablösungs- und Übergangsphase nach der Entscheidung zur Existenzgründung und der Adoleszenz sowohl theoretisch als auch empirisch ein interessantes Feld zur weiteren entwicklungspsychologischen Erforschung.
- In der Untersuchung wurde deutlich, dass die Beschreibung der Existenzgründung als Angstabwehr vor allem bei einer gescheiterten Existenzgründung sichtbar wurde. Es könnte Sinn machen, diese Hypothese anhand der Analyse gescheiterter Existenzgründungen im Alter genauer zu untersuchen.
- Dabei wäre ein zweiter wichtiger Schritt, die vorläufige Differenzierung in eine eher defensive und eine offensive Form der Angstabwehr zu prüfen und genauer zu analysieren. Hier sind auch Zusammenhänge zu narzisstischen Persönlichkeitsmerkmalen noch genauer zu klären.

## 7.3.2 Empfehlungen und Anregungen zur Institutionalisierung von Beratung und weiteren Hilfestellungen

Die Existenzgründung geht in der Regel einher mit biografischen bzw. berufsbiografischen Brüchen, Verlusten und Trennungen. Die Bewältigung einer solchen Lebenssituation wird erschwert durch fehlende Ritualisierungen des Abschieds und des Neuanfangs, durch Ausgrenzungen und durch ein erschwertes Nicht-ankommen-Können in der neuen Rolle. Jede Entwicklung, wie die Existenzgründung sie erfordert, ist schwierig und kann vor allem dann erfolgreich durchlaufen werden, wenn sie von einer guten sozialen Einbettung getragen wird. Existenzgründungen Älterer gehören zu den besonders kritischen Lebensereignissen, da sie mit einem Wegfall sozialer Strukturen und wichtiger Beziehungen aus der bisherigen Arbeit und den damit einhergehenden Strukturen verknüpft sind und grundlegende Ängste über die Zukunft, das Alter und den Tod an die Oberfläche befördern. Insbesondere die Auseinandersetzung mit den psychischen und sozialen Implikationen einer solchen Entscheidung erhielt bisher wenig Raum und ist entweder an private Therapien delegiert oder wird allenfalls im Rahmen von Aus- und Fortbildungen indirekt bearbeitet. »Nicht bearbeitete und reflektierte Widersprüchlichkeiten und Perspektiven können Quellen für dysfunktionale Strukturen sein und zum Scheitern von Unternehmungen und aussichtsreichen Ideen führen« haben Bayas-Linke et al. (2012, S. 6) festgestellt. Daher erscheint es sinnvoll, entsprechende Strukturen und Angebote aufzubauen, die über die bestehenden Hilfsangebote von Kammern, Arbeitsagenturen und Outplacementberatungen hinausgehen. Besonders wichtig erscheinen aufgrund der Ergebnisse der vorliegenden Studie:

- Ein erhöhtes Augenmerk auf die Ablösesituation: Die Unternehmen haben offensichtlich wenig Interesse an einer guten Unterstützung des Trennungsprozesses. Dieser wird auch von Outplacementberatungen, die im Auftrag der Organisation arbeiten, nicht angemessen aufgefangen. Hier sind sowohl öffentliche (Arbeitsagentur, Industrie- und Handelskammern) als auch private (Banken und andere am Gründungsprozess Beteiligte) Institutionen besonders gefordert. Alle Angebote beziehen offensichtlich die psychische Bedeutung und biografische Relevanz des Prozesses viel zu wenig mit ein. Sie benötigen also kompetente Kooperation mit anderen Institutionen.
- Eine besondere Rolle spielen die sogenannten »Deals« oder »Packages« für den Ausstiegsprozess. Damit gemeint sind die Abfindungen, die für das vorzeitige Ausscheiden seitens der Unternehmen gezahlt werden. Sie haben eine wichtige ökonomische Funktion als Absicherung

für den Start in die Selbstständigkeit und die Übergangszeit, aber sie haben auch einen bedeutsamen emotionalen Anteil. In ihnen spiegeln sich Wünsche nach Rache, nach Anerkennung der geleisteten Arbeit, nach Dankbarkeit, nach einer Mitnahme von symbolischem Kapital, das Sicherheit für den Neuanfang schafft, und vieles mehr wider. Es bedarf eines Raums bzw. einer Form von Beratung, in der das genauer verstanden und behandelt werden kann.

- Von den Befragten wird immer wieder darauf hingewiesen, dass vorhergehende Trainings und Coachings für die Entscheidung zur Existenzgründung hilfreich waren. Diese Beratungen bilden ein wichtiges und gutes inneres Objekt. Sie sollten ergänzend zu bestehenden Gründercoachings von Spezialisten angeboten werden, die ausreichend auf eine Bearbeitung solcher Themen hin geschult sind.
- Die Entscheidung zur Existenzgründung impliziert den freiwilligen Verlust wichtiger Beziehungen, Netzwerke und institutioneller Strukturen. Dieser Verlust sollte kompensiert werden durch Gruppen, in denen die Existenzgründer sich aufgehoben fühlen. Eine solche Gruppe könnte prozessbegleitend über mehrere Jahre hilfreich sein, angefangen von der Inkubationsphase, in der die ersten Überlegungen zur Verselbstständigung auftauchen. Solche Existenzgründergruppen erleichtern den Neuanfang auch als Experimentierräume für die Suche nach der neuen Identität, die fast alle Befragten durchlaufen mussten.
- Diese Gruppen könnten auch Teil einer Ritualisierung des Abschieds sein, der erfahrungsgemäß bei der Bewältigung kritischer Lebenssituationen hilfreich ist. Im positiven Fall könnten auch die abgebenden Unternehmen bewusster mit solchen Abschiedsritualen umgehen. Diese Abschiede hinterlassen ja nicht nur Spuren bei demjenigen, der das Unternehmen verlässt, sondern haben auch Auswirkungen auf das verbleibende System.
- Nicht zuletzt soll an dieser Stelle auf die Empfehlungen der befragten Personen selbst hingewiesen werden: Alle haben die Bedeutung ökonomischer, speziell vertrieblicher Kompetenz unterschätzt. Vermutlich passt die fehlende Vertriebskompetenz nicht zum Selbstbild von Führungskräften, sie ist ein blinder Fleck. Kurse und Trainings bieten hier vermutlich eine wichtige Hilfe.
- Eine zweite Hilfe können auch Unterstützungen beim Aufbau von Kooperationsstrukturen sein. Die meisten Gründer scheinen »gebrannte Kinder« zu sein, was ihre innere Bereitschaft angeht, sich auf Mehrpersonenberatungen einzulassen. Gerade dies erscheint aber aus vertrieblichen Gründen und auch aus Kompetenzgründen notwendig zu sein. Wenn die Selbstständigkeit nicht allein eine sanfte

und unauffällige Form des Übergangs in den Ruhestand sein soll, sondern ein echter Neuanfang, müssen die biografisch bedingten Widerstände gegen Gemeinschaftspraxen, Firmengründungen und andere institutionelle Formen gemeinschaftlichen Arbeitens in der Selbstständigkeit überwunden werden.

# 8 Fazit: Der ältere Existenzgründer als besonnener Entrepreneur

Zusammenfassend lässt sich der Prozess der Existenzgründung älterer Führungskräfte, die das 50. Lebensjahr erreicht oder überschritten haben, wie folgt beschreiben:

Im Unterschied zu den meisten vorliegenden Untersuchungen ist deutlich geworden, wie komplex die Entscheidung zur Verselbstständigung im höheren Erwachsenenalter ist. In der bisherigen wissenschaftlichen Diskussion stehen Fragen nach den optimalen Voraussetzungen für eine gelungene Existenzgründung im Vordergrund. Damit wird unausgesprochen eher eine gesellschaftliche Perspektive in den Vordergrund gestellt, die sich vorrangig an Fragen der Innovationsförderung oder aber der Behebung von realer bzw. drohender Arbeitslosigkeit leiten lässt. Die Befragung der ehemaligen Führungskräfte zeigt aber, dass es falsch wäre, anzunehmen, dass die Existenzgründung als eine Entwicklung von der abhängigen Beschäftigung zu einer selbstständig organisierten Form der Tätigkeit allein ökonomisch oder rational zu erklären ist. Auch eine Einbeziehung psychologischer Faktoren, wie etwa eine Beschreibung von hilfreichen Persönlichkeitsmerkmalen der Unternehmerpersönlichkeit, reicht nicht aus. Die Existenzgründung in diesem Alter ist ein komplexer Prozess, in dem ökonomische, gesellschaftliche, soziale, familiäre und biografische Faktoren ineinandergreifen.

Die Existenzgründung erfüllt dabei vor allem wichtige psychosoziale Funktionen, d.h., sie dient sowohl der Entwicklung und Stabilisierung der Persönlichkeit, der Entfaltung einer als wünschenswert angesehenen Zukunftsperspektive, aber sie hat auch eine gesellschaftliche Dimension, insbesondere hinsichtlich einer spezifischen Idee des Arbeitens und der Gestaltung des Alters, die über die individuelle Entscheidung hinauswirken kann. Typisch für den Prozess der Existenzgründung in diesem Alter sind also eine psychische Umgestaltung und eine Neuschöpfung im Hinblick auf die Karriere- und Altersperspektive. Es handelt sich somit um eine zunächst biografische, aber implizit auch sozial und gesellschaftlich wirksame Innovation, in der sozialer Wandel – insbesondere der demografische Wandel –, die Dynamik in Richtung eines unternehmerischen Selbst sowie die Suche nach befriedigenderen Formen des Arbeitens auf der individuellen Ebene ineinandergreifen und sich gegenseitig beeinflussen. Die Existenzgründung geht einher mit einer Lebenskrise, in der erworbene Muster der Lebens- und Arbeitsgestaltung auf dem Prüfstand stehen. Dies ist zunächst eine persönliche Krise, für die es individuelle Lösungen zu finden gilt, die dann gleichwohl über die einzelne Person hinausreichen. Der Prozess wird in Abbildung 6 grafisch verkürzt dargestellt.

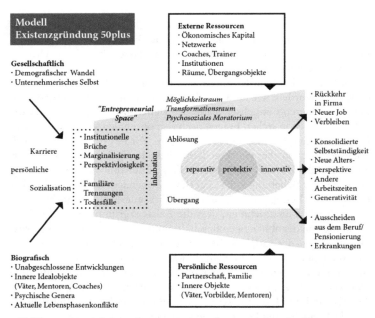

Abbildung 6: Modell der Existenzgründung älterer Führungskräfte

Veränderungen im beruflichen Zusammenhang, insbesondere unternehmensbezogene Faktoren wie Restrukturierung, Fusionen, Führungswechsel, aber auch private Veränderungen wie etwa der Auszug von Kindern aus dem Haus, Trennungen etc. provozieren bei den Betroffenen eine Tendenz, auf diese zu reagieren. Die Entwicklungen im betrieblichen Bereich gehen einher mit Brüchen, Kränkungen, die man als latente, strukturelle und z. T. auch offene Formen von Gewalt (auch aufgezwungene Perspektivlosigkeit stellt eine Form struktureller Gewalt dar) bezeichnen kann, und triggern eine Tendenz zum Weggehen, zur Trennung oder zur Flucht. Ausgangspunkt kann aber auch ein individueller Konflikt sein: Manche Führungskräfte erkennen erst zu diesem lebensgeschichtlich bedeutsamen Zeitpunkt, dass sie am falschen Platz gelandet sind oder noch etwas Neues versuchen wollen. Möglicherweise hat sich ein Karriereschritt auch ohne betrieblichen Einfluss nicht erfüllt oder liegt im Bereich des Unmöglichen. Einzelne Führungskräfte entscheiden sich an dieser Stelle nicht für einen Stellen-, Firmen- oder Karrierewechsel oder gar einen gut bezahlten Ausstieg als vorzeitige Pensionierung. Sie nutzen den sich abzeichnenden Transformationsraum für eine innere Auseinandersetzung, die in der Entscheidung zur Existenzgründung mündet. Dieser Transformationsraum lässt prinzipiell auch die Option einer frühzeitigen Pensionierung oder – falls möglich – Wiedereinstiegs in Organisationszusammenhänge offen, muss also aktiv gestaltet und zu einer Lösung gebracht werden. Dabei gewinnen Dynamiken des demografischen Wandels sowie der gesellschaftlichen Strömung in Richtung des unternehmerischen Selbst als attraktiver Möglichkeit und einer Forcierung der Selbstfürsorge Einfluss auf die individuelle Entscheidung zur Verselbstständigung.

Die Führungskräfte bewegen sich so in unterschiedlichen Prozessschritten von der Inkubation bis zur Konsolidierung in einen transformativen Raum, der die Qualitäten eines »Möglichkeitsraums« (Winnicott 1984) oder auch eines »psychosozialen Moratoriums« (Erikson 1998) besitzt. Man könnte auch von einem »Entrepreneurial Space« sprechen, also zugleich einer Phase im Prozess und einem psychischen, sozialen und territorialen Raum, in dem eine innere Auseinandersetzung mit der Option der Verselbstständigung erfolgt. Dazu gehört eine Phase der Ablösung und der Umgestaltung, deren Verlauf, Dauer und Intensität in starkem Maß von der vorhergehenden Gestaltung des Beziehungsverhältnisses zwischen dem Unternehmen bzw. der Organisation, aus der die Führungskraft kommt, und dem Existenzgründer als Person abhängt. Im Zuge dieser Entscheidung kommt es zu Formen der Selbstheilung, dem Aufbau eines Systems zur Angstabwehr und zu biografischen Innovationen, in denen sich individuelle Neuorientierungen mit gesellschaftlichen Veränderungen hinsichtlich der Altersgestaltung und insbesondere der Bedeutung der Arbeit im Alter verbinden. In diesem Sinne existiert im Falle der Existenzgründung eine Passung sozialer, ökonomischer und institutioneller Veränderungen mit biografischen und psychischen Dispositionen – und diese führt zu einer Neuschöpfung. Der Prozess gelingt besonders dann, wenn als externe Ressourcen vorhandenes ökonomisches Kapital, funktionierende Partnerschaften und berufliche Netzwerke genutzt bzw. aktiviert werden können. Ökonomischer Druck und soziale Situationen mit geringer Einbettung begünstigen tendenziell eine eher fragile Form der Selbstständigkeit bzw. deren Scheitern.

Im Hinblick auf den Prozess und die Dynamik der Existenzgründung kommt dem Home-Office, als bevorzugter räumlicher Form der Organisation des Arbeitsprozesses, eine wichtige Rolle zu. Das Home-Office steht für eine eigenartige Spannung von Mobilität und Immobilität in der Übergangsphase und damit für die beiden Möglichkeiten des Ausgangs des Existenzgründungsprozesses: In manchen Fällen erscheint die Solo-Selbstständigkeit eher als ein langsamer und vorgezogener Rückzug aus dem Arbeitsleben mit dem Ziel der Selbstheilung und Angstabwehr. In anderen Fällen markiert es in seiner Doppeldeutigkeit einen verhaltenen und besonnenen Übergang zum Entrepreneur im Sinne einer biografischen Innovation.

Hinsichtlich des Umgangs mit der persönlichen und beruflichen Vergangenheit ist fast allen Existenzgründern eine Haltung gemeinsam, die man als progressiv bezeichnen kann. Nach der Übergangsphase überwiegt eine Art »reflexiver Nostalgie« (Gilmore 2004), d. h., der Schwerpunkt liegt auf einer nach vorne gerichteten Sehnsucht, die eigene Geschichte und die menschliche Vergänglichkeit werden akzeptiert. Die eigene Vergangenheit wird als Ressource gesehen, gleichzeitig gibt es eine unübersehbare Trauer, die den Schmerz des Verlusts nicht verleugnet (außer Angstabwehr) und in die Zukunft weist.

Die Existenzgründungen im Alter 50plus (diese Bezeichnung hat sich als praktisch erwiesen) sind in allen Fällen beeinflusst von Überlegungen hinsichtlich des eigenen Alternsprozesses bzw. der Vorstellung, wie das eigene Alter hinsichtlich der Frage der Berufstätigkeit gestaltet werden soll. Die Existenzgründung ist ein persönliches Projekt, das mit deutlichen Hoffnungen und Erwartungen hinsichtlich eines neuen Drehbuchs des Alterns verknüpft ist. Die Existenzgründungen 50plus sind getragen von einer Mischung aus Wünschen nach Sicherheit und Geborgenheit im familiären Rahmen und in beruflichen Bezügen. In diesem Sinne folgen sie einem klassischen Rückzugswunsch, wie er mit der Pensionierung üblicherweise freigesetzt wird. Dieser Geborgenheitswunsch, der vermutlich aus der Auseinandersetzung mit dem Alter und dem nicht mehr zu verdrängenden Thema des Sterbens erwächst, folgt der klassischen Idee des schrittweisen »Disengagements«, also dem Rückzug aus beruflichen Rollen und Arbeitsbezügen. Gleichzeitig gibt es dezidiert andere Vorstellungen von sinnvoller Arbeit, flexibler Arbeitszeit und einem den eigenen Bedürfnissen angepassten Umfang an beruflicher Tätigkeit. Dieses persönliche Altersbild, als Grundlage und Folge der Entscheidung zugleich, weicht deutlich ab von den üblichen Vorstellungen und Lebensläufen mit einer Pensionierung in einem bestimmten Alter und allenfalls nebenberuflicher Tätigkeit oder Brückentätigkeiten wie dem »Silver Work« (vgl. Kapitel 3.2.3). Die befragten Existenzgründer wol-

Fazit: Der ältere Existenzgründer als besonnener Entrepreneur   315

len alle über die klassische Pensionierungsgrenze hinaus arbeiten. Arbeit zählt zu den zentralen Bestandteilen ihrer Identität.

Während bei der Existenzgründung selbst bzw. in der Vorbereitungsphase generative Motive noch kaum ausgesprochen werden, gewinnen diese im Verlauf des Existenzgründungsprozesses eine größere Bedeutung. Der Wunsch, für andere Menschen, insbesondere jüngere Kolleginnen und Kollegen hilfreich zu sein und zu sorgen, taucht immer mehr auf. Das entspricht der entwicklungspsychologischen Herausforderung, wie Erikson sie für dieses Alter als zentral beschrieben hat. Möglicherweise hat das nicht nur mit der Zugehörigkeit zu einer bestimmten Altersphase und ihren zentralen Themen und Konflikten zu tun, sondern ist auch Ergebnis des Wechsels der beruflichen Tätigkeit und Rolle von der Führungskraft zum Berater.

Es lässt sich feststellen, dass der Prozess, den die Existenzgründer 50plus durchlaufen, gewisse Ähnlichkeiten mit der Situation hat, in der sich Jugendliche während der Adoleszenz befinden. Typische Fragen wie »Wer bin ich? Wo komme ich her? Wie will ich meine Zukunft gestalten?« müssen individuell beantwortet werden. Traditionelle Rollenmuster bieten angesichts des demografischen Wandels, insbesondere der längeren Lebenserwartung, offensichtlich keine ausreichende Orientierung mehr. Diese interessante Parallelität und Verschränkung von Adoleszenz und Alter drückt sich in bestimmten theoretischen Konzepten wie etwa dem Begriff der »Jungen Alten« (Dyk van/Lessenich 2009) oder der Behauptung der Herausforderung zum »ewigen Aufbruch« (King 2011) aus.

In der Diskussion um die gesellschaftliche Relevanz der späten Existenzgründung spielt die Frage eine besondere Rolle, ob die Existenzgründer 50plus überhaupt als »Entrepreneure« gelten können oder über ein ausgeprägtes »unternehmerisches Selbst« verfügen. Fritsch hatte den älteren Existenzgründer folgendermaßen typisiert:

> Der ältere Gründer ist zwischen 55 und 64 Jahre alt und überwiegend verheiratet, wobei der Ehepartner mehrheitlich berufstätig ist. Vielfach ist der Gründer aufgrund der Unterhaltspflicht gegenüber eigenen Kindern auf ein festes Einkommen angewiesen. Zudem ist er für die Gründung, die er anstrebt, fachlich gut qualifiziert und verfügt mindestens über eine abgeschlossene Berufsausbildung. Meist ist er Erstgründer im Dienstleistungsbereich, angetrieben von Pull-Motiven und einer positiven Einstellung gegenüber der eigenen Selbständigkeit. (2012, S. 83)

Diese verdichtete, idealtypische Beschreibung stimmt zweifellos mit den Ergebnissen der vorliegenden Untersuchung überein. Entrepreneurship geht jedoch weit darüber hinaus. Entrepreneurship beinhaltet die Bereitschaft zum Risiko, das Verlassen institutionalisierter Routinen und den

Verzicht auf sichernde Organisationen und Netzwerke. All dies kann für den Existenzgründer 50plus im Regelfall angenommen werden. Von besonderer Bedeutung ist die ausgeprägte Bereitschaft zum Risiko des Neuanfangs und das implizite Risiko des Scheiterns und des Verlusts bisheriger biografischer Investitionen in Ausbildung, Zugehörigkeit und auch ökonomische Sicherheit. Dies impliziert das Risiko des Statusverlusts und persönlicher Demütigung und Scham. Die Existenzgründung bedeutet das Veröffentlichen von eigenen Wünschen und Träumen und damit die Bereitschaft zur Verletzlichkeit. Gleichzeitig liegt hier das kreative Potenzial, das den Entrepreneur ausmacht. Es ist aber nicht nur auf die Zukunft gerichtet, sondern auch ein kreativer Akt der Selbstheilung und des Umgangs mit Enttäuschungen. Wirth hat beschreiben, wie eine »nicht-pathologische Möglichkeit mit unbefriedigbaren Bedürfnissen, Traumen, Begrenzungen, Verlusten, schmerzhaften Trennungen und der Unausweichlichkeit des Todes umzugehen, […] die Kreativität« (2001, S. 36) ist.

Im Schumpeter'schen Sinne erschafft der Existenzgründer 50plus selten ein neues Produkt, in manchen Fällen kann man auch nicht einmal davon sprechen, dass er eine neue Firma (mit Angestellten) gründet und Beiträge zur Erweiterung des Arbeitsmarktes liefert. Vor allem ist die Gewinnabsicht als zentrales Kriterium des Unternehmers so gut wie nie gegeben oder realisiert, sondern ökonomische Verluste im Vergleich zur Festanstellung als Führungskraft sind die Regel. Der unternehmerische Neuanfang hat zunächst und vor allem einen biografischen, d. h. vor allem auf die eigene Person gerichteten Bezug. Kontos hat dies in Bezug auf die Existenzgründung von Frauen als »Sparflammenselbstständigkeit« (Kontos 2004, S. 87) beschrieben, einer Form der Selbstständigkeit, der das Interesse an betrieblicher Expansion weitgehend fehlt.

Die Mehrdeutigkeit der Entscheidung zur Existenzgründung 50plus gipfelt in dem – zumeist kurzlebigen oder gescheiterten – Versuch der Wissenschaft, den Selbstständigen einen »passenden« Begriff zur Charakterisierung zu verleihen: Vom »second-career-entrepreneur« über den »seniorpreneur«, den »third-age-entrepreneur« reicht das Spektrum bis zu dem neuerdings auftauchenden »solopreneur«. Hierin spiegelt sich die Erkenntnis, dass es zwar unübersehbare Elemente der Entrepreneurship in der späteren Existenzgründung gibt, diese aber nicht mit dem klassischen Begriff des Entrepreneurs erfasst werden können. Vielleicht macht es Sinn, vom besonnenen, vom vorsichtigen, verhaltenen oder auch vom generativen Entrepreneur zu sprechen, um deutlich zu machen, wie viel Erkenntnis über die Begrenzungen und Risiken des Lebens Teil der individuellen Entscheidung sind, sich in der zweiten Lebenshälfte selbstständig zu machen.

# Literaturverzeichnis

Altenbericht, D. (2001): Bundesministerium für Familie. Senioren, Frauen und Jugend (Hrsg.): Dritter Altenbericht–Lage der älteren Generation in der Bundesrepublik Deutschland, Bundesdrucksache, 14, 5130.

Apitzsch, U.; Jansen, M. M. (2003): Migration, Biographie und Geschlechterverhältnisse (Vol. 6). Münster: Westfälisches Dampfboot.

Apitzsch, U.; Kontos, M. (2008): Self-Employment Activities of Women and Minorities. Wiesbaden: VS.

Armstrong, D. (1991): The Institution-in-the-mind: reflections on the relations of psychoanalysis to work with institutions. Paper presented at a conference: Psycho-analysis and the Public Sphere, East London Polytechnic.

Backes, G. M.; Clemens, W. (1998): Lebensphase Alter. Eine Einführung in die sozialwissenschaftliche Alternsforschung. Weinheim und München: Juventa-Verlag.

Backes, G.; Clemens, W.; Künemund, H. (2004): Lebensformen und Lebensführung im Alter – objektive und subjektive Aspekte des Alter(n)s. In: Backes, G.; Clemens, W.; Künemund, H.: Lebensformen und Lebensführung im Alter. Wiesbaden: VS, S, S. 7–22.

Baltes, P.B. (1990): Entwicklungspsychologie der Lebensspanne: Theoretische Grundsätze. In: Psychologische Rundschau, 41, S. 1–24.

Bauer, A.; Gröning, K. (Hrsg.) (2008): Gerechtigkeit, Geschlecht und demografischer Wandel. Frankfurt. a. M.: Mabuse-Verlag.

Bauer, A.; Gröning, K. (2007): Das andere Alter. Verstehende Zugänge zum Alter als Basis für Intergenerationenbeziehungen. In: Bauer, A.; Gröning, K. (Hrsg.): Die späte Familie. Intergenerationenbeziehungen im hohen Lebensalter. Gießen: Psychosozial-Verlag, S. 17–40.

Baum, J. R.; Frese, M.; Baron, R. A.; Katz, J. A. (2007). Entrepreneurship as an area of psychology study: An Introduction. In: Baum, J.R.; Frese, M.; Baron, R.A. (Hrsg.): The Psychology of Entrepreneurship. The Organizational Frontiers Series. Mahwah: Lawrence Erlbaum Associates, S. 1–18.

Bayas-Linke, D.; Müller, J.; Schwedhelm, E. (2012): Wege in die Selbstständigkeit – ein komplexes Zusammenspiel. In: Supervision, 4, S. 4–11.

Becker-Schmidt, R. (1994): Diskontinuität und Nachträglichkeit. Theoretische und methodische Überlegungen zur Erforschung weiblicher Lebensläufe. In: Diezinger, A.; Kitzer, H.; Anker, I.; Bingel, I.; Haas, E.; Odierna, S. (Hrsg.): Erfahrung mit Methode. Wege sozialwissenschaftlicher Frauenforschung. Freiburg: Kore Edition, S. 155–182.

Beumer, U. (2013): »Hetzen, hetzen, hetzen.« Permanente Veränderungen. In: Haubl, R.; Voß, G.G.; Alsdorf, N.; Handrich, Ch.(Hrsg.): Belastungsstörung mit System. Die zweite Studie zur psychosozialen Situation in deutschen Organisationen. Göttingen: Vandenhoeck & Ruprecht, S. 19–34.

Bion, W. R. (1977): A memoir of the future (Vol. 1). London: Karnac Books.

Blawat, K. (2010): Fit in die Rente. Manche Folgen der alternden Gesellschaft werden überschätzt. In: Süddeutsche Zeitung Nr. 209 vom 10. September 2010, S. 16.

Blos, P. (1990): Sohn und Vater. Diesseits und jenseits des Ödipus-Komplexes. Stuttgart: Klett-Cotta.

Bögenhold, D. (1989): Die Berufspassage in das Unternehmertum. Theoretische und empirische Befunde zum sozialen Prozess der Firmengründungen. In: Zeitschrift für Soziologie 18, Heft 4: S. 263–281.

Bögenhold, D.; Fachinger, U. (2012a): Selbständigkeit im System der Erwerbstätigkeit. In: Sozialer Fortschritt, 11–12, S. 277–287.

Bögenhold, D.; Fachinger, U. (2012b): How diverse is entrepreneurship? Observations on the social heterogeneity of self-employment in Germany. In: Bonnet, J.; Dejardin, M.; Guijarro, A. (Hrsg.): The shift to the entrepreneurial society: A built economy in education, sustainability and regulation. Cheltenham: Elgar, S. 227–241.

Bögenhold, D.; Fachinger, U. (2011): Entrepreneurial Diversity: Theoretische und empirische Beleuchtungen der Heterogenität beruflicher Selbständigkeit in Deutschland. In: Zeitschrift für KMU und Entrepreneurship (ZFKE) 59, 4, S. 251–272.

Bohleber, W. (2008): Wege und Inhalte transgenerationaler Weitergabe. In: Radebold, H.; Bohleber, W.; Zinnecker, J. (Hrsg.): Transgenerationale Weitergabe kriegsbelasteter Kindheiten. Weinheim und München: Juventa-Verlag, S. 107–118.

Bollas, C. (2000): Genese der Persönlichkeit. Psychoanalyse und Selbsterfahrung. Stuttgart: Klett-Cotta.

Bonnet, J.; Brau, Th.; Madrid-Guijarro, A. (2012): Innovative entrepreneurship as a way to meet professional dissatisfactions. In: Bonnet, J.; Dejardin, M.; Guijarro, A. (Hrsg.): The shift to the entrepreneurial society: A built economy in education, sustainability and regulation. Cheltenham: Elgar, S. 58–71.

Bourdieu, P. (1983): Ökonomisches Kapital, kulturelles Kapital, soziales Kapital. In: Kreckel, R. (Hg.): Soziale Ungleichheiten (Soziale Welt Sonderband 2). Göttingen: Schwartz, S. 183–198.

Brim, O. G. jr.; Wheeler, S. (1974): Erwachsenen-Sozialisation. Sozialisation nach Abschluß der Kindheit. Stuttgart: Ferdinand Enke Verlag.

Brixy, U.; Hessels, J.; Hundt, C.; Sternberg, R.; Stüber, H. (2009): Global Entrepreneurship Monitor. Unternehmensgründungen im weltweiten Vergleich. Länderbereich Deutschland 2008. Hannover, Nürnberg.

Bröckling, U. (2007): Das unternehmerische Selbst. Soziologie einer Subjektivierungsform. Frankfurt a. M.: Suhrkamp.

Brost, M.; Veiel, A. (2015): Sie nennen es Sterbehaus. In: DIE ZEIT vom 30. Oktober 2015. http://www.zeit.de/2015/43/deutsche-bank-frankfurt-westend-manager-aufsichtsrat (Zugriff am 28. Mai 2016).
Brunner, M.; Burgermeister, N.; Lohl, J.; Schwietring, M.; Winter, S. (2012): Psychoanalytische Sozialpsychologie im deutschsprachigen Raum. Geschichte, Themen, Perspektiven. In: Freie Assoziation, 15, 3+4, S. 5–77.
Brussig, Martin (2005): Die »Nachfrageseite des Arbeitsmarktes«. Betriebe und die Beschäftigung Älterer im Lichte des IAB-Betriebspanels 2002. Altersübergangs-Report, 2005-02. Gelsenkirchen.
Buchen, S.; Maier, M.S. (Hrsg.) (2008): Älterwerden neu denken. Interdisziplinäre Perspektiven auf den demografischen Wandel. Wiesbaden: VS.
Bude, H (2016): Das Gefühl der Welt. Über die Macht von Stimmungen. München: Carl Hanser Verlag.
Bude, H.; Lantermann, E.-D. (2006): Soziale Exklusion und Exklusionsempfinden. In: Kölner Zeitschrift für Soziologie und Sozialpsychologie 58, 2, S. 233–252.
Bundesministerium für Wirtschaft und Technologie (2008): Existenzgründungen durch Ältere. In: Gründerzeiten – Informationen zur Existenzgründung und -sicherung, Nr. 52. Berlin: BMWi.
Bürger, B. (2009): Berufliche Ziele im mittleren/höheren Erwachsenenalter. Lässt sich die in der Theorie der sozioemotionalen Selektivität vorgezeichnete Veränderung auch im Bereich beruflicher Ziele beobachten? Unveröffentlichte Magisterarbeit. Hagen.
Bußhoff, L. (2001): Zum Konzept des beruflichen Übergangs – eine theoretische Erörterung unter Bezug auf Supers Ansatz zur Erklärung der Laufbahnentwicklung. In: International Journal for Educational and Vocational Guidance, 1, 1–2, S. 58–76.
Calo, T.J. (2005): The generativity track: A transitional approach to retirement. In: Public Management, 34, S. 301–312.
Clemens, W. (2010): Lebensläufe im Wandel – Gesellschaftliche und sozialpolitische Perspektiven. In: Naegele, G. (Hrsg.) (2010): Soziale Lebenslaufpolitik. Wiesbaden: VS, S. 86–109.
Clemens, W. (2008): Zu früh in die »Späte Freiheit«? – Ältere Arbeitnehmer im demografischen Wandel. In: Amann, A.; Kolland, F. (Hrsg.): Das erzwungene Paradies des Alters?. Wiesbaden: VS, S. 101–120.
Commerzbank AG (2009): Abschied vom Jugendwahn? Unternehmerische Strategien für den sozialen Wandel. Frankfurt a. M.
Conzen, P. (2007): Fürsorge für die alten Eltern – eine Kernaufgabe des Erwachsenenalters? Zu Eriksons Konzept der Generativität. In: Bauer, A., Gröning, K. (Hrsg.): Die späte Familie. Gießen: Psychosozial-Verlag, S. 167–180.
Cumming, E.; Henry, W. E. (1961): Growing old – the process of disengagement. New York: Basic Books.
Czander, W. M.; Lee, D. H. (2001): Employment Commitment: A psycho-social Perspective on Asian and American Culture and Business. In: Kidd J.; Lee, X.;

Richter, F. J. (Hrsg.) Maximizing Human Intelligence Deployment in Asian Business. New York: Palgrave Press, S. 57–78.

Daser, B.; Haubl, R. (2009): Qualifiziert sein reicht nicht: weibliche Nachfolge als Herausforderung für die ganze Unternehmerfamilie. In: Fröse, M. W.; Szebel-Habig, A. (Hrsg.): Mixed leadership – Mit Frauen in die Führung!. Bern u. a.: Haupt-Verlag, S. 111–129.

De Botton, A. (2008): Glück und Architektur. Von der Kunst, daheim zu Hause zu sein. Frankfurt a. M.: Fischer.

Deller, J.; Maxin, L. (2010a): Silver Work: Zum Stand beruflicher Aktivitäten im Ruhestand in Deutschland. In: Informationsdienst Altersfragen (Hrsg. Deutsches Zentrum für Altersfragen) 37, 2, S. 3–9.

Deller, J.; Maxin, L. (2010b): Zukunft der Arbeit. In: Personal, 6, S. 9–11.

Deller, J.; Maxin, L. (2009): Berufliche Aktivitäten von Ruheständlern. In: Zeitschrift für Gerontologie und Geriatrie, 42, 4, S. 305–310.

Deller, J.; Maxin, L. (2008): »Silver Workers« – Eine explorative Studie zu aktiven Rentnern in Deutschland. In: Zeitschrift Arbeit, 3, S. 166–179.

Dendinger, V. M.; Adams, G. A.; Jacobson, J. D. (2005): Reasons for working and their relationship to retirement attitudes, job satisfaction and occupational self-efficacy of bridge employees. In: International Journal of Aging and Human Development, 61, S. 21–35.

Deppermann, A. (2008): Gespräche analysieren. Eine Einführung. 4. Aufl. Wiesbaden: VS Verlag für Sozialwissenschaften.

DIHK (2012): Existenzgründung im Wandel. DIHK-Gründerreport 2012. Berlin: DIHK-Verlag.

Dörr, Margret (2011): »Erwachsene« – Eine psychoanalytisch-pädagogische Perspektive. In: Dörr, M.; Göppel, R.; Funder, A. (Hrsg.): Reifungsprozesse und Entwicklungsaufgaben im Lebenszyklus. Gießen, Psychosozial-Verlag, S. 154–174.

Dyk, S. van; Lessenich, S. (2009): Die jungen Alten. Analysen einer neuen Sozialfigur. Frankfurt/New York: Campus Verlag.

Engstler, H. (2004): Geplantes und realisiertes Austrittsalter aus dem Erwerbsleben. Ergebnisse des Alterssurveys 1996 und 2002. Berlin: Deutsches Zentrum für Altersfragen.

Erdheim, M. (1984): Die gesellschaftliche Produktion von Unbewußtheit – Eine Einführung in den psychoanalytischen Prozess. 4. Aufl. 1992. Frankfurt a. M.: Suhrkamp.

Erikson, E. H. (1998): Jugend und Krise. Die Psychodynamik im sozialen Wandel. Berlin und Wien: Klett-Cotta.

Erikson, E. H. (1973): Identität und Lebenszyklus. Frankfurt am Main: Suhrkamp Verlag.

Erlinghagen, M.; Hank, K. (2008): Produktives Altern und informelle Arbeit in modernen Gesellschaften, Theoretische Perspektiven und empirische Befunde. Wiesbaden: VS.

Ernst, H. (2008). Weitergeben! Anstiftung zum generativen Leben. Hamburg: Hoffmann und Campe.

ESMT (2015): ESMT Annual Forum Review: Entrepreneurship – Moving beyond the familiar. Berlin. https://annualforum.esmt.org/system/files_force/esmt_annual_forum_review_2015.pdf?download=1&download=1 (Zugriff am 16. Juli 2016).

Fairbairn, W. R. D. (2000): Das Selbst und die inneren Objektbeziehungen: eine psychoanalytische Objektbeziehungstheorie. Gießen: Psychosozial-Verlag.

Faltin, G. (2001): Creating a culture of innovative entrepreneurship. In: Journal of International Business and Economy, 2, 1, S. 123–140.

Fernández-Sánchez, N. (2013): Gründerinnen und Gründer ab dem mittleren Alter: Schlüsselfaktor für die Wirtschaft. Eschborn: RKW.

Filipp, S.-H.; Aymanns, P. (2010): Kritische Lebensereignisse und Lebenskrisen. Vom Umgang mit den Schattenseiten des Lebens. Stuttgart: Kohlhammer.

Fischer, R. (2010): Rahmenbedingungen für ältere Beschäftigte in Deutschland. Nationaler Workshop »Elder Employees in companies experiencing Restructuring: Stress and well-being«. Bundesanstalt für Arbeitsschutz und Arbeitsmedizin. Juni 2010. Dortmund. http://www.baua.de/de/Publikationen/Fachbeitraege/pdf/Aeltere-Arbeitnehmer-2010-2.pdf?__blob=publicationFile&v=1 (Zugriff am 28. April 2011).

Flick, U. (2009): Sozialforschung. Methoden und Anwendungen. Ein Überblick für die BA-Studiengänge. Reinbek bei Hamburg: Rowohlt.

Flick, U.; Kardoff, E. von; Steinke, I. (Hrsg.) (2000): Qualitative Forschung. Ein Handbuch. Reinbek bei Hamburg: Rowohlt 2007.

Florida, R. (2002): The Rise of the Creative Class. New York: Basic Books.

Flüter-Hoffmann, C. (2011): Selbstbild und Fremdbild älterer Beschäftigter: Altersbilder in Gesellschaft und Wirtschaft. In: Alter und Arbeit im Fokus – Neueste Aspekte zur Motivation älterer Arbeitnehmer und Zusammenarbeit von Forschung und Praxis. Dokumentation der Tagung am 6. und 7. April 2011 im Gustav Heinemann Haus. Bonn, S. 24–36.

Franke, A. (2012): Gründungsaktivitäten in der zweiten Lebenshälfte. Eine empirische Untersuchung im Kontext der Altersproduktivitätsdiskussion. Dortmunder Beiträge zur Sozialforschung. Wiesbaden: Springer VS.

Franke, A. (2010): Existenzgründungen im Lebenslauf. In: Naegele, G. (Hrsg.): Soziale Lebenslaufpolitik. Wiesbaden: VS, S. 371–408.

Franke, A. (2009): Späte Zündung – Existenzgründungen in der zweiten Lebenshälfte. Unveröffentlichtes Dokument.

Frese, M.; Henning, T.; Rosing, K.; Zacher, H. (2011): Establishing the next generation at work: Leader generativity as a moderator of the relationships between leader age, leader-member exchange, and leadership success. In: Psychology and Aging, 26, 1, S. 241–252.

Fritsch, M.; Kritikos, A.; Rusakova, A. (2012): Selbständigkeit in Deutschland: Der Trend zeigt seit langem nach oben. In: DIW Wochenbericht, 4, S. 3–12.

Gabriel, Y. (2007): Das Unbehagen in Organisationen – zu einer Theorie organisatorischen Miasmas. In: Freie Assoziation, 10, 1, S. 7–34.

Galler, K. (2009): Leben und Leisten – Gestaltung der Lebens- und Laufbahnphasen. Unveröffentlichter Vortrag für das Mitarbeiter-Netzwerk »Senior-Experts« der Deutschen Bank Frankfurt a. M. am 21. September 2009.

Gartner, W. B. (1985): A conceptual framework for describing the phenomenon of new venture creation. In: Academy of management review, 10, 4, S. 696–706.
Geißler, K. H. (2013): Die Kunst der Abdankung. Vortrag bei den TOPS Tagen. http://www.tops-ev.de/angebote/fachtagungen/tops-age2013/files/karlheinz_geissler_die_kunst_der_abdankung.pdf (Zugriff am 25. August 2015).
Gennep, A. van (1986). Übergangsriten. Frankfurt/New York: Campus.
Gilmore, Thomas N. (2004): Zur Psychodynamik von Führungswechseln. In: Freie Assoziation 7, 2, S. 21–41.
Glaser, B. G.; Strauss, A. (1998): Grounded Theory: Strategien qualitativer Forschung. Bern: Verlag Hans Huber.
Göckenjan, G. (2000): Das Alter würdigen. Altersbilder und Bedeutungswandel des Alters. Frankfurt a. M.: Suhrkamp.
Gould, L. J. (2006): Coaching senior executives: personal/work conflicts, mortality, and legacy. In: Newton, J.; Long, S.; Sievers, B. (Hrsg.): Coaching in depth. The organizational role analysis approach. London: Karnac Books, S. 145–158.
Gould, L.J. (1999): A Political Visionary in Mid-Life: Notes on leadership and the life cycle. In: French, R.; Vince, R. (Hrsg.): Group Relations, Management, and Organization. New York: Oxford University Press, S. 70–86.
Gross U., Fantetti M., Grichnik D. (2013): Person statt Produkt. In: Harvard Business Manager, 7, S. 46–47.
Haas, E. T. (2002): ... und Freud hatte doch recht. Die Entstehung der Kultur durch Transformation der Gewalt. Gießen: Psychosozial-Verlag.
Hagen, T.; Kohn, K.; Ullrich, K. (2011): KfW-Gründungsmonitor 2011. Dynamisches Gründungsgeschehen im Konjunkturaufschwung. *Jährliche Analyse von Struktur und Dynamik des Gründungsgeschehens in Deutschland.* Frankfurt am Main: KfW.
Haubl, R. (2017): Die Kunst des Abdankens. Editorial. In: OSC-Organisationsberatung-Supervision-Coaching, Heft 2/2017 (im Druck).
Haubl, R. (2015): Ruhestand in der Arbeitsgesellschaft. In: Psychotherapie im Alter, 12, 3, S. 295–307.
Haubl, R. (2012): Was heißt »gute« Führung? Zur Klärung eines Grundbegriffes gruppenanalytischer Supervision und Organisationsberatung. In: Gruppenpsychotherapie und Gruppendynamik, 48, 4, S. 366–378.
Haubl, R. (2011): Aktuelle sozialwissenschaftliche Forschung am Sigmund-Freud-Institut – ein Umriss. In: Leuzinger-Bohleber, M.; Haubl, R. (Hrsg.): Psychoanalyse: interdisziplinär–international–intergenerationell (Vol. 16). Göttingen: Vandenhoeck & Ruprecht, S. 62–78.
Haubl, R. (2008). Leistungsethos und Biopolitik: Die Angst, persönlich zu versagen oder sogar nutzlos zu sein. In: Forum Psychoanalyse 24 (4), S. 317–329.
Haubl, R. (2003a): Tatort Krankenhaus. Statuspassage und symbolische Gewalt. In: Freie Assoziation 2, S. 29–52.
Haubl, R. (2003b): Generation und Gedächtnis – Altern im Modernisierungsprozess. In: Gruppenanalyse, 13, 1, S. 9–27.
Haubl, R. (1998): Geld. Geschlecht und Konsum: zur Psychopathologie ökonomischen Alltagshandels, Gießen: Psychosozial-Verlag.

Haubl, R. (o. J.): Tiefenhermeneutisches Vorgehen. Unveröffentlichtes Arbeitspapier. Präsentiert im Rahmen des Forschungskongresses der Deutschen Gesellschaft für Supervision in Leipzig.

Haubl, R. (2000): Be-dingte Emotionen. Über identitätsstiftende Objekt-Beziehungen. In: Hartmann, H.A.; Haubl, R. (Hrsg.): Von Dingen und Menschen. Funktion und Bedeutung materieller Kultur Wiesbaden: Westdeutscher Verlag, S. 13–36.

Haubl, R.; Daser, B. (2006): Familiendynamik in Familienunternehmen: Warum sollten Töchter nicht erste Wahl sein? Forschungsbericht im Auftrag des Bundesministeriums für Familie, Senioren, Frauen und Jugend. Frankfurt a. M.: Sigmund-Freud-Institut.

Haubl, R.; Engelbach, U. (2017): Erwerbsarbeit im Dienste der Selbstheilung. In: Alsdorf, N.; Engelbach, U.; Flick, S.; Haubl, R.; Voswinkel, S. : Psychische Erkrankungen in der Arbeitswelt. Analysen und Ansätze zur therapeutischen und betrieblichen Bewältigung. Bielefeld: transcript.

Haubl, R.; Schülein, J. A. (2016): Psychoanalyse und Gesellschaftswissenschaften, Wegweiser und Meilensteine eines Dialogs. Stuttgart: Kohlhammer.

Haubl, R.; Molt, W.; Weidenfeller; G., & Wimmer, P. (1986). Struktur und Dynamik der Person. Opladen: Westdeutscher Verlag.

Heinze, R. G.; Naegele, G.; Schneiders, K. (2011): Wirtschaftliche Potentiale des Alters. Stuttgart: Kohlhammer.

Heisterkamp, G. (2015): Vom Glück der Großeltern-Enkel-Beziehung. Wie die Generationen sich wechselseitig fördern. Gießen: Psychosozial-Verlag.

Helfferich, C. (2008): Alles beim Alten? Wie der demographische Wandel Lebenslaufmuster von Frauen und Männern morgen und das Alter übermorgen beeinflusst. In: Buchen, S.; Maier, M.S. (Hrsg.): Älterwerden neu denken. Interdisziplinäre Perspektiven auf den demographischen Wandel. Wiesbaden: VS, S. 31–45.

Hesse, H. (1975): »Gesammelte Werke (in zwölf Bänden werkausgabe edition suhrkamp).« Frankfurt am Main.

Heuft, G. (1994): Persönlichkeitsentwicklung im Alter – ein psychologisches Entwicklungsparadigma. In: Zeitschrift für Gerontologie, 27, 2, S. 116–121.

Heuft, G.; Kruse, A.; Radebold, H. (2000): Lehrbuch der Gerontopsychosomatik und Alterspsychotherapie. München Basel: Ernst Reinhardt Verlag.

Honneth, A. (2007): Die Ghettoisierung der Alten – eine gesellschaftliche Herausforderung im Lichte der Anerkennungstheorie. In: Bauer, A.; Gröning, K. (Hrsg.): Die späte Familie. Intergenerationenbeziehungen im hohen Lebensalter. Gießen: Psychosozial-Verlag, S. 139–152.

Hopf, C. (2000): Qualitative Interviews – Ein Überblick. In: Flick, U.; Kardoff, E. von; Steinke, I. (Hrsg.): Qualitative Forschung. Ein Handbuch. Reinbek bei Hamburg: Rowohlt Taschenbuch Verlag 2007, S. 589–600.

Hutton, J.; Bazalgette, J.; Reed, B. (1997): Organisation-in-the-Mind: A Tool for Leadership and Management of Institutions. In: Neumann, J. E.; Kellner, K.; Dawson-Shepherd, A. H. (Hrsg.): Developing Organizational Consultancy. London: Routledge, S. 113–126.

Jaeggi, E.; Faas, A.; Mruck, K. (1998): Denkverbote gibt es nicht! Vorschlag zur interpretativen Auswertung kommunikativ gewonnener Daten. 2., überarb. Fassung. Forschungsbericht aus der Abteilung Psychologie im Institut für Sozialwissenschaften der Technischen Universität Berlin, Nr. 98-2. Berlin: Technische Universität.

Jaeggi, E.; Möller, H. (2002): Qualitative Forschung – Wege, Irrwege und Illusionen. In: Psychoanalyse – Texte zur Sozialforschung, 11, S. 189–203.

Jaques, E. (1984): Death and the Mid-Life Crisis. In: Kets de Vries, M.F.R.: The Irrational Executive. Psychoanalytic Explorations in Management. New York: International Universities Press, S. 195–223.

Kahlert, H. (2013): Der Karriereanker als Diagnoseinstrument im Coaching: Konzeptionen, Modifikationen und Anwendung. In: Möller, H.; Kotte, S. (Hrsg.): Diagnostik im Coaching. Berlin Heidelberg: Springer, S. 101–114.

Kautonen, T.; Hytti, U.; Bögenhold, D.; Heinonen, J. (2012): Job satisfaction and retirement age intentions in Finland. Self-employed versus salary earners. In: International Journal of manpower, 33, 4, S. 424–440.

Kelle, U.; Kluge, S. (2010): Vom Einzelfall zum Typus. Fallvergleich und Fallkontrastierung in der qualitativen Sozialforschung. 2., überarb. Aufl. Wiesbaden: VS Verlag für Sozialwissenschaften.

Kernberg, O. F. (2000): Ideologie, Konflikt und Führung. Psychoanalyse von Gruppenprozessen und Persönlichkeitsstruktur. Stuttgart: Klett-Cotta.

Kerschbaumer, J.; Räder, E. (2008): In Arbeit bleiben – wieder in Beschäftigung kommen. In: Politik und Zeitgeschichte, 18–19, S. 30–39.

Kessler, E. M. (2006): Interaktion zwischen älteren Menschen und Jugendlichen – ein psychologisch förderlicher sozialer Kontext für beide Seiten? Eine experimentelle Laborstudie im theoretischen Rahmen der Entwicklungspsychologie der Lebensspanne. Dissertation zur Erlangung des »Doctor of Philosophy in Psychology«, Jacobs Center for Lifelong Learning and Institutional Development, International University. Bremen.

Kets de Vries, M. F. R. (2014): Death and the Executive: Encounters with the »Stealth« Motivator. Faculty & Research Working Paper. Fontainebleau: INSEAD.

Kets de Vries, M. F. R. (1985). Narcissism and Leadership: An Object Relations Perspective. In: Human Relations, 38, 6, S. 583–601.

Kets de Vries, M. F. R. (1977): The entrepreneurial personality: A person at the crossroads. In: The Journal of Management Studies, 14, 1, S. 34–75.

Kets de Vries, M. F. R.; Balazs, K. (1998): Beyond the Quick Fix: The Psychodynamics of Organizational Transformation and Change. In: European Management Journal 16, 5, S. 611–622.

Keupp, H. (2010): Individualisierung: Riskante Chancen zwischen Selbstsorge und Zonen der Verwundbarkeit. In: Berger, P. A.; Hitzler, R. (Hrsg.): Individualisierungen. Ein Vierteljahrhundert »Jenseits von Stand und Klasse«. Wiesbaden: VS, S. 221–238.

KfW-Bankengruppe (2008): Gründungsintensität, Gründungsqualität und alternde Bevölkerung. In: KfW-Research 40. Frankfurt a. M.

King, V. (2014): Pierre Bourdieu als Analytiker des Sozialen. Methodologische und konzeptionelle Bezüge zur Psychoanalyse sowie sozialpsychologische Perspektiven im Werk Bourdieus." *Sozialer Sinn* 15.1.

King, V. (2011): Beschleunigte Lebensführung – ewiger Aufbruch. Neue kulturelle Muster der Verarbeitung und Abwehr von Vergänglichkeit in Lebenslauf und Generationenbeziehungen. In: Psyche 65, 11, S. 1061–1089.

King, V. (2002): Die Entstehung des Neuen in der Adoleszenz. Individuation, Generativität und Geschlecht in modernisierten Gesellschaften. Wiesbaden: VS.

King, V. (2011): Entstehung und Abwehr des Neuen im Generationenverhältnis – kulturelle Figurationen der Generativität. In: Teising, M.; Walker, Ch. (Hrsg.): Generativität und Generationenkonflikte. Deutsche Psychoanalytische Vereinigung. Herbsttagung 2011. Arbeitstagung der Deutschen Psychoanalytischen Vereinigung. Frankfurt: DPV.

Kinzel, Ch. (2002): Arbeit und Psyche. Konzepte und Perspektiven einer psychodynamischen Organisationspsychologie. Stuttgart: Kohlhammer.

Kirchhoff, C. (2009): Das psychoanalytische Konzept der »Nachträglichkeit«. Zeit, Bedeutung und die Konstitution des Psychischen. Gießen: Psychosozial-Verlag.

Klein, M. (1971): Die Psychoanalyse des Kindes. München/Basel: Ernst Reinhardt Verlag.

Klenke, K. (2008): Qualitative research in the study of leadership. Bingley: Emerald Group Publishing.

Kluge, S. (2000): Empirisch begründete Typenbildung in der qualitativen Sozialforschung. In: Forum Qualitative Sozialforschung/Forum Qualitative Research, 1, 1. http://www.qualitative-research.net/index.php/fqs/article/view/1124/2497 (Zugriff am 7. Juli 2016).

Kohli, M. (2000): Altersgrenzen als gesellschaftliches Regulativ individueller Lebensgestaltung: ein Anachronismus? In: Zeitschrift für Gerontologie und Geriatrie, 33 (Suppl.1), S. I/15-I/23.

Kohli, M. (1994): Institutionalisierung und Individualisierung der Erwerbsbiographie. In: Beck, U.; Beck-Gernsheim, E. (Hrsg.): Riskante Freiheiten – Individualisierung in modernen Gesellschaften. Frankfurt/M.: Suhrkamp Verlag, S. 219–244.

Kohli, M. (1984): Erwachsenensozialisation. In: Enzyklopädie Erziehungswissenschaft, 11, S. 304–313.

Kohli, M. (1978): Soziologie des Lebenslaufs. Darmstadt/Neuwied: Luchterhand.

Kohli, M.; Künemund, H. (1996): Nachberufliche Tätigkeitsfelder – Konzepte, Forschungslage, Empirie. Stuttgart: Kohlhammer.

Kohut, H. (1976): Narzißmus: Eine Theorie der psychoanalytischen Behandlung narzißtischer Persönlichkeitsstörungen. Frankfurt a. M.: Suhrkamp.

König, H.-D. (2005): Tiefenhermeneutik. In: Flick,U; Kardoff, E. von, Steinke, I. (Hrsg.): Qualitative Forschung. Ein Handbuch. Hamburg: Rowohlts Enzyklopädie, S. 556–569.

König, J. (1993): Brüche erleben. Ansätze zu einer entwicklungspsychologischen Erwerbsbiografieforschung. Weinheim: Deutscher Studienverlag.

Kontos, M. (2008): The biographical embeddedness of women's self-employment: Motivations, strategies and policies. In: Apitzsch, U.; Kontos, M. (Hrsg.): Self-employment activities of women and minorities: their success or failure in relation to social citizenship policies. Wiesbaden: VS, S. 49–75.

Kontos, M. (2005): Übergänge von der abhängigen zur selbständigen Arbeit in der Migration. Sozialstrukturelle und biographische Aspekte. In: Geisen, T. (Hrsg.): Arbeitsmigration. WanderarbeiterInnen auf dem Weltmarkt für Arbeitskraft. Frankfurt a.M. und London: IKO-Verlag, S. 217–236.

Kontos, M. (2004): Transkulturelle Aspekte der Unternehmensgründung von Frauen. In: Katz, I. (Hrsg.): Tagungsband: Frauen, Gründung, Förderung. Transfer zwischen Wissenschaft und Praxis der Förderung. Stuttgart: Hohenheimer Beiträge zur Entrepreneurshipforschung und -praxis, 11, S. 79–98.

Kopp, J.; Schäfers, B. (Hrsg.) (2010): Grundbegriffe der Soziologie. Wiesbaden: VS.

Korunka, Ch., Frank, H., Lueger, M. (2004): Die Bedeutung der Persönlichkeit für die Gründungsintention, die Gründungsrealisation und den Unternehmenserfolg. In: Zeitschrift für Psychologie 212, 1, S. 25–39.

Kotre, J. N. (2001): Lebenslauf und Lebenskunst: Über den Umgang mit der eigenen Biographie. München: Hanser.

Kotre, J. N. (1984): Outliving the self: Generativity and the interpretation of lives. Baltimore: Johns Hopkins University Press.

Kreide, R. (2000): Facetten der Selbständigkeit. Existenzgründungen von Frauen im Spiegel der Sozial- und Bildungspolitik. In: Hessische Blätter für Volksbildung, 50, 1, S. 26–43.

Kritikos, A. (2011): Selbständige sind anders. Persönlichkeitsmerkmale beeinflussen die Entscheidungen von Selbständigen. In: RKW-Magazin, 3, S. 18–21.

Kruse, A.; Schmitt, E. (2010): Potenziale im Alter – Person- und Gesellschaftskonzepte zum Verständnis eines selbstverantwortlichen und mitverantwortlichen Lebens im Alter. Potenziale im Altern. Heidelberg: Akademische Verlagsgesellschaft, S. 14–32.

Künemund, H. (2006): Tätigkeiten und Engagement im Ruhestand. In: Tesch-Römer, C.; Engstler, H.; Wurm, S.(Hrsg.): Altwerden in Deutschland. Sozialer Wandel und individuelle Entwicklung in der zweiten Lebenshälfte. Wiesbaden: VS, S. 289–321.

Kupferberg, F. (2000): Selbständigkeit und beruflicher Neuanfang: die Affinität von Selbständigkeits- und Biographieforschung. In: Hessische Blätter für Volksbildung, 50, 1, S. 14–25.

Leithäuser, T.; Volmerg, B. (1988): Psychoanalyse in der Sozialforschung. Eine Einführung. Opladen: Westdeutscher Verlag.

Lengersdorf, D.; Meuser, M. (2011): Karriereverläufe von Männern in unsicheren Zeiten – Hegemoniale Männlichkeit am Ende? In: Freie Assoziation, 14, S. 57–73.

Lettau, A.; Breuer, F. (2009): Kurze Einführung in den qualitativ-sozialwissenschaftlichen Forschungsstil. Westfälische Wilhelms-Universität Münster. Verfügbar unter: https://www.uni-muenster.de/imperia/md/content/psyifp/aebreuer/alfb.pdf (Zugriff am 1.1.2017).

Leuzinger-Bohleber, M.; Haubl, R. (Hrsg.) (2011): Psychoanalyse: interdisziplinär–international–intergenerationell (Vol. 16). Göttingen: Vandenhoeck & Ruprecht.

Levinson, D. J.; Darrow, C. N.; Levinson, M. H.; McKee, B. (1978): Seasons of a Man's Life. New York: Alfred A. Knopf.

Lievegoed, B. (2001): Lebenskrisen Lebenschancen. Die Entwicklung des Menschen zwischen Kindheit und Alter. München: Kösel 1979.

Long, S.; Harding, W. (2013): Socioanalytic interviewing. In: Long, S. (ed.): Socioanalytic methods: discovering the hidden in organisations and social systems. London: Karnac Books, S. 91–105.

Lorenzer, A. (1986): Tiefenhermeneutische Kulturanalyse. In: Alfred Lorenzer (Hrsg.): Kultur-Analysen. Frankfurt am Main: Fischer Taschenbuch Verlag, S. 11–98.

Lorenzer, A. (1984). Das Konzil der Buchhalter. Die Zerstörung der Sinnlichkeit. Eine Religionskritik. Frankfurt a. M.: Fischer.

Lorenzer, A. (1972): Zur Begründung einer materialistischen Sozialisationstheorie. Frankfurt am Main: Suhrkamp.

Ludwig, A. (2008): Drehbücher des Alter(n)s: Die soziale Konstruktion von Modellen und Formen der Lebensführung und -stilisierung älterer Menschen. Wiesbaden: VS.

Lueger, M. (2010): Interpretative Sozialforschung: Die Methoden. Wien: Facultas.

Luft, H. (2013): Höheres Alter – Bedrängnisse und kreative Antworten. In: Psyche, 67, 7, S. 597–622.

Lüscher, K.; Schultheis, F. (Hrsg.) (1993): Generationsbeziehungen in postmodernen Gesellschaften. Konstanz: Universitätsverlag.

Mannheim, K. M. (1928): Das Problem der Generationen. Kölner Vierteljahreshefte für Soziologie, 7, 157–85.

Marotzki, W. (2000): Qualitative Biographieforschung. In: Flick, U.; Kardoff, E. von; Steinke, I. (Hrsg.): Qualitative Forschung. Ein Handbuch. Reinbek bei Hamburg: Rowohlt Taschenbuch Verlag, S. 175–186. 2007.

Mayer, V. (2015): Arbeitsplatz. Ein Büro sollte nie wie ein Zuhause aussehen. In: Süddeutsche Zeitung, 1, vom 2./3. Januar 2015, S. 51.

Mayring, P. (2002): Einführung in die qualitative Sozialforschung. Eine Anleitung zu qualitativem Denken. 5. Aufl. Weinheim: Beltz.

Meitzler, M. (2011): Soziologie der Vergänglichkeit. Zeit, Altern, Tod und Erinnern im gesellschaftlichen Kontext. Hamburg: Socialia.

Menzies-Lyth, I. E. P. (1974): Die Angstabwehr-Funktion sozialer Systeme. Ein Fallbericht. In: Gruppendynamik, 5, S. 183–216.

Mey, G.; Mruck, K. (Hrsg.) (2010): Handbuch Qualitative Forschung in der Psychologie. Wiesbaden: VS Verlag für Sozialwissenschaften – Springer Fachmedien.

Mitscherlich, A. (1967): Die Unwirtlichkeit unserer Städte: Anstiftung zum Unfrieden. Frankfurt a. M.: Suhrkamp.

Möller, H. (2012): Das Ende der Selbständigkeit – Beratung zur Verarbeitung des Scheiterns. In: Supervision, 4, S. 12–18.

Montero, G. J.; De Montero, A. M. C.; De Vogelfanger, L. S. (2013): Updating midlife: Psychoanalytic perspectives. London: Karnac Books.

Motel-Klingebiel, A. (2006): Materielle Lagen älterer Menschen – Verteilungen und Dynamiken in der zweiten Lebenshälfte. In: Tesch-Römer. C.; Engstler, H.; Wurm, S. (Hrsg.): Altwerden in Deutschland. Sozialer Wandel und individuelle Entwicklung in der zweiten Lebenshälfte. Wiesbaden: VS, S. 155–230.

Mruck, K.; Mey, G. (1998): Selbstreflexivität und Subjektivität im Auswertungsprozeß biographischer Materialien: zum Konzept einer »Projektwerkstatt qualitativen Arbeitens« zwischen Colloquium, Supervision und Interpretationsgemeinschaft. In: Jüttemann, G. (Hrsg.); Thomae, H. (Hrsg.): Biographische Methoden in den Humanwissenschaften. Weinheim: Beltz, S. 284–306.

Naegele, G. (Hrsg.) (2010): Soziale Lebenslaufpolitik. Wiesbaden: VS.

Nikutta, S. (2009): Mit 60 im Management – Vorstand oder altes Eisen? Eine qualitative Untersuchung zur Selbsteinschätzung von Führungskräften im obersten Management. Inaugural-Dissertation zur Erlangung des Doktorgrades der Philosophie an der Ludwig-Maximilians-Universität München.

Nitschke A. (2010): Ältere Gründerinnen und Gründer. Was zeichnet sie aus? Welche Unterstützung benötigen sie? Eschborn: RKW Kompetenzzentrum.

Öchsner, T. (2015): Jenseits der 60 ist seltener Schluss. In: Süddeutsche Zeitung vom 16. Juli 2015. http://www.sueddeutsche.de/wirtschaft/arbeit-und-rente-jenseits-der-ist-seltener-schluss-1.2567159 (Zugriff am 31. Juli 2015).

Öchsner, T. (2010): Am Ende des Jugendwahns? In: Süddeutsche Zeitung, 208, S. 4.

Palmer, S.; Panchal, S. (Hrsg.) (2011): Developmental coaching: life transitions and generational perspectives. London: Routledge.

Peters, M. (2016): Höheres und hohes Erwachsenenalter. In: Poscheschnik, G.; Traxl, B. (Hrsg.): Handbuch Psychoanalytische Entwicklungswissenschaft. Theoretische Grundlagen und praktische Anwendungen. Gießen: Psychosozial-Verlag, S. 365–389.

Peters, M. (2004): Klinische Entwicklungspsychologie des Alters. Grundlagen für psychosoziale Beratung und Psychotherapie. Göttingen: Vandenhoeck und Ruprecht.

Petriglieri, G.; Petriglieri, J. L. (2008): Identity Workspaces: The Case Of Business Schools. Insead Faculty & Research Working Paper. Fontainebleau.

Pons Online-Wörterbuch: http://de.pons.com/%C3%BCbersetzung/latein-deutsch/exsistere (Zugriff am 05. Januar 2017).

Poscheschnik, G.; Traxl, B. (Hrsg.) (2016): Handbuch Psychoanalytische Entwicklungswissenschaft. Theoretische Grundlagen und praktische Anwendungen. Gießen: Psychosozial-Verlag.

Prochowski, J. (2016): Motive männlicher Existenzgründer über 45 und ihre Bewältigung der beruflichen Umbruchphase. Marburg. Unveröffentlichte Diplomarbeit.

Przyborski, A.; Wohlrab-Sahr, M. (2010): Qualitative Sozialforschung. Ein Arbeitsbuch. 3. Aufl. München: Oldenburg.

Rappe-Giesecke, K. (2008): Triadische Karriereberatung. Begleitung von Professionals, Führungskräften und Selbstständigen. Bergisch-Gladbach: EHP-Verlag.

Rauch, A.; Frese, M. (2008): A Personality Approach to Entrepreneurship. In: Cartwright, S.; Cooper, C.L. (Hrsg.): The Oxford Handbook of Personnel Psychology. Oxford: Oxford University Press, S. 121–136.

Rauch, A.; Frese, M. (1998): Was wissen wir über die Psychologie erfolgreichen Unternehmertums? Ein Literaturüberblick. In: Frese, M. (Hrsg.): Erfolgreiche Unternehmensgründer. Psychologische Analysen und praktische Anleitungen für Unternehmer in Ost- und Westdeutschland. Göttingen: Verlag für Angewandte Psychologie, S. 5–34.

Reichertz, J. (2013): Gemeinsam interpretieren: die Gruppeninterpretation als kommunikativer Prozess. Springer-Verlag.

Riemann, G. (2005): Zur Bedeutung von Forschungswerkstätten in der Tradition von Anselm Strauss. Mittagsvorlesung, 1. Berliner Methodentreffen Qualitative Forschung, 24.-25. Juni 2005.

Rosenmayr, L. (2003): Berufliche Arbeit in einer neuen Charta des Lebenslaufs. In: Rosenmayr, L., Böhmer, F. (Hrsg.): Hoffnung Alter. Forschung, Theorie, Praxis. Wien: WUV-Universitätsverlag, S. 145–172.

Rosenmayr, L. (1998): Generationen – zur Empirie und Theorie eines psychosozialen Konfliktfeldes. In: Teising, M. (Hrsg.): Altern – äußere Realität, innere Wirklichkeiten. Wiesbaden: Westdeutscher Verlag, S. 13–30.

Rosenmayr, L. (1990): Kräfte des Alters. Wien: Atelier Verlag.

Rosenthal, G.; Fischer-Rosenthal, W. (2000): Analyse narrativ-biographischer Interviews. In: Flick, U.; Kardoff, E. von; Steinke, I. (Hrsg.): Qualitative Forschung. Ein Handbuch. 5. Aufl. 2007. Reinbek bei Hamburg: Rowohlt, S. 349–360.

Samida, S.; Eggert, M. K. H.; Hahn, H. P. (Hrsg.) (2014): Handbuch Materielle Kultur. Bedeutungen, Konzepte, Disziplinen. Stuttgart/Weimar: Metzler.

Schein, E.H. (2004): Karriereanker. Die verborgenen Muster in Ihrer beruflichen Entwicklung. 9. Aufl. Darmstadt: Lanzenberger.

Schmid, G.; Hartlapp, M. (2008): Aktives Altern in Europa. In: Aus Politik und Zeitgeschichte, 18–19, S. 6–15.

Schmude, J.; Wagner, K. (2006): Neue Unternehmen sind Hoffnungsträger. In: Leibniz-Institut für Länderkunde (Hrsg.): Nationalatlas Bundesrepublik Deutschland – Arbeit und Lebensstandard, 7, S. 72–73.

Schreier, M. (2010): Fallauswahl. In: Mey, G.; Mruck, K. (Hrsg.): Handbuch Qualitative Forschung in der Psychologie. Wiesbaden: VS, S. 238–251.

Schulze, H. (1977): Nesthocker Mensch: Neurosen als Folge verfehlter Nestablösung. Stuttgart: Enke.

Schumpeter, J. A. (1939): Business cycles (Vol. 1). New York: McGraw-Hill, S. 161–174.

Schütze, F. (1983): Biographieforschung und narratives Interview. In: Neue Praxis, 3, S. 283–293.

Seitz, M.; Tegtmeier, S. (2007): Mythos Existenzgründer. Persönlichkeitseigenschaften von Gründern im Diskurs. Marburg: Tectum Verlag.

Shane, S. A. (2003): A General Theory of Entrepreneurship. The Individual-Opportunity Nexus. Cheltenham, UK and Northampton, MA, USA: Edward Elgar.

Shane, S. A.; Venkataramaran, S. (2000): The promise of entrepreneurship as a field of research. In: Academy of Management Review, 25, 1, S. 217–226.

Shapero, A. (1975): The displaced, uncomfortable entrepreneur. In: Psychology Today, 9, S. 83–88.

Siegl, E. (2012): Supervision für Neue Selbständige. Annäherungen an ein junges Beratungsfeld. In: Supervision, 4, S. 19–26.

Smith, K. K. (2003): Yearning for Home in Troubled Times. Cleveland: The Pilgrim Press.

Sörensen, J. B.; Sharkey, A.J. (2014): Entrepreneurship as a Mobility Process. In: American Sociological Review, 79, S. 328–349.

Sternberg, R.; Brixy, U.; Hundt, C. (2007): Global Entrepreneurship Monitor: Unternehmensgründungen im weltweiten Vergleich: Länderbericht Deutschland 2006. Hannover & Nürnberg: Leibniz Univ. Hannover.

Sternberg, R.; Vorderwülbecke, A.; Brixy, U. (2013): Global Entrepreneurship Monitor. Unternehmensgründungen im weltweiten Vergleich. Länderbericht Deutschland 2012. Nürnberg: Universität Hannover & Institut für Arbeitsmarkt-und Berufsforschung der Bundesagentur für Arbeit (IAB).

Strauss, A.; Corbin, J. (1996): Grounded Theory: Grundlagen Qualitativer Sozialforschung. Weinheim: Beltz Verlag.

Tesch-Römer, C.; Wurm, S. (2006): Veränderung des subjektiven Wohlbefindens in der zweiten Lebenshälfte. In: Tesch-Römer. C.; Engstler, H.; Wurm, S. (Hrsg.): Altwerden in Deutschland. Sozialer Wandel und individuelle Entwicklung in der zweiten Lebenshälfte. Wiesbaden: VS, S. 385–446.

Tesch-Römer, C.; Wurm, S.; Hoff, A.; Engstler, H.; Motel-Klingebiel, A. (2006a): Der Alterssurvey: Beobachtung gesellschaftlichen Wandels und Analyse individueller Veränderungen. In: Tesch-Römer. C.; Engstler, H.; Wurm, S. (Hrsg.): Altwerden in Deutschland. Sozialer Wandel und individuelle Entwicklung in der zweiten Lebenshälfte. Wiesbaden: VS, S. 11–46.

Tietel, E. (2012): Verbindung und Zugehörigkeit aus sozialpsychologischer und arbeitswissenschaftlicher Sicht. Vortrag auf der Jahrestagung der International Association for Consulting Competence (IACC) an der Universität Hannover am 7. Mai 2012. http://www.uni-bremen.de/fileadmin/user_upload/single_sites/zap/Dokumente/Veroeffentlichungen_Erhard/aktualisiert/Verbindung_und_Zugeho__rigkeit_aus_sozialpsychologischer_und_arbeitswissenschaftlicher_Sicht.pdf (Zugriff am 11. August 2015).

Tietel, E. (2000): Das Interview als Beziehungsraum. In: Forum Qualitative Sozialforschung/Forum: Qualitative Social Research, 1, 2, Art. 26. http://nbn-resolving.de/urn:nbn:de:0114-fqs0002260 (Zugriff am 1.1.2017).

Tillmann, K.J. (2001): Sozialisationstheorien. Eine Einführung in den Zusammenhang von Gesellschaft, Institution und Subjektwerdung. 12., erw. u. überarb. Aufl. Reinbek bei Hamburg: Rowohlt.

Ulich, D. (1987): Krise und Entwicklung. Zur Psychologie der seelischen Gesundheit. München: Psychologie Verlags Union.

Ulrich, R.E. (2005) : Demografische Alterung Deutschlands im internationalen Vergleich. 12. Gesundheitswissenschaftliches Kolloquium der Fakultät für

Gesundheitswissenschaften, 7.–8. April 2005. Bielefeld: Universität Bielefeld. http//www.loegd.nrw.de/1pdf_dokumente/1_allgemeine-dienste/tagungen/050408bielefdl_8-oegd-tagung/ulrich_alterung.pdf (Zugriff am 12. Juli 2016).

Völter, B. (2008): Generationenforschung und »transgenerationale Weitergabe« aus biografietheoretischer Perspektive. In: Radebold, H.; Bohleber, W.; Zinnecker, J. (Hrsg.): Transgenerationale Weitergabe kriegsbelasteter Kindheiten. Weinheim und München: Juventa-Verlag, S. 95–106.

Völzke, R. (1997): Biographisches Erzählen im beruflichen Alltag. Das sozialpädagogische Konzept der biographisch-narrativen Gesprächsführung. In: Jakob, G.; Wensierski, H.-J. von (Hrsg.): Rekonstruktive Sozialpädagogik. Konzepte und Methoden sozialpädagogischen Verstehens in Forschung und Praxis, Weinheim und München: Juventa, S. 271–286.

Voß, G.G.; Pongratz, H. (1998): Der Arbeitskraftunternehmer. Eine neue Grundform der Ware Arbeitskraft? In: Kölner Zeitschrift für Soziologie und Sozialpsychologie, 50, S. 131–158.

Voss, R. (o. J.): Aussteiger-Helden oder Feiglinge?. Frankfurt a. M. Unveröffentlichtes Vortragsmanuskript.

Weltgesundheitsorganisation (2002): Aktiv Altern, Rahmenbedingungen und Vorschläge für politisches Handeln, 12. Genf: WHO.

Welzer, H. (1993): Transitionen. Zur Sozialpsychologie biographischer Wandlungsprozesse. Tübingen: edition discord.

Werner, A.; Faulenbach, N. (2008): Das Gründungsverhalten Älterer: Eine empirische Analyse mit den Daten des Gründerpanels des IfM Bonn. IfM Bonn (Hrsg.): IfM-Materialien Nr. 184. Bonn.

Western, S. (2013): Leadership – A Critical Text. London: Sage.

Winnicott, D.W. (1984): Reifungsprozesse und fördernde Umwelt. Frankfurt a. M.: Fischer 1993.

Wirth, H.J. (2001): Das Menschenbild der Psychoanalyse: Kreativer Schöpfer des eigenen Lebens oder Spielball dunkler Triebnatur? In: Schlösser, A.M.; Gerlach, A. (Hrsg.): Kreativität und Scheitern. Gießen: Psychosozial-Verlag.

Zacher, H.; Rosing, K.; Frese, M. (2011a): The moderating role of legacy beliefs. In: The Leadership Quarterly, 22, 1, S. 43–50.

Zacher, H.; Rosing, K.; Henning, T.; Frese, M. (2011b): Establishing the next generation at work: Leader generativity as a moderator of the relationships between leader age, leader-member exchange, and leadership success. In: Psychology and Aging, 26, 1, S. 241–252.